高等学校交通运输与工程类专业教材建设委员会规划教材

运输枢纽规划与设计

姚志刚　主　编
张三省　主　审

人民交通出版社股份有限公司
北　京

内容提要

本书体现高等学校课程思政建设要求,以融入社会主义核心价值观和我国古代运输站场悠久发展历史与行业文化为特色,贯彻交通强国建设目标,以公路运输站场设计与枢纽规划为重点,主要讲述我国古代驿站发展历史、运输站场概述、运输站场旅客设施构成、停车场(库)设计、公共交通站场设计、汽车客运站设计、公路货运站设计、物流中心设计,以及运输枢纽规划概述、运输枢纽规划基础理论、运输枢纽规划调查与分析、运输枢纽规划方案设计等内容。

本书以实现立德树人根本任务为出发点,理论体系完整,结构安排合理,内容丰富,重点突出,具有理论性、系统性、实践性和可操作性等特点,可作为高等院校交通运输规划与管理专业硕士研究生及交通运输本科生的专业教学用书,也可供运输枢纽规划、设计、决策、运营管理人员及有关工程技术和行业管理人员阅读参考。

图书在版编目(CIP)数据

运输枢纽规划与设计/姚志刚主编. —北京:人民交通出版社股份有限公司,2021.12
ISBN 978-7-114-17680-7

Ⅰ.①运… Ⅱ.①姚… Ⅲ.①公路运输—交通运输中心—规划 ②公路运输—交通运输中心—设计 Ⅳ.①U492.1

中国版本图书馆 CIP 数据核字(2021)第 224950 号

高等学校交通运输与工程类专业教材建设委员会规划教材
Yunshu Shuniu Guihua yu Sheji

书　名:	运输枢纽规划与设计
著 作 者:	姚志刚
责任编辑:	司昌静
责任校对:	刘　芹
责任印制:	刘高彤
出版发行:	人民交通出版社股份有限公司
地　　址:	(100011)北京市朝阳区安定门外外馆斜街 3 号
网　　址:	http://www.ccpcl.com.cn
销售电话:	(010)59757973
总 经 销:	人民交通出版社股份有限公司发行部
经　　销:	各地新华书店
印　　刷:	北京虎彩文化传播有限公司
开　　本:	787×1092　1/16
印　　张:	19.25
字　　数:	449 千
版　　次:	2021 年 12 月　第 1 版
印　　次:	2022 年 12 月　第 2 次印刷
书　　号:	ISBN 978-7-114-17680-7
定　　价:	55.00 元

(有印刷、装订质量问题的图书由本公司负责调换)

前言

交通运输是国民经济的基础性产业,其发展质量关系到经济社会发展的全局。随着我国经济社会快速发展和人民生活水平不断提高,迫切需要尽快建立综合交通运输体系,为社会和公众提供便捷、通畅、高效、安全的运输服务。《交通强国建设纲要》确立了到"本世纪中叶全面建成人民满意、保障有力、世界前列的交通强国"宏伟目标,提出"构筑多层级、一体化的综合交通枢纽体系""建设一批全国性、区域性交通枢纽,推进综合交通枢纽一体化规划建设,提高换乘换装水平,完善集疏运体系"。

改革开放四十多年来,我国运输枢纽建设取得了重要进展,有效缓解了运输站场设施严重落后的状况,显著提升了运输服务能力和水平。2007年《国家公路运输枢纽布局规划》,确定了179个国家公路运输枢纽;2016年《中长期铁路网规划》,明确了19个国家综合铁路枢纽;2017年《全国民用机场布局规划》,提出建设10个国际枢纽和29个区域枢纽机场;2021年2月《国家综合立体交通网规划纲要》,明确到2035年要建成四大国际性综合交通枢纽集群、20个左右国际性综合交通枢纽城市、80个左右全国性综合交通枢纽城市,以及一批国际性枢纽港站与全国性枢纽港站。可以说,各类运输枢纽与站场的规划、建设将伴随交通强国战略目标的实施而逐步推进。

我国的"邮""驿"系统有3000多年的历史,其中的枢纽与站场文化积淀深厚,而现代运输枢纽发展时间较短,相关理论与方法还不完善,对运输枢纽概念、分类、功能等基本问题还存在争议。随着经济与社会发展对运输需求持续增长,国土空间规划、综合交通运输体系建设、运输安全与环境政策等对运输枢纽提出了新的要求。"如何编制运输枢纽规划才能适应城市经济社会发展的需要?""如何科学合理地确定运输站场规模与工艺方案,才能实现'人民满意'的目标?"等问题,成为运输枢纽规划中亟待解决的问题。因此,需要从区域与城市发展、综合交通运输体系构建、城乡交通一体化、运输服务提升等角度进行研究,为运输枢纽规划、设计、建设和运营管理提供坚实的技术支持。

近年来,国内出版了一批交通运输枢纽(站场)论著,既有包含铁路、公路、水运、航空等的普及知识型运输枢纽教材,也有侧重特定交通运输方式的特色型教材,通过差异化知识体系结构满足不同专业方向人才培养需要。本教材侧重于公路运输站场与枢纽,以长安大学张三省教授主编的《公路运输站场设计》和《公路运输枢纽规划与设计》为基础,融入编者博士学位论文《公路运输枢纽体系结构分析与规划方法》部分研究成果,结合十多年运输枢纽(站场)课程教学与科研实践经验而编写。

全书分为运输站场设计和运输枢纽规划两部分,共十二章,具体内容安排为:第一章至第八章为运输站场设计部分,介绍我国古代驿站发展历史、运输站场概述、运输站场旅客设施、停车场设计、公共交通站场设计、汽车客运站设计、公路货运站设计、物流中心设计等;第九章至第十二章为运输枢纽规划篇,介绍运输枢纽规划概述、运输枢纽规划理论基础、运输枢纽规划调查与分析、运输枢纽规划方案设计等。

本书由姚志刚主编、张三省主审。硕士研究生殷子娟参与第七章的编写、傅宇豪参与第八章的编写,傅宇豪、殷子娟、查嘉诚和陈添喜在资料收集、文字整理与校对、图表制作等方面做了大量基础性工作。本书在编写与出版过程中,昆明理工大学张瑾副教授、长安大学汪勇杰老师、人民交通出版社股份有限公司司昌静编辑提出了宝贵建议,也得到了长安大学教务处、运输工程学院和人民交通出版社股份有限公司的大力支持,在此一并表示衷心的感谢!

本书参考了大量文献资料,在此谨向参考文献作者表示诚挚感谢,对疏于列出参考文献的作者表示歉意。因时间仓促,书中不足之处在所难免,敬请广大读者批评指正并将意见与建议及时反馈,以助其不断完善。

姚志刚
2021 年 3 月于西安

目录

课程导论 ·· 1

第一章 我国驿站发展历史 ·· 3
第一节 驿站的发展历史 ·· 3
第二节 驿站演变 ··· 8
课后思考题 ·· 10

第二章 运输站场概述 ·· 11
第一节 铁路运输站场 ·· 11
第二节 水路运输站场 ·· 15
第三节 航空运输站场 ·· 18
第四节 公路运输站场 ·· 21
第五节 公共交通站场 ·· 27
第六节 运输站场建设前期工作 ··· 28
课后思考题 ·· 33

第三章 运输站场旅客设施构成 ··· 34
第一节 基本概念 ·· 34
第二节 旅客设施服务水平 ··· 37
第三节 旅客设施通行能力 ··· 44
课后思考题 ·· 49

第四章 停车场(库)设计 ·· 50
第一节 概述 ·· 50
第二节 选址与建设要求 ··· 56

  第三节 工艺计算 ······ 58
  第四节 工艺设计 ······ 70
  第五节 多层停车库工艺设计 ······ 75
  课后思考题 ······ 90

第五章 公共交通站场设计 ······ 91
  第一节 公交首末站设计 ······ 91
  第二节 公交中途站设计 ······ 93
  第三节 公交枢纽站设计 ······ 104
  第四节 快速公交站场设计 ······ 114
  课后思考题 ······ 119

第六章 汽车客运站设计 ······ 120
  第一节 选址与建设要求 ······ 120
  第二节 工艺组织 ······ 124
  第三节 工艺计算 ······ 128
  第四节 工艺设计 ······ 137
  课后思考题 ······ 147

第七章 公路货运站设计 ······ 148
  第一节 公路集装箱货运站设计 ······ 148
  第二节 汽车零担货运站设计 ······ 164
  课后思考题 ······ 172

第八章 物流中心设计 ······ 173
  第一节 类别与设计步骤 ······ 173
  第二节 选址条件与建设要求 ······ 180
  第三节 工艺组织 ······ 186
  第四节 工艺计算 ······ 190
  第五节 工艺设计 ······ 199
  课后思考题 ······ 207

第九章 运输枢纽规划概述 ······ 208
  第一节 运输枢纽基础知识 ······ 208
  第二节 运输枢纽规划层次 ······ 213

  第三节 运输枢纽总体规划内容 ································· 219
  课后思考题 ··· 224

第十章 运输枢纽规划理论基础 ································· 225
  第一节 运输枢纽形成机理 ····································· 225
  第二节 运输枢纽发展形态 ····································· 230
  第三节 运输枢纽空间特性 ····································· 235
  课后思考题 ··· 244

第十一章 运输枢纽规划调查与分析 ···························· 245
  第一节 调查内容 ·· 245
  第二节 调查方法与思路 ·· 249
  第三节 预测方法 ·· 253
  第四节 需求规模 ·· 262
  课后思考题 ··· 266

第十二章 运输枢纽规划方案设计 ································· 267
  第一节 方案设计工作思路 ····································· 267
  第二节 运输枢纽布局规划方案设计 ························ 270
  第三节 运输枢纽总体规划站场布局 ························ 275
  第四节 多站场布局优化模型 ·································· 283
  第五节 运输枢纽规划方案评价 ······························· 287
  课后思考题 ··· 298

参考文献 ··· 299

课 程 导 论

一、课程定位与目标

"运输枢纽规划与设计"是交通运输专业重要的专业(发展)课程。本课程着眼于运输站场、运输枢纽的规划与管理,以道路客、货运输为重点,一方面讲述运输站场的功能、构成与设计的基础知识,另一方面讲述运输枢纽的理论基础和规划编制所需掌握的调查分析、需求预测、方案设计与评价等技术方法。通过了解我国古代驿站悠久历史和运输站场与枢纽的"交通强国"建设目标,激励学生树立正确的价值观、落实立德树人的根本任务。

本课程旨在培养学生掌握运输站场设计、运输枢纽规划的基本原理与方法,以及通过综合分析提高解决实际问题的能力。通过课堂上的理论知识学习,结合案例教学与实地参观,配合课程设计,使学生初步具备运输站场功能设计和运输枢纽规划的能力,具体包括:

(1)掌握运输站场基础理论知识;
(2)掌握运输站场设计方法、程序与软件工具使用方法;
(3)熟悉运输站场设计相关标准、规范及其实践过程;
(4)掌握运输枢纽相关理论知识;
(5)掌握运输枢纽规划方法、程序与软件工具使用方法。

二、与其他课程之间的关系

"运输枢纽规划与设计"是一门综合性专业课程,以高等数学、工程制图、交通工程学和运输规划学等课程为基础,与运输组织、交通仿真、建筑设计、工业工程等专业课程密切联系,综合性强、知识面广。

需要强调的是,本课程教学内容侧重于确定运输站场中旅客、货物(行包)、车辆服务设施与设备功能实现所需的(数量或面积)规模、(生产组织)流线和(位置)布局等,不同于建筑学专业或土木工程专业的运输站场建筑设计与结构设计。

三、学习方法

1. 系统分析

运输枢纽规划与设计研究是一项复杂的系统工程,不仅包括运输站场与运输枢纽本身,还包括承载运输枢纽的运输网络,三者之间相互联系、相互制约。只有站在城镇体系结构、城市经济社会发展相适应、干线公路网与城市道路网相协调的角度,才能深入学习运输站场和运输枢纽的规划与设计理论、方法与技术,从而使运输站场和运输枢纽的规划与设计理论、方法与技术应用效果最佳。

2. 理论与实践相结合

"运输枢纽规划与设计"作为一门综合性课程，其内容大都源于经济社会发展、工业生产与人民生活对运输的需求。从辩证唯物的角度来看，运输站场与运输枢纽不断发展变化，而运输站场、运输枢纽与所在区域经济社会的关系也不断发展变化。因此，运输站场和运输枢纽的规划与设计学习，要在加强理论研究的同时结合不断发现的实践问题，将之上升为指导实践的理论与方法。

3. 定性与定量相结合

以定性分析为主的传统规划方法，是在占有一定资料的基础上根据规划人员的经验、直觉、学识、洞察力和逻辑推理能力来制订规划方案的方法。这种规划方法属于具有主观性的经验型决策。随着应用数学和计算机的发展，在规划中引入定量分析方法，特别是在运输站场设计中运用计算机仿真技术进行布局方案评价与优化越来越成熟。定量分析方法的引入使制订规划方案不是单纯地以经验分析为基础，而是以定量分析为主、以定性分析为辅的科学化决策。

运输枢纽的发展有其质和量的规范性。在研究运输枢纽规划与设计时，既要对它区别于其他规划工作的自身特殊性做定量与定性分析，又要对它与其他规划一致的共性做定性与定量分析，才能对运输枢纽规划与设计中的问题有深刻的认识和正确的描述。

四、考核方式

"运输枢纽规划与设计"课程注重理论与实践相结合，可将课堂理论知识讲授、案例分析和实地参观等多种方式相结合，然后根据教学方式选择相应的课程考核方式。

课堂理论知识讲授可通过考勤、作业、期中和期末试卷等方式考核；案例分析可通过小组讨论、学习报告等方式考核；实地参观可通过预习报告、参观总结报告等方式考核。

此外，本课程可设置课程设计的实践环节，对课程设计阶段的考勤，以及设计任务书所规定的设计方案和设计说明书完成质量进行考核。

第一章
我国驿站发展历史

从先秦时期的人力、畜力载运方式开始,驿站就作为我国最主要的运输站场,发挥着重要的交通、经济、文化、军事、政治等作用,经历了漫长的历史演变过程,逐渐形成了独特的驿站文化。了解我国驿站起源、兴盛、衰落的过程,总结古代驿站与现代交通运输的衔接关系,可以更好地传承我国历史悠久的交通运输文化精髓。

第一节 驿站的发展历史

一、萌芽发展时期

殷墟出土的甲骨文中就涉及传报边境军情的设施,可视为我国驿站的最早文字记载。《诗经·商颂·殷武》中描述殷商都城有宽广的交通要道通向四方❶,并在道路沿途每 50 里设置一处军事给养据点。

周王朝建立了以首都丰镐为中心的驿传网络,修建通往各地的交通道路,沿途设置供使者休息的处所并提供饮食、住宿及马匹喂养等,驿站开始用作邮路上的休息站。《周礼·地官·遗人》

---

❶ 李芊巍.中华驿站与现代物流[M].北京:中国财富出版社,2013.

中记载在道路上每隔10里、30里和50里设不同规模与功能的馆舍,10里的距离因路程较短只备饮食,距离30里和50里设置供住宿的"路室"与"候馆"。

战国时期的驿站继承了春秋时期的风格和传统,传舍逐渐失去通信机构作用而成为旅馆。先秦时期将以车传递称为"传",以马传递称为"驿"。"传"在战国时期使用广泛,传车指驿传专用车辆,传舍指驿传中的旅舍或客舍(《史记·孟尝君列传》中记载"孟尝君置传舍十日")。不过,随着用马传递逐渐占优势,"驿"便代替其他传递工具,即"驿传"进而把传递官方文书者住的地方称为"驿站"、把传递文书者称为"驿使"、把传递文书者休息的地方称为"驿亭"等。

秦始皇统一六国后,修建咸阳通往各边疆的"道",在各驿道设立了"邮亭",并颁布了驿站《传食律》(饭食供给的法律)和《行》(公文传递的法律)等法令。这一时期,驿站是重要的军事据点,不仅用于驿道传递文书,还是来往官员休息和作战物资储备的重要场所。"亭"作为备宿供膳场所始于秦。《楚汉春秋》中记载,秦朝"百户一里""五里一邮""十里一亭""十亭一县",主亭吏(亭长)除管理馆舍、供行人食宿之外,还"禁捕盗贼"及处理民事诉讼。亭不仅是提供旅客食宿的场所,还承担基层权力机关的职能。

就规模而言,"驿""传"较"邮""亭"大,亭内有供过往官员、旅客休息住宿的场所。汉代驿传制度进一步完善,在交通要道上每隔30里置一驿提供食宿,持官府颁发的符、传的人才能在传舍住宿休息,而且政府官员及其仕从的膳食和驿马的饲料都有规定标准;在驿之间或不设驿的地方,文书传递由亭兼管。亭的设置和人口密度直接相关。《汉书·百官志》中描述,其民稠则不足十里便设、民稀则可逾十里而设。长安城方60里、南北各15里,有12个城门,设12个亭;洛阳有24条街道,每条街设置一亭,12个城门各设置一亭,共计有36个亭❶;西汉设亭29635个,东汉设亭12442个。汉代对邮与亭同等重视,每州郡设置专职督郡巡行检查辖区内邮的工作。"邮、亭"大多数设在村寨民宅所在地,也接待民间各类旅行者。

此外,汉代出现了私人驿站,包括私人旅舍和私驿,私人旅舍专为营利而设,私驿则是有权势者自设自用。私人旅舍得到不断发展,私驿则是暂时现象。

魏晋时期出现驿站创新,魏政权制订了我国历史上第一部驿站法《驿站令》,水驿出现并得到空前发展,以至水、陆两驿并行。魏晋时期"传"和"亭"逐渐统一为驿站制度,政府一般性公文由"驿"承担,主要文书由专人"单骑快递"完成,但递送途中替换车马和食宿由驿提供,"驿"兼管之前由"传"和"亭"来承担的驿路上送往官员、专使和宾客的任务。

二、繁荣时期

隋唐时期驿站发展到新的阶段,制度完备、水陆相兼、数量繁多、建筑宏伟。驿站既要负责公文书信递送,又要传递军事情报,兼管接待官吏、追捕罪犯、押送犯人等,甚至承担贡品和其他货物运输。唐代馆驿根据业务繁忙程度和接待规格高低分成等级,每驿设驿长一人、驿夫数人至数十人不等❷。《唐律》规定馆驿只招待公差并持有符券的驿使及一定级别的官吏,招待规格视官品职位高低有别,驿使可以免费食宿和乘骑驿马,其他官员住宿均需交纳费用。一般百姓不准投宿,违者"笞四十"。《唐律》中严格规定了馆驿的行政与军事性质,强调传递军事消息,加强了国家的公共职能。唐代的驿站管理隶属于兵部,规定县驿、州驿、道驿分别由县

---

❶ 陈永久,张三省.站文化[M].北京:人民交通出版社,2008.
❷ 郭延兵.中国古代驿制嬗递与驿夫命运[J].甘肃社会科学,2019(2):167-174.

令、州之兵曹、道之节度使治理。

唐朝的中央政府和地方政府都设有专职驿站官吏,中央政府在兵部下设驾部郎中主管驾舆和驿传之事,地方各地节度使下设专管驿站的四名馆驿巡官,各州处由兵曹司兵参军分掌驿站,县里由县令兼职管理驿站事务,在最底层的乡里设主理驿站事务的"驿将"。政府定期对全国驿站进行考核,完成任务者有奖赏,有违法越轨行为者将受到惩罚,考核之外还有不定期巡视。

驿站的繁盛在隋唐军事和政治上有所体现,《隋书》中记载隋炀帝两次发兵讨伐叛乱都依靠全国驿路。唐代共有陆路驿约1300处、水路驿260处、水陆相兼驿90处,专门驿务20000人;陆路视驿之等级备驿夫2~20人、驿马8~75匹不等,水驿视事务繁简每驿备驿夫6~12人,驿船2~4只,水陆相兼之驿则既有驿马又有驿船❶。为保证驿站不受盗贼等干扰,唐朝在各驿站设有防兵,每里有驿兵5人。为保证驿站活动正常开支,唐朝规定驿站机构各有不等驿产,包括驿舍、驿田、驿马、驿船和有关驿站工具、日常办公用品和馆舍食宿所需等。政府每年固定给各地驿站经费补助,每年全国驿税150万贯、每个驿站的经费约1100贯。

唐朝的驿站装修华丽、食宿丰美,驿馆不仅有住宿的厅室,有的还有庭院、花园、水榭和阁楼,根据官员品位决定住宿等级。此外,唐朝开始设有专门传递信息的递铺,但还不发达、作用有限。

随着宋代商业经济的发展,政府更加重视驿站建设,而且发生的一个重大变化是驿、递分立。驿馆功能弱化为为过往官吏、使者提供食宿与交通工具;递铺有步递、马递、急脚递(南宋还设置斥喉铺、摆铺来专门传递军情文书),递铺不仅具有传输信息的职能,还具有物资运输、官员迎送与行李以及战时向前线运输军事物资等职能。驿馆由地方差役担任驿夫,而递铺由在厢军士卒充当铺兵。驿站作为官办于驿道上的备膳供宿机构、间距60里,接待过往官员、商旅和游客;递铺专门接待信差邮使,在交通干线或非交通干线,间距20里。

宋代驿站系统有明显军事特征,兵部管理驿站的规约条令、人事调配、马匹配备等,中央机构的枢密院管理驿马发放、颁布驿站凭信符牌等,两个机构相互独立、相互制衡。南宋时期在东南沿海和北边沿防地区把瞭望、侦察和通信传递结合起来建立斥喉铺,以传递军事紧急文书、为军事活动服务,设置由铺兵担任通信业务的摆铺与斥喉铺互为补充。

宋代馆驿中有炉、灯、榻、乐器、供帐等陈设,不仅提供油、烛、柴、炭、酒、肉等物品,还设有仓场储备钱、粮、草等物,支给过往官兵等,官员和士兵等差出以及马匹经过驿馆,可以凭证支取钱、粮、草料。宋代馆驿规模宏大,栽植花木美化环境,因馆驿宽敞华丽有时被移作行宫或官廊。而且,宋朝驿站传递方式更加多样化,结合地理条件发展了水驿、驼驿等。

三、鼎盛时期

"驿站"一词真正来源于元朝的"站赤"。蒙古语"jamci"由(jam)和(ci)组成,音译"站赤"。蒙古语"jam"来自汉语"站",其意义仍为"驿站"。驿站(站赤)是在蒙古族游牧生活习俗和对外战争需要的基础上逐步形成的,这一时期,驿站制度发展到了极其成熟的阶段。

驿站(站赤)职能主要有三:一是负责部分信息的传递和交流,二是担负部分物资的运输,

---

❶ 侯振民. 唐代水驿述略[J]. 唐都学刊,2016,32(2):24-29.

三是为因公出行的官吏提供交通工具和饮食住宿[1]。元驿站传递军事信息是首要职能。忽必烈为减轻驿站压力建立了专门传递官府公文的急递铺,但驿站在信息传输方面仍然占据着重要地位,传输公文的急递铺兵所经行的道路与设置驿站的道路紧密相联,但又各自独立。其次,驿站的重要职能是物资运输。在为皇帝和宫廷运送御用物资方面依然具有重要的作用,各地进献的皇帝御用日常食物、果品、药品等物通过驿站运送,从中原地区搜刮的五户丝及元朝皇帝岁赐诸物等也通过驿站运到蒙古草原,官府物资也多经由驿站运送。此外,驿站的重要职能是为官吏往来提供交通工具和食宿便利。驿站负责为经行驿站往来的传递紧急军事信息的海青使者、押运看管通过驿站运输官府物资的人员、因公出使的官吏提供交通工具和住宿饮食。

为强化军事统治需要,元朝政府努力恢复和发展驿站制度,加强对驿站的管理。驿站负责为使臣和来往官吏配备交通工具,陆驿有马、驴、牛,水驿有舟船,东北边远地区有特殊用于冰上的驿狗。元朝时期,全国范围内1119处驿站,有驿马45000匹,但各省数量不统一。甘肃仅有马站6处,浙江有各种站赤262处,哈尔滨(今哈尔滨)地区有狗站15处、驿狗3000只。南方水运发达地区主要是水驿,有水驿420处、备驿船5920艘。驿站除为乘驿人员旅行提供交通工具外,还向在驿站因公停顿乘驿人员提供临时办公交通工具"小铺马"。

元朝忽必烈执政期间发布《站赤条例》,规定驿站组织领导、马匹管理、驿站饮食供应、验收马匹和约束站官、检验符牌、管理牧地、监督使臣和按时提调等。驿站中央管辖权在通政院和兵部间有过数次交替,兵部在元朝始终参与驿站的中央管理工作,通政院通管全国驿站期间兵部也参与管理,只是兵部敦促各地驿站修缮驿舍及监督物资使用、负责安置调整驿站路线和设施等。类似地,元朝为维持治安在各地设有弓手,保障沿驿路经行的旅客安全,弓手的管理由县尉司、巡检司、捕盗所的长官负责。即便不是持有乘驿凭证的商人,也会得到相当有效的安全保护。而且,元朝驿站配备休息之处–驿舍,招待来往官吏,其陈设之华丽程度可与宋朝时期相比。

从洪武元年开始,明朝政府下令改"站"为"驿",民间仍然"驿""站"合用,"驿站"成了比较固定的称谓。但实际上,驿路和铺路是两大国家级道路系统,分工明确,"常事入递,重事给驿"[2]。明初驿递发展超过元朝,全国要冲都设有驿馆与递铺,铺距相隔10里、驿距相隔60里。

明朝大力发展边疆地区驿站,从西北嘉峪关到东北鸭绿江沿边8000余里都设置了驿站。明成祖在黑龙江和乌苏里江流域建立45处驿站,开通了水陆联运驿路[3]。为加强中央政府与乌斯藏(今西藏)地区的联系和控制,明朝政府多次修复建设中央通往乌斯藏的驿道和驿站。明永乐五年(1407年)政府开辟了雅州(今四川雅安地区)到乌斯藏的驿路,这是继甘藏驿道后又一条新驿道。为加强对外交流,明朝在东南海疆设立对外的驿所,永乐年间在广东设怀远驿、在福建设来远驿、在浙江设安远驿等,专门负责接待外国使臣和商人。

明朝政府规定驿站主要递送内容包括使客、军情、军事物资等,递运所主要递送物资与使客,急递铺递送公文等。水马驿包括水驿和马驿,其中水驿在交通要冲设船10~20只,稍偏僻

---

[1] 默书民. 蒙元邮驿研究[D]. 广州:暨南大学博士学位论文,2004.
[2] 谭立峰,张玉坤,林志森. 明代海防驿递系统空间分布研究[J]. 城市规划,2018,42(12):92-96,140.
[3] 乌云高娃. 明代鞑靼、女真卫所与东北亚驿站交通网[J]. 江海学刊,2019(6):179-185.

的地方设船 5~7 只、每船配船夫 10 人；马驿每隔 60~80 里设置一处，交通要冲处马驿备马 30~80 匹、非要冲地的行旅必经之路配马 5~20 匹。马驿中的马分上、中、下三等，水驿的船无等级区别。急递铺每 10 里设一铺，每铺设铺司一人、铺兵 10 人或 4~5 人；每铺均设日晷，分一昼夜为一百刻，送文书者每三刻须行一铺，即一个铺丁传递文书时昼夜需行 300 里。公文到铺，即不分昼夜继续传送。铺兵随身携带簿籍，用包袱或夹板包裹文书，鸣铃而行。

明代驿递最高管理机构是兵部，兵部下设车驾清吏司（简称"车驾司"），专门负责全国驿递事务。地方上驿递管理分二级：一是按察使是地方驿递系统的主管，二是各省地方长官负责其治下的总体驿递事务，下有各州县驿丞负责各驿站、急递铺等日常工作。❶

四、衰落时期

由于明朝末期的驿道管理弊端倪现、驿官腐败、驿政废弛，张居正提出"厚农而资商，厚商而农"的主张，推行"一条鞭法"，裁减驿传。以后三次全国驿递整饬但收效不大，造成明代"驿站""递铺"时盛时衰局势。明代官办驿递每况愈下，民间旅馆发展蓬盛并远超元代水平。

不过，清朝驿站制度完备，管理严密，网路纵横，在康熙、雍正、乾隆时期达到了高峰，鸦片战争后逐渐衰落。清代驿站制度最大特点是"邮"和"驿"合并。清朝之前"邮"负责传递公文，也称作"递"或"传"，是一种通信组织；"驿"负责提供各种交通和通信工具，兼有招待所性质。二者互为补充，是两套系统。到清朝时期，这两种组织就彻底融为一体了。驿站从间接地为通信使者服务，而变成直接办理通信事务的机构❷。

清代将驿站分为"驿、站、塘、台、所、铺"六种不同类型，其中"驿"主要接待驿使邮差和过往使臣、官吏，主要分布在城镇和市区附近；"站""塘""台"是设在通往边疆驿道上的食宿转运场所，主要接待过往兵吏、驿使、邮差和商旅者；"所"主要用于运输官物、货物，有简单的官吏宿舍供住宿；"铺"在清朝时则分布最广、规模最大，除传递公文、信息外还接待过往官吏、驿使。

清朝驿务的中央管理归兵部，兵部车驾司掌管全国驿站，车驾司下设驿传、脚力、马政、马档、递送等科主管全国驿道驿站，另设会同馆和捷报处分别办理迎送使客和文报驰递。同时，在皇宫东华门附近设两个专门机构，由满汉两大臣会同管理京师和各地驿务联系，下有马馆，专管驿夫驿马，又设捷报处，收发来往公文和军事情报。各省按察使兼管本省驿站。清朝改革明代驿传弊端，改驿站为官养官应，颁布法令，多次裁撤驿丞，驿站由县兼管。到清末时期，全国保留专职驿丞 65 人，史料显示驿站差事主要有四种：大差，接待公务要员和使臣；紧差，传递加急的重要文报；小差，传送一般驿递的奏章及表册；散差，接待悯劳恤死特许驰驿者。

清驿站系统更为深入，甚至在边远县级地区也设置"县递"，配备递马，县递在各县之间传递书信文书，弥补了干线驿站的不足。《光绪会典》记载，全国驿站系统由 2000 个驿站、7 万多驿夫和 14000 多个急递铺、4 万多名铺兵组成，规模庞大、网路纵横，在广度和深度上都超过以往朝代。另外，清朝通信速度达到了历史最快。以往一昼夜最多跑 400~500 里，清朝马递传送公文最快一昼夜可以飞驰 600~800 里。康熙派施琅收复台湾，报捷从福建到京师 4800 里路程 9 天内消息便可递到。尽管清代驿站制度严整，但随着中后期国力衰弱、驿道阻塞，文书

---

❶ 赵平略.明朝驿递制度对西南地区社会经济的影响[J].贵州民族大学学报（哲学社会科学版），2008(6)：25-108.
❷ 仇润喜,刘广生.中国邮驿史料[M].北京：北京航空航天大学出版社，1999.

延误情况严重甚至影响官员补缺。清朝时期总体上仍沿袭历代的邮传馆驿制度,驿站建筑呈现稳重严谨的风格,建筑形式精练,墙体以砖包砌,门坎十分宽敞,门上雕花精致,驿内布设更为考究。

之后,随着近代工业发展,汽车与公路、蒸汽机车与铁路等现代交通运输逐渐兴起,汽车、电车公司相继成立,发达的运输工具、成熟的运营路线和管理模式相结合,促进了现代运输业跨越发展,也给驿站带来翻天覆地的变化❶。

第二节 驿站演变

一、驿站的构成

成熟的驿站,除传递政令军情、接待来往使臣官吏,还负责物资运输和为民间客商提供休息、食宿等,设备配备十分完善。完整的驿站包括管理区、接待区、仓储区、车马区、生活区和商贸区等❷❸。

(1)鼓楼:驿站承担军情快递任务时设置鼓楼,兼瞭望、警戒、传声等功能。

(2)城墙:驿站承担边疆卫戍之责时多修建城墙或围墙,到达一定规模可称为驿城,如鸡鸣驿特殊战略位置使之独驿成城,全城周长2330m、墙高12m。

(3)管理区:设置驿丞署、把总署等府邸和驿卒、驿吏起居场所。

(4)接待区:驿站中设置厅堂承担迎宾送客功能,如孟城驿设有正厅、后厅各5间,根据接待级别开放不同厅堂。

(5)仓储区:小型驿站配备仓房、大型驿站兼备物资仓储和调配。

(6)车马区:服务车辆维护和马匹休整,有马厮、饮马石槽、碾子、磨盘、栓马桩等。

(7)生活区:接待官员和宾客是驿站的日常工作,旅舍是驿站的标准配置。

(8)商贸区:服务于所在区域的经济贸易等需求,如鸡鸣驿设有商号、油铺、茶馆、车马店以及当铺、钱铺(庄)、银(票)号等机构。

(9)庙宇:马神庙是驿站文化中有特色的庙宇,是驿站系统孕育出的一种宗教图腾。大型驿站的马神庙是祈求人马平安的祭祀场所。

二、驿站的分类

(1)按交通工具驿站可分为陆驿(又分为步递和马递)、水驿和水陆驿。

①陆驿,最为常见的有递铺和马驿。"常事入递,重事给驿",即平常的文书交给递铺,重要和紧急的文书交给马驿办理。

②水驿,也称河驿,是以船为主要交通工具的驿站,其转递手段为"代马船",主要走运河。隋唐以前水路驿传是陆路驿传的重要补充。

---

❶ 刘广生,赵梅庄.中国古代邮驿史[M].北京:人民邮电出版社,1999.
❷ 辛塞波.特定文化结构下传统聚落特征考略[J].建筑学报,2009(S2):58-62.
❸ 王灿炽.北京地区现存最大的古驿站遗址[J].北京社会科学,1998(1):117-122.

③水陆驿站是指兼有水陆两种运输方式的驿站,如江苏高邮市盂城驿濒临京杭大运河,担负着南北漕运任务,同时又是陆运重要枢纽。

(2)按设置机构驿站可分为军驿、官驿和私驿三种。

①军驿,专门服务于军队的驿站,从事军情传递、后勤补给、军粮督运和设卡盘查等辅助性工作。

②官驿,负责官府行政文书的传递和使臣接待等事务。

③私驿,民间通信组织形成,约始于唐朝长安与洛阳之间为民间商人服务的"驿驴",明清之际为以营利为目的的民信局。

三、驿站的职能

1. 军事功能

最初建立驿站的目的是服务于军事,因此驿站一直承担着军事信息传递功能,这点从驿站各朝各代历由兵部掌管可以得证。驿站在商周时期战火中诞生,东周后期由步行传送发展到车马传递,秦始皇统一六国后修驰道、车同轨,在此基础上驿站逐渐形成规模,作用和地位也逐渐明晰。由于军事信息保密性要求高,逐渐从驿站系统分离并专门化,历代文献中有军驿、官驿、商驿、私驿等。

宋朝时期组建专门传递信息的递铺组织,有专门驿使负责特殊信息与军事情报的传递,实现驿递与递铺双系统运行。南宋时期在递铺之外,又设置斥候铺、摆铺专门传递军情文书。元朝时期为传递特殊信息,曾建立专用驿站路线,特殊使命完成后变为普通驿路或被裁撤。清朝时期驿传组织更为庞杂,内地各省设置"驿"、军报所称"站"、关外驿称"台""塘""卡伦"等、运输官物称"所"和专递公文的"铺",职能分工既有重叠又区分等级。清朝末期,文报局设立,与驿站相辅而行发挥政府行文传递功能,军事功能逐渐淡化,逐渐发展为邮政系统。

2. 通信功能

远古时期通信以"击鼓传声"和"烽燧"等方式传递,信息传递是历代驿站的重要职能。驿站是信息流通的重要节点,其信息传递方式或流程竟然与现代运输过程有相似之处。为传递重要信息,往往需要派专人采用更换马匹、日夜兼程的方式前往目的地,尤其宋、元时期建立急递铺以前,几乎所有重要信息都依靠驿站传送。驿站使用凭证是勘合和火牌,凡向驿站要车、马、人夫运送公文和物品要看"邮符",军事信息保密级别较高时则使用由兵部制作的火牌。马递公文、货物运输、暂存保管等沿途各驿站的接递,就要填写连排单,签字备查。

随着驿站系统的完善和信息量增加,清朝出现区域性集散中心驿站,凡经驿站寄往各省的官封先由车驾司验明盖戳随即送往捷报处,经由马馆预备夫马,然后由京传至第一站(西路为良乡、东路为通州)转发,如此沿站传递以达原封应达之地。而各省的文报,也按此办法,先由提塘交首站,再由各站依次转递,以达京师车驾司,再由该司分送各署。

3. 交通功能

由于驿站通常间隔30~80里设置,交通工具(马匹为主)补给是驿站的重要职能。若将驿道比喻为高速公路,则驿站就是服务区和加油站。驿站最主要的交通工具是驿马,驿马地位仅次于军马,属于官方马匹,与现代公务用车类似。因此,驿站马厩是标准配置。从馆舍建造维修、驿站车马配备、车辆维护保养、马牛草料供应等来看,驿站的后勤保障有着严密而完善的管理制度。驿站还有马匹交易及马具维修功能,车辆也是驿站交通的重要组成部分。在居延汉简中,可以看到车辆"折伤"的记录。驿站除为乘驿人员提供交通工具外,还向在驿站因公停顿的乘驿人员,提供临时办公使用的交通工具。交通工具除驿马外,还包括牛、骆驼、狗,甚至羊,这些都是特定环境下的驿站交通工具。

驿站大多选在交通便捷、位置冲要之处,驿站选址视交通状况,反之随着驿站设立巩固了当地的交通枢纽地位。驿站系统的运输方式上采用递运模式,定点、定线、接力,这种专职递运业务把陆运和河运甚至海运组织起来,形成四通八达的交通网络。因此,驿站随着"丝绸之路"通达印度、缅甸和波斯等国。

4. 运输功能

驿站承担运输功能大体经历了四个阶段:第一个阶段是单纯的传递信函,第二个阶段是宫廷御用物资运输,第三个阶段是政府物资运输,第四个阶段是民用物资运输。运输职能早期服务宫廷御用之物,杜牧的名句"一骑红尘妃子笑,无人知是荔枝来"即如此。军需物资和贡品专门运输机构递运所的设置,使货物运输有了专门机构。

早期由于驿站要服务于军事活动,因此驿站的运输功能不对非官方开放,未经授权擅自启用驿站系统将受到严厉惩罚。例如,明朝朱元璋因驸马都尉欧阳伦滥用驿站而将其赐死。虽然,驿站承担民间运输功能起始时间难以考证,但《元史》论述站赤时记载,"其设法也,有马站、有水站、有车站、有江船站。水站、马站则通客旅,车站、江站则通货"。明朝沿袭了元朝庞大驿站网络,并为加强运输职能建立水马驿、递运所和急递铺。驿站承运民用和商业物资,显示明朝实现了驿站能够为民众所用,使明朝商贸规模有了质的提升。驿站运输活动,通常根据官职高低、任务轻重和时间缓迫等分不同等级来安排运力。延续几千年的驿站无论从技术发展还是物资运输,我国长期领先于西方。

5. 贸易功能

最初的驿站商品贸易功能,是驿站接待过往吏客及随从,为他们提供食宿时伴随着贡品交换。后来,驿道沟通区域间的交通,过往人员会在驿站附近购买物品,从而形成定期的集市,甚至主要驿道上的驿站发展为商品交易中心。"丝绸之路""茶叶之路"都是由驿站串接而成,随着驿站过往商人增多逐步发展为交易场所,继而周边配套商号、货栈、酒楼、茶馆、客栈和车马店等设施。而且,驿道由官方管辖,驿道沿线治安良好可确保驿道交通畅通,这使商贸与驿站相结合,促使驿站发展为商贸中心。

课后思考题

1. 请简要归纳我国驿站发展的主要历程。
2. 请结合我国驿站发展历史,论述交通强国建设的战略意义。
3. 从我国驿站发展的兴盛与衰落,如何看待交通运输枢纽建设在经济社会发展中的作用?

第二章

运输站场概述

第一节 铁路运输站场

一、铁路运输站场定义

铁路运输站场俗称火车站,是铁路运输对外联系的纽带和窗口,它集中了铁路运输生产技术设备(如客、货运转以及机务车辆检修和通信设备等),参与运输过程主要环节(旅客上下车、售票,货物承运、保管、装卸、交付,接发列车,列车解体、编组,机车换挂、整备)、机车和列车乘务组更换、车辆检修,以及货运检查等业务的办理。

合理设置铁路运输站场的位置、规模,配备适当的设施和设备,对于提高铁路运输质量和效率有着至关重要的作用。

二、铁路运输站场类别

1. 按技术作业性质划分

按技术作业性质不同,铁路运输站场可分为会让站、越行站、中间站、区段站和编组站五类。

(1)会让站设在单线铁路上,主要办理列车到发和会让,办理少量客货运业务。会让站应铺设到发线并设置通信、信号设备及旅客乘降、办公房屋等设备。

(2)越行站设在双线铁路上,主要办理同方向列车的越行,必要时办理反方向列车转线,办理少量客货运业务。越行站应铺设到发线并设置通信、信号设备及旅客乘降、办公房屋等设备。

(3)中间站办理的作业主要有列车通过、会让和越行。双线铁路上还办理反方向运行列车的转线,旅客乘降和行包收发与保管,货物承运、装卸、保管与交付,摘挂列车向货场甩挂车辆的调车作业。客货运量较大中间站,有始发、终到旅客列车及编组始发货物列车的作业。

(4)区段站为邻接铁路区段供应及整备机车或更换机车乘务组,并为无改编中转货物列车办理规定的技术作业,还办理一定数量列车解编作业及客货运业务,设备条件具备时还进行机车、车辆检修。

(5)编组站是在铁路网上办理货物列车解体、编组作业,并为此设有调车设备的车站。编组站以处理改编中转货物列车为主,负责路网上和枢纽中车流组织,还供应列车动力、机车整备和检修、车辆日常维修和定期检修,作业数量和设备规模均较大。

2. 按业务性质划分

按业务性质不同,铁路运输站场可分为客运站、货运站和客货运站三类。

(1)客运站是专门办理客运作业的车站,主要任务是组织旅客安全、迅速、准确、方便地上下车,办理行包、邮件的装卸搬运,组织旅客列车安全、正点到发和客车车底取送等。

(2)货运站是专门办理货物装卸作业及办理货物联运或换装的车站。以办理货物装卸作业为主并办理少量的客运或货车中转作业的车站,也属于货运站。

(3)客货运站:同时办理客运作业和货运作业的车站。

三、铁路运输站场等级

按照铁路运输站场的地位、作用、办理运输业务和技术作业量等综合指标,车站分为六级:特等站、一等站、二等站、三等站、四等站、五等站。核定车站等级,可考虑车站所在地的政治、经济、文化、外交和运输布局的需要。

对以单项业务为主的客、货运站及编组站,按下列条件划分车站等级:

(1)具备下列三项条件之一者为特等站:

①日均上下车及换乘旅客6万人次以上,并办理到达、中转行包2万件以上的客运站。

②日均装卸车750辆以上的货运站。

③日均办理有调作业车6500辆以上的编组站。

(2)具备下列三项条件之一者为一等站:

①日均上下车及换乘旅客1.5万人次以上,并办理到达、中转行包1500件以上的客运站。

②日均装卸车350辆以上的货运站。

③日均办理有调作业车3000辆以上的编组站。

(3)具备下列三项条件之一者为二等站:

①日均上下车及换乘旅客5000人次以上,并办理到达、中转行包500件以上的客运站。

②日均装卸车200辆以上的货运站。

③日均办理有调作业车1500辆以上的编组站。

对办理客、货业务及货物列车编解等技术作业的综合性车站,按下列条件划分:
(1)具备下列三项条件之二者为特等站:
①日均上下车及换乘旅客 2 万人次以上,并办理到达、中转行包 2500 件以上。
②日均装卸车 400 辆以上的车站。
③日均办理有调作业车 4500 辆以上的车站。
(2)具备下列三项条件之二者为一等站:
①日均上下车及换乘旅客 8000 人次以上,并办理到达、中转行包 500 件以上。
②日均装卸车 200 辆以上的车站。
③日均办理有调作业车 2000 辆以上的车站。
(3)具备下列三项条件之二者为二等站:
①日均上下车及换乘旅客 4000 人次以上,并办理到达、中转行包 300 件以上。
②日均装卸车 100 辆以上的车站。
③日均办理有调作业车 1000 辆以上的车站。
(4)具备下列三项条件之二者为三等站:
①日均上下车及换乘旅客 2000 人次以上,并办理到达、中转行包 100 件以上。
②日均装卸车 50 辆以上的车站。
③日均办理有调作业车 500 辆以上的车站。
(5)办理综合业务,但按核定条件,不具备三等站条件者为四等站。
(6)只办理列车会让、越行的会让站与越行站,均为五等站。

四、铁路运输站场作业与设施

1. 客运站

1)客运站作业
(1)客运服务作业
客运服务作业包括旅客上下车、候车、问询、小件寄存,以及对旅客文化、饮食、住宿、购物和卫生方面的服务等。
(2)客运业务
客运业务包括客票发售,行包承运、装卸、保管和交付,邮件装卸和搬运等。
(3)技术作业
按列车种类不同,客运站办理下述技术作业:
①始发、终到列车:包括列车接发、机车摘挂、列车技术检查、车底取送、个别客车甩挂以及餐车整备等。
②通过列车:包括列车接发、机车换挂或整备、列车技术检查、客车上水。
③个别情况下还办理个别客车甩挂、变更列车运行方向、办理餐车供应及上燃料等作业。
④市郊(通勤)列车:包括列车接发、机车摘挂、列车技术检查及车底取送等。
⑤某些客运站还办理少量货物列车的到发和通过作业。
2)客运站设施
(1)站房
站房是客运站的主体,包括为旅客服务的各种房屋(如大厅、售票厅、候车厅、问询室等)、技术办公房屋(如运转室、站长室、公安室等)以及职工生活用房等。

(2)站场

站场是办理客运技术作业的地方,包括线路(如到发线、机车走行线、车辆停留线等)、站台、雨棚、跨线设备等。

(3)站前广场

站前广场是客运站与城市的接合部,包括旅客活动地带、停车场、旅客服务设施、绿化带等。

2. 货运站

1) 货运站分类

(1)货运站按工作性质分为装车站、卸车站和装卸站。其中,装车站以办理货物的装车为主,需接入空车、发出重车;卸车站以办理货物的卸车为主,需接入重车、排出空车;装卸站的装车和卸车工作量大致平衡,可组织车辆双重作业。

(2)货运站按办理货物的种类可分为综合性货运站和专业性货运站。办理多种不同种类货物作业的车站称为综合性货运站;办理单一品类(如粮食、木材、煤、矿建材料、石油及其制品等)大宗货物及危险货物作业的车站称为专业性货运站。

(3)货运站按其与枢纽内铁路线衔接方式的不同可分为尽头式货运站和通过式货运站两种。

(4)货运站按车场与货场布置形式可分为横列式和纵列式两种。

2) 货运站作业

(1)运转作业

①办理从编组站开来的小运转列车或从衔接区间开来的直达列车的接车作业。

②按装卸点选编车组、调送车组及按货位配置车辆。

③收集各装卸点装卸完毕的车组,并在调车线上进行集结。

④编组小运转列车或直达列车,向编组站或衔接区间发车。

(2)货物作业

①货物的托运和交付、装卸和保管。

②货运票据的编制。

③货物的过磅、分类、搬运、堆码以及换装、加固、检查装载。

④办理铁路与其他运输部门的联运,有时还兼办部分客、货列车的接发、通过和交会。

⑤不良车的修理。

⑥调车机车的整备以及车辆的清扫、洗刷等作业。

3) 货运站设施

(1)运转设施包括到发线、调车线、牵出线等。

(2)货运设施包括货场配线(如货物装卸线、存车线、货场牵出线等)、场库设备(如仓库、雨棚、站台、堆放场等)装卸设备(如装卸机械、运输机械等)取送货物道路、停车场、给排水设备及消防设备。

(3)其他设施设备。可根据作业需要设置旅客站台、机车整备与车辆检修设备、集装箱及托盘维修保养设备、货车消毒洗刷设备、篷布维修设备、计量设备等。

第二节 水路运输站场

一、水路运输站场定义

水路运输站场也称"港口",是河、海、湖、水库沿岸有水、陆域及各种设施,供船舶进出、停泊以及货物装卸存储、旅客上下或其他专门业务的场所,是各种工程建筑物(如水工、房建、铁路、道路、桥梁和给排水等)、设备以及信息基础设施所组成的综合体。

港口是水路运输货物换装和集散中心,旅客在此上下,货物在此集散、暂存、换装并改变运输方式。

二、水路运输站场类别

由于港口功能、位置、规模、自然条件等存在差异,可根据地理位置、用途功能、自然条件和层次地位对港口进行分类。

1. 按港口所在的地理位置划分

按所在的地理位置,港口可以分为海港、河口港、河港和水库港。

(1) 海港

海港指位于有掩护的海湾内或位于开敞的海岸上的港口。海港利用海湾、岬角等天然掩护,可避开或减少风浪、潮汐、沿岸输沙的影响。当天然掩护不能满足要求时可修建防波堤。

(2) 河口港

河口港指位于江、河入海口处的港口。河口港一般建在河流下游,有通海航道,可满足河、海船舶停泊需要。受潮汐和河道径流影响,进港航道容易出现泥沙淤积,形成拦门沙,航道维护和治理往往是河口港面临的重要问题。

(3) 河港

河港指位于河流沿岸的港口。河道上游河港易受洪汛影响,不同季节水位落差很大,给船舶停靠和装卸带来困难。中下游港口受潮差和洪汛双重影响,易产生泥沙淤积。

(4) 水库港

水库港是指建于大型水库沿岸的港口。

2. 按港口用途划分

按用途,港口可以分为商港、工业港、军港、渔港和旅游港。

(1) 商港

商港又称贸易港,是以商船和货物运输为服务对象的港口。商港一般兼运各类货物,设有不同货种的作业区,不但要有优良自然条件,还须具备工商业集中、经济发达、交通便利等条件。

(2) 工业港

工业港是主要供大型工矿企业输入原材料和输出产品而专门设置的港口,又称业主码头。

(3) 军港

军港是为军用舰艇驻泊、给养、训练和作战设置的专用港口。它在港口选址、总体布置和陆域设施等方面均有特殊要求。
　　(4)渔港
　　渔港是指供渔船停泊、修理、给养和渔货装卸、冷藏加工及保鲜储运的港口,需具有生产、贸易和分运的功能。
　　(5)旅游港
　　旅游港是指专为游艇停泊和保管而设计的特定形式的港池、码头及陆域设施的港口。
　　3.按港口所在地自然条件划分
　　按所在地自然条件,港口可以分为天然港和人工港。
　　(1)天然港
　　天然港具有天然的船舶停靠和避风条件,有足够的水域面积和天然水深条件,底质适于锚泊。
　　(2)人工港
　　人工港是指经人工开辟航道和港池,并建有防波堤的港口。
　　4.按集装箱运输份额划分
　　按集装箱运输份额,港口可以分为国际集装箱枢纽港、区域性枢纽港和支线港(喂给港)。
　　(1)国际集装箱枢纽港
　　国际集装箱枢纽港是国际集装箱运输主干航线的起始港、终点港或主要挂靠港,是所在地区集装箱及货物集散的枢纽。
　　(2)区域性枢纽港
　　区域性枢纽港是国际集装箱运输主干航线挂靠港或区域性国际航线起始港、终点港,本地区及邻近地区集装箱货源较充足,并有一定数量的支线港(喂给港)。
　　(3)支线港(喂给港)
　　支线港(喂给港)是区域性集装箱国际航线或分支航线的挂靠港,或是少数区域性国际航线及国内集装箱航线的起始港、终点港。
　　5.按装卸货物的不同划分
　　按装卸货物的不同,港口还可分为综合性港口和专业性港口。
　　(1)综合性港口是指能够装卸多种货物的港口。
　　(2)专业性港口是指专门或者主要从事某种货物装卸作业的港口,其特点是某种货物在其港口吞吐量中占有很大的比重,并具备装卸该种货物的先进专用装卸设备设施。

三、水路运输站场构成

　　从范围上讲,港口主要包括水域和陆域两部分。
　　港口水域指与船舶进出港、停靠及港口作业相关的水上区域,其主要设施包括航道、港池、锚地、船舶调头水域和码头前水域、防护建筑物及导航、助航标志设施等。
　　港口陆域指从事与港口功能相关服务的陆上区域,其主要设施包括:码头、仓库、集装箱堆场(以下简称"堆场"),铁路、公路、港区道路,装卸机械和运输机械等生产设施;给排水系统、供电照明系统、通信导航系统,为生产提供直接服务的场所(如现场办公室、候工室、机械库、工具库及维修车间、燃料供应站、港内工作船基地、港口设施维修基地等)及各类生产辅助设施与信息控制系统;有关的生活设施、服务设施、环保设施、文化与教育设施以及满足现代物流服务需要的相关设施等。港口各部分必须相互适应,只有各大系统能力协调配合才能形成港口的综合生产能力。

四、水路运输站场功能

随着港口功能由简单变复杂,港口功能依据用途、分类而不相同,下文只介绍商港的主要功能。

1. 装卸和仓储功能

装卸和仓储是港口最基本的功能,主要包括对各种货物的装卸、搬运、储存、保管、分拨、配送等。

2. 运输组织管理功能

港口作为综合运输体系中的重要枢纽,通过有效的运输组织管理把各种运输方式有机地联系起来,从而使物流全过程快速、经济、合理。

3. 贸易功能

港口逐步发展为对外交往和贸易的窗口。越来越多的贸易机构在港口或港口附近开辟专门的区域,从事商品贸易活动。港口不仅自身要具备这种功能,而且要为这种贸易活动创造良好的条件。

4. 信息功能

通信及信息服务系统是港口现代化的重要组成部分,也是形成物流服务中心及管理中心的重要基础。现代港口是各种信息的服务平台,主要包括如下内容:

(1)船舶与航线、货源与车源、车辆调度与货车跟踪、仓储与库存控制、运输配送计划、物流作业统计及物流成本分析与控制等物流供应链上的各种信息。

(2)国内和国际商贸有关信息。

(3)"一关三检"(即海关和动植物检疫、卫生检疫和船舶检验)所需信息。

(4)多式联运有关资料信息。

(5)信息服务与咨询。

5. 服务功能

作为车、船等交通工具集散和大量人流活动聚集地,港口必须能够提供优质的口岸服务及生产、生活服务。除边防检查、"一关三检"及维修、海事服务外,还包括船、车的燃物料供应,船员、客商及与港口服务相关的各类从业人员能够在港口得到良好的餐饮、娱乐、居住及其他生活服务等。

6. 生产加工功能

生产加工功能主要表现为两个层次:一是属于流通领域的货物加工,即分选、换装、包装等;二是国际和国内许多制造商或生产企业在港区或附近建立产品加工厂或装配厂,进行产品加工制造然后通过港口外运或在当地销售。

7. 辐射功能

随着港口功能不断完善和现代物流业的发展,港口不仅对其海外和内陆腹地辐射作用逐渐扩大和加深,而且对周边地区的带动作用也不断增强,既促进了腹地经济的发展和对外交流,又使港口功能得以拓展和完善。

8. 现代物流功能

现代物流产业已在全球范围内迅速发展成为极具发展空间和潜力的新兴产业,为充分发挥现代供应链的重要节点作用,越来越多的港口正在向现代物流中心发展。

除上述功能外,随着海洋石油、海洋渔业以及海洋资源的开发,现代港口正在向航运和海洋产业的服务中心和后勤基地转化。此外,港口功能的多样性还带动了其他诸多的贸易与产业活动,使港口的城市功能逐渐扩大。

第三节　航空运输站场

一、航空运输站场定义

航空运输站场又称飞机场、空港,较正式的名称是航空站(港),是指可供飞机起飞、降落、滑行、停放的场地和有关建筑物及设施的总称。

机场一般分为军用和民用两大类,通常指民航机场。用于商业性航空运输的机场又称航空港。国际民航组织将航空港定义为:供飞行器起飞、降落和地面活动而划定的地域或水域,包括域内的各种建筑物和设备装置。通常,把大型民用机场称为空港,小型机场称为航站。

民用运输机场的基本功能是为飞机运行,旅客、货物及邮件运输,以及其他方面提供服务,主要保证飞机安全、及时起飞和降落,安排旅客和货物准时、顺利地上下飞机,提供方便和迅速的地面交通。

二、民航运输站场类别

1. 按航线性质划分

按航线性质,机场可分为国际航线机场(国际机场)和国内航线机场。

(1)国际航线机场有国际航班进出,并设有海关、边防检查(移民检查)、卫生检疫和动植物检疫等政府联检机构。国际机场又分为国际定期航班机场、国际不定期航班机场和国际定期航班备降机场。

(2)国内航线机场是专供国内航班使用的机场。国内航线机场包括地区航线机场。地区航线机场是指我国内地城市与港澳等地区之间定期或不定期航班飞行使用的机场,并设有相应的类似国际机场的联检机构。

2. 按机场在民航运输网络中所起作用划分

按机场在民航运输网络中所起作用,机场可分为枢纽机场、干线机场和支线机场。

国内、国际航线密集的机场称为枢纽机场。干线机场是指各直辖市、省会、自治区首府以及一些重要城市或旅游城市的机场。干线机场连接枢纽机场,空运量较为集中。支线机场则空运量较少,航线多为本省区内航线或邻近省区支线。

3. 按机场所在城市性质、地位划分

按机场所在城市性质、地位,机场可分为Ⅰ类机场、Ⅱ类机场、Ⅲ类机场和Ⅳ类机场。

(1) Ⅰ类机场,即全国经济、政治、文化中心城市的机场,是全国航空运输网络和国际航线的枢纽,运输业务繁忙,除承担直达客货运输外,还具有中转功能。

(2) Ⅱ类机场,即省会、自治区首府、直辖市和重要的经济特区、开放城市或旅游城市,或经济发达、人口密集城市的机场,可以建立跨省、跨区域的国内航线,是区域或省区内民航运输的枢纽,有的可开辟少量国际航线,这类机场多为干线机场。

(3) Ⅲ类机场,即国内经济比较发达的中小城市或一般的对外开放和旅游城市的机场,除开辟区域和省区内支线外,可与少量跨省区中心城市建立航线,这类机场也可称为次干线机场。

(4) Ⅳ类机场,即省、自治区内经济比较发达的中小城市和旅游城市,或者经济欠发达但地面交通不便城市的机场。航线主要是在本省区内或连接邻近省区。这类机场也可称为支线机场。

4. 按旅客乘机目的划分

按旅客乘机目的,机场可分为始发、终程、经停(过境)和中转(转机)机场。

(1) 始发、终程机场中,始发和终程旅客占多数,始发和终程架次比例很高。目前国内机场大多属于这类机场。

(2) 经停机场往往位于航线的经停点,没有或很少有始发航班。除比例不大的始发、终程旅客,绝大多数是过境旅客,飞机一般停驻时间很短。

(3) 中转机场中,有相当大比例的旅客下飞机后,立即转乘其他航线的航班飞往目的地。

除以上所述四种划分机场类别的标准外,从安全飞行角度考虑还设有备降机场。备降机场是指在飞行计划中事先规定的,当预定着陆机场不宜着陆时,飞机可前往着陆的机场。在我国,备降机场是由国家民航局事先确定的。起飞机场也可以是备降机场。

三、民航运输站场等级

按照航站的年旅客吞吐量或货物(及邮件)运输吞吐量来划分机场等级,业务量大小与航站规模及其设施有关,反映机场繁忙程度及经济效益。表2-1为按航站业务量划分的参考标准。若年旅客吞吐量与年货邮吞吐量不属于同一等级时,可按较高者定级。

(1) 年旅客吞吐量小于10万人,且年货邮吞吐量小于2kt,航站业务量规模等级定为小型。

(2) 年旅客吞吐量为10~50万人,且年货邮吞吐量2~12.5kt,航站业务量规模等级定为中小型。

(3) 年旅客吞吐量为50~300万人,且年货邮吞吐量12.5~100kt,航站业务量规模等级定为中型。

(4) 年旅客吞吐量为300~1000万人,且年货邮吞吐量100~500kt,航站业务量规模等级定为大型。

(5) 年旅客吞吐量大于1000万人,且年货邮吞吐量大于500kt,航站业务量规模等级定为特大型。

航站业务量规模分级标准表　　　　　　　　表2-1

航站业务量规模等级	年旅客吞吐量(万人)	年货邮吞吐量(kt)
小型	<10	<2
中小型	10~50	2~12.5
中型	50~300	12.5~100
大型	300~1000	100~500
特大型	>1000	>500

四、民航运输站场构成

机场主要由飞行区、地面运输区和候机楼三部分构成。飞行区是机场内用于飞机起飞、着陆和滑行的飞机运行区域，通常飞行区还包括用于飞机起降的空域。地面运输区是车辆和旅客活动的区域，其功能是把机场和附近城市连接起来（通常是通过公路，也包括铁路地铁、轻轨、水运码头等），将旅客和货邮运进或运出候机楼。候机楼是旅客登机的场所，是飞行区和地面运输区的接合部位。

严格来讲，候机楼应该属于地面运输区，鉴于机场中的很多主要活动在候机楼中进行，因而把候机楼作为机场的一个独立构成部分。

1. 飞行区构成

飞行区由跑道、滑行道、净空区、飞行区设施四个部分构成。

(1) 跑道

跑道是供飞机起飞、着陆、滑跑以及起飞滑跑前（和着陆滑跑后）运转的长方形场地，是机场工程的主体。机场结构主要取决于跑道数目、方位以及跑道与航站区的相对位置。跑道必须具有足够长度、宽度、强度、粗糙度、平整度及规定坡度。跑道数目取决于航空运输量大小。跑道方位主要与当地风向有关。

跑道布置形式取决于跑道数量和方位。航空交通量小、常年风向相对集中时，只需设置单条跑道；航空交通量大时，须设置两条或多条跑道。大多数航空港（机场）只有单条跑道。大型航空港（机场）有2~3条甚至4~6条跑道。跑道布置形式由单条跑道、平行跑道、交叉跑道和开口V形跑道等基本构形组成。

从跑道容量和空中交通管制难易情况看，单向跑道最可取。其他条件相同时，单向跑道容量比其他跑道要大。对空中交通管制来说，引导飞机在单方向运行不像多方向运行那样复杂。随着对常年风向的准确掌握和飞机侧风降落能力的加强，新的大型多跑道空港都采用平行跑道布局。

(2) 滑行道

滑行道是指机场内供飞机滑行的规定通道。滑行道主要包括从跑道到候机楼区的通道、已着陆的飞机离开的跑道。滑行道不与起飞滑跑的飞机相干扰，避免延误随即到来的飞机着陆。此外，滑行道还提供了飞机由候机楼区进入跑道的通道。

(3) 净空区

机场净空区或进近区是必须对机场附近沿起降航线一定范围内的空域（在跑道两端和两侧上空为飞机起飞爬升、降落下滑和目视盘旋需要所规定的空域）提出要求，也就是净空要求,保证在飞机的起飞和降落的低高度飞行时不能有地面的障碍物来妨碍导航和飞行。

(4)飞行区设施

飞行区设施设备包括航站导航设施、航空地面打光系统、空港跑道系统的标志灯具以及飞行区的其他设施。

2. 候机楼构成

候机楼主要由停机坪和登机坪两部分构成。

(1)停机坪

停机坪指在陆地机场上划定的供飞机上下旅客、装卸货物和邮件、加油、停放或维修之用的场地。停机坪面积要足够大,以保证上述活动车辆和人员行动,停机坪上用漆标出运行线,使飞机按照一定线路进出滑行道。

停机坪包括站坪、维修机坪、隔离机坪、等候机位机坪、等待起飞机坪等。停机坪上设有供飞机停放的划定位置,即机位;供飞机等待或让路,以提高飞机地面活动效率的场地,称为等待停机坪。等待起飞坪应容纳2~4架飞机,并有足够的地面使一架飞机绕过另一架飞机。候机楼一侧所设停机坪称作站坪(或称为登机停机坪),可供飞机滑行、停驻机位、停靠门位以便上下旅客、行李和货邮及加油。站坪包括客机坪和货机坪。停机坪供飞机长时间停放、满载滑进滑出,其受载条件与跑道端部相近。因此,其厚度应与跑道端部相等。

(2)登机坪

登机坪是指旅客从候机楼上机时飞机停放的机坪,要求使旅客尽量减少步行上飞机的距离。

第四节　公路运输站场

一、公路运输站场定义

公路运输站场是旅客候车及办理售票、行包托运、寄存以及各种旅行手续的场所,是客、货产生空间位移的起止点和集疏场所。

公路运输站场地位与性质相关资料中,把公路运输站场描述为:"运输站场是城镇物质文明和精神文明建设的'窗口'""是组织运输生产必不可少的基础设施,同时也是社会公益性设施""是运输站场经营的'门市部'""是培育和发展运输市场的依托和载体,对提高运输效率有积极促进作用"。

具体而言,公路运输站场以设施、场地及配套设备为依托,提供集散换乘、运输组织、信息服务、辅助服务等服务,是运输网络的节点,是运输经营主体与旅客、货主发生运输交易活动的场所,是公路运输基础设施和社会公益性设施,是运输市场的载体。

二、公路运输站场类别

1. 按运输对象划分

按运输对象分为汽车客运站、汽车货运站、汽车客货运综合站。

汽车客运站主要为旅客和客运车辆提供站务服务。

汽车货运站主要为货物和货运车辆提供站务服务。

汽车客货运综合站同时为旅客、货物、客运车辆及货运车辆提供站务服务。

2. 按服务对象划分

按服务对象分为公用型运输站场和自用型运输站场。

公用型运输站场指全方位面向社会开放，本身无从事运输业务营运的自备运力，专门为运输经营者和运力拥有者提供站务服务的运输站场。

自用型运输站场指隶属于运输经营者，主要为本站场营运车辆提供运输服务的运输站场。

3. 按站场级别划分

按站场级别，汽车客运站分为一级站、二级站、三级站、便捷站和简易站，汽车货运站分为一级站、二级站、三级站。

4. 按业务性质划分

按业务性质分为快速运输站场和普通运输站场。

快速运输站场的营运线路主要是快速直达班线，其营运线路长度内至少有70%的高速公路。

普通运输站场的营运线路主要是普通营运班线，其营运线路长度内的高速公路比例少于70%。

5. 按地理位置划分

按地理位置分为口岸站场和内陆站场。

口岸站场主要为边境公路运输服务，内陆站场主要为内陆公路运输服务。

三、公路运输站场等级划分

1. 汽车客运站分类分级

根据车站设施和设备配置、设计年度平均日旅客发送量(以下简称日发量)等因素，汽车客运站分为等级车站、便捷车站和招呼站三类。等级车站又分为一级、二级、三级3个级别。

1）等级车站

（1）一级车站

设施设备符合《汽车客运站级别划分和建设要求》(JT/T 200—2020)中一级车站配置要求，且日发量在5000人次及以上的车站或日发量在2000人次及以上的旅游车站、国际车站、综合客运枢纽内的车站。

（2）二级车站

设施设备符合《汽车客运站级别划分和建设要求》(JT/T 200—2020)中二级车站配置要求，且日发量在2000~5000人次的车站或日发量在1000~2000人次的旅游车站、国际车站、综合客运枢纽内的车站。

（3）三级车站

设施设备符合《汽车客运站级别划分和建设要求》(JT/T 200—2020)中三级车站配置要求，且日发量在300~2000人次的车站。

2)便捷车站

设施设备符合《汽车客运站级别划分和建设要求》(JT/T 200—2020)中便捷车站配置要求的车站。

3)招呼站

设施设备符合《汽车客运站级别划分和建设要求》(JT/T 200—2020)中便捷车站配置要求,具有等候标志和候车设施的车站。

2. 普通汽车货运站分类分级

公路货运站以占地面积和处理能力作为站级划分的主要依据。

1)综合型公路货运站

综合型公路货运站依据占地面积和处理能力划分为三个级别。占地面积以亩为单位,1亩为 $666.67m^2$。货物处理能力为设计年限内,货运站发出与到达的货物数量(包括中转、收、发量)的总和,单位为吨。

(1)一级站

设施设备符合《公路货运站站级标准及建设要求》(JT/T 402—2016)中规定一级站必备各项,占地面积600亩及以上且处理能力600万吨/年及以上。

(2)二级站

设施设备符合《公路货运站站级标准及建设要求》(JT/T 402—2016)中规定二级站必备各项,占地面积300~600亩且处理能力300~600万吨/年。

(3)三级站

设施设备符合《公路货运站站级标准及建设要求》(JT/T 402—2016)中规定三级站必备各项,占地面积150~300亩且处理能力100~300万吨/年。

2)运输型公路货运站

运输型公路货运站依据占地面积和处理能力划分为三个级别。占地面积以亩为单位。货物处理能力为设计年限内,货运站发出与到达的货物数量(包括中转、收、发量)的总和,单位为万吨/年。

(1)一级站

设施设备符合《公路货运站站级标准及建设要求》(JT/T 402—2016)中规定一级站必备各项,占地面积400亩及以上且处理能力400万吨/年及以上。

(2)二级站

设施设备符合《公路货运站站级标准及建设要求》(JT/T 402—2016)中规定二级站必备各项,占地面积200~400亩且处理能力200~400万吨/年。

(3)三级站

设施设备符合《公路货运站站级标准及建设要求》(JT/T 402—2016)中规定三级站必备各项,占地面积100~200亩且处理能力100~200万吨/年。

3)仓储型公路货运站

仓储型公路货运站依据占地面积和处理能力划分为三个级别。占地面积以亩为单位。货物处理能力为货运站仓储设施的拥有能力,即仓储面积,单位为平方米。

(1)一级站

设施设备符合《公路货运站站级标准及建设要求》(JT/T 402—2016)中规定一级站必备

各项,占地面积 500 亩及以上且仓储面积 20 万平方米及以上。

(2)二级站

设施设备符合《公路货运站站级标准及建设要求》(JT/T 402—2016)中规定二级站必备各项,占地面积 300～500 亩且仓储面积 10 万～20 万平方米。

(3)三级站

设施设备符合《公路货运站站级标准及建设要求》(JT/T 402—2016)中规定三级站必备各项,占地面积 100～300 亩且仓储面积 3 万～10 万平方米。

4)信息型公路货运站

信息型公路货运站依据占地面积和处理能力划分为三个级别。占地面积以亩为单位。货物处理能力为日均交易次数,单位为次/日。

(1)一级站

设施设备符合《公路货运站站级标准及建设要求》(JT/T 402—2016)中规定一级站必备各项,占地面积 200 亩及以上且处理能力 500 次/日及以上。

(2)二级站

设施设备符合《公路货运站站级标准及建设要求》(JT/T 402—2016)中规定二级站必备各项,占地面积 100～200 亩及以上且处理能力 300～500 次/日。

(3)三级站

设施设备符合《公路货运站站级标准及建设要求》(JT/T 402—2016)中规定三级站必备各项,占地面积 50～100 亩,且处理能力 100～300 次/日。

3. 汽车零担货运站级别划分

根据零担货运站年工作量,即零担货运站年货物吞吐量,可将零担货运站划分为一、二、三 3 个等级。货物吞吐量指设计年度内汽车零担货运站发出和到达的零担货物的数量,包括中转收、发量的总和。

(1)一级站

设施设备符合一级站必备各项要求,且年货物吞吐量在 60 万吨以上。

(2)二级站

设施设备符合二级站必备各项要求,且年货物吞吐量在 20 万吨以上,但不足 60 万吨。

(3)三级站

设施设备符合三级站必备各项要求,且年货物吞吐量在 20 万吨以下。

4. 集装箱公路中转站级别划分

依据集装箱中转站设计年度年箱运组织量和年箱堆存量,可将集装箱中转站划分为一、二、三级。年箱运组织量指设计年度内,通过中转站集疏运的集装箱总量(TEU);年堆存量指设计年度内,通过中转站堆存的集装箱总量(TEU)。

(1)一级站

设施设备符合《集装箱公路中转站站级划分、设备配备及建设要求》(GB/T 12419—2005)中规定一级站必备各项,且具备下列条件之一:

①位于沿海地区,年箱运组织量在 30×10^3 TEU 以上或年箱堆存量在 9×10^3 TEU 以上的集装箱中转站。

②位于内陆地区,年箱运组织量在 20×10^3 TEU 以上或年箱堆存量在 6×10^3 TEU 以上的集装箱中转站。

(2)二级站

设施设备符合《集装箱公路中转站站级划分、设备配备及建设要求》(GB/T 12419—2005)中规定二级站必备各项,且具备下列条件之一:

①位于沿海地区,年箱运组织量在 $16 \times 10^3 \sim 30 \times 10^3$ TEU 或年箱堆存量在 $6.5 \times 10^3 \sim 9 \times 10^3$ TEU 的集装箱中转站。

②位于内陆地区年,年箱运组织量在 $10 \times 10^3 \sim 20 \times 10^3$ TEU 或年箱堆存量在 $4 \times 10^3 \sim 6 \times 10^3$ TEU 的集装箱中转站。

(3)三级站

设施设备符合《集装箱公路中转站站级划分、设备配备及建设要求》(GB/T 12419—2005)中规定三级站必备各项,且具备下列条件之一:

①位于沿海地区,年箱运组织量在 $6 \times 10^3 \sim 16 \times 10^3$ TEU 或年箱堆存量在 $3 \times 10^3 \sim 6.5 \times 10^3$ TEU 的集装箱中转站。

②位于内陆地区,年箱运组织量在 $4 \times 10^3 \sim 10 \times 10^3$ TEU 或年箱堆存量在 $2.5 \times 10^3 \sim 4 \times 10^3$ TEU 的集装箱中转站。

四、公路运输站场基本功能

1.汽车客运站基本功能

1)集散换乘

汽车客运站场为旅客的中转换乘提供方便;配备相应的站场设施,确保旅客安全、迅速、方便、经济地完成换乘作业;为旅客和车主提供双向服务,合理组织联运,实行"一次承运,全程服务"。

2)运输组织

汽车客运站运输组织功能主要表现在:售票、行包托取、候车、问询、小件寄存、广播通知、检票、组织乘客上下车、安排运营车辆班次、制定发车时刻和提供车辆的安检等;利用智能化、现代化的设施设备,以人为本、以车为本,为旅客和运输经营者提供优质、便捷、高效的运输服务。

贯彻执行国家及行业主管部门有关法规,进行旅客运输生产、客流和客运车辆的运行组织,实现公路旅客的合理运输。运输组织的内涵包括:

(1)生产组织。

对于汽车客运站来说,包括发售客票、办理行包托取、候车服务、问询、小件寄存、广播通信、检验车票等为组织旅客上下车而提供的各种服务与管理工作;为营运车辆安排运营班次、发车时刻,提供车辆停放、检测与维修等服务与管理。

(2)客流组织。

汽车客运站根据服务区域内的客流变化规律和旅客流量、流向、类别等特点,合理安排营运线路、班次和发车时刻,开辟新的客运班线、班次。

(3)运力组织。

汽车客运站通过向社会提供客源、客流信息,组织各种经济成分的营运车辆进行公路旅客运输,运用市场机制协调客源与运力之间的匹配关系,力求运力与运量的相对平衡等。

(4)运行组织。

办理营运车辆到发手续,组织营运客车按班次时刻准点正班发车;根据客流特点确定客运车辆行驶的最佳线路和运行方式,制订运行作业计划,使客运车辆有序运转;利用通信手段及时掌握营运线路通阻情况,向司乘人员提供线路通阻信息,会同有关部门处理行车事故,组织救援等。

3)通信信息

通过信息传递与交换设备,使全国汽车客运站场形成网络,实现汽车客运站场及其与水运站场、铁路站场、航空港等城市内外交通港站间的信息互通、资源共享,各种营运信息实现迅速、及时、准确地传递和交换。

4)辅助服务

为旅客和司乘人员提供食、宿、娱乐、购物、旅游等服务;为营运车辆提供停放、检测和维修服务;为旅客提供行包仓储、保管及装卸搬运等服务。

2. 汽车货运站基本功能

1)运输组织

(1)运输生产组织。

货运站运输生产组织,包括整车货物运输、集装箱货物运输、零担货物运输、危险品货物运输、特种货物运输等的发送、中转、到达等作业的组织和管理;对服务区域内的营运运力、货源、货流和货运信息进行组织与管理;组织铁、水、空与公路的换装运输与联合运输;组织货物的装卸、分发、换装作业;组织集装箱的拆装作业;进行货运运力的调配和货物的配载;制订货物运输计划;进行货物运输全过程的质量监督与管理等工作。

(2)货流组织。

货运站根据服务区域内相关货源信息、货流变化规律及货源分布、流向、流量、流时特点,实现货物合理运输;规范汽车货运经营行为,建立汽车货物运输的调节机制与运行机制。

(3)运力组织。

货运站通过向社会提供货源、货流信息,组织各种经济成分的营运车辆进行公路货物运输,运用市场机制协调货源与运力之间的匹配关系,为社会运力提供配载服务,力求运力与运量的相对平衡等。

(4)运行组织。

根据货流特点确定货运车辆行驶的最佳线路和运行方式,办理营运车辆到发手续,制订运行作业计划,使货运车辆有序运转,利用通信手段及时掌握营运线路通阻情况,向司乘人员提供线路通阻信息,会同有关部门处理行车商务,组织救援等。

2)中转换装

货运站为货物中转和因储运需要而进行的换装提供方便,配备相应的站场设施,确保货物(含集装箱)安全、快捷、经济地完成换装作业;同时承担运输代理,为旅客、货主和车主提供双向服务,合理组织联运,实行"一次承运,全程服务"。

3)综合物流服务

随着物流时代的到来,为适应市场需求的个性化、多样化,社会生产方式将向多品种、小批量的生产方式转变。作为物流服务据点的货运站的功能包括:储存保管等传统功能;拣选、配货、检验、分类等作业功能;多品种、小批量、多批次等收货配送以及附加标签、重新包装等综合物流服务功能;为货主提供仓储、保管、包装服务,代理货主销售、运输所仓储的货物;为货物的集、疏、运进行各种装卸搬运作业。

4) 通信信息

通过信息传递与交换设备,使全国汽车货运站场形成网络,实现汽车货运站场与水运站场、铁路站场和航空港间信息互通、资源共享,各种营运信息迅速、及时、准确地传递和交换;面向社会提供货源、运力、货流信息和车、货配载及通信服务。

5) 辅助服务

为货主和司乘人员提供食、宿、娱乐、购物等服务,代货主办理报关、报检、保险等业务,提供商情等信息服务,为营运车辆提供停放、检测和维修服务。

第五节 公共交通站场

一、公共交通站场定义

公共交通站场是具有公共交通换乘、接驳、集散及配套服务设施的场所。公共交通站场是公交体系的重要节点,是城市门户或区域的核心。

1. 交通功能

公共交通站场作为客流集散中心,应具有良好区位、完善的基础设施及现代化管理手段支撑,满足客流集散需求,为乘客提供方便快捷的运输服务。

2. 城市功能

(1) 城市综合开发功能:能够促进周边地区形成功能集中、富有活力的城市空间,引导城市空间结构形态的形成,带动结场周边区域的经济开发。

(2) 休闲商业功能:可满足文化休闲活动,为乘客提供吃、穿、用等餐饮购物服务,在一定程度上满足居民日常生活需求。

(3) 辅助服务功能:为乘客提供停车、公共厕所、公用电话等服务,提供车辆检测、维修、保养、加油、清洗等辅助服务等。

二、公共交通站场类别与构成

根据服务对象与服务功能,公共交通站场可分为首末站、中途站、枢纽站、停车场、修理厂、保养场等。

1. 首末站

首末站,即每条公交线路起点站和终点站,承担公交车辆始发、终到和客流集散服务、司乘后勤服务、车辆运营调度、检修清洗、夜间停车等。首末站应安排乘客候车、车辆回转和短时停放、调度以及行车人员作息用房的用地。

根据服务线路数,首末站通常分为一般终点站和服务性终点站。一般终点站指1~2条线路的首站或末站,终点站有标志明显、严格分离的出口和入口,1条线路首末站布置2~3个泊车位。服务性终点站是将车辆掉头、公共汽车停放与上下旅客候车和调度用房等设施综合的小型站场，需容纳若干线路。服务性终点站为 2~4 条线路提供终点作业服务，其最小用地要求为 2000m²，设施与用地规模应根据营运线路所配营运车辆数量、线路多少及站的等级确定。

2. 中途站

中途站为公交线路途经停靠站，实现旅客乘降、转乘功能，可分为普通站、港湾站等，具有候车廊、停车区等设施。

3. 枢纽站

枢纽站是公交线路汇集站场，提供不同层次线网、市内公交与对外交通之间的接驳、换乘及中转，服务于主要客流点的集散，提供调度、用餐与停车及其他辅助服务。

4. 停车场

停车场为线路运营车辆提供停放场地和必要设施功能，并按规定对车辆进行低级保养和小修作业，包括停车坪（库）、洗车台（间）、试车道、场区道路以及运营管理、生活服务、安全环保等设施。停车场是公交营运车辆驻车的主要场所，除上述设施外还可提供加油（加气）、车辆清洗等，以及部分线路的始发和终到服务功能。

5. 保养场

保养场应具有承担运营车辆各级保养任务，并应具有相应配件加工、修制能力和修车材料及燃料储存、发放等功能，包括生产管理设施、生产辅助设施、生活服务设施和安全环保设施等。保养场可分为大中型、小型两种，其中小型保养场年保养能力为 200 辆，大中型保养场年保养能力为 500 辆左右。

6. 修理厂

中小城市的修理厂宜与保养场合建。修理厂宜建在距离城市各分区位置适中、交通方便、交通流量较小的主干道旁，周围有一定发展余地和方便接入的给排水、电力等市政设施的市区边缘。修理厂的建设应进行环境评价，其内容应包括噪声、废气排放、污水排放和固体废物等。修理厂主要承担公交车辆的大中修任务。

第六节 运输站场建设前期工作

一、运输站场可行性研究

运输站场可行性研究指在确定运输站场建设项目时，对某一运输站场建设项目在投资前进行经济效益预测和技术评价，属项目建设前期工作。

运输站场可行性研究是对运输站场建设的主要问题，如需求来源、生产方法和生产规模等，通过详细调查研究，对站场建成后的经济效果进行预测和论证，从技术和经济两方面进行分析，提出方案设计和投资建议。运输站场可行性研究是运输站场建设项目决策的重要依据，需要说明建设目标能否达到方案要求、是否可行、何者为优。因此，运输站场建设方案（特别是设施布局方案）的设计，是其可行性研究的基础。

1. 项目建设必要性

项目建设必要性包括项目概况、背景、功能定位、投资必要性和意义、研究范围与设计年限、研究的主要结论等内容。

2. 现状与需求分析

现状与需求分析包括：项目及所在地同类设施的现有生产能力、市场需求和预测；拟建项目规模的技术经济比较和分析；既有站场改造与新建项目技术经济比较分析；客货源供应情况；公用设施数量、供应方式和条件等。

1) 经济社会发展现状及趋势

(1) 阐述运输站场所在地用地性质、交通区位、社会发展等概况。

(2) 分析项目直接影响范围内人口、城市空间结构及经济发展特点。

(3) 结合区域经济发展格局的变化趋势和相关规划，阐述影响区域经济社会发展目标及趋势。

(4) 预测经济社会发展主要指标。

2) 交通运输发展现状及趋势

(1) 分析研究客货运站场所在城市交通运输现状及趋势，包括基础设施（通道、站场）建设情况、客货运水平及客货流特征等。

(2) 从需求、布局、功能、规模、能力、运营等方面评估客货运站场存在的主要问题，阐述拟建项目的影响。

(3) 分析研究影响区域内各交通方式发展趋势及其对拟建项目的影响。

(4) 拟建项目覆盖到项目所在城市以外时，还应对覆盖区人口、交通运输状况与拟建项目关系进行分析。

3) 需求预测

(1) 明确需求预测范围、内容、年限，阐述预测的思路和方法。

(2) 结合区域客货运市场需求特征及趋势分析结论，预测各种运输方式运量指标。

(3) 预测客货运站场内部各种运输方式发送量、不同运输方式之间及与各种城市交通方式间换乘量指标。

4) 占地规模

(1) 在分析确定客货运站场形态的基础上，结合拟建项目对周边区域客货吸引程度，考虑交通引导土地开发等影响因素，依据相关行业标准，测算拟建项目土地占用需求规模。

(2) 以需求预测结果为依据，参考运输站场技术规范和标准，确定各类运输站场设施面积，给出客货运站场主要设施建筑面积，明确各类站场设施的站级标准、站场类型和主要设施建设指标。

3. 站场选址与建设条件

站场选址与建设条件包括运输站场布局合理性，地理位置和自然、社会、经济条件、交通运输和水、电、气等供应现状与趋势，选址方案比较与选择意见。

在客货运站场规划选址已确定的建设用地范围内，明确具体拟建项目（如汽车客运站、货运站、公交站场等）的空间布置形式、用地位置及建设范围。

如果拟建项目具备站址比选条件，应结合客货运站场内主导方式站场的布设形态，综合考虑拟建项目运输组织业务流程优化、工程建设条件要求、与城市道路的交通衔接、市政配套条件等方面因素进行综合比选,确定较优的选址方案。

4. 站场布局方案设计

站场布局方案设计包括运输站场总体布置、站场内外运输方式选择、工作方式和方法、主要技术工艺、设备选型和工程量估算及公用辅助设施等内容。

1) 功能布设与组合形态

(1) 根据拟建项目用地与建设条件,按照客货运站场内不同交通分工,分析不同交通方式间换乘关系,确定站场功能布设区域。

(2) 分析不同交通方式衔接技术要求,明确客货运站场组合形态,为平、纵布局形式及衔接方案做技术铺垫。

(3) 对于大型、特大型客货运站场,需要统筹站场地区建筑、交通、景观以及地下空间的规划布局,分析景观环境和视觉要求。

2) 交通组织方案

(1) 研究运输站场外部交通组织,设计客货运站场与城市主干道、对外集疏运通道的交通流线,考虑站场到发车流与城市背景交通、过境交通的关系,明确客货运站场的重要进出通道口,提出客货运站场的交通组织优化方案。

(2) 研究站场内部交通组织,分析研究客货运站场内部换乘交通组织形式,提出进出客货流、换乘客货流、到发车流等各类交通流线方案。

3) 总平面布置

(1) 依据各种交通方式线路敷设情况,研究站场内各种交通流线,研究不同运输方式之间的换乘与衔接关系,明确各种运输方式界面划分原则,完成总平面布设方案。

(2) 完成拟建项目内部各功能设施的平面布置。

(3) 对可选择的多种布设方案进行比选,给出推荐方案总平面布置,要注意突出公共换乘空间的衔接,应对无障碍设施设计提出要求。

5. 环境保护与安全应急

(1) 根据项目建设特点及项目所在地的环境特征,分析项目场址周边环境现状,对项目可能在建设、运营过程中对环境产生的污染影响因素进行分析。

(2) 对可能造成的环境负面影响提出切实可行的环境保护治理方案,客观地从环保的角度分析项目的可行性。

(3) 根据分析项目运营期主要耗能环节,预估耗能指标,提出相应的节能措施,进行项目节能效果分析。

(4) 根据国家消防标准要求给出建筑耐火等级,对设施消防分区、防烟疏散楼梯和消防电梯、消防通道设置提出相应要求。从消防角度对室内给排水设计、通风与空调系统设计、电力设计、弱电系统设计等提出初步要求。

(5) 客货运站场涉及不同运输方式组合且由多个部门管辖,应在工程可行性研究(工可)报告中提出建立客货运站场应急管理协调机制的要求,并对协调机制建设方案提出建设性建议。

(6) 针对拟建项目运营期间可能存在的安全问题及其影响程度,结合项目运营方式,要求项目建设管理单位应专题研究拟建项目在应急状态下的紧急疏散措施、应急指挥方案、防灾减灾等重要议题，以保证客货运站场安全、高效、顺畅运转。

6. 组织机构与人员

（1）站场的各级组织，各类人员的定额及组成。

（2）考虑拟建项目运营管理特点，提出相应组织机构构成及内部人员配置方案。

（3）明确拟建项目未来的建设管理模式，建设、运营管理单位及组成架构，说明单位的属性、股权、责任与分工。

7. 实施计划进度

实施计划包括勘察设计、设备订货、调试、工程施工全周期和投产时间，拟建项目实施的可行方案。综合考虑客货运站场中各交通方式站场及相关设施的发展需求，考虑拟建项目资金约束和建设条件等因素，提出合理的建设工期和实施计划。

根据《中华人民共和国招标投标法》、国家发展和改革委员会以及地方政府有关工程招投标文件的规定，提出拟建项目在各环节工作的招标范围和招投标形式建议方案。

8. 投资估算与资金筹措

（1）各项工程及外部协作配套工程的资金估算和建设资金的总计，生产流动资金的估算。

（2）根据资金来源、筹措方式、数额和利率估计，以及贷款的偿付方式，按照有关定额及规定，估算拟建项目总投资。

（3）根据客货运站场建设项目中各站场设施投资主体或功能的不同，给出投资结构。

（4）明确建设项目分年度资金投入计划。

（5）分析研究资金筹措渠道和资金筹集方案，优化推荐项目的融资方案。

9. 效益评价

1）财务评价

（1）依据国家相关规范及评价方法，提出项目评价的依据和方法。

（2）结合项目特点选择并确定财务基准收益率等参数。

（3）计算项目在计算期内的各项运营费用和财务收入。

（4）按照国家对投资项目财务分析的有关规定及项目的具体要求，编制财务分析报表，分别计算拟建项目全部投资（资本金、投资方资金）的财务内部收益率、净现值、效益费用比、投资回收期等指标。

（5）以融资方案为基础，结合对项目的具体要求，分别计算借款偿还期（利息备付率、偿债备付率）等指标，分析项目的偿债能力。

2）财务评价结论

（1）根据项目的财务分析指标、偿债能力分析和不确定性分析情况，提出项目财务评价结论。

（2）在项目可行性研究阶段，要按照费用效益对应一致、产权清晰、责任分明的原则对拟建项目进行财务评价。

（3）如果客货运站场建设项目涵盖多个投资主体，或按照不同运输方式分别投资、建设、运营，则财务评价应分别测算各自的投资费用、收入等指标，并根据建设项目工程范围和客货运站场评价范围对以上指标进行加总分析，具体技术要求参见后面重点内容编制指南。

3)国民经济评价(或称经济费用效益分析)

(1)按照合理配置资源的原则,从国民经济的角度考察项目所耗费的社会资源和对社会的贡献,评价项目的经济合理性。

(2)结合客货运站场建设项目特点,识别国民经济效益和费用,计算和选取影子价格,编制国民经济评价报表,计算国民经济评价指标并进行方案比选。

(3)国民经济评价应针对客货运站场建设项目整体进行。

4)社会评价

(1)社会影响分析:通过从多角度、正反两个方面分析站场建设给所在地区带来的社会影响,客观公正地对项目的社会影响进行评价。

(2)社会风险分析:对可能影响项目实施的各类社会因素进行识别和排序,分析可能出现的社会风险,并提出防范措施。

10. 风险评价

项目风险主要包括市场风险、工程技术风险、资金风险、经营风险、外部协作条件风险等。

(1)对项目建设和运营中潜在的风险因素进行识别。

(2)采用专家评估法、风险因素取值评定法或风险概率分析法等,就各风险因素对项目影响的程度以及发生可能性的大小进行分析和评估,确定风险的等级。

(3)根据不同的风险因素提出相应的规避和防范对策。

二、运输站场建设方案设计

1. 明确任务

运输站场可行性研究中,应尽可能明确运输站场建设任务,避免研究中不断地变化任务增加工作内容。

2. 明确目标

在明确运输站场可行性研究任务的基础上,应尽可能把任务分解成若干明确的目标,确定运输站场可行性研究在不同范围内的工作目标。

3. 调查研究

通过运输站场备选地址现场踏勘,开展相关的客、货流量需求与交通现状调查,通过采取定性与定量相结合的手段,判断项目建设目标的合理性;如果项目建设目标设计不合理,则应重新审查和制定任务和工作目标。

4. 制订评价指标体系

按照多目标决策原则,建立运输站场建设方案评价指标体系,为评价打下基础;如果发现指标体系不合理,则应重新制订指标体系,甚至要重新审定任务和工作目标。

5. 需求预测

结合运输站场建设目标、功能定位和现状分析,运用定量和定性的方法进行需求预测,作为方案设计与评价的依据。

6. 方案设计与评价

制订不同的建设方案以供选择,通过评价判定方案是否合理。如果方案不合理,需重新制订方案,甚至重新修改评价指标体系。通过决策选择满意方案,并判断在执行中是否会有问题;如果有问题,则要重新决策,甚至重新审定以上各项步骤。

课后思考题

1. 请根据各种运输方式共性特征定义运输站场。
2. 旅客运输站场、货物运输站场分别具有哪些功能?
3. 运输站场的分类原则有哪些?不同分类原则下旅客运输站场、货物运输站场类别具体有哪些?
4. 旅客运输站场的等级如何划分?货物运输站场的等级如何划分?
5. 简述运输站场建设可行性研究的主要工作内容。

第三章
运输站场旅客设施构成

第一节 基本概念

运输站场旅客服务设施设计的目标是,提供充足空间以确保为旅客提供安全、便利与舒适的服务。以传统经验为基础的运输站场旅客设施设计,主要以旅客发送量与最高聚集人数为基础进行流线组织与工艺计算,对旅客设施通行能力及旅客的舒适性定量化分析不足。实际上,客流量达到旅客服务设施设计通行能力时,旅客会处于不舒适的受迫状态。因此,有必要结合旅客交通特性与行人流特性,进行运输站场旅客设施通行能力分析。

一、旅客设施构成

运输站场旅客设施分为连接设施和服务设施两类。其中,连接设施为旅客行走活动提供空间,实现换乘活动中邻接活动地点在空间上的衔接,包含通道、大厅、等候区、站台、楼梯、扶梯与电梯;服务设施侧重为旅客提供服务,包括售票与检票处、安检区、购物区、卫生间等。

1. 通道

通道的基本功能是在水平或二维平面上衔接旅客活动地点,根据客流运动方向可分单向通道和双向通道。

2. 大厅

大厅是衔接旅客换乘活动链上的邻接活动地点,但大厅通常包含等候区、站台、售票处与检票闸机等"子设施"。

3. 楼梯、扶梯与电梯

楼梯、扶梯与电梯的基本功能是在垂直方向上衔接不同层面旅客活动地点。根据旅客运动方向,可将楼梯分为单向楼梯和双向楼梯。扶梯和电梯是单向且匀速运行的。

4. 出入口

出入口是运输站场系统边界与外部环境的物理接口,其功能是实现站场内部与外部环境之间的客流交换。根据客流运动方向分为出口、入口或出入口。

5. 等候区

等候区是旅客换乘过程中临时候车或者等候出站的临时等候区域。

6. 站台

站台是为旅客提供从候车区到车门之间空间上的衔接。

7. 售票处

售票处为旅客提供售票服务,使旅客获得进入枢纽限制区域的凭证,售票处设施分为人工窗口和自动售票机两类。

8. 检票处

检票处为检查将要进入或离开限制区域的旅客是否具有车票凭证的设施,可分为人工检票和闸机检票两类。

9. 其他设施

其他设施包括安检设施、购物区等,这些区域的功能是为旅客提供特定服务。

二、旅客(行人)交通流三要素

1. 速度

旅客步行速度受年龄、性别、是否携带行李等因素的影响,常用单位 m/min(或 s)表示。在旅客仿真模型中,可能会对旅客类型进行细分而使用不同的速度,以更好地代表旅客活动的变化性。

2. 密度

密度指旅客步行通道或排队区内单位面积的旅客数量(单位为人/m^2)。

3. 单位宽度的流量

单位宽度的流量指单位旅客服务设施宽度的平均客流量(单位为人/m·min)。运输站场内旅客密度、速度和流量关系可用式(3-1)描述:

$$v = S \cdot D \tag{3-1}$$

式中:v——单位宽度旅客流量,人/m·min;

S——旅客速度,m/min;

D——旅客密度，人/m²。

式(3-1)使用的流量是单位宽度旅客流量，用客流密度倒数(单位旅客面积)将其转变成更有用的公式(3-2)。

$$v = \frac{S}{M} \qquad (3-2)$$

式中：v——单位宽度旅客流量，人/m·min；

S——旅客速度，m/min；

M——单位旅客面积，m²/人，可根据旅客特征取不同值。

在流量的基础上就容易理解流率的概念。流率是单位时间通过某一断面的旅客人数(单位为人/min，计15min或其他时段)。"断面"指横跨步行通道、自动扶梯、出入口宽度、通过电梯、检票口等设施的一条线。

三、通行能力与服务水平

1. 旅客设施通行能力

旅客设施通行能力指旅客设施能容纳或通过的最大旅客数量，通常用单位面积容纳人数或单位时间通过人数表示。

最大旅客通行能力(代表旅客服务设施实际能通过的最大人数)和设计旅客通行能力(代表旅客服务设施期望能通过的最大人数)各有其适用范围。有时，还需确定旅客设施理论通行能力(如电梯和自动步道)，理论通行能力不是基于实际经验确定，在分析和设计中不常用。

2. 旅客设施服务水平

旅客设施服务水平是评估旅客活动空间通行能力和舒适性的有效手段。计算与步行相关的旅客服务水平(临界值)将基于两点：旅客选择期望步行速度的自由度和绕过走得较慢旅客的可能性。与旅客流量相关的其他因素包括横向穿越旅客交通流的步行、与主客流方向相反的步行以及在客流中完成上述两类活动但不与其他旅客冲突或无须改变步行速度的可能性。

排队区域的旅客服务水平取决于三个因素：可获得的站立面积、感知舒适度和安全性以及从某一位置移动到另一位置的可能性。旅客服务设施服务水平根据旅客可获得站立面积确定，因此服务水平阈值可用于确定站台尺寸、楼梯数和楼梯宽度、走廊宽度等设计特征参数。

通常，旅客设施服务水平分为A、B、C、D、E、F六级。

四、其他概念

1. 单位旅客占用面积

单位旅客占用面积是指步行通道或排队区内每位旅客占用的面积(单位为m²/人)，它是旅客密度的倒数，更适用于旅客服务设施分析。不同旅客活动对行走空间面积的需求不同，空间大小随步行速度增加而增加。考虑旅客类型非常重要，用轮椅或带行包的旅客比徒身站立旅客所需空间大。

2. 旅客时空占用

在特定区域，不同活动(步行、排队、交谈、购物)旅客所需面积，乘以完成这些活动所花费的时间，即旅客时空占用。

3. 有效宽度或有效面积

有效宽度(面积)是指通道或楼梯被旅客使用的宽度(面积)占总宽度(面积)的比例,物理障碍占据区域和墙角、障碍物旁缓冲区等应从有效宽度(面积)中扣除。

第二节 旅客设施服务水平

一、通道

通道的通行能力取决于旅客步行速度、客流密度、旅客特征(携带婴孩车、使用轮椅等)、最窄断面有效宽度等因素。

1. 旅客步行速度

受不同时刻、天气、温度、出行目的、对周边环境反应等因素影响,旅客步行速度变化范围很大。通常,步行速度随年龄增长而趋于下降,且男性步行速度比女性快。常用旅客服务设施设计的步行速度为75m/min。在45～145m/min范围内为自由流步行速度,45m/min以下的步行速度表明旅客活动受到限制,在缓慢移动,145m/min以上的步行速度表明旅客在奔跑。

2. 客流密度

对步行速度影响最大的因素是客流密度。正常步行需要充足空间,以保证旅客能自由行走、正常感知,并对障碍物产生合理反应。渐增的客流密度将减少可用空间、增加旅客间冲突,从而降低步行速度。对使用拐杖、手杖和轮椅行走的人来说,更需充分考虑客流密度对其行走速度的影响。

图3-1显示了步行速度和旅客平均面积(客流密度倒数)之间的关系。由图可以看出,旅客人均面积2.3m² 以上时步行速度为自由行走速度。旅客人均面积低于这个数值时步行速度快速下降,旅客人均面积接近0.5m² 时步行速度接近于零,即移动非常缓慢。

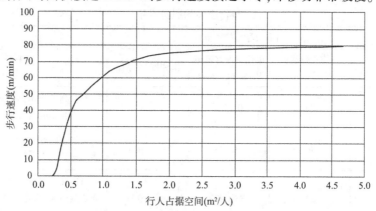

图3-1 步行通道的旅客步行速度

3. 通道有效宽度

另一个影响步行通道通行能力的因素是通道的有效宽度。研究表明,旅客之间,旅客与边墙、道路路缘石、站台边缘或其他障碍物(如垃圾箱等)之间需要一定缓冲距离。实际中无法使用的通道与障碍物缓冲区之间的宽度,取决于墙或障碍物的特征、步行通道总宽度及拥挤程度。通常,墙与站台边缘设置 0.5m 的缓冲距离,其他障碍物(包括 1m 以上的墙)应扣除 0.3m 缓冲距离。

图 3-2 显示单位通道有效宽度客流量与旅客平均面积之间的关系。三条曲线分别表示单方向、双方向和多方向(交汇处客流)的客流情况。曲线之间的差异很小,表明反方向和交汇处客流不会显著地降低旅客流率。

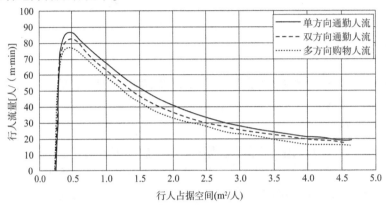

图 3-2 步行通道的旅客步行速度

图中显示,单方向、双方向和多方向旅客交通流最大平均高峰流率分别为 86 人/(m/min)、81 人/(m/min)和 76.4 人/(m/min),产生于人均面积为 $0.5m^2$ 时。该数值为旅客通道最大可能通过量,代表极端拥挤情况的客流量,没有考虑残障人士的需求,因此存在潜在不安全因素。所以,在确定通道宽度或面积时,不能使用该数值,应通过旅客服务水平来确定。

4. 通道服务水平

表 3-1 给出了旅客步行通道以人均面积和平均流率为标准的服务水平分级,以旅客平均步行速度和 V/C 比(客流量/设施通行能力)为补充依据。图 3-3 给出各级服务水平下步行通道的图例和说明。"E"级服务水平对应的单位通道宽度旅客通行能力为 82 人/(m·min)。

步行通道的服务水平　　　　表 3-1

服务水平	旅客人均面积 (m^2/人)	期望旅客流量和步行速度			状态描述
		平均步行速度 S(m^2/min)	单位宽度客流量 V(人/m·min)	饱和度 V/C 比	
A	≥3.3	79	0~23	0.0~0.3	在队列中自由站立或随意穿越队伍,行为不会影响别人
B	2.3~3.3	76	23~33	0.3~0.4	可以在队列中站立,所进行的行动会因为避让他人而部分受到限制
C	1.4~2.3	73	33~49	0.4~0.6	可以在队列中站立,也可以活动,但会影响其他人;人流密度在个人的舒适范围之内
D	0.9~1.4	69	49~66	0.6~0.8	站立时与他人的接触不可避免。在队伍中行走受到很大限制,只能作为团队向前移动,在该级人流密度下长时间等候是不舒适的

续上表

服务水平	旅客人均面积（m²/人）	期望旅客流量和步行速度			状态描述
		平均步行速度 S(m²/min)	单位宽度客流量 V(人/m·min)	饱和度 V/C 比	
E	0.5~0.9	46	66~82	0.4~1.0	站立时与他人的接触不可避免。在队伍中行走是不可能的。在这样的情形下,大多数时间内排队都将产生严重的不舒适感觉
F	<0.5	<46	可变	可变	队列中所有的人实际上都与他人发生接触,在该级人流密度下行人是极其不舒适的。在队伍中移动是不可能的,并且可能存在推挤并产生集体恐慌

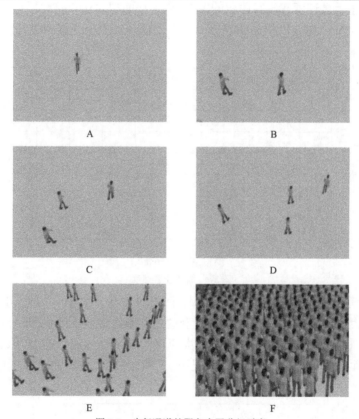

图 3-3 步行通道的服务水平分级示意

二、楼梯

不同于走在水平面上,旅客在楼梯上行走更倾向于排成队列。因此,影响楼梯通行能力的主要因素是楼梯宽度。楼梯宽度决定了同时穿行楼梯的旅客行数和每行之间的距离,进而影响了旅客超越其前方缓慢行走旅客的能力以及相邻旅客的干扰程度。楼梯通行能力变化不是与楼梯宽度直接呈正比,而是每增加 0.75m 时才会发生变化。

与步行通道不同的是,楼梯上一小股反方向客流将折减本向通行能力,且该折减值与反向旅客交通流量不成正比。一小股反向客流会占据一条客流通道(0.75m 的楼梯宽度)，对 1.5m 宽的楼梯，一股反向客流将占据楼梯通行能力的一半。

由于旅客在上楼时较下楼时需要消耗更多能量，因此上楼方向流率较低。当楼梯同时服务两个方向时，或者同一楼梯一段时间内主要服务于上楼方向而另一段时间内主要服务于下楼方向时，较低的上楼流率应作为设计参数。

据统计，垂直方向上楼速度为 12～21m/min、下楼速度为 17～31m/min。在长楼梯顶端上楼速度会变慢，因为旅客将到达顶部时会减慢速度。一般，取上楼平均速度 15m/min、下楼平均速度 18m/min(均以垂直方向计算)。

楼梯倾斜角度影响旅客舒适度、安全性和行走速度。平缓的楼梯在垂直方向降低了行走速度，但是却提升了水平和倾斜方向上的速度，同时改善了旅客舒适度和安全性。垂直距离是指楼梯的竖向高度，水平距离为楼梯水平方向的长度，而斜线距离为沿斜线方向的楼梯长度。

图 3-4 显示了上楼速度和旅客面积的关系，当人均面积为 $0.9m^2$ 时可达到正常上楼速度，当人均面积大于 $1.9m^2$ 时速度快的旅客可以按自己选择的上楼速度前进，并超越速度较慢的旅客。

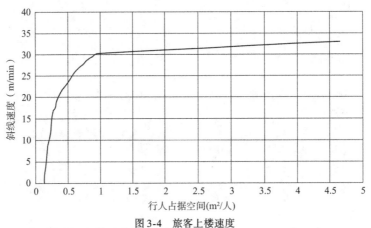

图 3-4 旅客上楼速度

图 3-5 展示了楼梯上楼流率与旅客人均面积的关系。由图可以看出，当人均面积为 $0.3m^2$ 时达到最大上楼流率，这一人均面积是上楼速度取正常范围的低限值。在这种情形下，前进速度由行走最缓慢的旅客决定。虽然最大流率代表了楼梯通行能力，但它不能作为设计目标(紧急情况除外)。在最大通行能力情况下，上楼速度受限制，而且很可能会出现中途停顿和排队现象。

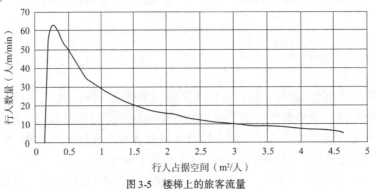

图 3-5 楼梯上的旅客流量

若旅客被强制集中在一个异常受限的地方,楼梯末端可能发生旅客排队现象而存在潜在安全问题,这将是旅客服务设施设计的严重缺陷。

所需楼梯宽度是建立在期望服务水平基础上,而楼梯服务水平是以平均旅客面积和平均旅客流率来衡量。表3-2描述了楼梯各级服务水平,服务水平E和F之间的阈值(56人/m/min)代表了楼梯的通行能力。表3-2中给出的阈值是在旅客服务设施设计中通常采用的标准。

楼梯服务水平分级　　　　　　　　　　表3-2

服务水平	旅客人均面积(m^2/人)	单位宽度流率(人/m·min)	描述
A	≥1.9	≤16	足够空间提供了速度选择及赶超慢速旅客的机会,反向客流造成极少冲突
B	1.4~1.9	16~23	足够空间提供选择速度的机会,赶超慢速旅客有些困难,反向客流造成很少的冲突
C	0.9~1.4	23~33	赶超慢速旅客的速度受到轻微影响,反向客流造成一些冲突
D	0.7~0.9	33~43	赶超慢速旅客的速度受到限制,反向客流成了显著的冲突
E	0.4~0.7	43~56	所有旅客的速度都受到了限制,中途停顿时有发生,反向客流造成了严重的冲突
F	≤0.4	不定	过多的停顿造成客流完全停滞,人群向前的速度取决于速度最慢的旅客

三、排队等候区

排队等候区服务水平的最主要指标,是人均可利用空间。除了与舒适感(由期望空间提供)有关外,人均可利用空间与其允许机动程度有直接关系。在密集人群中几乎没有移动空间,随着人均面积增大旅客做小范围移动将成为可能。

排队等候区的服务水平分级见表3-3,这些阈值是依据旅客平均面积、个人舒适度和人群内部机动程度确定的。服务水平以人均面积和平均间距(旅客之间的距离)作为表征。

排队等候区的服务水平分级　　　　　　　　　　表3-3

服务水平	旅客人均面积(m^2/人)	旅客平均间距(m)
A	≥1.2	≥1.2
B	0.9~1.2	1.1~1.2
C	0.7~0.9	0.9~1.1
D	0.3~0.7	0.6~0.9
E	0.2~0.3	<0.6
F	<0.2	不定

旅客等候时的期望服务水平是等候时间、等候人数和等候舒适度的函数。一般来说,等候时间越长每人所需空间越大。旅客对拥挤度的忍耐程度随时间而变。旅客可以接受电梯中拥挤30s却不能容忍在等候区拥挤15min。

旅客对近距离接触的容忍程度,也取决于旅客群体的特性、天气状况和设施的类型。相比城际旅客和休闲旅客,通勤者能接受更差的服务水平或更长时间的拥挤。

四、大厅

站房大厅可完成多种类型活动,如旅客穿梭其中排队买票、等人、购物等。这种情形下,旅客个体空间分析将采用时空分析法。时空分析包括体现服务水平的人均面积,将其乘以给定空间内完成特定活动所消耗的时间。

旅客完成特定活动所需的空间,可由式(3-3)来计算:

$$TS_{req} = \sum P_i \cdot S_i \cdot T_i \tag{3-3}$$

式中:TS_{req}——所需时空,$m^2 \cdot s$;

P_i——从事活动的人数;

S_i——从事活动所需的空间面积,m^2;

T_i——从事活动所需的时间,s。

所有活动的总时空消耗要与可利用时空比较,其计算依据见式(3-4)。

$$TS_{avail} = S_{avail} \cdot T_{avail} \tag{3-4}$$

式中:TS_{avail}——可利用时空,$m^2 \cdot s$;

S_{avail}——在分析区域内的可利用空间,m^2;

T_{avail}——在分析时间段内的可利用时间,s。

旅客活动大厅的时空分析法包括以下十个步骤:

(1)在分析区域的边缘和内部建立旅客 OD。

(2)通过旅客活动网络分配每个 OD 对的路径。

(3)将穿越分析区域的旅客进行累加。

(4)定义每个区域内旅客走行穿越每个区域路径相关的活动时间。

(5)确定每个区域内各类活动目的(等车、买票、购物等)旅客的比例。

(6)确定在每个区域中旅客不同活动的时耗。

(7)计算总的时空需求,将旅客在该区域的时间与进行其他活动所需时间之和与每项活动人数及每项活动中每个人所需空间相乘。

(8)计算总的可利用时空资源,将可利用地面面积与分析时长相乘。

(9)计算供需比,将时空需求与可利用时空资源相除。

(10)以供需比确定服务水平。

五、综合分析

站场各组成部分之间的联系紧密程度和各部分设施服务的旅客数量,会影响运输站场旅客服务设施的通行能力。为综合评估车站各组成设施通行能力的相互作用,需要对旅客活动网络进行更广泛的评价。行人交通仿真模型可协助评价不同旅客服务设施设计方案在某一服务水平范围内的通行能力。

旅客服务设施(以站台为例)通行能力分析的关键,是确定高峰期站台的清空能力,确保

下一班车辆到来之前站台能够清空,计算方法见式(3-5):

$$\frac{乘客数/列车}{通行能力(乘客/分钟)} \leq 列车车头时距(分钟)$$

或 (3-5)

$$通行能力(乘客/分钟) \geq \frac{乘客数/列车}{列车车头时距(分钟)}$$

鉴于旅客不会使用所有可利用出口,所以要给定安全系数,一般取 20%~30%。

当没有行人交通仿真模型时,可按以下步骤建立路径-节点网络对站内设施通行能力的相互影响进行评估,这些网络可作为计算机仿真输入条件。

步骤1:将系统抽象为连线-结点网络。

将旅客在站内的活动 OD 对转化为由路径和节点组成的网络,每个路径代表水平或者垂直方向的步行设施,步行路段的 4 个特性包括设施类型(人行道、斜坡、楼梯、自动扶梯、电梯)、客流方向(共享或专用的单向或双向)、长度和最小宽度。节点为检票点、门、站台进出口和路径汇合处等排队点或者分向点。

步骤2:确定分析期内的旅客交通流量。

将给定分析时段(高峰小时或高峰小时内 5min 或 15min)客流量分配到车站内的每一 OD 对。OD 对应区分进站和出站并符合旅客特点。

步骤3:确定路径选择。

在进站和出站旅客 OD 对间设定可以或者必须穿越的特殊路径和可选路径。

步骤4:在网络上加载进站客流。

将分析时段进站客流分配到可利用的路段和节点上。

步骤5:在网络上加载出站客流。

将分析时段出站客流分配到可利用的路段和节点上。

步骤6:计算路径上旅客行走时间和拥挤度。

为了计算路径上的行走时间和拥挤度,应该对旅客交通流进行调整,以反映高峰小时内高峰时段(取 5~15min)的情况。需注意的是,路径和节点的有效宽度是实际最窄宽度或门宽。当廊道一侧有墙时宽度应折减 0.5m;当廊道上有垃圾箱或锁柜等障碍物时应折减 0.6m,作为缓冲宽度;当楼梯由墙壁围成时,由于外侧旅客常常使用扶手则应折减 0.3m,而双向通行楼梯需折减 1.0m 的缓冲宽度。

将调整后的客流量除以有效宽度,即可得到单位宽度客流量。给定服务水平下的通道、楼梯的人均面积可分别从表 3-1 和表 3-2 查得。

步骤7:计算节点的排队时间和拥挤度。

关键节点的旅客排队长度,可通过观察方法或者分析方法进行估计,排队模式依每个地点情况而定。

步骤8:计算等车时间。

等车时间是决定站台上所需排队空间的关键条件。服务频率较高时(车头时距 ≤ 10min),设等候时间为车头时距的一半。

步骤9:累计各行程时间并评估整体服务水平。

将所有 OD 对总行程时间累加并求平均值,得到旅客平均通行时间。

第三节 旅客设施通行能力

一、步行通道

通道的通行能力取决于旅客步行速度、交通流密度、通道宽度等因素。步行通道是基于服务水平而不是基于通行能力来设计的,理想的步行环境能为旅客提供足够空间,这时需根据个人喜好选择行走速度,能超越速度较慢的旅客,避免与相向而行旅客及穿插而行旅客发生冲突,以及使旅客与周围环境进行视觉交流。

估算特定设施的旅客需求时,考虑短时高峰及其波动非常重要,通常推荐使用高峰时段15min 为设计依据。但是,由于短时高峰(临时高峰流量)经常发生,设计时应考虑高峰时段波动产生的后果。由于车辆到站而产生密集客流高峰,对靠近站台的步行通道进行短时分析是比较合理的。当行车间距较小时,车头时距可作为步行通道的分析时段。短时高峰将导致特定时间段内拥挤度增加,而较短持续时间可能导致堵塞程度增加,并带来持续时间较短的排队。

旅客所需步行通道宽度,以维持预期服务水平为基础。表3-1列出步行通道旅客服务水平分级,它根据旅客平均面积和平均流率划分。一般,要求旅客服务设施高峰时段服务水平为C 级或更高。通常按以下步骤确定旅客道宽度。

(1)基于期望服务水平从表3-1中选择旅客的最大流率[人/(m/min)]。
(2)估算高峰15min 步行通道的客流量。
(3)乘以适当的调整系数,以考虑轮椅使用者、携带大件物品等需要额外空间的旅客。
(4)将 15min 的客流量除以 15 得到设计客流量(人/min)。
(5)将设计客流量除以旅客的最大流率得到所需通道有效宽度(m)。
(6)在有效宽度基础上增加两侧各 0.5m 缓冲得到通道总宽度(m)。

由 E 级服务水平所对应的通道通行能力为82 人/(m·min),可以按下述步骤计算通道的通行能力:

(1)计算有效通道宽度(m):从总通道宽度中减去 1m 或合适的缓冲区宽度。
(2)计算设计客流量(人/min):将有效通道宽度乘以82 人/(m·min)。
(3)根据特殊旅客特性做相应的调整。
(4)计算旅客通行能力(人/h):将设计客流量乘以 60。

二、楼梯

楼梯的通行能力在很大程度上受其宽度影响。楼梯宽度影响步行者能否超越速度缓慢的旅客,且自由选择合适步行速度。与步行通道不同,楼梯设计要考虑客流方向,上一小股反向客流会使其通行能力减半。

楼梯服务水平的阈值,取决于旅客平均流率。表3-2 给出楼梯服务水平分级标准。E级服务水平和 F 级服务水平之间的阈值[55.8 人/(m·min)]代表楼梯最大通行能力。

在设计楼梯时应该考虑在所有楼梯口处提供足够大的、容纳旅客排队的净空区域;楼梯台阶高度应该保持在0.18m以下，以减少能值消耗，提高通行效率；当楼梯直接与同样宽度的走廊相连时，楼梯的旅客通行能力将低于走廊，并将在步行通道设计中成为控制因素。

当在楼梯上频繁出现少量反向客流时，主要方向客流可利用的有效楼梯宽度，应该减去单条通道最小宽度值0.75m。

楼梯宽度的确定方法以保持期望旅客服务水平为基础。通常，楼梯服务水平期望是C级、D级或更高等级。然而，越来越多的站场使用自动扶梯运送旅客。当自动扶梯在超载或失灵、维护、停电时，楼梯才作为自动扶梯代用设施。在这种情况下，假设楼梯通行能力选择在服务水平"E"下的51.8人/(m·min)。分析时应该考虑楼梯上的旅客特性。确定楼梯宽度按以下步骤进行。

(1)根据要求的服务水平，从表3-2中选择最大的旅客流率。
(2)估算高峰15min内楼梯各方向客流量。
(3)计算设计客流量(人/min)：将15min单向客流量除以15。
(4)计算需要的楼梯宽度：将设计客流量除以旅客的最大流率。
(5)当少量反向客流频繁出现时，再加上单个旅客通道的最小宽度(0.75m)。

按楼梯通行能力为51.8人/(m·min)或达到E级服务水平，给定宽度楼梯的通行能力用以下步骤计算：

(1)计算设计客流量(人/min)：将楼梯宽度乘以51.8人/(m·min)。
(2)考虑双向客流的影响，可通过减少0~20%流量进行调整。如所有旅客在一个方向或双向分布平衡时，选取较低的折减系数或不用调整。
(3)计算楼梯的通行能力(人/h)：将设计客流量乘以60。

同时，需按以下步骤确定楼梯排队区域的面积：

(1)使用上述方法计算楼梯的通行能力。
(2)计算最大客流量：确定楼梯出入口处能同时到达最大旅客数。
(3)确定超出楼梯通行能力的到达旅客数量：将最大需求量减去通行能力。
(4)计算所需排队区域面积：将超出流量乘以$0.5m^2$/人。

三、自动扶梯

许多车站安置了自动扶梯，很多情况下将自动扶梯作为楼梯的辅助设施并将两者相邻设置。自动扶梯输送能力取决于其进口宽度和运行速度。通常，自动扶梯的倾斜角度为30°、宽度0.6m或1.1m(在踏板处)，运行速度为27.4m/min。但是，运行速度偶尔可达到36.6m/min，这一速度处于爬楼梯的平均速度范围。

研究表明，自动扶梯运行速度从27.4m/min到36.6m/min可以使输送能力提高12%。有趣的是，在运行的自动扶梯上步行，不会显著提高自动扶梯输送能力。自动扶梯输送能力由它的入口处确定。扶梯上旅客通常占据两级台阶，因此降低了自动扶梯的载客能力。

旅客不能在运行的扶梯上排队，只能在扶梯两端处排队。因此，在自动扶梯终点处设置清空区域相当重要，这一区域长度一般至少6m。自动扶梯底部区域的宽度，应大于自动扶梯宽度，使得旅客可以迅速地穿过滞留在扶梯底部的旅客，并且该部分区域不应该存在来自其他的电梯、检票口、售票机、自动售货机、自动取款机等设施的排队。

自动扶梯制造商以每个踏板100%利用率为前提，计算自动扶梯的理论最大输送能力。

然而,通常旅客到达率间断、旅客无法快速登上自动扶梯、携带包裹和行李以及希望占有更加舒适空间,因此自动扶梯100%利用率无法实现。因此,提出自动扶梯额定输送能力的概念(表3-4)。该值分别代表宽度为0.6m或1.1m的自动扶梯上每隔1个踏板站一个人(或每两个踏板站两个人)的台阶利用情况。

正常情况下自动扶梯输送能力　　　　　表3-4

类型	踏板宽度(m)	倾斜方向的速度(m/min)	额定输送能力	
			(人/h)	(人/min)
单人宽	0.6	27.4	2040	34
		36.6	2700	45
双人宽	1.1	27.4	4080	68
		36.6	5400	90

确定所需自动扶梯数量时,要考虑自动扶梯的宽度和运行速度,按以下步骤确定所需自动扶梯数量:

(1)确定上下行方向旅客的15min高峰流量。
(2)计算每分钟客流量:15min的高峰客流量除以15。
(3)根据自动扶梯宽度和运行速度,从表3-2中选择相应额定输送能力。
(4)计算所需自动扶梯数量,以设计客流量除以自动扶梯额定输送能力。

在旅客需求低于自动扶梯额定输送能力时,要考虑自动扶梯产生排队的可能。当需求客流量超过自动扶梯输送能力、旅客间断到达或旅客携带行李的情况下,可能产生排队。在这些情况下,自动扶梯进口通道应该留有足够排队区,排队区面积以每人$0.5m^2$计算。在自动扶梯出口应该留有足够空间,以避免和其他交通流发生冲突。自动扶梯排队区面积计算过程如下:

(1)根据表3-4确定自动扶梯输送能力。
(2)计算最大旅客需求量:确定同时到达自动扶梯通道的最大旅客数。
(3)计算超过自动扶梯输送能力的客流量,即到达客流量减去自动扶梯输送能力。
(4)计算自动扶梯排队区的面积:超过自动扶梯输送能力的客流量乘以人均面积$0.5m^2$。

四、站台候车区

站台是指用作旅客等候车辆到达的排队区域,以及到站和离站旅客的流通区域。所需有效站台面积是基于能够维持旅客排队和流通的最低服务水平来确定的。值得注意的是,站台有临界客流通行能力,如果客流量超过该值将会导致旅客被挤到车行道上。考虑旅客特征并满足那些需要额外空间的旅客的需求,这也是非常重要的。

参照《美国全国消防协会130标准》中的规定:出口通道宽度最少为1.73m。当通道位于站台边缘和障碍物(如楼梯)之间时,必须在站台边缘增加45.72cm的额外宽度,并在障碍物的边缘增加39.48cm的额外宽度。所以,在这种情况下,站台净宽的最小值为2.5m。

站台排队区域和候车区域采用相同等级的服务水平,服务水平阈值根据每位旅客平均占据面积、舒适度、相互间可移动程度来确定。D级服务水平代表拥挤,但仍有可能在人群内走动,但是在候车时间较长时不推荐使用该级服务水平。

站台的形状和结构受许多系统要素的制约。站台长度受车辆长度和在任意时间使用该站台车辆数目的影响。站台宽度是根据车站结构、旅客排队空间需求、旅客步行需求和出入口位置来确定的。

站台可以分成步行区域、候车区域、等候缓冲区域(在站台边缘和候车区旁边,用宽0.5m醒目警告条)、车辆停靠区域之间或者列车门之间的无效区域(站台附近不能被候车旅客利用的空间,也称死区)以及座位、柱子和其他的障碍物所占空间区域和排队空间区域等。

旅客在站台区域并非均匀分布,一些区域主要供步行旅客使用(如进出口附近和站台的后边缘),而一些区域主要供等车旅客使用(如停靠区域)。通常,将旅客不使用的区域称为无效区域,这些区域一般位于站台上停车位之间。在选择站台的大小和结构时,必须考虑无效区域。公交站台构成如图3-6所示。

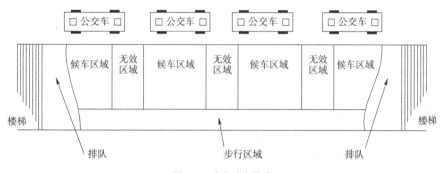

图3-6 公交站台构成

站台面积确定方法是以维持所期望的服务水平为基础的。站台设计服务水平一般是C、D级或更高等级。按以下步骤确定站台面积:

(1)依据选定的服务水平,在表3-3中选择旅客平均面积。
(2)根据旅客特性做适当调整。
(3)估算在一定时间内站台旅客最大需求量。
(4)计算候车空间需求:每个旅客平均候车空间乘以旅客最大需求量。
(5)计算额外步行宽度:采用前面计算人行道宽度的方法。
(6)计算出口点(在楼梯、自动扶梯和电梯处)所需排队空间。
(7)考虑不能被利用的额外站台空间,包括无效区域和物理障碍。
(8)站台增加宽1m缓冲区域(每边0.5m)。
(9)计算总的站台面积:将候车空间、步行区、出口处排队区、无效区、缓冲区等面积求和。

五、进出闸机(检票口)

闸机通常是确定的横向空间,要求旅客进行相关付费活动而增加了额外时间,所以通道的通行能力受到限制。由于闸机通行能力限制,站内整个步行通道系统的通行能力会受到影响。因此,闸机设计需要额外考虑。

闸机对客流影响取决于旅客时距,要确保在下一个旅客到达闸机之前,前面一个旅客有足够时间通过闸机,旅客时距过短则排队会变长。

闸机通行能力取决于通过闸机最短时间。表3-5总结了通过不同类型闸机平均旅客时距观测值。对于那些与调查过的闸机有类似设计与运营特征的闸机,虽然建议实地记录旅客时距,但在没有现场数据的情况下,可以采用表 3-5 中所列的参考值,参考值下限值接近于闸机最短旅客时距。

闸机处旅客平均时距和通行能力的观测值　　　　表 3-5

闸 机 类 型	旅客时距平均观测值(s)	等价客流量(人/min)
自由进站(仅设有挡板)	1.0~1.5	40~60
人工检票	1.7~2.4	25~35
单投币口	1.2~2.4	25~50
双投币口	2.5~4.0	15~25
读卡器(各种类型)	1.5~4.0	25~40
高十字转门出入口	3	20
高十字转门出口	2.1	28
出口,0.9m 宽	0.8	75
出口,1.2m 宽	0.6	100
出口,1.5m 宽	0.5	125

闸机和十字转门出入口的评价指标是设计 V/C 比,而不是设计服务水平,选取设计 V/C 比应该为未来旅客流量的增加预留出空间。

确定闸机数量,首先要考虑进出两个方向上单个闸机的通行能力。然后,要考虑总通行能力能够应对高峰客流和未来客流量的增加。对于大型公共活动后产生的高峰客流,还需要进行特别考虑。携带行李、自行车的旅客、使用轮椅以及其他步行辅助设备的旅客等应仔细考虑。此外,还应考虑闸机维护或单个或多个闸机故障不能提供服务的可能性。

闸机数量按以下步骤计算:

(1)估算 5min 或者 15min 的高峰客流量。

(2)计算设计客流量(人/min),即以高峰客流量除以高峰时间。

(3)计算需要的出入口数量,包括闸机、十字转门等:设计客流量除以单个出入单元的通行能力,在存在多种类型闸机的情况下,则用设计客流量减去其他类型闸机客流量后,再除以该类闸机通行能力(此时每个方向闸机数量应向上取整或加一)。所以,即使反向的客流相对较小,也应该为反向客流提供闸机。

当条件允许时,应根据现场观测相似系统内闸机,来确定特定类型闸机的通行能力。观测应该在闸机以最大通行能力时进行,可通过入口处有无排队来进行判断,也可以采用表 3-5 中通行能力的估算值。对某一系列所有闸机的通行能力求和,即得该系列的整体通行能力。

六、出入口

出入口或通道有限横向宽度,限制了通道的通行能力,并且出入口将进一步影响车站整体通行能力。因此,要求额外考虑出入口设计。旋转门或非旋转门都不作为无障碍路径的组成部分。

出入口对客流量的影响,取决于旅客间距,旅客到达出入口必须有足够的时间间距,以确保在下一个旅客到达时前一个旅客已经通过出入口或者闸机。如果前后两个旅客的相隔时间过近,将发生旅客排队。

因此,出入口通行能力取决于每位旅客通过出入口时所需要的最短时间。表 3-6 总结了在不同类型出入口观测到的旅客平均时距。在设计和运营时推荐出入口处的旅客时距采用调查数据,在缺乏现场调查数据时才使用表 3-6 所列的数据。表中值越小,表示越接近于最小旅客间距。

出入口处旅客平均时距和通行能力的观测值　　　　　　　　　　表 3-6

出入口类型	观测的平均时距(s)	灯亮的步行流量(人/min)
推拉门	1.0~1.5	40~60
旋转门,单方向	1.7~2.4	20~35

出入口服务水平评价标准和通道服务水平评价标准(表 3-1)相同,其目标是维持通道系统中旅客流率在合理水平(步行速度)。如果出入口正常打开,出入口通行能力将仅仅取决于出入口宽度;如果出入口关闭需旅客打开,通行能力将下降;如果出入口难以打开,则通行能力将进一步受到影响。

与通道的估算方法类似,出入口数量以保持期望的服务水平为基础。在此过程中,应考虑旅客是否包括携带行李、自行车、婴儿车、轮椅或者其他助行器等。下面是确定出入口数量的一般步骤:

(1)基于期望服务水平,从表 3-1 中选择最大客流量。
(2)估算高峰 15min 的客流量。
(3)将 15min 客流量除以 15 得到设计客流量(人/min)。
(4)计算所需出入口总宽度(m):将设计客流量除以最大旅客流率。
(5)计算出入口数量:将所需出入口总宽度除以每个出入口宽度(每次计算结果都要取整)。
(6)验证设计客流量是否超过出入口通行能力。

出入口通行能力根据出入口宽度和每分钟内能通过的旅客数量得到。下述步骤可用于已知出入口数量计算出入口的通行能力:

(1)确定出入口在 1min 内能通过的旅客数量。由于每个出入口都会有各自特点,所以需要在该出入口或者寻找结构与其类似出入口进行现场观测,得到该数据。如果无法进行现场观测,可以使用表 3-6 中较低的流量值。
(2)计算出入口的通行能力(人/min):用等价客流量值乘以出入口数量。
(3)进行适当调整,以反映特殊旅客特性。
(4)计算每小时通行能力:将出入口通行能力乘以 60。

课后思考题

1. 旅客设施中的连接设施和服务设施分别包括哪些内容?
2. 简述运输站场旅客(行人)交通流三要素及其相互关系。
3. 简述旅客设施服务水平与旅客设施通行能力的关系。
4. 以通道(或楼梯、等候区、出入口等)为例,阐述开展旅客设施通行能力分析的主要工作步骤。
5. 以某一车站为例,观测并评估其进站安检口的通行能力与服务水平。

第四章
停车场(库)设计

第一节 概 述

运输站场停车场(库)设计的主要任务是：设置相应的车辆服务设施与设备,以保障客货运车辆、拖车/挂车等车辆的保管、存放及其处于完好技术状态；合理地组织场(库)内行车线路,选择恰当车辆停放方式,以保证车辆出入方便；配有必要的消防设施,保证车辆安全；备有为车辆和司乘人员服务的设施,节约车辆相关各项投资费用和维修费用,尽量减少投资费用和车场(库)占地面积。

一、停车场(库)类型

1. 按停车位置划分

停车场(库)根据停车场(库)与城市道路相对位置可分为路内停车场和路外停车场(库)。路内停车场指经批准在规定时限占用城市道路的停车场地；路外停车场(库)是指道路以外需投资建设专供停放车辆的场所。独立存在的路外停车场(库)往往带有经营收费服务性质。

2. 按其服务对象划分

停车场(库)根据停车服务对象可分为公共停车场(库)和自用停车场(库)。公共停车场(库)是指专门根据城市规划建造或为其他公共建筑配套,专供不特定对象的社会车辆停放;自用停车场(库)是指投资者建造的专供本单位或本居住小区等特定对象车辆停放的场所。

3. 按动力装置划分

停车场(库)按其设置的动力和非动力装置来区分,可具体分为自力式(自力行驶式)停车场(库)、机械式停车场(库)和混合式停车场(库)。以车辆动力及通过坡道进出停车位的停车场(库)称自力式停车场(库);借助机械装置动力将车辆安置到停车位的停车场(库)称为机械式停车场(库);采用自力式与机械设备相组合的停车场(库)称为混合式停车场(库)。

4. 按建筑物性质划分

停车场(库)按建筑物性质可分为停车库、停车棚、露天停车场。其中,停车库可根据取暖方式分为暖式车库和冷式车库。

二、停车场(库)设计步骤

停车场(库)是运输站场的重要组成部分,运输站场、物流中心等停车场(库)设计需结合站场整体设计方案要求进行设计,这里的停车场(库)工艺设计兼顾公共停车场(库)设计要求,设计步骤如图 4-1 所示。

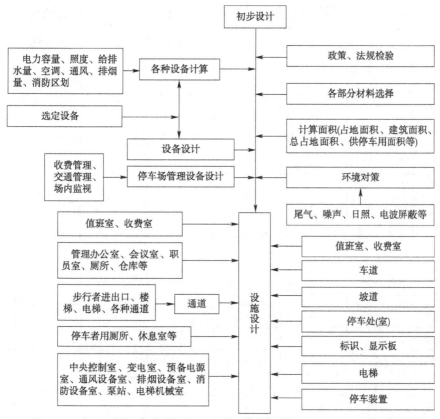

图 4-1 停车场(库)设计工作程序

三、车辆停放方式

停车场(库)内车辆停放方式,指车辆驶入和驶出停车位置以及在停车位停放的排列方法。车辆在停车场(库)内移动方式与车库形式有关。在露天车场和单层车库,大多采用车辆自动行驶的水平移动方式;在多层车库,可以采用自动行驶、半机械化、机械化的水平和竖向移动方式。机械化移动是指借助于牵引车、电动车、输送机、迁车台、行吊等机械化设备的移动。

当车辆存放时,其排列方式应符合车辆回场和出场次序;车辆进入和驶出车位时,应符合安全行车规定,要易于调车,保证车辆能够方便、迅速地疏散,减少停车占用空间,提高车位利用率。

1. 车辆停放方式

车辆停放的排列方式有尽头式和贯通式两种。根据停车场地长度和宽度,其配置方案又可分为直角式、斜角式、嵌入式;单列和双列;单面和双面。各种停车方案及用途见表4-1。

车辆停放方案及用途 表4-1

各种车辆排列方法的采用条件	有库内通道的排列方法				无库内通道的排列方法		
	尽头直角式两面排列方式		尽头斜角式两面单排列方式	贯通式多排列方式	尽头直角式排列方式		贯通式多排列方式
	单排	双排			单排	双排	
车辆用途							
通用载重汽车及轻便汽车	-	+	-	-	-	+	-
公共汽车及出租汽车	-	+	-	+	-	+	+
私用及职工使用汽车	+	-	-	-	+	-	-
专用汽车	+	-	-	-	+	-	-
车辆型式							
各型汽车	-	-	+	-	-	-	-
大型汽车	-	-	-	+	-	-	+
乘客汽车列车	-	-	-	-	-	-	+
存车车位数量							
自10至20车位	-	-	-	-	+		-
自20至40车位	+	+	-	-	+		-
大于40车位	-	+	-	+	-	-	+

注:"+"表示适用,"-"表示不适用。

单个车辆停放适用尽头式的单列、双面、直角和斜角式配置方案。单个挂车停放可用单排、直角式、斜角式或嵌入式的排列方法,也可用斜角配置方案。小客车在室内停放时,为保证车辆出入车库相互不妨碍,也适用于斜角配置方案。

1) 尽头式

尽头式排列方式规定倒进顺出或顺进倒出,即车辆倒车停入车位、顺车驶出车位,或者顺车停入车位、倒车驶出车位,具体如图4-2、图4-3所示。由于倒进顺出比顺进倒出所需调车面积小,且便于应急疏散,所以一般采用尽头式停放车辆时要求倒进顺出。尽头式排列类型有直角式、斜角式和嵌入式三种。

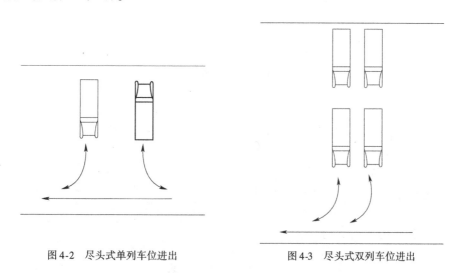

图4-2 尽头式单列车位进出　　　　图4-3 尽头式双列车位进出

(1) 直角式

车辆停放时的纵向轴线与通道中心线之间的夹角为90°,这种停车方式最为常见。这种排列方式广泛用于机关、企业自备停车场(库)。

(2) 斜角式

理论上车辆停放时的纵向轴线与通道中心线间的夹角为任意角度,但为了美观与设计时计算方便一般采用30°、45°、60°。采用斜角式车辆排列方式时车辆进出方便;所需车辆通道宽度小,其宽度与停车角度成正比;但停车场(库)面积利用率较低,因为斜角排列在车辆前后两端点之间形成的面积无法利用,且增加了通道长度。

(3) 嵌入式

嵌入式车辆排列方式是为了克服斜角式的缺点,提高面积利用率,所以它是斜角式的异形排列。

2) 贯通式

贯通式也称直通式,贯通式排列方式采用顺进顺出法,即车辆停入及驶出车位都用顺车,具体如图4-4所示。

贯通式排列类型有直角排列法(单列、多列)和斜角排列法,其中采用直角多列排放时应不大于六列。贯通式排列方法的主要特点是车辆进出方便,且车辆前后均有行车通道;贯通式排列方法适用于车辆列车的存放。

室内车库既可有行车通道,也可无行车通道,其排列方法如图4-5、图4-6所示。

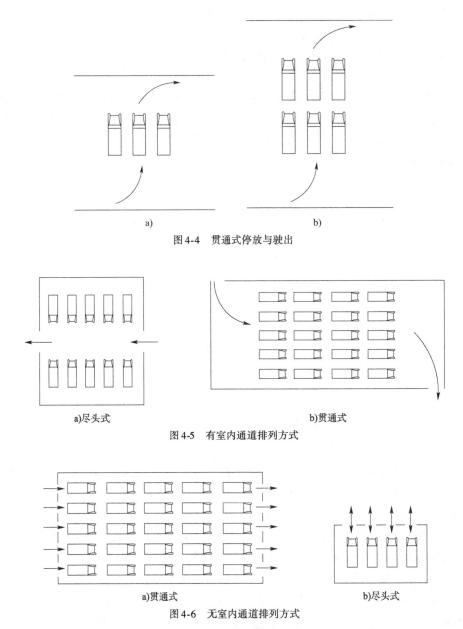

图 4-4 贯通式停放与驶出

图 4-5 有室内通道排列方式

图 4-6 无室内通道排列方式

2. 车辆停放方式选择

停车场(库)内车辆存放方式选择取决于车辆类型、外形尺寸、停车场(库)用途、停车数量等因素。

(1) 直角排列方式较其他方式方便停车和出车,并能保证车辆迅速疏散。因此,室内车库建议采用图 4-7 所示的直角式排列方法。

(2) 当采用车棚或露天停车场存车时,只要有场内通道就可以保证每个存车车位都有直接出口,满足运行便利、疏散迅速等要求,其排列方式可以采用直角式、斜角式或嵌入式。车棚或露天存放车辆可以采用图 4-8 所示方案。由于大型客运车辆机动性较差,所以采用室内存放时宜选用无内部通道的贯通式停放方式。载货车辆列车或挂车,在车棚或露天停放场存放时,宜采用贯通式单列直角、斜角或嵌入式配置方案(图4-9)。

(3)特殊用途车辆和机关自用车辆一般采用单列停放,以保证能单独出车。

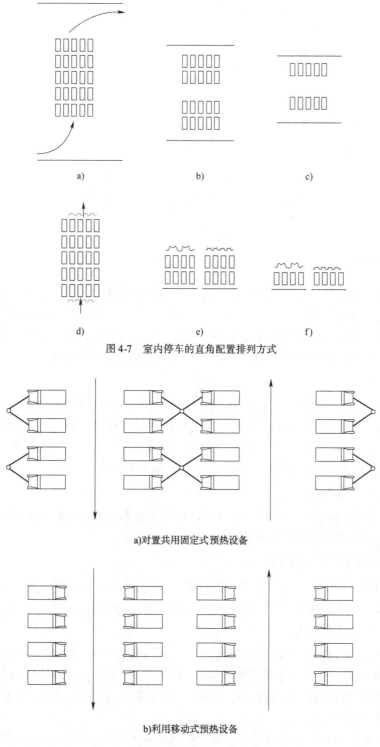

图4-7 室内停车的直角配置排列方式

a)对置共用固定式预热设备

b)利用移动式预热设备

图4-8 车棚或露天停车场车辆的停放方式

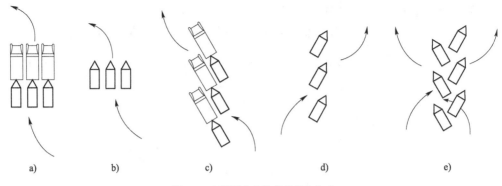

图 4-9 车辆列车和挂车的停放方式

第二节 选址与建设要求

一、选址条件

大多数运输站场设计考虑内部停车场(库),因此单独设置的公共停车场(库)和少数客运站场、物流中心配套停车场(库)涉及独立选址问题。停车场(库)在城市中选址应综合考虑城市分区功能、路网特征、设施类别、服务对象,并需要配合城市停车政策来确定。停车场(库)选址应考虑服务半径(步行距离)、停车场(库)可达性、建设费用等因素。

1. 交通便利

国内外研究表明,公共停车场(库)面向停车者,需将步行时间控制在 5~6min、距离小于 200m 为宜。对于外来货运车辆服务的停车场(库),应当设置在城市外环路、城市出入口道路附近;对于市内停车场(库),应设置在靠近大型商场、居民活动中心等主要服务设施,以及机场、车站、码头、公交换乘枢纽等交通运输设施附近,以方便换乘。

2. 与城市规划相协调

应考虑所选场址满足停车场(库)在使用年限内与城市规划和道路交通规划相适应,以免对周围环境产生明显的交通拥挤、噪声、废气等方面的影响。

3. 保护城市文化、古建筑和景观

应满足旅游交通发展需求,在市内名胜古迹、郊区风景旅游点附近设置停车场(库);应考虑城市文化、建筑以及景观保护等问题,停车场(库)选址应距离被保护对象有适当距离。

4. 公共空间的有效利用

充分利用公共设施(如公园、广场等)的地下空间,既可以有效地利用空间,又可以有效地解决城市景观的问题。上述有些因素相互影响、相互制约,因此,在应用时必须根据城市条件以及当前的主要矛盾,有针对性地取舍。例如,在发达国家(如日本、法国)较多地采取在公共设施的地下建设停车库的做法。

此外,停车场(库)选址应符合城市环境保护及防火等要求。特大、大、中型车库应临近城市道路;地下车库宜结合城市人防工程设施选择,并与城市地下空间开发相结合,车库应避开

地质断层及可能产生滑坡等不良地质地带;专用车库宜设在专用单位用地范围内。

二、建设要求

1. 基本设施

(1)车辆存放处。
(2)车辆清洁和维修设施与设备,如清洗台、维修车间、检验台等。
(3)车辆管理设施,如管理用房、车辆监测室等。

2. 基本设备

(1)通信、消防设备。
(2)收费管理技术设备。
(3)安全防范设备,闸门等控制设备。
(4)停车场(库)辅助设备,如管理人员操作、生活设备等。
(5)其他设备,如照明设备、防火设备、预热设备、通信设备、管理设备、工作亭、对讲机、防撞设备等器材。

3. 交通设备

交通设备包括信号灯、交通标志、交通标线、回光镜、安全路栏及相关器材等。

4. 智能化设备

智能化设备包括电子化收费器、电子监控设备以及采用现代计算机网络监控指挥系统,电脑计时计费结算系统,泊位导向、网络运作信息设备,等等。

5. 停车场(库)面积要求

对于运输站场、物流中心内停车场(库)面积计算应按照主要服务的客运、货运车辆几何参数计算,但各类货运站及物流中心的停车场(库)面积计算要兼顾特征车辆的停车需求。公共停车场(库)用地面积按当量小车辆停车位数计算,再结合实际进行停车场(库)面积合理确定。例如,地面停车场用地面积,每个停车位宜为 $25\sim30m^2$;停车楼和地下停车库的建筑面积,每个停车位宜为 $30\sim35m^2$。

6. 出入口位置要求

出入口位置选择是停车场(库)选址中的重点考虑内容。国内许多法规都做出相关规定。例如,要求停车场(库)出入口应有良好视野;在出入口应设置交通标志、标线;出入口应符合行车视距要求、应右转出入车道。当停车场(库)车位大于 50 个时出入口不得少于 2 个;当停车场(库)车位大于 500 个时出入口不得少于 3 个;出入口之间距离须大于 10m,出入口宽度不得小于 7m;出入口应距离交叉口、桥隧坡道起止线 50m 以上;等等。

国外相关法规规定得更加详细、严格。例如,日本规定了以下地点禁止设置出入口:
(1)交叉路口、人行横道、平交道口、轨道交通内、坡顶附近、坡度较大的坡道或者隧道内。
(2)交叉路口或者街道转角的 5m 以内。
(3)人行横道线前后 5m 以内。
(4)设有安全岛和相当于安全岛的两侧 100m 以内。
(5)在设有换乘车站、无轨电车、有轨电车标志的车站,标志前后 10m 内。

(6)平交道口的前后100m以内。

(7)过街天桥(包括过街地下道)进出口的5m以内。

(8)小学、盲聋哑学校、残疾人学校、幼儿园、保育院、特殊儿童学校、肢体残疾人保育设施、情绪障碍儿童短期治理设施、儿童公园、儿童乐园或儿童馆的入门20m以内。

(9)立交桥下、桥梁、隧道。

(10)道路宽度小于6m或纵向坡度大于10%的道路。

(11)路外停车场(库)前面有2条以上的道路时,停车场(库)的出入口应当设在给前面的道路交通带来影响的可能性最小的道路上。但是,如果有可能给行人交通带来明显的影响或有其他的特别理由例外。

第三节 工艺计算

车辆在停车场(库)内保管存放的目的在于能够保持车辆完好技术状态,使车辆可以随时在车库内方便出入,并保证调车方便和行车安全。因此,停车场(库)内必须有合理的行车通道和调车场地。

一、确定停车需求

从不同角度来看,停车需求有微观和宏观停车需求之分。微观停车需求以停车场(库)为对象,讨论其停车需求;宏观停车需求研究大的区域总体停车需求。

常用的微观停车需求预测方法有回归预测法、停车生成率法等。常用的宏观停车需求预测方法有以下四种。

(1)停车生成率模型

停车生成率模型和微观需求模型中停车生成率模型思路基本相同。

(2)土地利用模型

土地利用模型主要基于停车需求与用地性质、雇员数量之间的关系进行未来规划年的停车需求预测。

(3)出行吸引模型

出行吸引模型认为停车需求生成与地区社会经济活动强度有关,社会经济强度又可用地区吸引出行车次代表。该模型基本原理是确定停车需求泊车数与区域机动车出行吸引量之间的关系。

(4)多元回归预测模型

多元回归预测模型主要认为停车需求与城市经济活动、土地利用等因素之间存在某种关系。通过回归分析方法从历史资料中找寻存在的关系。该模型优点是可利用的社会经济数据比较容易获得。该模型适用于较大范围宏观停车需求预测。

二、停车位计算

1. 机动车静态指标

机动车静态指标是指为确保机动车安全、顺畅停车所必须空间的各项尺寸。以小汽车为例,部分尺寸详细划分如图 4-10 所示。

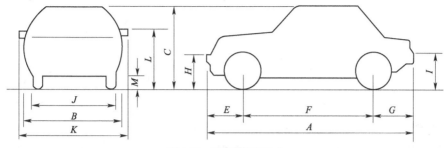

图 4-10 机动车静态尺寸

在图 4-10 中,A、B、C 分别为机动车的总长、总宽和总高;E、G 分别为前、后悬;F 为轴距;H 为前保险杠高;I 为后保险杠高;J 为轮距;K 为车门镜宽度;L 为车门镜高;M 表示最小离地间隙。

此外,还需要知道车辆的最小转弯半径,详细参考《车辆和挂车的术语及其定义——车辆尺寸》(GB/T 3730.3—1992)。

2. 各种车型外廓尺寸换算系数

根据《停车场规划设计规则》〔[88]公(交管)字90号〕对各种车型外廓尺寸换算见表4-2。

停车场(库)设计车型外廓尺寸和换算系数　　　　表4-2

车辆类型		各类车型外廓尺寸(m)			车辆换算系数
		总长	总宽	总高	
机动车	微型车	3.20	1.6	1.80	0.70
	小型车	5.00	2.00	2.20	1.00
	中型车	8.70	2.50	4.00	2.00
	大型车	12.00	2.50	4.00	2.50
	铰接车	18.00	2.50	4.00	3.50
自行车	自行车	—	1.93	0.60	1.15

注:车辆换算系数按面积计算。

3. 车辆设计车型外廓尺寸

行业标准《车库建筑设计规范》(JGJ 100—2015)中对车辆设计车型外廓尺寸做出了规定,见表4-3。

车辆设计车型外廓尺寸　　　　表4-3

车辆类型	各类车型外廓尺寸(m)		
	总长	总宽	总高
微型车	3.50	1.60	1.80
小型车	4.80	1.80	2.00
轻型车	7.00	2.10	2.60
中型车	9.00	2.50	3.20(4.00)
大型客车	12.00	2.50	3.20

续上表

车辆类型	各类车型外廓尺寸(m)		
	总长	总宽	总高
铰接客车	18.00	2.50	3.20
大型货车	10.00	2.50	4.00
铰接货车	16.50	2.50	4.00

注：专用车库可按停放车辆外廓尺寸设计，括号内尺寸用于中型货车。

在设计停车场(库)时，除了考虑机动车占地空间外，还应考虑停车后人员乘降、货物装卸等需求，预留出一定空间。具体来说，在车辆外形尺寸上必须考虑车辆停车所需空间、人员乘降或装卸货物所需的前方、后方以及侧向空间。

1) 前方

前方空间可以根据前方车道宽度、通过方式、视距、有无步行者、停车方式以及中小型车的混合使用等情况，预留一定间隙。

2) 后方

后方空间同样是停车所需空间，应根据是否后退停车、车种、车长变化以及后部货箱大小等确定，供行人通过的最小间隙为300~500mm。为了最大限度地减少后方空间，常常使用图4-11所示防撞装置。

3) 侧向

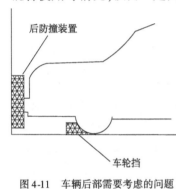

图4-11 车辆后部需要考虑的问题

侧向空间通常取决于车门打开时的宽度。车门根据人员乘降和装卸货物的不同，开放角度设计有所不同。人员进出时车门开启角度大约35°，开放宽度为430~685mm，装卸货物时车门开启角度约为70°，开放宽度一般大于550mm。此外，最近后视镜大都装在车门前方。为此，侧向空间设计时应当加以考虑。

图4-11所示为车辆后部需要考虑的问题，图4-12所示为车门打开后的各项尺寸。考虑上述因素后，停车位的各项静态指标名称如图4-13所示。

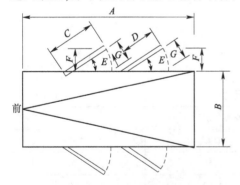

图4-12 车门打开后的各项尺寸

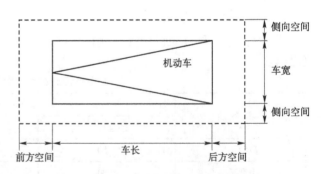

图4-13 停车时的各项静态指标

三、行车通道计算参数

停车场(库)内要保证车辆水平移动必须设有行车通道，通道宽度取决于车辆外形尺寸、最小转弯半径及其必要的安全区带宽度。根据停车场(库)类别及其停车数量的多少,行车通道可设单车道和双车道。

1. 单车道宽度的确定

车辆在单车道上移动时,在保证便利停放基础上应考虑安全行车。

图4-14为确定单车行车通道部分宽度,其宽度 X_1 为:

$$X_1 = b + 2z \quad (4-1)$$

式中:b——车辆外廓宽度;

z——车辆两侧外廓线与车辆停放界限的距离(安全区带),一般规定 z 不小于 0.4m。

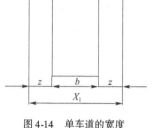

图4-14 单车道的宽度

因此,

$$X_1 > b + 0.8(\text{m}) \quad (4-2)$$

在正常情况下,单车行车通道宽度应不小于 2.5m。

2. 双车道宽度的确定

当设计双线车道时,其宽度不是决定于一条行车通道而是决定于两条行车通道,是决定于两倍的车辆外廓宽度及其附加安全区带宽度。图4-15所示为确定双车道宽度的简图。

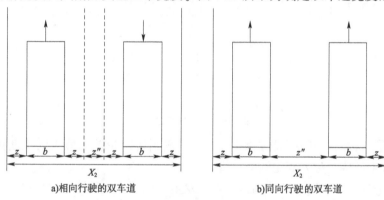

a)相向行驶的双车道　　b)同向行驶的双车道

图4-15 双车道的宽度

对于相向行车的双车道宽度 X_2,可由下式求出:

$$X_2 = 2(b + 2z) + Z' = 2X_1 + Z \quad (4-3)$$

式中:b——车辆外廓宽度;

Z——安全区带宽度;

Z'——两条车道间的距离,即隔离道宽度,Z' 一般不小于 0.2m。

因此,

$$X_2 > 2b + 1.8(\text{m}) \quad (4-4)$$

相向行车的双车道宽度等于车辆外廓最大宽度的 2 倍(m)加 1.8m,但要求总宽度应不小于 5m。

对于同向行车的双车道,行车部分的总宽度可按下式计算:

$$X_2 = 2(b + z) + z'' \quad (4-5)$$

式中:z''——同时行车的两辆车辆之间的距离,一般取 0.6~1.0m。

如果设计时考虑有人行通道,则人行通道宽度应不小于0.75m。

四、场内弯道计算参数

车辆回转时其每一点所循轨迹均是一条半径变化曲线。转向之初,回转角度为无穷小,回转半径为无穷大;随着回转角度增大,车辆回转半径逐渐减小到其极限值。当车辆走向直线通道时,回转角又逐渐减小到零,其回转半径又增加到无穷大。

当车辆回转时,其行车运动可分为三个阶段,如图4-16所示。

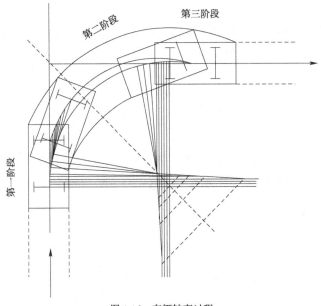

图4-16 车辆转弯过程

第一阶段是从转向轮开始回转的瞬时起,并延续到转向轮转至最大的角度止。在此阶段中,车辆的转弯半径从无穷大变化到最小值。

第二阶段是从第一阶段末延续到转弯半径发生变化并改变行车角度,在图4-16中此角度等于90°,且车辆的前轴中点到决定下一步行车方向的直线通道为止。在此阶段中,车辆一直在最小半径的曲线上运动。

第三阶段是从前轴中心行驶到下一步行车运动的直线上开始,车轮的转角从此时刻起,逐渐减小到0°(指车辆走向直线通道),而转弯半径增大到无穷大。

图4-16所示的车辆转弯情况是理论的。实际上,由于车辆行车速度的变化和方向盘运转的不均衡性以及由于前轮不可能时时刻刻都偏离直线位置,而是要视行车运动的轨迹确定,特别是驾驶员转动方向盘所耗时间,在一定程度上是它的某些主观因素的函数。在进行每个阶段的运动分析时,不可能把这些情况都准确地估计出来,从而确定第一阶段和第二阶段中车辆的瞬时转向中心。

由此可知,在已知车辆相对回转速度和车辆的前进速度之后,就可计算并绘制车辆在通道上行驶的运动轨迹和瞬时回转中心,但这种计算过于复杂,设计中一般不采用。

由于车辆在停车场(库)内运动速度小,且实际通道有一定空间余量,因此可假设车辆转弯时立即从直线行车运动转变为最小可能的转弯半径下的圆周运动,然后在一瞬间再转变为直线行车运动。也就是说,车辆转弯的全部过程实际上可视为圆周运动。这种假设的可能性证明在弯道设计中可以只采用行车的第二阶段。

1. **车辆回转 90°时弯道宽度**

车辆回转 90°的情况如图 4-17 所示。

离转向中心最近点 k,其运动轨迹为一圆弧,半径 r 为:

$$r = \sqrt{R_{min}^2 - l^2} - \frac{b-n}{2} \tag{4-6}$$

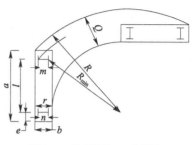

图 4-17　汽车回转 90°的情况

式中:R_{min}——车辆的最小转向半径;
　　　l——车辆轴距;
　　　b——车辆外廓宽度;
　　　n——后轴轴距。

离转向中心最远点 A,其运动轨迹是绕转向中心的圆弧,半径 R 为:

$$R = \sqrt{(a-e)^2 + (r+b)^2} \tag{4-7}$$

式中:a——车辆外廓长度;
　　　e——车辆的后悬量。

因此,车辆在弯道行驶时,其投影所覆盖的线路宽度 Q 为:

$$Q = R - r \tag{4-8}$$

所以,车辆回转 90°时的弯道宽度为:

$$B = R - r + 2Z \tag{4-9}$$

2. **车辆回转 180°时的 U 形通道宽度**

图 4-18 为车辆回转 180°时的行车运动第二阶段几何简图。外廓最后端点 D 画出的圆弧半径 R_e 为:

$$R_e = \sqrt{(r+b)^2 + e^2} \tag{4-10}$$

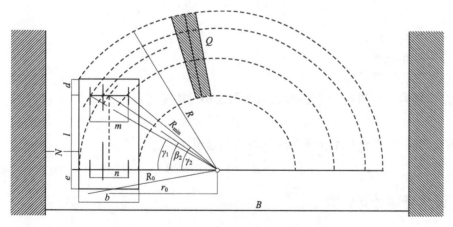

图 4-18　汽车回转 180°时行车运动第二阶段几何简图

从图 4-18 中不难看出,车辆回转 180°时所需的 U 形通道宽度为:

$$B = R_e + R + 2Z \tag{4-11}$$

同理,车辆回转360°时,所需的场地为一直径为 $2R$ 的圆。

3. 车辆列车转弯时所需的通道宽度

对于车辆列车,由于挂车的最小外廓内侧转向半径均较单车小,而单轴挂车的这个半径又小于双轴挂车。因此,确定车辆列车回转弯道宽度不能采用上述方法,应按下述方法求解。图 4-19 为带有单轴挂车或双轴挂车的车辆列车回转情况。

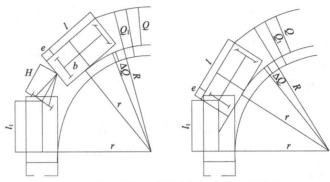

图 4-19 带有单轴和双轴挂车的车辆列车回转情况

为便于车辆列车行驶,单个车辆在圆周上行车时所需的最小宽度 $B_{\min}$ 要增大一个数值 ΔB:

$$\Delta B = r - r' \tag{4-12}$$

式中:r'——挂车后轴外侧车轮到转向中心的距离。

其大小可由下式求得:

$$r' = \sqrt{\left(r + \frac{b}{2}\right)^2 - l_1^2} - \frac{b_1}{2} \tag{4-13}$$

对双轴挂车:

$$r' = \sqrt{\left(r + \frac{b}{2}\right)^2 + e^2 - k^2 - l_1^2} - \frac{b_1}{2} \tag{4-14}$$

式中:l_1——挂车长度;

　　　b_1——挂车宽度;

　　　k——连接装置长度。

因此,车辆列车在圆周通道行驶时,其所需最小通道宽度为:

$$B_{\min} = (R - r) + \Delta B \tag{4-15}$$

考虑行车安全,车辆列车在停车场(库)内的通道宽度为:

$$B = (R - r) + \Delta B + 2Z \tag{4-16}$$

五、调车场地计算参数

车辆在停车区域行驶时,为保证调车方便和安全,必须进行调车场地的检验。调车场受车辆外形尺寸、转向机动性、车辆与车辆之间的距离、车辆与房屋结构物之间的距离、车辆与固定设备之间的距离等参数的影响。

调车场地设计一般采用图解法。以下假设调车过程时转弯半径保持不变,驾驶员驾驶操作正确。下面介绍三种最常见调车情况下的场地设计。

1. 车辆倒车进入、顺车驶出

如图 4-20 所示,停放在队列中的车辆前端对着通道,且车辆纵向轴线垂直于通道方向。要确定足以使车辆便利地进入、驶出车位,且在通道内回转角度 90° 调车场地,需做下列条件下的图解:

(1) 车辆顺车进入通道,并且不用倒车就在通道内回转 90°。

(2) 当一辆车从一排队列中驶出时,该辆行动车辆和停放在同列左右两侧相邻车辆之间的距离应不小于 Sm。

(3) 在符合上述要求的前提下,还应加上余量为 Zm 的最小宽度。

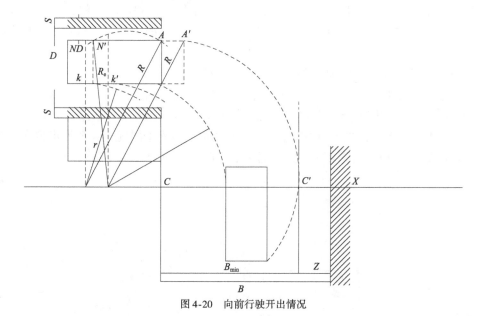

图 4-20 向前行驶开出情况

数值 S 和 Z 用于抵消和补偿上述假设所带来的误差,防止驶出车辆对相邻车辆的相互碰撞。

假定一车辆从队列中驶出并向右回转(图 4-20),如果车辆原地转向,则车辆右侧距转向中心 O 最近的点 k 会碰到右边停放车辆,车辆就不可能进入行车通道。因此,驶出车辆应该首先沿直线行驶一段距离 OO' 后,再开始向右转,这时转向中心位于 O' 点。

O' 点位置在平行于行驶车辆的纵向轴线 OX 轴上。车辆转向时离转向中心 O' 最近的点 k' 应在距离车辆右侧的点 M 不近于 S 的距离处。以 O' 为圆心、$O'k'$ 为半径所画圆弧,与以 M 点为圆心、S 为半径所画圆弧相切的地方就是 O' 点的最佳位置。

平行于直线 ON 的直线 $O'N'$,相当于车辆开始转向时的后轴位置。也就是说,驶出车辆应首先沿直线方向行驶距离 O',然后从位置 $A'D'$ 开始转向,方可使车辆顺利地从队列中驶出。这样车辆绕 O' 点转向时,距离转向中心最近的 K' 点将与以 M 为中心、以 S 为半径所画的弧相切。而距离转向中心最远的 A' 点将沿着以 O' 为中心、R 为半径的圆弧轨迹运动。距离 CC' 决定了必需的最小宽度 $B_{\min}$,再加上距离 Z 即可得出必需的行车通道宽度 B:

$$B = B_{\min} + Z \tag{4-17}$$

行车宽度决定后,还要对所得结果进行检验,看在同次转向中,车辆是否会在保证安全防护带宽度 S 的条件下,对停放在左边的相邻车辆产生碰撞。这对后悬较大的车辆很重要。

检验方法:以 O' 为圆心、以 $R_e = O'D'_1$ 为半径画圆,如画出的圆弧不与左边车辆保护区 S 相交,则可保证车辆安全驶出。否则必须增加车辆直线行驶的距离,使 B_{min} 和 B 的数值可随之变化,或者增加车辆与车辆之间的距离 y。

当车辆向左方开出时,图解的方法与上述方法相似。

上述情况在敞开式停车库及没有预热装置的露天停车场是常常见到的。

2. 顺车驶入、倒车驶出的停车队列

图 4-21 给出了车辆用倒车由直角配置的队列中驶出的情况。

当车辆以 O 点转向后退出时,车辆前部将与其外侧的车辆相碰。为保证安全,车辆必须后退一段距离再转向。而安全转向中心 O' 点以 M 为圆心、以 $R+S$ 为半径画弧,且与直线 OX 相交于一点。

用图解法设计或检验这种调车场地时,其步骤如下:

(1) 在与车辆队列相距 $R+Z$ 的地方画出直线 CC' 与通道轴线相平行。

(2) 以 O' 作圆心、以 $2r+b$ 为半径画弧与 CC' 相交于 O''。

(3) 当车辆后退至后轴线与 $O'O''$ 相重合时,车辆以 O'' 为转向中心,以 R 为半径向右转,往前驶离工段(或停车位)。由图 4-21 可见,通道的实际宽度应为:

$$B = R + Z \tag{4-18}$$

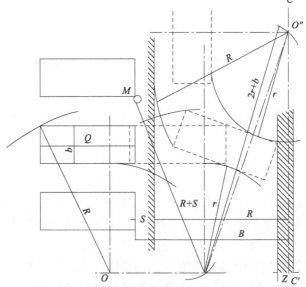

图 4-21 由直角配置队列后退驶出情况

以上情况在具有固定加热装置的露天停车场和尽头式维护与修理工段常见。

当车辆为斜角配置时,且工段上设有工作沟时车辆必须后退到前轴与工作沟端线相重合时才能开始转向,如图 4-22 所示。后退的转向中心 O' 位于车辆直线后退至前轴与工作沟端相重合时车辆后轴延长线上。求通道宽度的图解法与前述相同。

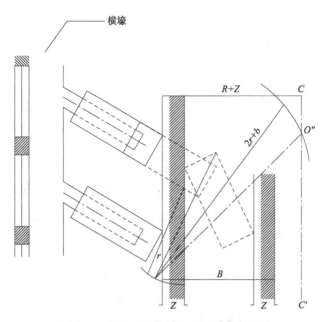

图 4-22 车辆由斜角配置的车位上后退驶出情况

3. 在没有内部通道的车库或维修工段上驶出

当每一车辆(或每一工段、每一维修线)都有一个大门时,车辆纵轴线间的距离 H 就等于车辆宽度 b 加上车辆的间距 y[图 4-23a)]。y 值等于 $2s+e$,e 为门柱结构尺寸,木结构可取 0.4m,砖结构可取 0.55m。

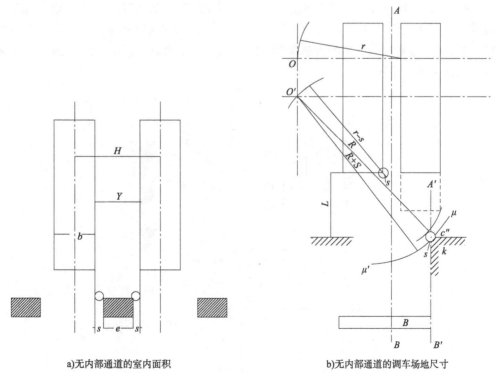

a) 无内部通道的室内面积   b) 无内部通道的调车场地尺寸

图 4-23 无内部通道的调车情况

当两辆车辆、两个工段或两条流水线合用一个大门时,要求调车场的尺寸,应先求出车辆直线向前行驶距离 OO' 的位置,并以 O' 作圆心、以 $R+S$ 为半径画弧与大门宽度 X 的垂线 $A'B'$ 相交于 c'' 点,则 c'' 点为大门位置,如图 4-23b)所示。调车场地宽度即车辆前端与大门之间的距离 L。

车辆驶出方法是,先直线行驶到虚线处,然后围绕转向中心 O' 转向,并沿与大门倾斜的方向驶出。

以上三种调车情况都是一次性调车方法。这种调车方法广泛用于车辆出入频繁及停车场(库)面积比较充足的情况。但对采用尽头式停放车辆的停车场(库)、对敞开式停车场(库)中停放两列或多辆以及队列中停放不同类型车辆时,这种方法就显得不太方便。为满足这个要求,尽可能减少行车通道宽度,提高车辆停放的准确性,应采用辅助性调车。而且这种方法对出入频繁的停车场(库)会引起交通堵塞、影响紧急疏散,同时会增加室内的废气。所以,辅助性调车仅在下列情况下采用:

(1) 在尽头式工段上,特别是有工作沟时。
(2) 露天停车场或敞开式车库中停放在队列两端的车辆。
(3) 当车库内停放不同尺寸的车辆时,对于数目较少的大型车库。

六、调车场地几何参数

从上述图中也可以看出,几个设计参数是相互联系的。通道宽度取决于车辆间的距离 y、车辆停放时与通道轴线所成的角度 α、保护区 S 和安全区 Z、车辆外形尺寸、车辆停放方法、调车方法、工段结构等。

在这些参数中,尺寸 S 和 Z 是根据设计定额确定的;工段结构取决于该工段所完成的工作性质及工艺过程组织;停放方法取决于厂房的功用及采用的保管和维修方法等。当这些参数已确定时,对通道宽度起影响的将是车辆之间的距离和车辆的放置角。图 4-24 给出了停车处的各个几何参数关系图。

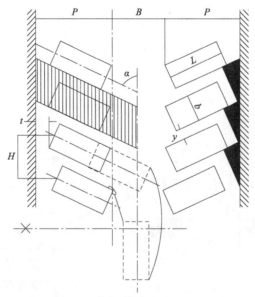

图 4-24 车辆停车处的各个几何参数关系图

从图 4-24 中可以得出：
$$P = t + a\sin\alpha + b\cos\alpha \tag{4-19}$$
$$H = \frac{y + b}{\sin\alpha} \tag{4-20}$$
$$f_a = \frac{1}{2}H(2P + B) = \frac{[2(t + a\sin\alpha + b\cos\alpha) + B](y + b)}{2\sin\alpha} \tag{4-21}$$

式中：P——墙到通道之间的距离；

H——车辆纵向轴线间的距离；

t——墙到车辆之间的距离；

f_a——相当于每辆车占用的车库面积（通道左侧划剖面线的部分）；

α——车辆放置角；

B——通道宽度。

从式(4-21)可以看出，f_a 与车辆外形尺寸(a、b)车辆之间的距离 y、通道宽度 B 成正比，与放置角 α 有比较复杂的函数关系。随着 α 角的增加，B 虽增加，但车辆前后不能利用的三角形区域将减少。另外，当 α 减小时，B 虽减小，但 H 将增大，且 H 增加对 f_a 的影响超过 B 减小时对 f_a 的影响，所以 f_a 仍有增加。

图 4-25 为采用直角自配置($\alpha = 90°$)时，B 和 f_a 随 y 的变化情况。图 4-26 不采用辅助调车时停放某一车型的车辆库内几何参数的关系图。

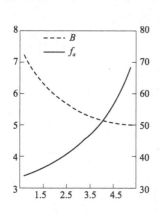

图 4-25　通道宽度和停车面积与车辆停放方法关系

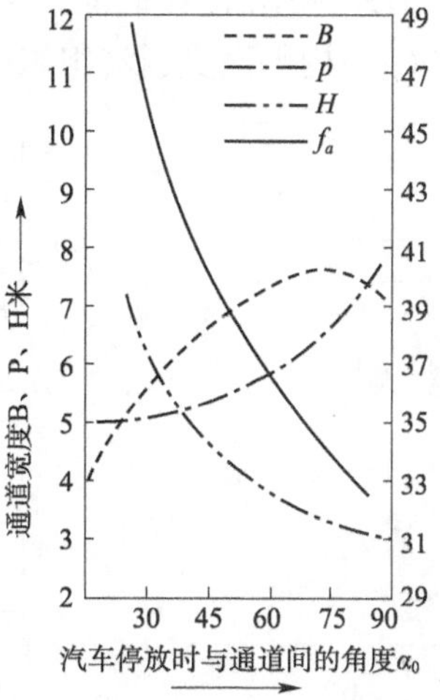

图 4-26　停车场(库)内几何参数的关系

从图 4-25 中可以看出，随着 y 值增加 B 减小，但 f_a 仍增加。所以，设计时应按定额取最小的 y 值。

从图 4-26 中可以看出，采用直角配置方案时 f_a 最小。

总之，无内部通道的车库房屋面积利用率最高，有内部通道的停车库，如通道两侧车辆排列数目越多，则 f_a 越小。

为了评价不同平面布置方案，常采用面积利用率这一指标。面积利用率 k_a 是单位面积系数 f_a 与车辆外廓在水平面上投影面积之比，即：
$$k_a = \frac{f_a}{ab} \tag{4-22}$$

第四节 工 艺 设 计

一、工艺流线组织

1. 车辆工艺流线组织

通常,在停车场(库)车辆从入库到出库必须转半圈或一圈。即使是机械式停车场(库),有时也需要转向,而坡道式多层停车库几乎需要多次转向。

停车场(库)内的车辆具有"入口—车道—停车车位—车道—出口"等一系列行驶轨迹。其中,入口和出口是内部交通和外部交通的连接点,对于调节停车场(库)内的交通流具有"阀门"的作用。将入库的车辆顺畅、有效地引导到停车位的是车道。在停车场(库)内,除了出入口或坡道部分的车道以外,它还具有进出停车位、供管理者和步行者使用等多种功能。而且,该空间是否得到有效利用,关系到停车场(库)内交通是否顺畅,停车场(库)内空间是否得到有效利用等问题。也就是说,如果车道使用得当,车辆进出方便、在停车场(库)内行走顺畅、安全也得到保障。反之,不仅车辆进出困难,影响后续车辆的进出,还容易引发安全事故和其他管理上的问题。另外,使用效率降低还会导致停车空间增加,最终导致建设成本上升。

常见的停车场(库)内平面交通流组织形式如图4-27所示。

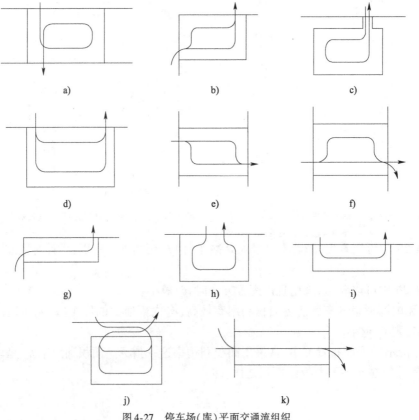

图4-27 停车场(库)平面交通流组织

2. 行人工艺流线组织

停车场(库)内步行者可分为停车后前往停车场(库)外目的地者和由目的地返回停车场(库)者两大类。因此,在组织步行交通时,应当考虑和一般街道相连接的通往目的地设施的步行交通和停车场(库)内连接各设施的步行交通。

通常,许多面向一般街道都应设置直通阶梯,有时这也作为停车场(库)的紧急出口使用。这时,距离停车者的目的地街道而设置进出口,但是,应当综合考虑建筑法规、步行距离的相关规定以及对街道均等配置等问题。

因此,应为利用停车场(库)内的各种设施的步行者设置步道。通常,步道的宽度为1m。另外,还应尽量使各种设施集中,以缩短步行距离。

二、平面工艺设计

停车场(库)内停车处的平面布置主要取决于车辆的停放方法、停车位置数、房屋参数、车辆的移动方法以及房屋结构。进行停车处平面布置时一定要遵循下列基本原则:

(1)要满足企业的生产与功能要求。
(2)车辆行驶线路及行车通道要符合场(库)总的工艺流程。
(3)停车区域要完整,要充分利用行车通道。
(4)停车区尽量位于可扩展的一侧附近。

1. 室内车库平面布置形式

室内停车库的平面布置形式有敞开式、分隔式、敞开-分隔式及混合式四种不同形式,如图4-28所示。

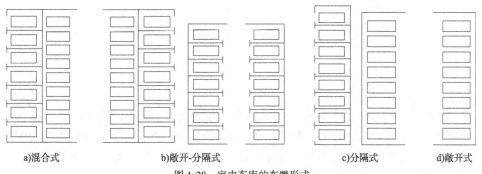

图4-28 室内车库的布置形式

敞开式车库是指把车辆停放在一个公共的房间内,在库内车道的一边或两边,每一边可排一列或两列车辆;分隔式停车库是指将车辆停放在个别隔离的房间内,单行排列时,每一车房内可有1~2个存车位,而采用双行排列时,可有2~4个存车位,并且每个车房均有通向室外的大门;敞开-分隔式是指把各个车房布在一个公共空间内,房内设有行车通道;在综合式停车库内,车辆既可停放在房内,也可停放在公共房间内。

室内停车库可以布置在建筑物的一层,也可布置在地下层或地下室内。建筑物一层设立停车库,具有车辆停放方便、观察方便等优点。因此,在交通要道的主要高大建筑的一层设立公用停车场(库)是很有必要的。

停车库的选择除取决于车辆用途外,还应考虑下列要求:①车辆的隔离程度;②防火安全性;③观察的方便性;④面积利用程度;⑤房屋的热能损失程度;⑥停车的经济性。

就防火安全性而言,分隔式停车库由于相互隔离,火灾不易蔓延,也不易发生火灾;而敞开式停车库容易发现火灾,且难以控制火灾蔓延。

就观察的方便性而言,敞开式停车库较其他车库优越。

就房屋的热能损失而言,分隔式停车库大门数目很多,热能损失较大。

专门用途的车辆和机关单位自用的公务车辆常采用分隔式停车库。分隔式停车库无内部通道,建筑结构简单,面积利用率比敞开式车库高。但当车辆数目过多,采用分隔式停车库时,由于内墙和外墙的周长很大,大门数目也很多。这时,分隔式停车库建筑场地的利用率和总的经济效果就不如敞开式车库好。

2. 室内车场(库)平面布置

根据建筑场地形状和尺寸、停车场(库)的容量等,敞开式停车场(库)平面可有不同方案。敞开式停车场(库)中可设几个车道,各个车道可相互平行、相互垂直或采用综合配置方案。图4-29为停放一种型号车辆的敞开式停车场(库)平面布置方案。

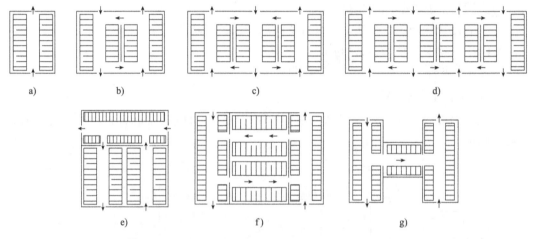

图4-29 停放一种型号车辆在敞开式停车场(库)的布置方案

当停放不同型号车辆时,停车场(库)平面布置较为复杂,最理想的是将整个场(库)区划分为几个停车区,每个停车区停放一种型号的车辆,但这要使各车区的宽度与房屋结构形式相适应,且各车道的长度与同一型号车辆数目相适应,否则必须采用综合式布置方案。图4-30为停放多种型号车辆的敞开式停车场(库)的几种布置方案。

选择停车区配置方案时,必须考虑车辆行驶的方便性,尽可能地使车辆单向行驶。

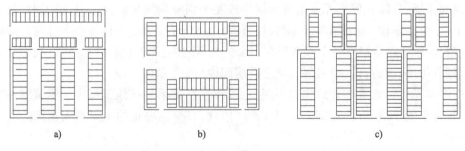

图 4-30

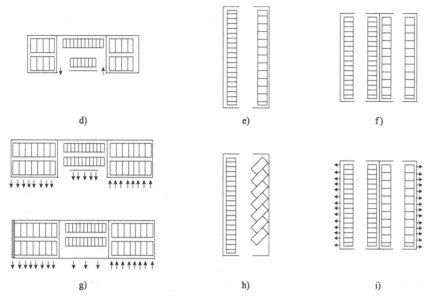

图 4-30 不同型号汽车在敞开式停车库的布置方案

敞开式停车场(库)的大门数目较少,一般设 1～4 个,它取决于车场(库)容量和出场要求。其通向室外大门的最低数目按表 4-4 确定。

敞开式车场的大门数目 表 4-4

室内停车位置数	通向室外的大门数	
	当有经过相邻房间而通向室外的出路时	当没有相邻的房间可以通向室外的出路时
10 个以下	1	1
11～25	1	2
26～50	2	3
50～100	3	4
100～150	4	5

车场大门的宽度应按车辆进出场的方式来确定。当停车场(库)前车道与门的宽度方向垂直时,其宽度为车辆外形最大宽度加上行车余量(一般为 0.5～0.7m);当场前为弯道时,大门的宽度等于车辆外形最大宽度加上 0.7～1.0m 的余量;当场前车道与大门不垂直而成某一角度的斜道时,其宽度等于车辆外形最大宽度加上 1.0～1.5m 的余量。

车场大门的高度应不小于车辆外形最大高度加 0.3m 余量,这样可以保证车辆在装货情况下进出。

停车处车辆之间、车辆与设备之间及车辆与房屋结构之间的距离可参考表 4-5 选取。

停车处车辆之间、车辆与设备之间及车辆与房屋构件之间的距离 表 4-5

序号	距离	汽车组别		
		I	II、III	IV、V
		最小距离(m)		
1	车辆之间以及墙与平行于墙的车辆之间	0.5	0.6	0.7
2	无内部通道时,车辆侧面与房柱或壁柱之间	0.3	0.4	0.5

续上表

序号	距离	汽车组别		
		Ⅰ	Ⅱ、Ⅲ	Ⅳ、Ⅴ
		最小距离(m)		
3	有内部通道时,车辆侧面与房柱或壁柱之间	0.3	0.5	0.6
4	当采用直角配置时,车辆前端与墙或大门之间	0.7	0.7	0.7
5	当采用斜角配置时,车辆前端与墙或大门之间	0.5	0.5	0.5
6	当采用直角配置时,车辆后端与墙或大门之间	0.5	0.5	0.5
7	当采用斜角配置时,车辆后端与墙或大门之间	0.4	0.4	0.4
8	前后排列的两辆车辆之间	0.4	0.6	0.7
9	车辆与墙壁之间	0.7	0.7	0.7
10	驶离停车位置的车辆与房屋构件、设备或停放的车辆之间	0.2	0.3	0.4
11	车辆驶离停车位置时与通道边缘之间	0.8	1.0	1.2

另外,场内若设置加热柱,车辆与加热柱之间的距离不得小于0.7m;若按倒车驶入车位,车辆与相邻车辆之间或到房屋结构之间的距离应在0.2~0.5m范围内,到对面通道边沿的距离不得小于1m。

车辆的组别是以车辆长度和宽度的不同来分组的,把长度在5m以下、宽度在1.9m以下的车辆分为第Ⅰ组;把长度为5~6m、宽度为1.9~2.29m的车辆分为第Ⅱ组;把长度为6.1~7.0m、宽度为2.3~2.59m的车辆分为第Ⅲ组;把长度为7.1~8.0m、宽度为2.6~2.79m的车辆分为第Ⅳ组;把长度在8m以上、宽度在2.8m以上的车辆分为第Ⅴ组。

3. 露天停车场平面布置

目前,我国普遍采用露天停放的方法。根据停车场地的长度和宽度条件,布置方案可采用直角配置和斜角配置、尽头式和直通式、单列和双列、单面和双面,单个车辆适用于尽头式、单列、双面直角式或斜角配置方案。

在寒冷地区,露天停车场的布置方案与预热设备的布置方案有关。其布置方案可参考图4-8的布置方案。

单个挂车可采用与车辆列车相同的配置方案,也可采用斜角配置方案。

车辆与挂车之间及车辆与房屋构件之间的距离可参照表4-6选取。

露天(或车棚)停车处车辆之间、车辆与建筑物结构之间的距离　　表4-6

序号	距离	汽车组别		
		Ⅰ	Ⅱ、Ⅲ	Ⅳ、Ⅴ
		最小距离(m)		
1	车辆与车辆之间	0.6	0.7	0.8
2	车辆侧面与柱子之间	0.3	0.4	0.5
3	采用辅助性调车时,车辆至相邻车位上的车辆或车棚构件之间	0.3	0.4	0.5
4	车辆用倒车停入车位时、车辆至对面通道边沿的距离	0.8	1.0	1.2
5	车辆用顺车驶入车位时至对面通道边沿的距离	1.0	1.0	1.0

第五节　多层停车库工艺设计

随着城市道路交通拥堵与停车难问题日益突出,我国大城市机动车停车场越建越多,以往所建车场多为单层或露天,占地面积越来越大,使得本来紧张的城市用地更为紧张。为解决这一矛盾,必须充分利用立体空间,建多层停车库及地下停车库。本节着重介绍多层车库和地下停车场(库)工艺技术问题及平面布置方案。

一、多层停车库通道设计

多层车库中车辆可自动上下移动,可以采用机械化或两者结合的综合形式。

车辆在斜道上行驶,自动完成层与层之间的移动形式称为自动式。斜道是连接相邻楼层的斜面,其本身就是建筑物的构件。层与层之间借助于电梯、链式提升机及其他升降机构,使车辆完成上下垂直运动是机械化的形式。综合式则是利用自动和机械化相结合的方式,来完成车辆在多层车库中的各种运动。

1. 自动式——斜道设计

斜道根据其与建筑物的相对位置、隔离情况、外部轮廓、通道宽度、上升高度、空间结构和行车运动的特性等进行分类。图4-31 给出了斜道的基本形式。

(1)根据斜道与建筑物的相对位置,斜道可分为外斜道和内斜道,如图 4-31a)、b)所示。

外斜道设在建筑物的外侧或两侧,内斜道则设在建筑物之内。其中,外斜道一般是露天的,因此,其表面必须采用防滑措施,并且占地面积较大,结构不紧凑,所以一般很少采用,仅在层数不多和气候温和的条件下使用。内斜道可保证建筑物的紧凑性,并可节省建筑面积。

(2)按照隔离情况,斜道可分为隔离斜道和非隔离斜道,如图 4-31c)、d)所示。

隔离斜道是指在斜道与停车区之间设有防烟尘的耐火墙壁。其优点是可防止上下车辆所排放的烟尘侵入停车区,并且火灾危险性小。其缺点是驾驶员视线不好,行车危险性大,造价高,占地面积大。非隔离斜道是指斜道与停车区间无隔墙。其优点是驾驶员视线好,可保证行车安全,且造价低。其缺点是停车区内不安静,干扰多、污染较大。

(3)按照外廓,斜道可分为直线斜道和曲线斜道。

在直线斜道上,车辆沿斜道行驶,完成垂直上下移动,而在各层的水平平面上完成车辆的转向。在曲线斜道上,车辆沿斜道母线所确定的轨迹同时完成车辆上下移动和转向。图 4-31 所示的圆形斜道、椭圆斜道及同心圆斜道均是曲线斜道的特殊形式。

直线斜道和曲线斜道相比,其优点是占建筑面积小,结构简单,并可保证与建筑物的一般结构有良好的配合。其缺点是转向频繁、驾驶员劳动强度大、线路长,并且必须通过中间层的水平通道。从施工的方便性和建设的经济性角度来考虑,直线斜道远胜于曲线斜道。因此,选方案时要优先考虑选取直线斜道。

(4)根据斜道的宽度,斜道可分为单线斜道和双线斜道,如图 4-31f)、g)所示。

当层数较少,各层存车数量少时,可采用单线斜道,否则要采用双线斜道。

(5)按照空间结构,斜道可分为单螺旋斜道和双螺旋斜道,如图 4-31i)、j)所示。

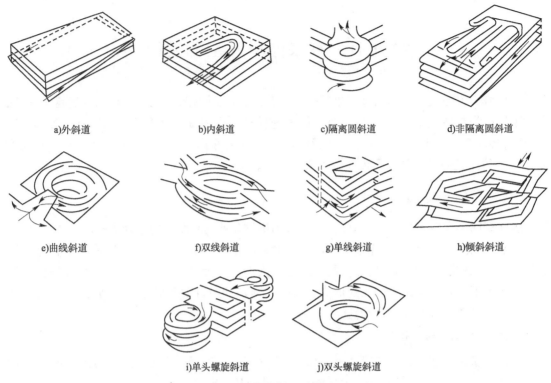

图 4-31 斜道的基本形式

单螺旋斜道只能用于上升或下降,而双螺旋斜道可以同时用于车辆的上升和下降。

(6) 按照一次上坡的高度和长度,斜道可分为全斜道和半斜道。

全斜道是采用一个梯道可完成两楼层的上下移动,即可使车辆从一层直接上到二层;半斜道则用两个梯道。

半斜道经济性好,也是应用最广的车场内斜道,它比全斜道可以有更大的坡度(全斜道一般为1:8,半斜道一般为1:7),并且结构紧凑,安全性好。

全斜道和半斜道及其各种尺寸如图4-32所示。

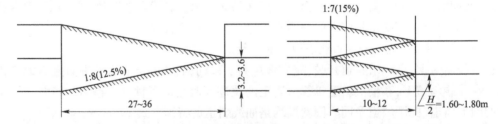

图 4-32 全斜道和半斜道及其各种尺寸(尺寸单位:m)

(7) 按照行车性质,斜道可分为连续式和间断式。

前者可保证车辆从第一层直到最后一层之间坡道行车的连续性,而后者只保证两相邻楼层之间坡道行车的连续性。隔离斜道、曲线斜道(圆形或椭圆形)都属于连续式斜道;非隔离斜道、直线斜道属于间断性斜道。当使用连续式斜道时,车辆从一层平面可直接上升到所需到达的楼层,几乎不在中间层通过;当使用间断式斜道时,车辆在达到高层时要通过所有中间层;当层数很多及各层容量很大时,宜选用连续性斜道。

斜道的坡度是指上升高度与斜道水平投影长度的比值。一般用角度或百分数来表示,如图 4-33a)所示。

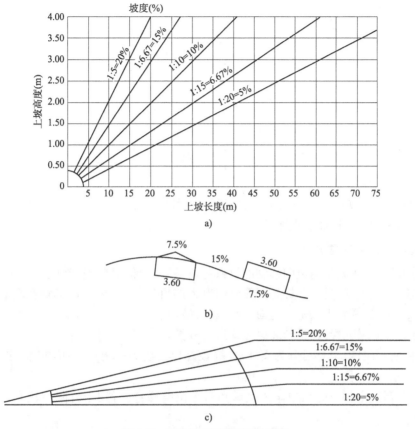

图 4-33 坡度与汽车的垂直通过能力

斜道的最大倾斜角,首先必须保证车辆行车便利;其次,要保证斜道与楼层水平面相接处的通过能力;最后,要保证车辆的通过性。

车辆的通过性与车辆的最小离地间隙、接近角和离去角有关,设计时应加以考虑,并且要保证车辆的最低点与地板之间的距离不小于 10cm。

实际中斜道的坡度一般为 1:33～1:5,也就是在 3～12% 的范围内。一般情况下,斜道设施的平均坡度可按推荐值选取:倾斜地板 1:25 或 4%、圆形斜道 1:12 或 8.5%、直线斜道 1:8 或 12.5%、半斜道 1:7 或 14.5%。

斜道宽度是由车辆的外形尺寸决定的,但设计时,必须考虑车辆的转弯和行驶安全性。各类斜道适宜采用的宽度可参考表 4-7 选取。

各类斜道适宜采用的宽度   表 4-7

斜 道 形 式	斜道通车部分的宽度
直线形单车道	按车辆的最大宽度加上 0.8m,但总宽度不小于 2.5m
直线形双车道	按车辆的最大宽度的 2 倍再加上 1.8m,但总宽度不小于 5 m
曲线形单车道	按车辆投影的最大宽度再加上 1m,但总宽度不小于 3.5m
曲线形双车道	按车辆投影的最大宽度的 2 倍再加上 2.2m,但总宽度不小于 7m

坡道两侧应设护栏,护栏高度不小于0.9m,双车道安全带宽度不得小于0.2m。在斜道旁设人行道时,其宽度不得小于0.75m;在曲线斜道上,人行道应设在斜道内边缘。斜道行车部分应保证行车时车轮不滑动。

斜道的通过能力可按下式计算:

$$N = \frac{3600}{t} \quad (辆/h) \tag{4-23}$$

其中:

$$t = \frac{3600l}{v} \quad (s) \tag{4-24}$$

故

$$N = \frac{v}{l} \quad (辆/h) \tag{4-25}$$

式中:t——时间间隔;

l——斜道上行驶车辆之间的距离加车辆本身长度,m;

v——车辆在斜道上的行驶速度,m/h。

2. 机械式——电梯通道设计

在多层车库中,完成车辆竖向移动的机械化设备有电梯、升降机、链式提升机及板式提升机等,其中电梯采用最广泛。电梯是依靠外部电力的机械装置,可完成车辆在垂直方向移动。与斜道相比,电梯的最大优点是占地面积小、经济性好。

电梯类型可按照位置、容量与装载方式进行分类。

(1)根据所在位置,电梯可分为室外电梯(设在建筑物的一侧)和室内电梯(设在建筑物的中央)。

(2)按照容量,电梯可分为单车位电梯和双车位电梯;前者用于升降一辆车,而后者用于升降两辆车。

(3)按照装载方式,电梯可分为尽头式电梯和贯通式电梯。尽头式仅允许车辆在电梯罐笼的一侧进出,贯通式则允许两侧出入。

电梯的有效载重量应根据其承运车辆的重量确定。标准单车位电梯的有效载重量应不小于1.5t,双车位电梯应不小于3t。

电梯的升降速度应考虑驾驶员的舒适性,根据层数的多少可在0.2~1.0m/s范围内选取。若考虑车辆停入和驶出电梯罐笼所用的时间,可以认为电梯上升一层高度所需的时间一般为3min。

电梯的通过能力为车辆升降时间的函数。因此,电梯的通过能力取决于车辆驶入电梯罐笼和驶出罐笼所需的时间、电梯行驶速度及上升高度。

多层车库所需电梯的数目,应视其通过能力、服务车辆数及层数来确定。一般条件下,每个电梯服务车辆数应不大于50辆,否则需增设电梯或除电梯外设置斜道。电梯罐笼内部尺寸应较服务车辆外部尺寸大。宽度方向应大于0.6m,长度方向应大于0.8m,高度方向应大于0.3m。对小汽车单车位电梯罐笼内部的最小尺寸可按长5.5m、宽2.4m、高2m取值。双车位电梯罐笼宽度应比车辆外形宽度的2倍至少大于1m且不小于4.6m。

驱动电梯的电动机功率可用下式计算:

$$N = \frac{0.736FV}{75\eta} \quad (W) \tag{4-26}$$

式中:F——电梯计算重量(含罐笼重量),kg;
V——电梯升降速度,m/s;
η——机构效率,一般取 0.7~0.75。

若组织一层到二层之间或一层到地下室之间的垂直上下移动时,可采用液力升降机或电力机械升降来代替电梯,如图 4-34 所示。

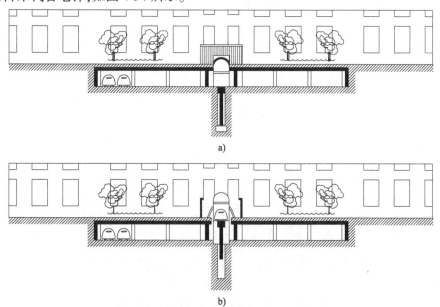

图 4-34 升降机完成车辆上下垂直运动的示意图

电梯与斜道相比,各有优缺点。电梯占用建筑面积小,当层数多时采用电梯较合理,可减小车辆调车行驶消耗及通风设备。在多层建筑中,层数对电梯电动机功率影响不大,仅增加竖向轨道绞车导向机构。当然,采用电梯时车场需专门设置输电设备保证电梯不间断使用。而在大型立体车场中,往往采用斜道与电梯综合使用。组织行车时由电梯上、斜道下较为理想。

二、多层停车库平面工艺设计

多层停车库的布置关键在于组织车辆的垂直移动和完成这种运动的方法及其所在位置。

1. 斜道停车场

斜道的形式及数量和斜道上的行车组织,对停车场的布置有直接影响。采用双斜道行车组织时,一条通常是组织车辆上升,另一条则是组织车辆下降。

在楼层的水平面内设水平通道,用于完成车辆的水平移动。图 4-35~图 4-40 列举了多层停车库中所采用的不同布置方案。

2. 机械化停车场的布置方案

1) 半机械化停车场

机械化停车场一般分为两类,即机械化停车场和半机械化停车场。前者是在楼层之间的垂直移动和楼层内部的水平移动均由机械化设备来完成,而后者仅仅是在楼层之间的垂直上下移动,由机械设备来完成。垂直上下移动的机械化设备通常有电梯、升降机和传动链等;水平移动的机械化设备一般有传送带、移车机等。

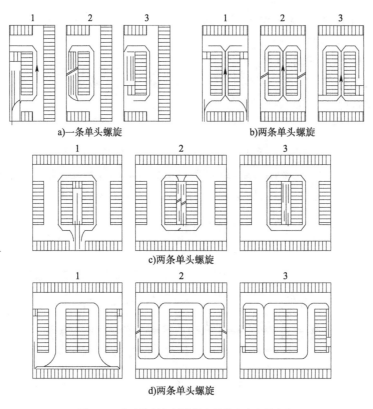

图 4-35 有连续行车斜道的多层停车库布置方案
1-第一层;2-中间层;3-顶层

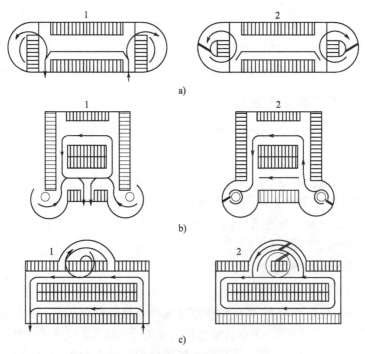

图 4-36 有间歇行车斜道的多层车库布置方案
1-第一层;2-中间层

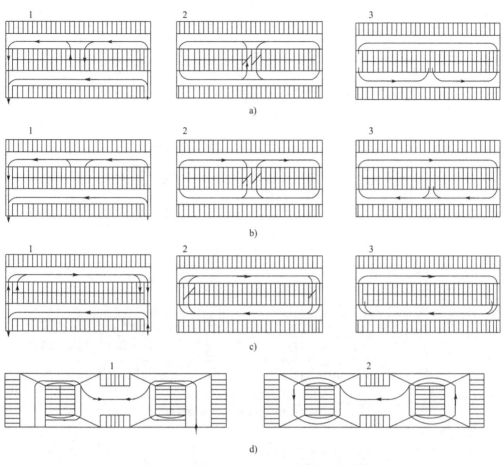

图 4-37 半斜道两条双头螺旋的多层停车库布置

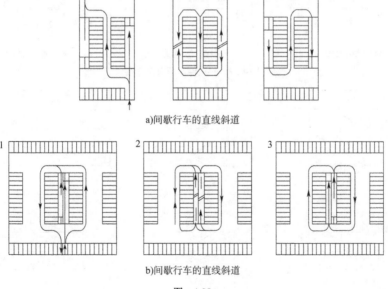

a)间歇行车的直线斜道

b)间歇行车的直线斜道

图 4-38

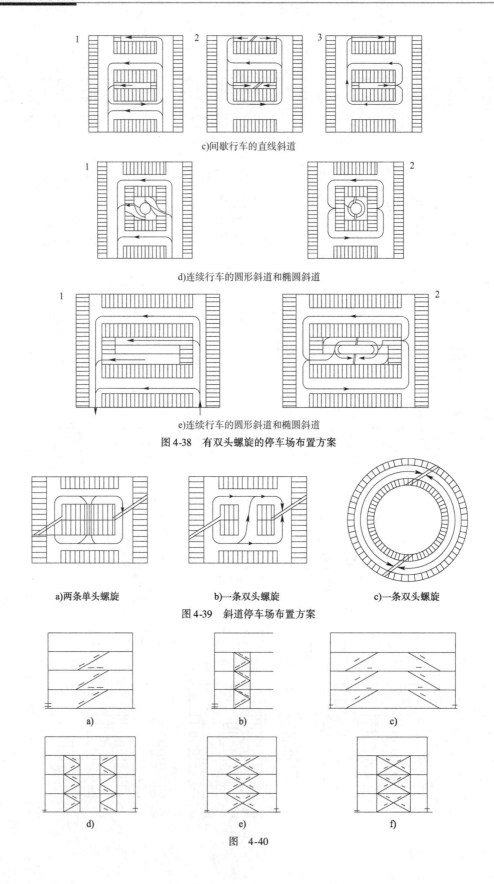

c)间歇行车的直线斜道

d)连续行车的圆形斜道和椭圆斜道

e)连续行车的圆形斜道和椭圆斜道

图 4-38 有双头螺旋的停车场布置方案

a)两条单头螺旋　　b)一条双头螺旋　　c)一条双头螺旋

图 4-39 斜道停车场布置方案

图 4-40

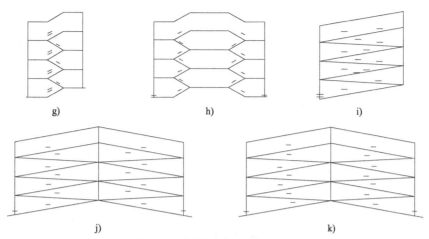

图 4-40　多层停车库立面布置方案

机械化停车场和半机械化停车场的布置方案,与斜道式停车场中车辆存放布置方案基本相同。图 4-41 给出了半机械化停车场的几种布置方案。

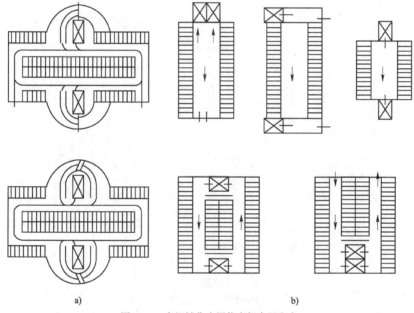

图 4-41　半机械化多层停车场布置方案

当其他条件相同时,机械化停车场建筑面积较斜道停车场小。当采用机械化时,其占地面积最小,半机械化停车场介于机械与斜道停车场中间。

若停车场的层数较多或楼层的容量较小,采用机械化最为合理。在设置电梯的多层停车库中,通向室外的大门应该等于电梯数或等于并排布置的电梯数,大门应尽可能地布置在电梯出口的对面。

2) 机械化停车场

机械化停车场按停车位的空间配置方向大致可以分为垂直方向配置和水平方向配置两大类。此外,还可以根据车辆的驶入位置、车辆入场后的动作形式分类。常见的机械化停车场种类如下。

(1)天车式

天车式停车场和电梯式有许多相似之处。车辆的垂直升降是由电梯完成,车辆在车场内的移动是由天车的移动完成的。根据天车的移动方式可以分为纵列式[图4-42a)]和横列式[图4-42b)]两种。

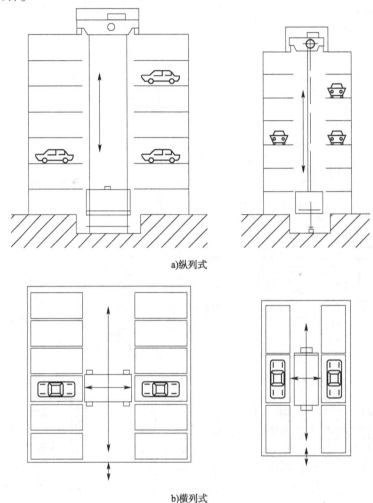

图 4-42 天车式停车场

(2)平面往复式

平面往复式是水平方向搬运、停放车辆的一种方式。由于停放车辆的移动方式是往复运动,因此得名。根据托盘的作用,可以分为托盘停车式[图4-43a)]和托盘搬运式[图4-43b)]两种。这种停车场常被用于地下停车库。

(3)平面循环式

平面循环式是水平方向搬运、停放车辆的另一种方式。停放车辆的移动方式是循环运动。根据托盘的作用,可以分为箱形循环式[图4-44a)]和圆形循环式[图4-44b)]两种。多层平面循环式停车场的应用实例如图4-44c)所示。圆形循环式如图4-44b)所示。多层平面循环式停车场的应用实例如图4-44c)所示。这种停车场常被用于公园、道路等的地下空间高度受到限制的地方。

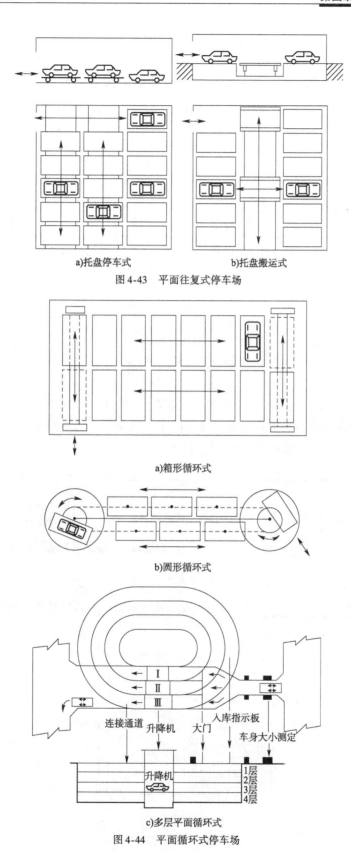

a)托盘停车式　　　　b)托盘搬运式

图 4-43　平面往复式停车场

a)箱形循环式

b)圆形循环式

c)多层平面循环式

图 4-44　平面循环式停车场

(4) 多层式

多层式停车库(图4-45)是在2层以上的停车场内。停放车辆在多层循环式停车库内既有水平的移动,又有垂直的移动。根据车辆在水平方向的移动方式,又可以分为多层往复移动式和多层循环式等多种形式。

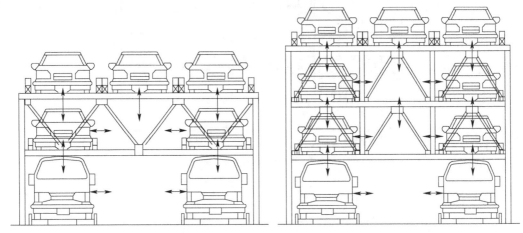

图4-45　多层式停车库

(5) 简易式

以下所提到的停车场主要适用于停车车位数在20个以上的情况。但是,对于停车数量较少的时候,简易停车场就显得更为有效。简易停车场的常用形式有简单两层式[图4-46a)]、升降平移式[图4-46b)]和地沟式[图4-46c)]三种。

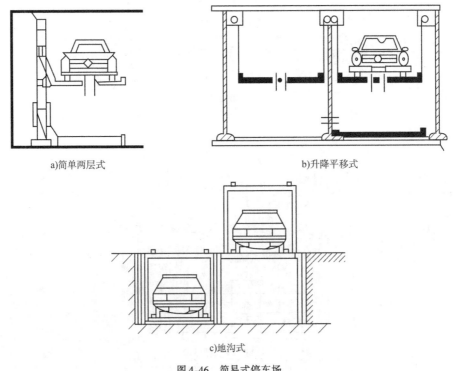

a)简单两层式　　b)升降平移式

c)地沟式

图4-46　简易式停车场

三、地下停车库设计要求

在国外,地下停车库常建在庭院、通道、广场、花圃和街心林荫路等下面。一般情况是单层建筑,只有在极少数的情况下才建成两层或两层以上。

地下单层停车库的布置方案与地面单层停车场几乎没有差别。布置时一般采用地面单层停车场的布置方案。其垂直上下的移动是依靠斜道或升降机来实现的。地下多层停车库的布置和地面多层停车库的布置一样。当地下深度较大时,一般只用电梯等机械化设施,而不用斜道。图4-47、图4-48给出几种住宅地下室停车库的布置方案,并与之协调的停车方案。

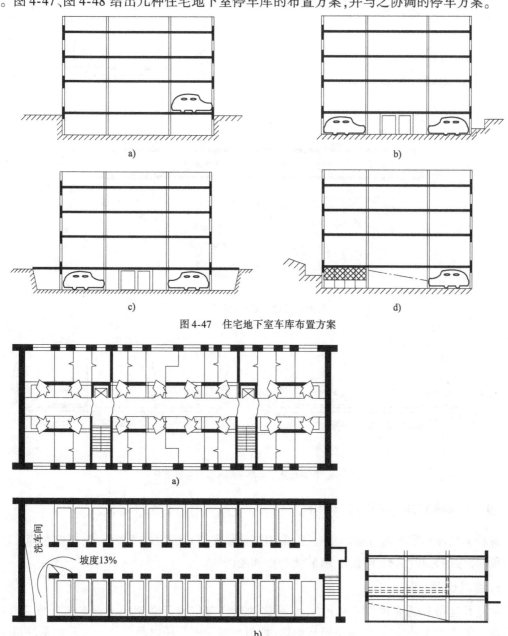

图4-47 住宅地下室车库布置方案

图4-48 地下室停车方案

如果地下停车库的埋设深度很大,其布置方案应根据地下建筑的结构特性以及生产特性来确定。图 4-49、图 4-50 给出了两种地下停车库的布置方案。

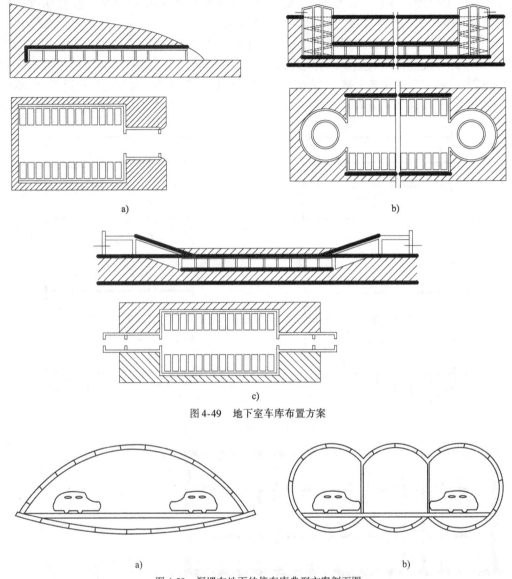

图 4-49 地下室车库布置方案

图 4-50 深埋在地下的停车库典型方案剖面图

四、立体停车库平面布置评价

评价多层停车库布置方案的指标,除采用评价单层停车场的各项指标外,还有车辆移动线路长度、楼层的通视性、行车速度、疏散便利性和经济性。

1. 线路长度

线路长度指车辆从停车场内上升、水平移动到停车位和下降到地平面走过的线路长度。它取决于斜道的上升角度、斜道上行车组织、斜道位置及停车场内部尺寸。在其他条件相同的情况下,线路越短,布置方案越紧凑合理。

坡度大小对车辆移动线路长度的影响,在各种形式布置方案中是不相同的,其在斜道式停车场中表现最为显著。

在圆形斜道停车库中,车辆移动的线路最短;在有倾斜地面的斜道停车库中车辆移动的线路最长。斜道在多层停车库的位置对车辆运行线路长度也有很大影响。位于停车处两端的圆形单螺旋斜道和位于停车库中心的圆形双螺旋斜道,均可保证最小的线路长度。在设置有半斜道的停车库中,线路的长度直接取决于半斜道之间的距离。如果单螺旋斜道之间的距离等于其长度的水平投影,则线路接近圆周边沿,故其长度最短。设有直线斜道的停车库中,线路长度取决于停车库布置方案和斜道行车组织。如果斜道是双螺旋式,则在这种情况下,若斜道之间的距离不超过车辆转向180°时所必需的长度,其线路长度最短。

2. 楼层的通视性

优良的通视性对行车安全具有极重要的意义。在设有半斜道的停车库中,由于斜道的长度较短,其相邻的楼层之间没有隔墙等原因而提高了通视性。在分散分布的全斜道停车库中则相反,其通视性较差;直线斜道较曲线斜道的通视性好。为了行车安全,斜道停车库中应尽可能用墙来隔离。

3. 行车速度

停车库的层数越多,车辆升降时的速度越具有实际意义。但是车辆移动速度应与行车安全性和驾驶员的舒适性相适应。

在有非隔离的圆形斜道停车库中,可以提高行车速度,因为斜道能保证转弯半径不变,行车连续,并且通视性好。

在设有直线斜道,特别是半斜道的停车库中,由于车辆运行线路的倾斜段和水平段不断更替,其结果必然使转向频繁,行车速度降低。为了提高行车速度,在设有直线斜道的停车库中,斜道的布置应尽可能保证当车辆运行线路的投影在半斜道中接近圆周,在全斜道中接近于椭圆。

4. 疏散便利性

在通常的运行条件下,按照两条分离分布的单螺旋斜道的原则来组织行车的停车库中,可以保证各楼层范围内完全没有相遇和交叉线路的最明确的行车线路图(以下简称"行车图")。

在通道上只有单向行车的情况下,采用两条单头螺旋半斜道的方案,可保证明确的行车图。在一切按照双螺旋的原则组织行车的停车库中,也可获得比较满意的行车图。

在按照一条单螺旋的原则建成的斜道式停车库中,尽管车辆运行线路分开,各自在其斜道上以不同方向行驶,仍然不能避免车辆的交叉,在楼层较多或单层容量很大时,车辆越易发生交叉。

在斜道式停车库中,通向室外的大门数应符合斜道上的行车道数。此外,为了停放在第一层的车辆方便出场,应设置附加的通往室外的大门。其数目可按单层停车场的大门数来确定。大门最好布置在斜道的对面,和斜道的行车部分在一条轴线上。

5. 经济性

多层停车库的经济性主要体现在车库的单位面积系数上。单位面积系数通常是车辆外廓的水平投影面积折合为某种排列方法时一辆车所需面积的折合系数。其值可由下式计算:

$$f_a = \frac{F}{Lb} \tag{4-27}$$

式中：f_a——单位面积系数；

F——利用某种排列方法时一辆车所需场地面积；

L——车辆外廓长度；

b——车辆外廓宽度。

在斜道停车库中，由于斜道占有一定的面积，并且曲线斜道比直线斜道占的面积更大。因此，曲线斜道的经济性较差。若每层楼的停车数量越多，其面积利用率的数值相对增大。

曲线式斜道，特别是圆斜道，其建设费用很高。因为它是一种独立的结构，不但和停车库的其他结构方案不能很好协调，而且难于采用装配式的钢筋混凝土结构，经济性最差，一般车库中很少使用。

课后思考题

1. 简述停车场(库)中各种车辆停放方式、车辆排列方式的优缺点？
2. 确定停车位面积时需要考虑的车辆尺寸及其要求有哪些？
3. 简述车辆在停车场(库)内回转时各阶段行车与转弯半径的变化特征。
4. 简述停车场(库)"倒进顺出"方式调车场地或回转90°和180°时弯道宽度计算过程。
5. 以某一停车场(库)为例，进行停车场出入口交通仿真并给出其优化方案。

第五章
公共交通站场设计

第一节　公交首末站设计

一、首末站选址

公交首末站不仅应与旧城改造、新区开发、交通枢纽建设相结合,还应与汽车客运站、火车站、客运码头、航空港以及其他城市公共交通方式相衔接。首末站规划主要包括首末站位置选择、规模确定及出入口道路设置等,其在规划时应遵循以下原则:

(1)首末站设置应与城市道路网建设相协调,选择紧靠客流集散点和客流主要方向的同侧。

(2)与城市客运走廊相邻且便于与火车站、汽车站和地铁站等换乘。

(3)首末站宜设在道路面积充足且人口集中的居住区、商业区或文体中心等主要客流集散点附近。

(4)在火车站、客运码头、长途客运站、大型商业区、分区中心、公园、体育馆、剧院等衔接点,宜设置多条线路共用首末站。

(5)汽车站、火车站、客运码头主要出入口100m范围内设首末站。

(6) 0.7万~3万人的居住区宜设首末站,3万人以上居住区应设首末站。

(7) 无轨电车首末站应根据电力供应可能性设置在整流站附近。

(8) 缺乏首末站用地的地方可利用建筑物或道路资源安排首末站,但不应在平交路口附近设站。

二、首末站设计

1. 首末站规模

首末站的规模应按线路所配运营的车辆总数确定,应符合下列规定:

(1) 线路所配运营车辆的总数宜考虑线路的发展需要。

(2) 每辆标准车首末站用地面积按 100~120m² 计算,其中回车道、行车道和候车亭用地按每辆标准车 20m² 计算;办公用地含管理、调度、监控及职工休息、餐饮等,按每辆标准车 2~3m² 计算;停车坪用地不小于每辆标准车 58m²;绿化用地不小于用地面积 20%。在用地狭长或高低错落等情况下,首末站用地面积应乘以 1.5 倍以上的用地系数。

(3) 当首站不用作夜间停车时,用地面积按该线路全部运营车辆 60% 计算;当首站用作夜间停车时,用地面积按该线路全部运营车辆计算,首站办公用地面积不宜小于 35m²。

(4) 末站用地面积按该线路全部运营车辆 20% 计算,末站办公用地面积不宜小于 20m²。

(5) 当环线线路共用首末站时,按(3)、(4)合并计算其用地面积,办公用地面积不宜小于 40m²。

(6) 首末站用地不宜小于 1000m²。

2. 首末站设施构成

(1) 首末站设施配置应符合表 5-1 的要求。

首末站设施配置　　　　　　　表 5-1

设　　施		首　　站	末　　站
信息	站牌	√	√
	广告牌	*	*
服务	公用电话	√	×
	无障碍设施	√	√
	候车廊	√	*
	座椅	√	×
	公厕	√	×
	非机动车存放	√	*
	机动车停车换乘	*	×
安全环保	隔离护栏	*	*
	照明	√	√
	监控	√	√
	消防	√	√
	绿化	√	*

续上表

设　施		首　站	末　站
运营管理	站场管理室	√	×
	线路调度室	√	√
	智能监控室	√	×
	驾驶员休息室	√	×
	卫生间	√	×
	茶水间	√	×
	清洁用具杂物间	√	×
	停车坪	√	√
	回车道	√	√
	抢修和低保	√	×

注："√"表示应有的设施，"*"表示可根据具体情况选择，"×"表示可无的设施。

（2）首末站入口和出口应分隔开且必须设置明显标志，出入口宽度应为标准车宽的3~4倍；当站外道路车道宽度小于14m时，进出口宽度应增加20%~25%，出入口后退2m，通道中心线两侧各60°范围内应能目测到站内或站外车辆和行人。

（3）首站候车廊规模和设施构成，应符合下列规定：

①候车廊应在明显位置设置站牌标志和发车显示装置。

②站亭高度不宜低于2.5m，站亭顶棚宽度不宜小于1.5m。

③当多块站牌竖向排列时，最上面站牌顶边距地面高度不宜大于2.2m，最下面站牌底边距地面的距离不宜小于0.4m。

④站台长不应小于两辆标准车长加上车辆前、中、后各5m的基准，宽度不应小于2m，且应高出地面0.2m。站台应采用水泥混凝土材料，厚度不小于0.15m。

（4）首末站应按运营车辆最大回转轨迹设置回车道，且道宽不应小于7m。

（5）远离停车场、保养场或有较大早班客运需求的首末站，应建立供夜间停车的停车坪，停车坪内应有明显的车位标志、行驶方向标志及其他运营标志。停车坪的坡度宜为0.3%~0.5%。

第二节　公交中途站设计

一、中途站选址

公交中途站的功能主要为实现其服务范围内乘客集散及乘客换乘。中途停靠站在首末站及线路走向确定后进行规划，其原则如下：

（1）中途站应设置在公交线路沿途所经过客流集散点处，宜与人行过街设施及其他交通方式衔接。

（2）中途站应沿街布置，站址宜选在运营车辆能按要求安全停靠与便捷通行，乘客方便乘车的地方。

(3) 在路段上设置中途站时,同向换乘距离不应大于50m、异向换乘距离不应大于100m,对向设站应在车辆前进方向迎面错开30m内。

(4) 道路平面交叉口和立体交叉口上设置车站,换乘距离不宜大于150m,且不得大于200m。郊区站点与平交口的距离,一级公路宜大于160m、二级及以下公路宜大于110m。

(5) 几条公交线路重复经过同一路段时宜合并设置中途站,中途站通行能力应与各条线路最大发车频率总和相适应;中途站共站线路条数不宜超过6条或高峰小时最大通过车数不宜超过80辆,超过该规模时宜分设车站,分设车站的距离不宜超过50m;电车与汽车并站时应分设车站,最小间距不小于25m,具备条件的车站应增加车辆停靠通道。

(6) 中途站的站距应考虑乘客出行需求、公交车辆运营管理、交叉口间距和交通安全等多种因素;平均站距500~600m,市中心区站距宜选择下限值,城市边缘地区和郊区的站距宜选择上限值,百万人口以上特大城市的站距可大于上限值。不同车辆类型和区域条件下的站间距范围见表5-2。

典型的车型与站距分类　　　　　　　　　表5-2

公交车辆与服务类型	最大设计速度（km/h）	站台速度（km/h）	站间距(直线距离)(m)		
			CBD地区内	非CBD地区内	
				传统系统	现代系统
市内公共汽车	80~105	13~23	150~300	150~200	300~460
区域性公共汽车	80~105	20~30	150~300	360~900	600~1500
快速公共汽车	80~105	25~50	*	1200~9000	1500~4500

注：*通常指只有1~2个首末站在CBD内或与CBD相连。

(7) 地理位置是公交站点选址最重要的因素,主要包括站点周围住宅区、公共设施(包括商业、金融与文化娱乐场所,医院、名胜古迹景点等)、工厂企业等。如果站点周围住宅区较多,生成交通量很大;公共设施也会吸引较多交通量,特别是休息日会产生较多交通量;如果工厂企业多且不住工厂的工人多,会产生较大交通吸引量。若在此处设置站点则优势很明显。

(8) 选址时应该考虑选择站点位置对其他公交线路的影响,如果公交线路太多就会影响车辆进出站的时间和乘客进出车站的拥挤程度。站点处有很多条公交线路到下一站去向相同,可以考虑不在这个位置设置站点,可以节省资源。另外,还要考虑在站点附近有没有轨道交通,如果公交和城市轨道交通有接驳且设有城市轨道交通站点,那么就有必要设置公交站点方便换乘。

二、中途站设施配置与分类

1. 中途站设施配置

参考首末站的信息设施与服务设施配置公交中途站设施,在公交停靠站和车站安装座椅、雨棚、信息栏、垃圾桶等中设施。具体中途站设施应按表5-3列示的要求配置。

中途站设施配置　　　　　　　表5-3

设　　施		配　　置
信息设施	站牌	√
便利设施	无障碍设施	√
	候车亭	○
	站台	○
	座椅	○
	自行车存放	○
安全设施	候车廊	○
	照明	√

注:"√"表示应有的设施,"○"表示可选择的设施。

2. 中途站分类

根据设置位置、设置方法和站台形式,中途站有不同分类方法。

1）根据设置位置分类

（1）交叉口上游中途站,也称为近端中途站,指在交叉口上游区域进口设置的中途站,公交车辆进出站点受交叉口信号灯和进口道机动车辆排队长度的影响与控制。

（2）交叉口下游中途站,也称为远端中途站,指在交叉口下游区域的出口设置的中途站。

（3）路段中途站,也称为中端中途站,指在两个交叉口之间,公交车辆运行、停靠不受交叉口影响的纯路段设置的中途站。

2）根据设置方法分类

（1）沿机非分隔带设置的中途站,指对于三块板和四块板的道路,当机非分隔带宽度满足条件时,站台设置在机非分隔带上的中途站。注:城市道路横断面可分为一块板、两块板、三块板及四块板。

（2）沿中央分隔带设置的中途站,指对于两幅路和四幅路,中央分隔带宽度满足条件时,站台设置在中央分隔带上的中途站。采用这类中途站,需要在左侧车身上设置乘客门,存在技术与安全问题。如果没有设置专门的人行过街立交,乘客需要穿越机动车道才能到达和离开中途站,不仅影响乘客的安全,而且也会影响社会车辆的正常行驶,这种中途站一般与公交专用道配合使用,适用于道路机动车流量和站点上下乘客量较小的情况。

（3）沿人行道设置的中途站,指站台设置在人行道上的中途站,公交停靠要占用和穿过非机动车道,容易与非机动车产生干扰,适用于无机非分隔带或机非分隔带不满足设站且非机动车流量不大的道路。

3）根据站台形式分类

（1）直线式中途站

直线式中途站是传统的中途站设置形式,它将公交停靠区域直接设置在机动车道上。对于此种形式的公交站点,公交车辆停靠时占用一条机动车道,形成了交通瓶颈路段,由此将会对社会车辆的正常行驶和公交车辆的超车产生很大影响,当路段机动车饱和度较大时甚至会造成交通阻塞。

(2) 港湾式中途站

港湾式中途站是指在中途站处将道路适当拓宽，公交车辆的停靠位置设置在正常行驶的机动车道之外，以减少公交车辆停靠时形成的交通瓶颈对社会车辆和后到先走的公交车辆超车的影响，保证路段车流的正常运行。

直线式与港湾式中途站优缺点比较见表5-4。

直线式和港湾式公交站点的优缺点比较 表5-4

分类	优点	缺点
直线式	(1)公交车辆进出站点容易，能减少公交车辆的站点延误； (2)设计简单，建造费用较低，容易改造	(1)停靠占用一条车道，形成倒立瓶颈，降低路段通行能力，高峰期间容易造成交通堵塞； (2)公交停靠时，尾随车必须减速行驶和变换车道，驾驶员容易采取不安全操作，存在安全隐患
港湾式	(1)公交上下客在道路之外完成，很大程度上减少了交通运行延误； (2)为公交车停靠和乘客上下车提供了一个安全场所，很大程度避免了不安全因素； (3)最大限度地减少了直行交通延误	(1)公交进出站不便，尤其是在道路交通流量大时，公交出站困难，增大了公交车辆的站点延误； (2)相比直线式停靠站，占用空间大，建设费用高，不易改造

3. 站点位置选择

交叉口是各个方向汇聚和分散最便捷的地方，因此交叉口附近是站点布置的理想位置。一般，公交停靠站应设置在离交叉口50m外，当新建、改建交叉口时停靠站设置在平坡或坡度不大于1.5%的坡道上，地形条件受限制时坡度最大不超过2%。

1) 在交叉口下游(出口道)设置公交站点

在下列情况下优先考虑在交叉口下游设置公交站点：

(1)存在视距问题。

(2)机非混行道路，公交车频繁使用右侧非机动车道；机非分隔道路或机动车专用道路，右侧机动车道不是公交专用道，机动车交通高峰期间公交车频繁使用外侧机动车道。

(3)机动车交通高峰期间上游右转车流量超过250辆/h。

(4)公交车为左转的情况。

在交叉口下游设置停靠站，离(对向进口道)停车线距离按如下原则确定：

(1)无信号灯控制交叉口，停靠站必须在视距三角形外(包括车站内同时停放的最大车辆数)。

(2)下游右侧拓宽增加车道时，应设在右侧车道分岔点向前至少15m处。

(3)在新建交叉口且非港湾停靠站的条件下，按道路等级：主干道上距停车线至少80m，次干道距停车线至少50m，支路距停车线至少30m。

2) 在交叉口上游设置公交站点

下列情况优先考虑在交叉口上游设置公交站点：

(1)公交流量大，车辆停靠不产生冲突与危险。

(2)右转车道公交车占主要比例。

公交停靠站设置在交叉口上游时,离停车线的距离按如下原则确定:

(1)边侧为拓宽增加的车道时,停靠站应设在该车道分岔点之后至少15m,并将拓宽车道加上公交站台长度后做一体化设计。

(2)边侧无拓宽增加车道时,停靠站位置应在外侧车道最大排队长度的基础上再加15~20m处,停靠站长度另外确定。

(3)对新建交叉口,且非港湾停靠站情况,按道路等级:主干道上距停车线至少100m,次干道距停车线至少70m,支路距停车线至少50m。

4.公交停靠站上、下行相对位置

上、下行对称站点宜在道路平面上错开,即交叉设站,错开距离应不小于30m。同时,为方便乘客过街换乘,错开距离不宜过大,其相对位置有迎面错开与背向错开之分。

如果公交站迎面错开距离很小,又需要在二者之间设置行人过街横道,则行人过街横道可能会离公交站过近,以至于公交车在行人过街横道前形成排队;由于公交车体积较大,很容易阻挡其左侧机动车驾驶员和右侧过街行人的视线,从而导致交通事故的发生。此时,要注意调整行人过街横道的位置,将其与公交站距离拉开:对于两块板道路,可以将对称站点调整为背向错开;对于三块板或一块板道路上的非港湾式公交站点,如果两点间的距离太近,容易出现"双重瓶颈"的情况,使得道路通行能力大大降低,所以要注意适当拉开两站点间距离或将站点改为港湾式;对于港湾式公交停靠站,如果由于站台长度不足而产生排队溢出,则也会出现类似的问题。对于四块板或两块板道路,则不存在这个问题。

三、直线式中途站设计

为不影响非机动车和行人通行,公交停靠站设计多占用机非隔离带、人行道面积,公交车停靠时利用车道停靠,称为直线式中途站。

直线式中途站利用机动车车道停靠,建设过程简单,造价低。但随着公交中途站泊位数增加,相较于一个泊位数而言,后续泊位利用效率较低,并且在高峰时段易造成拥堵,形成交通瓶颈,降低道路通行能力。公交停靠的时间越长,对相邻车道交通流影响越大。

1.设置方式

可参照图5-1~图5-3按是否预留超车道和是否采用锯齿式站台,设计直线式中途站。

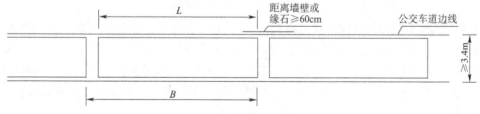

图5-1 无超车道直接式停靠站

2.站点长度设计

公交车停靠过程包括减速进站、停车等待及加速前进三个阶段,因此直线式公交站点区域长度L包括公交车加速离站距离L_{out}、减速进站距离L_{in}及公交站台长L_S三部分,如图5-4所示。

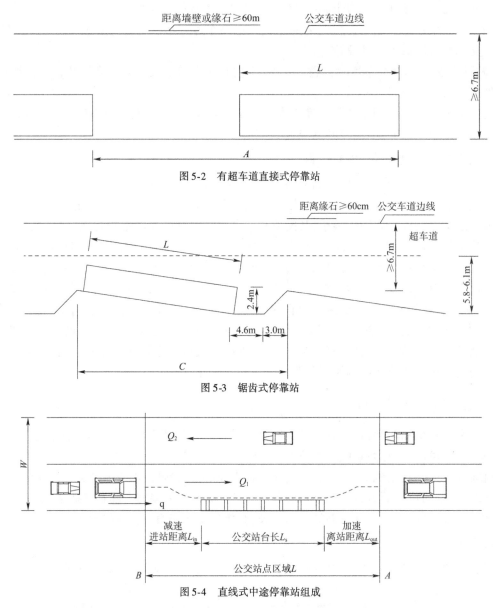

图 5-2 有超车道直接式停靠站

图 5-3 锯齿式停靠站

图 5-4 直线式中途停靠站组成

为满足车辆停靠和站内设施设置需要,直线式站点长度设计要顾及可能出现的交通情况。当交通量很大时,正在站台上下客公交车的前方可能有车辆滞留等待出站,车辆后方可能出现车辆等待进站。在设计站点长度时,要考虑有多辆公交车停靠的情况,预留足够空间满足公交车站内排队、等待进出站。公交车进出站预留空间,可作为公交车辆减速进站和加速离站所需的缓冲路段。

若前方路段允许小汽车路内停靠,则公交车直行出站会受到前方停靠小汽车阻挡,需要变换车道出站,此时需提供一个车位长的空间供公交车等待汇入交通流。

不受路内停车区影响的直线式站点:由于直线式站点本身即占用一个车道,公交车可直接加速出站,汇入主路车流,此时站点对应的加、减速路段长度可适当减小。实际上,对于公交车流量不高的直线式站点,前端加速段长度可取 7.5m,站台后端车辆可直接进站不需要变换车道,车辆间安全距离可减少为2m,站点减速段距离可取14m。不受路内停车影响的直线式站点对应尺寸如图5-5所示。

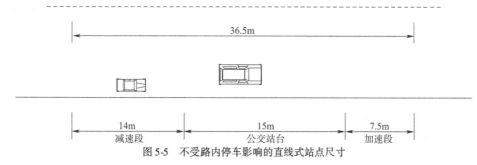

图5-5 不受路内停车影响的直线式站点尺寸

受路内停车区影响的直线式站点,站点长度设计要考虑以下几点:

(1)站台前后端各提供一辆公交车等待进出站,站台前后端过长空间可能引起站点拥挤,导致乘客站外上下车,造成空间浪费。

(2)后端仅提供一辆公交车等待进站的空间不能满足需求时,要重新增加站位和站台长度。确定合理站位数后,站台前后需各一辆公交车的空间。

(3)站点前端预留空间可视为减速段,长度为一个设计车长加一个车辆安全距离。通常站内公交车辆之间的安全距离取为3m,则公交车长12m时站台前端加速段长度取15m。

(4)后端站台减速段长度要根据情况比前端适当放宽。对处在减速段等待的车辆,可能出现其前后各有一辆车的情况,因此要加上两个车辆间安全距离。对12m长的公交车辆,站台后端减速段长度取18m。

(5)站台每增加一个标准12m长的公交车站位,站点长度增加15m;若增加一个18m长的铰接车站位,站点长度要增加21m。

(6)当单站位的直线式站点位于交叉口出口道和进口道时,其站点长度至少分别有28m和31m;当单站位的直线式站点位于道路中段时,站点长度至少46m;转向之后的交叉口出口道公交站点至少28m。更长的区域能使驾驶员容易停靠。对于铰接车辆,公交站点影响区域要增加6m。

以单站位(公交车标准车长为12m)直线式站点为例,受路内停车区影响的各地点公交站点区域的一般尺寸如图5-6所示。

四、港湾式中途站设计

港湾式中途站是指在道路车行道外侧,采取局部拓宽路面的公交停靠站,公交车停靠在港湾内,不占用行车道。

1. 港湾式中途站停靠特性

车辆在站台附近运行可以分为进港湾和出港湾两个阶段。进港湾阶段包括变道行驶以及减速停车两个动作;出港湾阶段不受停靠车辆影响,直接采取转弯半径匀速离站。进出站规则为公交车辆按照先后顺序进站,按照由远及近进行停靠,保证停车秩序。

与传统的直线式车站相比,港湾式中途站的优势为:可以减少对旁侧交通的干扰,尤其对窄路更有成效;可一定程度上规范驾驶员进站行为,增加安全性;可有效控制乘客候车范围,间接减少车辆延误时间。

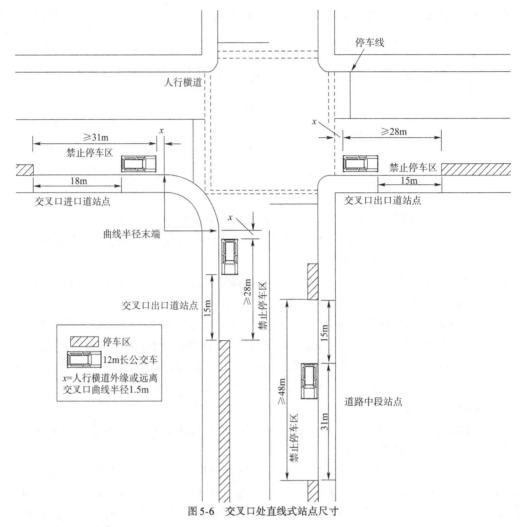

图 5-6 交叉口处直线式站点尺寸

1) 双港湾式停靠站

双港湾式停靠站由两个港湾组成,在停靠站前通过导流渠化对不同公交线路的车辆分流,为进站公交车辆提供等候空间。双港湾停靠站适合公交线路较多的城市主干道、机非分隔带绿化宽度、非机动车道或人行道宽度比较富余的情况,允许压缩机非分隔带、非机动车道和人行道宽度。双港湾式停靠站需要对公交线路进行分组,从空间上对公交停靠泊位横向拉开并规定各组线路停车位置,发车频率高的线路在外侧站台停靠,发车频率低的线路在内侧站台停靠。其设置形式如图 5-7 所示。

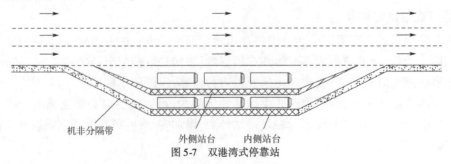

图 5-7 双港湾式停靠站

在公交线路较多(多于10条)的主干道上、道路条件允许的情况下,交叉口进口道可采取双港湾式停靠站布置形式,从空间上对停靠泊位横向拉开(图5-8)或纵向拉开(图5-9),且规定各条公交线路停车位置。

图5-8 横向拉开双港湾式公交停靠站

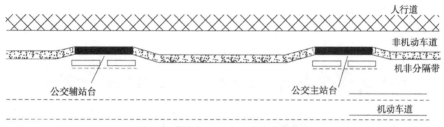

图5-9 纵向拉开双港湾式公交停靠站

横向拉开的双港湾式停靠站由主站和辅站组成。其中,辅站占用外侧车道,为较少地影响进口道排队车辆,一般只设1~2个泊位。辅站后的绿化带起缓冲作用,保证主站入口不被堵塞。主站为港湾式停靠站,和辅助站台之间应有间距,用于设置主站泊位和超车道。主站设置占用非机动车空间,为避免非机动车、行人与机动车之间的干扰,将停靠站处非机动车道相应后退而设置为港湾式,压缩该处人行道宽度。

纵向拉开的双港湾式停靠站由两个普通港湾站组成。为避免前后两个港湾站各自车辆停靠时发生冲突而造成进出站困难甚至阻塞,应根据停靠泊位数及车身长度等适当设置两个站台间距,保证车辆顺利停靠及超车。此纵向拉开双港湾式停靠站间距不宜过大,应防止两站台之间乘客换乘距离过长,一般为30m,最长不超过50m。

2)深港湾式停靠站

深港湾式停靠站是指具有多服务通道的中途站,允许多辆公交车同时在站上下乘客,可有效减少站内车辆之间的干扰,提高通行能力。设置深港湾中途停靠站时,应注意通道宽度要充分考虑外形尺寸及营运特点,满足公交车辆通行顺畅的要求,加减速段曲线半径要满足车辆在通道与主线道路之间顺畅进出的要求。同时,要设置足够宽度的人行道并进行无障碍设计,公交线路应分组规定停靠站台。深港湾式停靠站适合在公交线路多、乘客集散量大且有一定设置条件,每个公交停靠站不宜设置过多的停靠车位,避免由于公交进站停靠排队时影响其他停靠站台公交通行。其设置形式如图5-10所示。

2. 港湾式停靠站尺寸计算

港湾式停靠站从几何外形上可分为梯形、抛物线形及流线形三大类。其中,梯形适用范围广、设计简单,但与车辆行驶轨迹不符,容易造成面积浪费;抛物线形适用于分隔带较窄或用地紧张；流线形采用复曲线形式、线条流畅，符合车辆行驶轨迹，但设计较复杂。

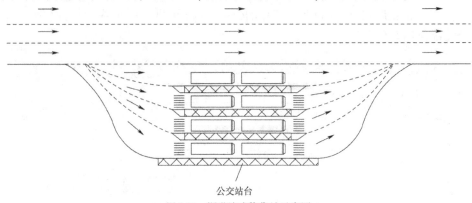

图 5-10 深港湾式停靠站示意图

在进行港湾式停靠站设计时，需要对减速段、站台及加速段三部分进行计算，应符合图 5-11 和表 5-5 的规定。

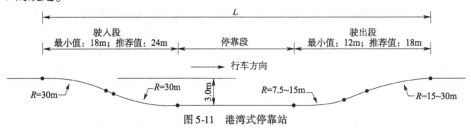

图 5-11 港湾式停靠站

港湾式停靠站设计参数（m） 表 5-5

驶 入 段	停靠段长度	驶 出 段	港湾长度
≥18	$(L_v+3)+(L_v+1.5)(n-1)$	≥12	$(L_v+3)+(L_v+1.5)(n-1)+30$

注：L_v 为车辆长度；n 为车站停靠泊位数。

1）站台泊位数的确定

车辆按照"先进先出"方式进出站台，站台长度取决于泊位数量和长度，但泊位长度与车辆长度和前后安全间距相关，主要因素为泊位数量。泊位数量不仅决定车辆进入站台数量，还决定了公交站点服务率。泊位数量越多，可停靠公交车辆越多，对道路主线影响越小，但泊位数量过多会造成空间浪费，带来运行效率低。因此，确定合理泊位数量是设计港湾站的重要内容。

公交站台通行能力计算公式如下：

$$C_c = \frac{\left(\frac{g}{T}\right) \cdot 3600R}{\left(\frac{g}{T}\right)D + t_c} \cdot n \tag{5-1}$$

式中：C_c——公交中途站单个泊位的通行能力，veh/h；

$\frac{g}{T}$——绿信比；

g——交叉口绿灯时长，s；

R——停站时间和到达车辆变化而进行校正的折减系数，推荐值为 0.833；

n——有效泊位数;

D——用于乘客上下车总时间,s;

t_c——连续两辆公交车之间最小时间间隔,包括公交车开关门的时间,根据调查结果,一般为 $4 \sim 5s$。

双港湾式停靠站的主站和辅站在停靠干扰较小时,可以认为是两个独立的停靠站。假设主站和辅站各自通行能力主要受各子站内车辆间相互干扰的影响,横向双港湾式停靠站有效泊位数可以看成单港湾式和非港湾式停靠站的组合,纵向双港湾式停靠站可以看成两个普通单港湾式靠站的组合。由此,可得双港湾式停靠站的有效泊位计算公式:

横向双港湾式中途站

$$n_{i+j} = n_{1i} + n_{2j} \tag{5-2}$$

纵向双港湾式中途站

$$n_{i+j} = n_{2i} + n_{2j} \tag{5-3}$$

式中:n_{i+j}——泊位数 $i+j$ 所对应的双港湾式中途站有效泊位数;

n_{1i}——泊位数所对应的非港湾式中途站有效泊位数;

n_{2i}、n_{2j}——泊位数 i、j 所对应的双港湾式中途站有效泊位数。

根据非港湾式停靠站及单港湾式停靠站设置不同泊位数时的有效泊位数,结合式(5-2)、式(5-3)得到双港湾式停靠站设置不同泊位数时的有效泊位,在特定条件(取 $g/T = 0.5$,$D = 30s、60s、90s$,$t_c = 5s$)下根据式(5-1)算得不同停靠形式下的公交停靠站通行能力。

表5-6 给出不同乘客上下车时间和泊位数所对应的不同停靠形式下公交停靠站的停靠能力。通过比较可以看出,港湾式停靠站的泊位有效利用率高于非港湾式停靠站。随着公交车在站停靠时间增长,上述三类停靠站的通行能力均降低,但港湾式停靠站比非港湾式停靠站的通行能力大,随着泊位数增加这种优势更加明显。当车站设置泊位数较多时,双港湾式停靠站比前两种停靠站的通行能力更强。

不同公交停靠站对应的有效泊位数及通行能力 表5-6

停靠站形式		非港湾式				单港湾式				横向双港湾式		纵向双港湾式	
泊位数(个)		2	3	4	5	2	3	4	5	4	5	4	5
有效泊位数 n		1.75	225	2.45	205	1.85	2.6	3.25	3.75	3.6	4.35	3.7	4.45
停靠能力 (veh/h)	20s	175	225	245	250	185	260	325	375	360	435	370	445
	30s	131	169	184	187	739	195	244	281	270	326	277	334
	60s	75	69	105	107	79	111	139	161	154	186	159	191
	90s	52	67	73	75	55	78	97	112	108	130	111	133

2) 单个停车位尺寸取值

确定了停靠站点泊位数之后,接下来要确定单个停车位尺寸,这样整个站点长度即可确定。单个车辆进出站长度分解为变道长度、减速长度及出港湾加速长度。基于此,单个停车位尺寸见表5-7。

一般港湾式停靠站的站台长度 表5-7

泊位数(个)	1	2	3
总长(m)	36	63	90

实际上，车辆进站过程中加减速过程均在渐变段完成，变道长度可以考虑缩减，站内停车只需在停车位内完成。按先后顺序进站、由远及近规则，同时到达车辆较多的情况下会出现停靠站近端停满、远端空闲的状态，此时车辆需要进行变道停车。对 12m 公交车，建议单个停车位取 15m。

3）站台宽度设计

港湾式停靠站宽度包括车辆与路侧石之间的距离和公交车宽度。车辆与路侧石之间最小距离为 15~25cm，公交车宽度一般为 2.4~2.55m。因此，港湾式停靠站宽度为 2.4~2.8m，再预留富余宽度，港湾式停靠站宽度采用 3m 较为合适。此外，乘客候车区域宽度取决于机非分隔带的宽度，可进行适当扩张或缩减，没有机非分隔带的停靠站宽度以候车区域要求为主。

3. 安全措施

1）通视区域问题

为避免事故，停车道上不应有乘客。考虑车站设计对乘客安全引导作用，站内有树木、电线杆等时会阻碍乘客视线，导致乘客站到车道上候车而带来安全隐患，进站驾驶员看不到站内情况。建议在港湾式停靠站上游设立通视区（图5-12），通视区内不应有影响驾驶员视线的障碍物，只种植低矮灌木。

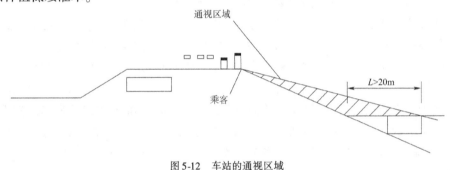

图 5-12 车站的通视区域

2）路缘石问题

公交站台不应设置路缘石，因为易使上下车乘客摔伤或绊倒而发生危险。至于排水问题，可通过增加站台横坡及增加雨水口数量解决。

3）停靠秩序混乱问题

停靠混乱主要由公交车、旁侧车辆、非机动车、行人、乘客相互的干扰引起，这种干扰又由公交车进站不规范和行人无秩序造成。因此，对公交车进站秩序和乘客候车秩序进行管理十分迫切和必要。停车区域内应有标志标线，客流过大时站台一侧应设置护栏。

第三节 公交枢纽站设计

一、枢纽站选址

公交枢纽站是公交线路之间、公交与其他交通方式之间客流转换的场所，提供公交系统内部不同模式之间、不同层次线网之间、内外交通之间接驳、换乘及中转，选址与建设时应遵循以下要求。

(1) 在铁路客运站、长途汽车站、轮渡港口、航空港口和城市出入道路等处设置公交枢纽，作为市内公交与城际交通的联系点；在城市轨道交通站点、大型居住区、市内客流中心等处，公交枢纽站一般布设在干道一侧或另辟专用场地。

(2) 三条以上公交线路共用与其他交通方式换乘的首末站，应设公交枢纽站；客流较多有若干公交线路通过，为满足高峰小时客运负荷需要，应设为公交枢纽站。

(3) 枢纽站附近应安排自行车停车处，提高公交吸引力。

(4) 枢纽站设计坚持"人车分流、方便换乘、节约资源"的原则，统筹物理空间、信息服务和交通组织，与城市道路、轨道交通和对外交通有通道连接。

(5) 枢纽站进出车道分离，车辆宜右进右出，站内按停车区、小修区、发车区等功能分区设置，分区间有指示标志和安全通道，回车道宽度不小于9m。

(6) 发车区不少于4个始发站，候车亭、站台、站牌、候车廊等的设计可参考《城市道路公共交通站、场、厂工程设计规范》(CJJ/T 15—2011)。

(7) 枢纽站应设置适量停车坪，其规模应根据用地条件确定；具备条件的，宜增加设置与换乘基本匹配的小汽车和非机动车停车设施用地；不具备条件的，停车坪应按每条线路两辆运营车辆折成标台后乘以200m^2计算。

(8) 办公用地应根据枢纽站规模确定：小型枢纽站不小于45m^2、中型枢纽站不小于90m^2、大型枢纽站和综合枢纽站不小于120m^2。

(9) 绿化用地面积不小于总用地面积的20%。

二、路内枢纽站设计

1. 路段换乘模式

路段换乘分为单向换乘、双向换乘及公交专用道换乘三种模式。

1) 单向换乘

单向换乘时枢纽站设置在道路一侧，乘客通过站外换乘或平行换乘方式，在同向而不同线路的公共汽车之间进行换乘。枢纽站内部线路过多，若只设置一处站点会导致车辆停靠集中、进出困难，停靠秩序难以保证，此时可采取拉疏站点设计模式。拉疏站点能够缓解换乘站点处因停靠集中而造成车辆排队过长的问题。拉疏方式分为纵向拉疏与横向拉疏两种。

2) 双向换乘

我国大多数城市的公交换乘站点设置在道路两侧，乘客可以实现同向及异向的换乘。根据公交换乘站点道路断面形式的不同，行人过街换乘设施的设计也有所不同。

对一块板和三块板的道路，因没有中央分隔带，站点间车流、客流易相互干扰；对于两块板和四块板道路，双向换乘站点间车流、客流间影响相对减少。如果单从换乘角度来考虑，异向换乘站台应在道路两边对称布置以减少乘客的换乘步距，在道路条件允许的情况下应尽量设置双向全港湾式停靠站，以保证车流、客流顺畅。

我国城市用地普遍紧张，道路车道数不充裕，很多公交停靠站为非港湾式停靠站，此时要保证异向站台间距以免造成路段局部瓶颈，影响通行。

行人过街设施一般会设置在停靠站上游，异向两个换乘站点之间，这主要是为减少乘客换乘步距。根据调查，为使行人能够安全地过街换乘，双向站点错开距离不应小于30m。条件允许情况下，可利用过街信号在时间上分离换乘客流与机动车流。

3）设置公交专用道的换乘

专用道形式下路段换乘分为两种模式：一种模式是专用道位于中央分隔带外侧车道，另一种模式是专用道沿分隔带设置。当专用道设于外侧时，可采用常规模式设置换乘站台；当专用道沿中央分隔带设置时，换乘站台设在中央分隔带上，此时要求站台长度满足进站车辆最大排队长度。站台面积需满足最大集散客流量，乘客利用人行天桥或地下通道换乘。当采用人行横道换乘时，必须采用信号灯分离换乘客流和机动车流。根据公交专用道位于中央分隔带内侧和外侧的不同，其换乘节点的设计模式分别如图 5-13、图 5-14 所示。

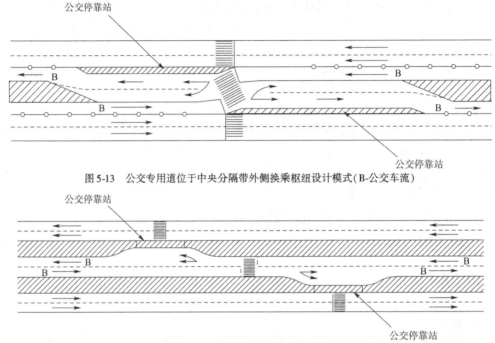

图 5-13　公交专用道位于中央分隔带外侧换乘枢纽设计模式（B-公交车流）

图 5-14　公交专用道位于中央分隔带内侧换乘枢纽设计模式（B-公交车流）

2. 交叉口换乘模式

1）平面交叉口换乘模式

根据交叉口换乘范围，交叉口换乘可分为本象限换乘、相邻象限换乘及对向象限换乘，如图 15-15 所示。交叉口是不同方向公交线路分支的节点，交叉口附近布设换乘枢纽能满足多数乘客的换乘需求。由于受交叉口交通条件影响，在进出口道设站点时需满足停车长度要求，增加了乘客换乘步距。乘客换乘步行时间包括正常行走时间和过街等待时间。行人过街不仅影响换乘步距和换乘时间，而且对换乘安全和交叉口有序起着关键作用。为减少乘客换乘过街次数，提高交叉口换乘整体效率，考虑缩短主要换乘方向衔接距离，布设站点时要首先找出交叉口换乘主流向，从而满足绝大部分乘客换乘需求。当换乘线路间存在重合路段时，应尽可能实现乘客的平行换乘。还有一种位于十字路口的平面交叉口公交节点布置如图 5-16 所示。

2）立体交叉口换乘模式

公交车辆进入高架道路行驶，于是出现立交上下换乘形式。立体换乘是指在不同平面上设置的公交线路之间进行换乘。公交线路间交叉换乘时，从提高换乘服务水平的角度来说，缩短换乘距离是最直接的方式，将不同平面、不同方向公交线路的站点设置在道路立体交叉重叠范围内,用人行天桥衔接换乘站之间的联系,形成立体换乘枢纽模式,如图 5-17 所示。

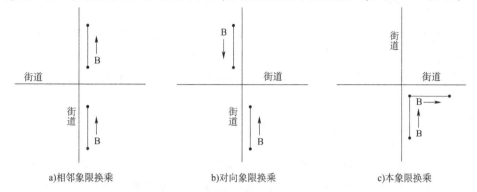

图 5-15　公交车平面交叉口换乘模式(B-公交车流)

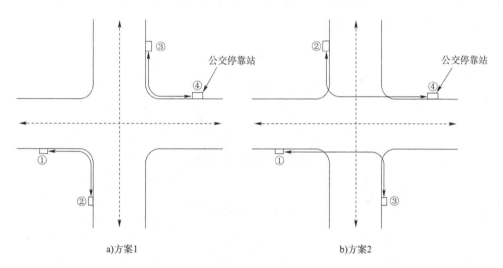

图 5-16　十字平面交叉口公交节点布置方案

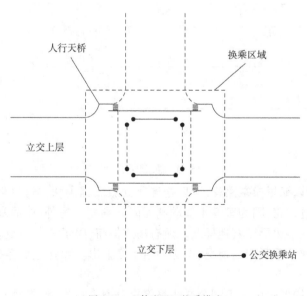

图 5-17　立体交叉口换乘模式

三、路外枢纽站设计

为减少换乘节点对周边交通的影响,当换乘需求达到一定规模时就应考虑路外换乘模式。路外换乘利用规划预留路外土地,为较大规模公共汽车、电车线路衔接提供乘客专门换乘区域。路外公交枢纽站最为常见的三种布局形式,即岛式、站台式及组合式。

1. 岛式

岛式布局方式又可分为停靠站在岛外和停靠站在岛内两种形式。

1)停靠站在岛内

停靠站在岛内布局形式使公交线路停靠集中在枢纽的中间岛上,乘客上下车和换乘都在中间岛进行,客流和车流冲突较小、换乘距离短。因为车辆要绕岛作顺时针行驶,这种布局形式的枢纽站会产生行驶路径交织,车辆运行效率降低,待发车辆进入停靠站位时不太方便。图 5-18、图 5-19 为不同形状中间岛。

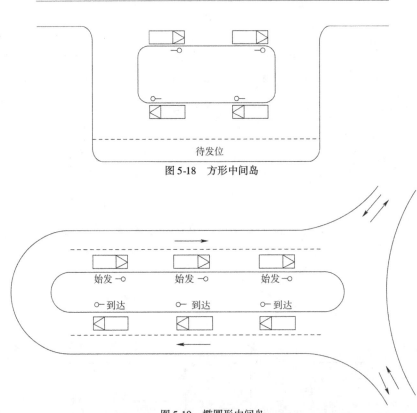

图 5-18　方形中间岛

图 5-19　椭圆形中间岛

为减小岛的长度以缩短换乘路程,可以把停靠处做成锯齿状。这种停靠方式适用于线路终点站,不适用于通过线路,因为车辆不能顺利无阻地离站。另外,中间岛形式可根据枢纽用地条件确定,可设计成多边形或其他样式。所有岛式枢纽,由于站点间距短不需要行人穿越车行道,因此适用于换乘关系紧密的情况,但必须给予岛上出发和到达乘客指引。

2)停靠站在岛外

停靠站在岛外布局形式由于不同公交线路停靠分散在枢纽周围,所以乘客上下车和换乘都在周边步行区域内进行,避免了客流和车流冲突。由于车辆绕岛作逆时针行驶,行驶路线不产生交织,枢纽运行的安全性和效率都较高。

停靠站在岛外布局形式是在枢纽中央位置设置公交车辆待发车位,解决了停靠在岛内因停靠站停车空间不足而带来的车辆无处停放的问题,并且停靠在岛外的枢纽所需面积小于停靠在岛内。

这种布局形式的不足之处在于乘客区域较为分散,线路之间换乘不便捷,车辆从待发位驶入停靠站时也不方便。为缩短乘客换乘距离,枢纽设计时应优先考虑紧凑型设计,避免狭长停靠站,通过锯齿形停靠边缘可使过长外缘延伸得到控制。

外部停靠的岛式解决方法,适用于客流量大并伴随大比例的始发和终到交通以及换乘路线较少的情况。进出站的乘客不需要穿越车行道,站内换乘的乘客不需跨越车行道而到达换乘线路,但会有较长换乘路径。因此必须对交通关系认真分析,布置相应站点。如果将遮挡设施和外缘建筑相融合,对于这种布局形式比较有利。

2. 站台式

与岛式相比,停靠站布置在单独站台上能让枢纽站容纳更多线路,这种模式在区域交通中心或市中心的枢纽站运用较多。站台式布局形式采用前进停车、前进发车停放方式,站台对应发车方向斜向布置,斜向站台适合车辆操纵性能。当车道较窄时,这样布置可让车辆平行于路缘石紧挨站台进站。这种布局形式的优点是有效地节省用地空间,进出站台比较方便;斜向停靠站台使单位停车面积较小,能够节约用地且让枢纽变得细长,车辆驶入驶出方便灵活,站台斜角可以由枢纽用地条件决定。垂直布置适合进站和出站较宽的车道,但要让驾驶员使车辆平行于站台停靠,有足够入口宽度。这类布局形式的缺点在于乘客上下车要穿越车行道,客流与车流冲突会比较严重。另外,该布局形式下各停靠站停靠线路固定,灵活性比较差,当某个停靠站停车空间不足时,该停靠站公交线路不能使用其他停靠站台。另外,该布局形式在站点扩建和设施配置方面也不够方便。

根据车辆在换乘区运行路线与停靠方式,站台式布局路外换乘包括平行式停靠、进入停靠、环形平行停靠、环形进入停靠等不同模式。其中,平行式停靠指所有车辆共用一个站台,车辆在站台两侧平行换乘停靠,乘客在站台平行换乘,利用地下通道或站台两端集散;进入式停靠的布置思路与平行式停靠相同,只是停靠方式变为斜向停靠,进入式停靠比平行式停靠能容纳更多的交通路线;环形平行停靠是平行式停靠的改进,由两侧停车改为四侧停车,车辆环绕站台行驶,乘客利用地下通道集散;环形进入停靠是进入式停靠的改进,由两侧停车变为四侧停车,车辆环绕站台行驶,乘客利用地下通道集散。环形停靠模式大大增加了衔接线路容量,运用于换乘较大的城市对外交通枢纽。

四、枢纽站规模与设施构成

1. 设计步骤

公交枢纽站包括站台、车辆周转区、路侧区域(包括公交运营者、乘客、行人的人行道及辅助设施)三部分,可按以下步骤进行设计。

步骤1:确认枢纽站内线路数及其频率,确定公交线路交通组织。

步骤2:确定各类设施。

步骤3:选择车站设施标准,如线形/锯齿形、单/双泊车位。
步骤4:决定各车站设施数量与站台尺寸。
步骤5:决定最合适的布局结构。
步骤6:确定场地要求,能否容纳设施。
步骤7:决定车站衍生的步行需求及步行设施合理规模。
步骤8:设计站台、行人岛、排队区、周转道路及步行设施等。
步骤9:确定标志标线及信息服务设施位置,全面分析考虑其他因素。

城市公交枢纽站交通设计不能只适用当前需求,还必须考虑发展需要设施今后可能的变化,尽可能设置预留空地。公交枢纽站乘客上下车需要停靠站点,终点站线路需要待发车位,待发车位通常用于备用车和高峰小时加车或作为运行间隔时车辆停放处。因此,车辆停靠和等待车位数量取决于公交枢纽站功能、布局形式、交通线路组织、线路数量、发车班次和密度等。

2. 设施构成

1)用地面积

公交枢纽站面积是先根据满足基本交通功能所需最小面积和环境景观功能等计算的基本面积,再根据枢纽功能构成、设施配置、用地情况等综合研究,最终确定的用地面积。根据《城市道路公共交通站、场、厂工程设计规范》(CJJ/T 15—2011),公交枢纽站规划用地面积按每标准车用地 $90\sim100m^2$ 计算,另加回车道、停车廊用地(约 $20m^2$/标准车)。综合考虑,枢纽站平均用地面积为 $110\sim120m^2$/标准车。公交枢纽最小用地面积要求见表5-8。

公交枢纽站最小用地面积　　表5-8

停靠位数 (个)	始终点线路数 (条)	公交用地面积 (m^2)	其他面积 (m^2)	小计 (m^2)	绿化面积 (m^2)	总计 (m^2)
3(1个发车位,2个蓄车位)	18	7128	720	7848	1385	9233
	10	3960	400	4260	769	5129
	5	1980	200	218	385	2565
	3	1188	120	1308	231	1539
	1	396	40	436	77	513

注:1. 根据规范,绿化面积按照总面积15%计算预留。
　　2. 其他面积,包括调度室、休息室等。
　　3. 根据地铁出入口到公交站点步行距离控制在 $50\sim100m$ 的要求,公交用地面积不应大于 $9500m^2$。

此外,车道排水能提高枢纽站交通安全,避免等候乘客被路边积水溅到。枢纽站应满足站场最低排水要求,最有利纵坡 $0.4\%\sim1.0\%$、最大纵坡不超过 2.5%。过大倾斜面会给候车乘客造成困难,冬季道路冰冻时都会给车辆停靠和停车带来问题。

2)车道尺寸

为保证车辆畅通无阻运行,行车道要有足够宽度,在特定条件下车辆行驶和转弯轨迹可能不一样,需要根据地形条件建立模型进行模拟。

(1)停车道

停车道必须符合车辆行驶性能和运行要求,到发区停车道长度和站台长度取决于停靠位数量、车辆长度(12m或18m)、车辆安全距离(约1m)及停车位置前后进出站长度。车辆相互不受影响的进站方式、车辆间距要满足车身能够平行贴近站台边缘停靠,假设站台边缘和车门间的夹缝不超过 0.1m 时停车道宽可为 3m。图 5-20 为车辆不能独立进出站台的长度,图 5-21、图 5-22 为车辆能独立出站台的长度。

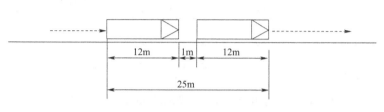

图 5-20　车辆不能独立进出的站台使用长度

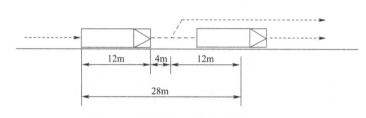

图 5-21　车辆能独立出站的站台使用长度

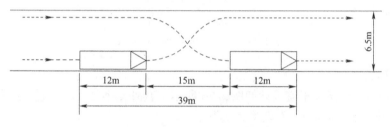

图 5-22　车辆能独立进出站的站台使用长度

为避免站点过长,特别是车辆需要互不影响进出站时,可设置为图 5-23 所示的锯齿形停靠位,这种设置的前提是车辆长度不超过站台长度。

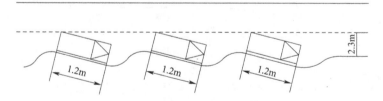

图 5-23　站台为锯齿形枢纽站的停车道尺寸

(2) 行车道

公交车停靠位置不同则行车道宽度不同,有时与等候位的摆放有关。不频繁使用站台的行车道宽 3.5m 即可,使用频繁且有对面等候位站台时则单向行车道宽至少 6m。如果车辆可以从停下的车辆边上驶过,行车道宽至少 6.5m。图 5-24 为椭圆形岛式停靠站行车道尺寸。

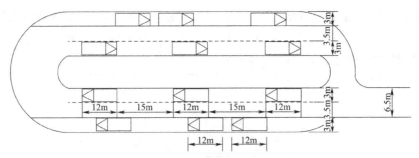

图 5-24　椭圆形岛式枢纽站行车道尺寸

平行站台尺寸取决于站台布置和停车角度,如果站台宽度为 2.5m、长度相当于 1~2 辆车长度,其尺寸如图 5-25 所示。

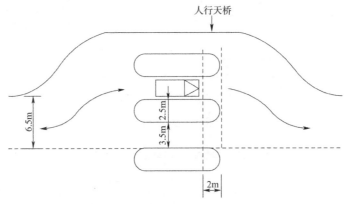

图 5-25　平行站台枢纽站行车道尺寸

(3) 掉头车道

为保证行车安全,掉头车道设计如图 5-26 所示。其外侧半径 15m、内侧半径 8m,同时,掉头弯道周围留出 1.5m 宽空地,不设置其他设备。

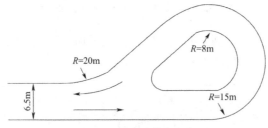

图 5-26　公交车掉头车道

3. 换乘空间

1) 乘客候车空间

乘客候车场地设置在公交车停靠位置边,候车场地长度满足停靠站长度 L_n,候车场地宽度与枢纽站台最高聚集人数有关,计算见式(5-4)。

$$B = \frac{F_e + M_{max} F_f}{L_n} \tag{5-4}$$

式中:B——乘客等候场地宽度,m;

F_e——站台上设备的面积，m^2；

M_{max}——站台最高聚集人数，人次；

F_f——每位乘客需求面积（通常 $F_f \geq 1.5m^2$）。

考虑乘客舒适性，站台宽度应不小于2m，进出站处人行道路、台阶和坡道应根据枢纽站客流量设置足够宽度，尽量使进出站和场地持平，不设置人行天桥或地下通道，出入口处还要考虑残疾人通行方便。

2）步行廊道

（1）最小宽度

根据《城市道路工程设计规范》（CJJ 37—2012）规定的不同道路类型最小人行道宽度（表5-9）可知，公交枢纽站人行道最小宽度为4.5~6.0m。

不同功能道路人行道最小宽度 表5-9

编号	道路类型	人行道最小宽度（m）
1	住宅内部道路	1.5
2	区间路	1.5~3.0
3	一般街道及工业化道路	3
4	一般商业性道路	4.5
5	主次干路商业集中路段及文体场所附近道路	4.5~6.0
6	大型商场或文娱场所路段及商业特别集中的道路	6
7	火车站、城市交通枢纽及群众集聚较多的道路	4.5~6.0
8	林荫路	1.5~4.5

（2）合理设计宽度

人行道宽度以客流量和流向为基本依据，满足乘客步行要求，保障乘客交通安全、步行空间连续性和所需服务水平，枢纽站人行道设计宽度可参考式（5-5）。

$$B = b\left[\text{int}\left(\frac{P}{C}\right) + 1\right] \quad (5-5)$$

式中：B——人行道宽度，m；

b——单个人行道宽度，m，通常取0.75m；

P——步行客流量，人次；

C——单个人行道的通行能力，per/h，通常取1800per/h。

计算宽度小于《城市道路工程设计规范》（CJJ 37—2012）规定的最小人行道宽度时，以规范为准，并充分考虑周边用地条件和服务水平要求。

3）自行车场

随着计时租赁自行车（共享单车）的兴起，自行车体积小、机动灵活、使用方便等特点得以凸显，再一次被广泛地用作接驳交通工具。根据近年公共自行车与计时租赁自行车的发展，需在枢纽站处为自行车提供道路外专用停车场地。假定已知枢纽站年平均高峰小时自行车换乘量 Q_{BiR}，考虑场地利用率及周转率等因素，枢纽站的自行车停车场容量按式（5-6）计算。

$$C_{Bi} = \frac{Q_{BiR}}{\gamma\alpha} \quad (5-6)$$

式中：C_{Bi}——枢纽站自行车场容量，车位；
Q_{BiR}——年平均高峰小时自行车换乘量，人次/h；
γ——自行车场利用率；
α——自行车场周转率。

按自行车停车位一天周转 5~8 次计算，自行车停车场设计见表 5-10。

自行车停车场主要设计指标　　　　　　表 5-10

停车方式		停车宽度(m)		车辆横向间距(m)	过道宽度(m)		单位停车面积			
		单排	双排		单排	双排	单排一侧停车	单排两侧停车	双排一侧停车	双排两侧停车
斜列式	30°	1	1.6	0.5	1.2	2	2.2	2	2	1.8
	45°	1.4	2.26	0.5	1.2	2	1.84	1.7	1.65	1.51
	60°	1.7	2.77	0.5	1.5	2.6	1.85	1.73	1.67	1.55
垂直式		2	3.2	0.6	1.5	2.6	2.1	1.98	1.86	1.74

第四节　快速公交站场设计

一、快速公交停靠站设计原则

(1) 快速公交(BRT)车站宜设置在主要客流集散点，首末站应与城市交通枢纽相结合，与长途客运、铁路、水路、航空港等衔接。

(2) 快速公交车站通常设置在交叉口附近，方便乘客到离车站，确保乘客可达性，尽可能利用交叉口或已有立体行人过街设施。

(3) 快速公交系统平均站距较常规公交大、一般为 500~1000m；车站设置应与城市客运走廊结合，考虑新开线路停靠需求，车站选址要方便换乘。

(4) 车站应与所在道路及景观协调，与市政管线和绿化工程协调。

(5) 车站设计必须满足客流和设备运行需求，应保证乘降安全舒适、疏导迅速、布置紧凑、便于管理。车站内实现功能分区，尽量减少进出站流线和换乘流线之间的相互干扰。

(6) 车站应根据线路特征、运营要求及车辆等条件进行设计，应根据快速公交系统级别设置相应的站台、停靠泊位、站台安全门、售检票、过街设施等以及车站配套设施。

(7) 尊重乘客出行习惯，新设车站与现状常规公交车站尽量一致。

二、快速公交站场设计要求

快速公交站场设计包括站台设计、车站位置选择、车站形式选择、车站尺寸确定以及建筑设计等部分。

1. 站台设计

基本选型是快速公交站场设计的基础。对于分别设置在道路两侧的快速公交系统一般采用侧式站台。对于采用中央专用道(或道路单侧设置双向专用道)系统，有中央岛式站台和中央侧式站台两种布局形式。其中,中央岛式站台主要用于车流集中在走廊沿线并具有潮汐走向,中央侧式站台能适应开放的运营方式。其特征对比见表5-11。

快速公交岛式站台和侧式站台特征对比 表5-11

特 征	中央岛式站台	中央侧式站台
车站乘客容量	双向客流共用站台,站台空间利用效率高,特别是在潮汐型客流下优势明显	每个方向利用一侧站台,特别是在潮汐型客流下,容易出现同一站台利用效率不均的现象,高峰方向站台容易造成候车乘客拥挤
对道路条件的要求	需要至少5m的宽度,对道路横断面条件要求较高	宽度一般不小于3m,如错位设置,占用横断面空间不如岛式车站,但由于需要成对设置,占用道路总资源更多
建设和运营成本	一个站位仅需要一个站台,工程土建和设置安装成本较低,同时,需要配备一组站务人员	一个站位需要设置两个侧式站台,工程土建和设施安装成本高,并且需要同时配备两组站务人员
运营车辆	必须采用左开门车辆或双开门车辆。此外,在突发高客流下,常规公交的右开门不能安全补充快速公交系统的运力	采用右开门的车辆,既可以运营在快速公交走廊内,又可以在普通城市道路上运营,灵活性好。此外,在突发高客流下,快速公交系统可以临时借调常规公交车辆补充运力
线路组织形式	采用相对封闭的线路组织形式,干线运营效率高,但如果客流需求的出行起讫点不全都在走廊沿线,则必须设置大量换乘接驳支线	如果沿线客流量大,可以采用封闭的线路组织形式。同时,由于运营车辆可以在一般道路上运营,系统线路组织可以具有一定的开放性,能将线路延伸到走廊外的区域
对未来发展的影响	一般而言,快速公交系统要等到第一条快速公交线路实施达到预期效果后才有可能扩展成网,如果示范线走廊本身客流量不足,很难通过线路延伸来提高系统利用效率,相应的政治阻力和社会压力比较大,并会制约系统的进一步扩展	由于运营组织比较灵活,第一条快速公交线路实施以后,可以根据实际客流需要相应调整专用道内的运营线路,达到比较理想的客流量和运营品质,有利于获得社会认同,并进一步扩展成网。同样,由于普通公交线路可以利用专用道系统,在线路整合不利的情况下,可能造成过多的线路涌入专用道,导致系统效率低下,造成不良的社会影响

2. 车站位置

车站位置选择是车站设计的先期工作,需要考虑周边用地情况、乘客出行起讫点分布、快速公交和其他换乘线路走向、交叉口交通组织和信号管理方案、道路设站条件、慢行交通可达性、过街设施状况、公交优先通行设施对车站布设要求等因素。

车站位置必须满足线路设计要求,因地制宜、合理布置、有效利用空间,结合城市总体规划布设于客流密集地点,最大限度地吸引客流,使得乘客能够安全、方便、快速地进出车站,并妥善处理好快速公交车站与城市交通、地面建筑、地下管线、地下构筑物等之间的关系,尽量减少房屋拆迁及管线迁移,减少施工时地面交通及市民生活的影响。

原则上应考虑不超越道路规划红线,临近既有公交车站、地铁车站、公共自行车站点等,接驳与换乘间距不超过500m,避免乘客步行距离过长,可根据实际客流需求及道路条件进行调整;离开交叉口一定距离,充分利用路段中间多余车道和通行能力,不占用交叉口过多车道,保证路段和交叉口车道数的匹配。

车站位置布设,需考虑车站位置与交叉口的关系、同一站位一对车站相互位置关系,以及其他影响车站位置的因素。在与交叉口相对位置上,快速公交车站可设置在路段、交叉口进口道或者交叉口出口道。

快速公交车站设置在交叉口不同位置的优缺点比较,见表5-12。

快速公交车站设置不同位置优缺点比较　　　　　　　　　表5-12

与交叉口相对位置	优　点	缺　点
设置在交叉口进口道	(1)当公交车进站时,如果信号相位为红灯,可以利用此相位上下乘客; (2)公交车在车站的排队不会堵塞交叉口	(1)当公交车离站时如果信号相位为红灯,会阻碍后面排队公交车进站; (2)交叉口转向公交车需要提前变换车道,不能在交叉口进口道设置车站停靠; (3)车站占用一定道路宽度,减少交叉口进口道通行能力(交叉口进口道通行能力是道路通行能力的瓶颈); (4)在进口道停靠将使得公交主动优先难以实现(公交主动优先设施探测装置设置在进口道,需通过分析车辆到达交叉口时间分配优先权); (5)交叉口进口道设置路侧式车站则将与右转车辆冲突
设置在交叉口出口道	(1)公交车停靠后即可离站,不会受到红灯阻碍; (2)平面过街时乘客在停靠车后过街,而不是在车前过街; (3)交叉口进口道探测装置可以较准确判断车辆到达信息,公交主动优先交叉口进口道汇集线路均可在设置在出口道的车站停靠,便于同台换乘,避免在交叉口各位置重复设置停靠站; (4)不占用进口道空间,对交叉口通行能力影响小; (5)快速公交车站设置在出口道易与常规公交换乘(大多数常规公交车站设置在交叉口出口道端)	(1)当公交车遭遇交叉口红灯相位时不能利用红灯时间上下客,并造成通过交叉口和停靠站时二次停靠; (2)公交车流量较大时出口道端公交车进站排队可能堵塞交叉口,影响交叉口交通组织; (3)当公交车在绿灯相位时到达交叉口,而交叉口出口道的车站又处于饱和状态时,车辆将不得不在进口道等待进站,并可能遭遇二次红灯排队
设置在路段中	(1)不对交叉口交通组织产生干扰,不占用交叉口道路空间; (2)乘客将分流路段中的车站过街,缓解交叉口过街行人交通压力	(1)路段道路可达性和车站易辨识性不如设置在交叉口; (2)路段没有过街设施则需新建,平面过街会影响道路通行; (3)需对设置车站路段进行渠化

3. 车站形式

对于设置岛式车站的快速公交系统,上下行均在统一站台停靠,当停靠一侧为交叉口进口端时,则另一侧是交叉口出口端。车站设置时只需考虑是否设置在交叉口。交叉口具有最佳的乘客可达性,可以利用路口过街设施,以及方便与传统公交换乘,除部分长路段或路段上有走廊的主要客流集散点外,大部分岛式快速公交车站均设置在交叉口。

侧式车站的快速公交系统更多地将车站设置在交叉口出口道端,除容易引起二次停靠延误的缺点外,快速公交车站设置在交叉口出口道端,在交通组织设计、运营停靠、与现状传统公交换乘衔接、实施主动公交优先等方面都具有优势。

在侧式车站的快速公交系统中,规划人员必须确定同一站位一对车站是对位设置还是错位设置。对位式车站指一个站位两座车站在同一断面上并排设置,整个车站长度较短,但对道路横断面宽度要求较高,交通渠化比较困难;当车站设置在交叉口时,则一对车站分别在交叉口进口端和出口端;当采用立体过街时,仅需要建设一处过街设施;车站设置在一起的整体形象感较强,车站相互距离很近,站务管理容易组织。错位式车站指一对车站不设置在同一横断面上,相互错开设置,车站长度较长,但对道路横断面宽度要求较低,交通渠化易于组织,城市已建成区道路红线宽度比较紧张时容易实施。当车站设置在交叉口时可以分设在路段两端,保持统一设置形式,对路口交通组织影响较小。由于车站分开设置,其整体的形象感不如对位式车站。

4. 车站尺寸

车站规模应满足规划期内高峰小时客流集散量、车站远期发展规划、运营管理需求及乘客紧急疏散要求等。站台尺寸对快速公交系统运营效率及乘客舒适度有重要影响,设计尺寸包括长度、宽度、高度三方面。

1) 站台长度

合适的站台长度可以保证车站有足够能力容纳高峰时段进站车辆及候车乘客,保证快速公交系统高效运行。站台长度包括售检票区长度和登乘区长度;其中,售检票区长度主要由售票亭、设备房以及检票闸机位置确定,一般为 5~15m;登乘区长度通常由快速公交车辆长度及子站数量决定。

子站站台上下客区长度通常大于或等于两辆快速公交车辆长度(双泊位),选用 18m 车辆时子站站台长度通常为 40m,选用 12m 车辆时子站站台长度通常为 30m。

2) 站台宽度

合适的站台宽度会改善乘客候车及通行环境舒适程度,缩短乘客上下车及车辆停驻时间,提高系统运营效率。快速公交站台宽度从乘客角度来考虑,远比站台长度重要,其对乘客舒适度水平起着至关重要的作用。

站台宽度在满足各种设施布设前提下,要考虑高峰小时上下车客流量、候车客流量、基础设计结构宽度等,站台宽度计算公式为:

$$W_p = W_s + W_u + W_c + W_{opp} \tag{5-7}$$

式中:W_p——站台宽度,m;

W_s——结构宽度(与建筑结构设计有关,通常为 0.6~1m);

W_u——单向候车乘客所需站台宽度(通常 $1m^2$ 的站台可供 3 人候车);

W_c——行进乘客所需站台宽度(通常 1m 宽度可供 2000 人次/h 通过);

W_{opp}——反向候车乘客所需站台宽度(侧式站台单向候车,为 0)。

3) 站台高度

快速公交站台高度应与车辆地板高度一致,可保证乘客水平登乘,缩短上下车所需时间及车辆停驻时间,提高系统运行效率。一般快速公交系统采用水平登车模式。站台采用和车辆底板同样的高度,从而使得老幼、残障人士等上下车变得安全和容易。我国大多数城市快速公交系统采用低地板车辆,站台高度通常为0.35m。

5. 建筑设计

1) 建筑设计要求

快速公交车站建筑设计不仅要满足系统运营要求,为乘客提供方便、舒适和安全的候车环境,还要从美学、文化、气候、友好性、便捷性等方面考虑。时尚、简洁的建筑外观不仅有助于将快速公交定位成高品质公交出行方式,还能让快速公交系统跃升为亮丽的城市风景线。快速公交车站建筑设计基本要求如下:

(1) 布局合理,力求紧凑,便于运营管理,设置与传统公交系统相匹配的指引标志和乘客服务系统。

(2) 遮阳挡雨,安全耐用,具有人性化,站内具有良好的通风、照明、卫生、防灾等条件。

(3) 选材和配色需契合系统整体形象,保证系统的高度可识别性。

(4) 结合车站周边环境,符合城市总体风格,与整体景观融为一体。

(5) 采用新技术、新工艺、新材料,方便施工、减少干扰、降低成本。

2) 平面布局要求

快速公交车站要提供足够候车空间和停靠能力,满足乘客出行需求。封闭式的快速公交车站由出入通道、售检票区和站房、候车区三个功能分区构成。其中,售票及检票通道和站内候车空间是容易拥挤的区域。

售票和检票空间受车站宽度和站房设置限制,进站闸机通常只能提供两个进站通道,乘客刷卡(或投币)后通过闸机进站。由于通过速度比正常步行慢,进站通道是常见拥堵点。车站可对此专门设计以缓解拥堵,如进站闸机和出站闸机错位布置,增加乘客通过售检票区的排队通行空间;或者采用一机两通道式的闸机,减少闸机设备对车站宽度的占用;进站闸机与出站闸机之间连接部设置无障碍通道,节假日超高客流时可临时开启以提高进出口通道的通行能力;闸机上方和机身都有明确的导引标志,使不熟悉系统的乘客也能够迅速地识别并通过等。

3) 车场设计要求

快速公交车场应为运营车辆提供停放空间,并应按车辆保养级别和实际要求配建相应的停车坪(库)、回车道、试车道、车辆维修保养设施、车辆清洗设施和加油加气设施等。车场应与线路同期建设,可根据运营管理需要与常规公交停车场合建,并预留相应接口。地面停车场与维修保养场的车均占地指标宜取 $210\sim230\text{m}^2$/标准台;多层停车库与维修保养场的房屋建筑主要为多层停车场,停车容量不宜小于 250m^2/标准台。

快速公交车场设计应符合一般公交车场相应规定。

4) 过街设施设计

乘客过街方式应根据车站客流组织、系统运营和道路交通组织要求来综合确定。乘客过街可采用人行天桥、人行地道、平面穿越道等过街方式,且当近期、远期分期实施时,应预留条件;宜采用平面穿越通道过街方式,采用立体过街设施宜安装自动扶梯、垂直电梯等辅助设备,实现无障碍化,过街通道宽度应满足车站过街客流量与道路行人过街流量的需求;车站周边宜设置引导乘客按规定线路进出车站的隔离设施。

课后思考题

1. 简述不同类型的公共交通站场。
2. 以交叉口为参照,简述不同设置位置中途停靠站的优缺点。
3. 直线式停靠站与港湾式停靠站的优缺点及其适用条件分别是什么?
4. 港湾式公交停靠站的结构可分为几部分?如何确定港湾站的泊位数量?
5. 简要阐述公交枢纽站的设施构成与功能。
6. 以某一公交停靠站或枢纽站为例,分析其布局结构与交通组织(绘制设施布局图与交通流线图)并提出优化方案。

第六章 汽车客运站设计

第一节 选址与建设要求

一、选址条件

根据《汽车客运站级别划分和建设要求》(JT/T 200—2020)的规定和工作实践,汽车客运站选址应满足以下条件:

(1)应纳入所在城市的国土空间规划。

(2)应与公路、城市道路、其他运输方式场站衔接,方便旅客出行换乘。

(3)应避开地质灾害区域。

(4)应与电力网、给排水网、排污网、通信网等城市公用工程网系衔接。

(5)应节约用地,留有发展用地,宜综合、立体开发。

(6)尽量避免邻近住宅区、学校、医院等需要安静环境的区域;应避开危险品、有毒物品及粉尘污染的地区,以保证旅客和工作人员的身体健康。

(7)旅游风景区客运站选址应注意保护名胜古迹原有面貌,条件许可时站址尽量靠近风景区。

(8)大城市应根据城市人口分布情况及市内公共交通情况合理分片设置站点,不限于一地一站,以避免旅客集散困难,对市内交通造成局部压力;对于公路客流密度小于30万人/天的中小城市,将汽车客运站设在城市中心区域;客流密度大于30万人/天的大城市,应将汽车客运站设在市区外围和中心区边缘。

二、设施构成与配置要求

汽车客运站设施由生产设施、辅助设施和服务设施三部分组成。

1. 生产设施

生产设施是汽车客运站建设主体,它包括站前广场、站房、发车位、停车场(库)和换乘设施等。

(1)站前广场

站前广场主要由停车场(库)、旅客集散区、小件(行包)集散区、绿化美化区等部分组成,既是旅客、小件(行包)和站外各种车辆集散场所,也是客运站与城市联系的纽带。站前广场应为连续开阔区域且明确分区,应满足客流高峰时作为备用站房设置临时座椅、雨篷等的需求。

(2)站房

站房是汽车客运站最主要的生产设施,旅客进站、购票、小件(行包)托运、候车、检票等活动均在站房内完成,它主要由售票厅(室)、候车厅、小件(行包)服务处、综合服务处(寄存、问询、广播、医疗等)、调度室、值班站长室、驾乘休息室、邮电服务处、治安室、厕所、盥洗处等组成。

(3)发车位

发车位必须设有站台,便于使旅客通过检票口后到达待发客车。发车位应设小件(行包)运输通道,根据客车货仓在车底两侧等实际小件(行包)装卸方式设置小件(行包)通道。

(4)停车场(库)

停车场(库)建设在于满足参营车辆待班停放需求。停车场(库)通常设置洗车、检修等生产辅助服务设施,以及车辆安全通道和疏散口。一级、二级车站应分别设置车辆进出站口;停车场(库)宜分组设置车辆停放区,电动汽车停车位的设置要考虑充电设施的需求。

(5)换乘设施

汽车客运站换乘设施设置应着眼于实现"零距离"换乘,包括公交停靠站、出租汽车停靠点、社会车辆停靠点、非机动车停车场(库)等换乘设施。

2. 辅助设施

辅助设施包括维修车间、洗车处、安检台、配电室、采暖/制冷设备用房等。辅助设施在经营和管理上有其一定独立性,为此应注意其特殊要求。维修设施与停车场(库)应有间隔,设通道供待检、待修及修好车辆的进出。

3. 服务设施

服务设施包括司乘公寓、职工宿舍、餐厅、超市/便利店等。此类生活服务设施按实际需要进行建设,其建设要求符合相应建筑设计规范即可。

《汽车客运站级别划分和建设要求》(JT/T 200—2020)要求根据客运站级别配置设施,应结合车站所在地实际情况参照表6-1配置车站设施。

汽车客运站设施配置表　　　　　　　　　　　表6-1

设施类别与名称			一级站	二级站	三级站	便捷站
场地设施	换乘设施	公交停靠站	●	●	●	◎
		出租汽车停靠点	●	●	●	—
		社会车辆停靠点	●	◎	◎	—
		非机动车停车场(库)	●	◎	◎	◎
	站前广场		●	◎	◎	—
	停车场(库)		●	●	●	●
	发车位		●	●	●	◎
建筑设施	站房	候车厅(室)	●	●	●	●
		母婴候车室(区)	●	●	◎	—
		售票处(厅)	●	●	●	◎
		综合服务处	●	●	◎	—
		小件(行包)服务处	●	●	◎	◎
		治安室	●	●	●	◎
		医疗救护室	◎	◎	◎	—
		饮水处	●	●	●	●
		盥洗室与旅客厕所	●	●	●	●
		无障碍设施	●	●	●	●
		旅游服务处	●	◎	◎	—
		站务员室	●	●	◎	—
		调度室	●	●	●	—
		智能化系统用房	●	●	●	—
		驾乘休息室	●	●	●	◎
		进、出站检查室	●	●	●	●
	办公用房		●	●	◎	◎
	辅助用房	生产辅助用房	车辆安全例检台	●	●	●	●
			车辆清洁、清洗处	●	◎	◎	◎
			车辆维修处	◎	◎	◎	◎
		生活辅助用房	司乘公寓	◎	◎	—	—
			商业服务设施	●	●	◎	—

注："●"表示应配置；"◎"表示视情配置；"—"表示不做要求。

三、设备配置要求

1. 配置基本要求

(1)车站设备分为服务设备、安全设备和信息网络设备三类，遵循适用、可靠、经济的原则按表6-2要求各类设备配置。

(2) 设备数量与类别应根据车站生产规模和设备作业量确定，宜选用国家定型的标准设备。

(3) 安全检查设备应满足小件(行包)安全检查、车辆安全检查工作需要。

(4) 安全监控设备应在运营时段覆盖站前广场、售票厅(室)、候车厅、发车位、停车场(库)等主要公共区域。

(5) 安全应急设备应满足消防安全管理等工作需要。

(6) 售、取票信息设备应满足网络查询、预订、售票、取票以及信息传递、存储、处理等要求。

(7) 车辆调度与管理设备应满足车辆到站、报班、发班、销班、停车、安检等信息化管理的要求。

(8) 车站宜建立发布运营线路、班次、票价、余座等票务信息以及营运班次变动与变更的信息化平台。

车站设备配置要求　　　　　　　　　　　　表6-2

	设备名称	一级站	二级站	三级站	便捷站
服务设备	售票检票设备	●	●	●	◎
	候车服务设备	●	●	●	●
	车辆清洁清洗设备	●	◎	—	—
	小件(行包)搬运与便民设备	●	●	◎	◎
	广播通信设备	●	●	◎	◎
	宣传告示设备	●	●	●	●
	采暖/制冷设备	●	●	◎	—
安全设备	安全检查设备	●	●	●	●
	安全监控设备	●	●	●	◎
	安全应急设备	●	●	●	●
信息网络设备	网络售、取票设备	●	●	◎	—
	验票检票信息设备	●	◎	◎	—
	车辆调度与管理设备	●	◎	—	—

注："●"表示应配置；"◎"表示视情配置；"—"表示不做要求。

2. 设备配置类型

1) 服务设备

(1) 售检票设备包括售票桌椅、钱箱、票架、隔离栏、打孔机、对讲机等。

(2) 候车服务设备包括座椅、母婴床、轮椅、班次牌、电茶炉、充电台(手机、电脑)等。

(3) 车辆清洁清洗设备包括高压水枪、清洗机、脱水机、洗车机等。

(4) 小件(行包)搬运与便民设备包括平板车、行李手推车等。

(5) 广播通信设备包括广播功放、话筒、扩音喇叭、语音播报系统、便携式扩音器等。

(6) 宣传告示设备包括班次时刻表、里程票价表、小件寄存(托运)价目表、营运线路图、旅客须知栏、禁运限运物品宣传图、(电子)公告牌等。

(7)采暖/制冷设备包括采暖炉、取暖器、暖风机、空调、风扇等。

2)安全设备

(1)安全检查设备包括手持安检仪、安检门、台式行包安检仪、车辆安检台(仪)、人脸识别终端、手持酒精测试仪等。

(2)安全监控设备包括高清摄像头、遥控摄像机(室外监控器)、监控交换机、监控网络与路由器、监控录像机等。

(3)安全应急设备包括灭火器、消防毯、微型消防站、防爆桶(排爆罐)、医药急救箱、氧气瓶等。

3)信息网络设备

(1)售取票设备包括联网售票计算机、身份证识读器、自助售票取票机等。

(2)验票检票设备包括条码(二维码)读取终端、(身份证、人脸)识别闸机等。

(3)车辆调度与管理设备包括驾驶员识别终端、车辆调度(报班、缴费、销班等)系统、门禁/车场管理系统(车牌识别一体机、道闸等)、路由器、交换机等。

第二节 工艺组织

一、作业流程

汽车客运站工作流程包括售票、小件(行包)托运和提取、候车室服务、旅客乘车组织、车辆及旅客发送、车辆及旅客到达等若干作业单元。各作业单元有不同工作内容、范围和职责,分工较为明确。

1. 售票与客源组织

发售车票与客源组织是汽车客运站为旅客提供的基本服务内容。为减少旅客购票时间,提高售票工作效率,汽车客运站大多采用计算机售票或网络在线售票。除采用传统窗口售票外,还采用多种售票形式,如预约售票、候车室售票、上门送票、市区联网售票及联运售票等。

随着定制客运逐步发展,汽车客运站越来越多地开展订制客运的客源组织业务。通过采用多种形式发售客票与开展订制客运客源组织,将旅客按照不同需求类别与时间、方向和服务类型等计划与组织,以进行合理安排发车班次与时间,使汽车客运站旅客运输工作组织更加合理。

2. 小件(行包)业务

当旅客随身携带行包超重、超长(宽),则要办理托运;同时,行包随车与旅客同时到达目的地后,也需要经行包房提取。由于旅客构成差异,不同汽车客运站需处理的行包业务量有明显差异。虽然经济快速发展使商贸流通日益活跃,旅客随车托运行包业务量下降,但随着物流及快递业迅速发展,汽车客运站依托快速客运班线承担的小件/快递/包裹成为行包业务的重要组成部分。

汽车客运站小件(行包)托运和交付需求,促生了汽车客运站站内小件(行包)发送和到达作业。小件(行包)发送作业包括小件(行包)承运、保管与装车作业;小件(行包)到达作业包括卸车、保管和交付作业。车站对小件(行包)的管理、保管、搬运装卸、交付等作业必须有专门小件(行包)工作人员来负责,确保小件(行包)的安全、完整、及时运送,这是小件(行包)组织工作的基本要求,它对于提高客运服务质量、保证客车正点运行有重要影响。

3. 候车服务

候车服务是汽车客运站站务工作的重要内容,也是旅客服务主要环节。旅客候车服务作业主要在候车室内完成,内容繁杂、牵扯面广。一般,旅客候车服务包括门迎、问询、小件寄存、广播、等候、上车引导、安全宣传、餐饮、商务服务等,候车室应配备必要服务设施。在客流较大、班次较多的车站,应按班次划分候车区域或专用候车室。同时,通过保持候车环境清洁卫生、实施绿化美化工程,为旅客提供舒适、优美的候车条件。

4. 旅客及班车发送

旅客及班车发送工作包括发车及检票提示、查验车票、小件(行包)装车、清点旅客数、发布班车开行信号等作业。旅客发送主要是指组织旅客安全、准确、及时上车;班车发送包括发车位管理工作、及时安排车辆进出发车位、保障班车正点发出。

在发车前,汽车客运站通过广播、电子显示屏等发布检票信息,由车站服务人员引导旅客排队检票进入站台、验票上车。传统上站务或乘务员查验旅客车票时,要查看票面日期、车次、到站名称等是否与本班次相符,防止旅客错乘;推行电子客票时,在自助检票信息系统实施过程中,需由站务工作人员做好乘客身份证查验或人脸识别过程的引导作业。

旅客上车就座后,站务人员或乘务员需再次清点人数,以防旅客漏乘并核对信息,同时提醒旅客系好安全带并查验相关安全要求落实情况;站务人员根据验票上车人数及小件(行包)等在路单上填写清楚,由填写人签字后交乘务员或驾驶员(电子化时则只需核对确认);当客运班车全部站务作业结束后,值班站长及工作人员再次对待发车辆车况完好状态检查,确认一切就绪之后,通过手势信号或电子信息提示车场管理人员及驾驶员"检查完毕、一切正常、可以发车"。

5. 接车

客车到达包括终到客车到达和过站班车到达。其中,终到客车到达作业包括组织旅客下车出站、清点小件(行包)物品、组织旅客提取小件(行包),为车辆提供清洗、停放和维修服务。过站班车到达作业包括组织旅客乘车、发车和终到客车各项业务。

班车到达后,车站当班人员指挥车辆停放在到达车位,查看驾驶员与乘务员路单与交接清单,协助其办理该车返程发车班次报班,及时与乘务员组织旅客下车出站及达到小件(行包)卸车、保管与交付以及处理临时发生的问题。

汽车客运站的工作流程包括旅客及其托运小件(行包)的发送、到达,参营客车的接送、到达和停靠等工作,其工作流程如图6-1所示。

二、流线组织

汽车客运站工艺流线是指旅客、小件(行包)和营运客车在站内集散流动过程所经历的流动线路,它分为旅客流线、小件(行包)流线和车辆流线。合理组织汽车客运站工艺流线,既是不同功能、等级的车站进行工艺设计甚至建筑设计的基本要求,也是进行客运站总平面设计和站房工艺设计的前提。通过工艺流线优化组织其工作流程,使旅客、小件(行包)及车辆运动过程实现时间上、空间上达到最佳结合,使站内生产秩序井然。

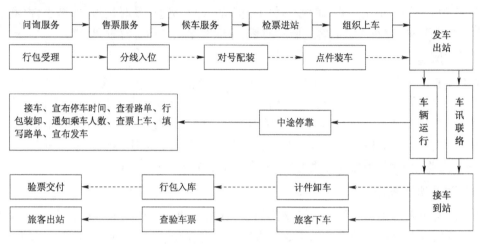

图 6-1　汽车客运站基本作业流程

1. 工艺流线构成

1) 旅客流线

按旅客流动方向,可将汽车客运站内旅客分为进站旅客和出站旅客。进站旅客呈现由分散到集中的聚集特点。由于实现该过程一般包含问询、小件寄存、购票、小件(行包)托运、候车等环节,所以旅客在站滞留时间较长。出站旅客则是由集中到分散,持续时间短,但密度大、速度快。其流线如图 6-2、图 6-3 所示。

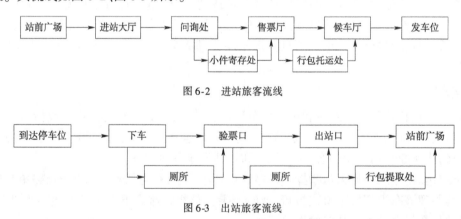

图 6-2　进站旅客流线

图 6-3　出站旅客流线

2) 小件(行包)流线

小件(行包)受理体现车站对行包承诺相应的责任,合理的小件(行包)流线是在小件(行包)承运过程体现车站承诺责任的重要保障。小件(行包)流线可分为发送流线、到达流线和中转流线三种。其中,发送流线是指发送小件(行包)经受理处送至小件(行包)库房,经过分类整理后,通过手推车、传送带等设施经小件(行包)通道送至相应发车位堆放,待发客车进入发车位后,在旅客验票登车时装运小件(行包);到达流线是指到达客车进入到达车位后,由装卸员卸小件(行包)于站台,然后送至库房待旅客提取;中转流线是指中转小件(行包)卸车后,在小件(行包)平台送至相应的发车位临时堆放,开车前装车出站。

3)车辆流线

车辆流线根据车辆运行所在区域分为站内流线和站外流线。其中,站内流线由到达车辆流线、发送车辆流线和过站车辆流线构成。基本流线如图6-4~图6-6所示。

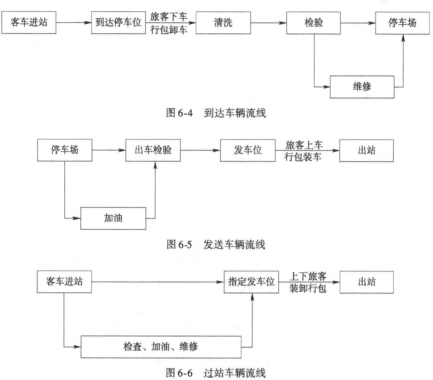

图6-4 到达车辆流线

图6-5 发送车辆流线

图6-6 过站车辆流线

汽车客运站的站外车辆流线指旅客到达车站所乘坐公交车、出租车或其他车辆,进入或离开车站,进出站前广场所形成的流线。汽车客运站外车辆流线上车流混杂,设计时必须很好地组织与合理设置停放区,以保证正常的客运秩序。

2. 工艺流线组织

汽车客运站工艺流线组织,应满足"不交叉、要简洁、有弹性、多层次"的基本要求。

1)不交叉

避免汽车客运站内客流、车流、小件(行包)流三者之间相互交叉干扰,应使汽车客运站各功能分区内部及相互之间的客流、车流、小件(行包)流保持畅通;对于一级、二级客运站或小件(行包)量大的其他等级客运站,发送小件(行包)流线与到达小件(行包)流线应分别组织,尽量避免小件(行包)流线与旅客流线交叉。

2)要简洁

汽车客运站工艺流线要简捷、通畅、不迂回,尽量使流线距离最短,使三种流线自成体系又有机联系。

3)有弹性

汽车客运站的旅客流线组织,既要考虑正常情况客流,又要考虑节假日高峰客流,要适应性强、灵活便捷。

4）多层次

车辆进出站口沿站外城市主干道顺行方向分别设置，车辆入口位于出口上游以减少车辆流线交叉，同时应根据站前广场地形特点与站内流线组织情况，处理好各种流线与城市交通流衔接，避免交叉干扰。站前广场流线复杂，应采用适当分流方式，如采用前后分流把旅客流、车流分别组织在站前广场前后两部分，前部供车辆行驶、停靠及旅客上下；后部为旅客活动区域；也可采用左右分流使车流、旅客流沿站前广场横向分布，旅客流右边进站，左边出站，车流按流量、流向分不同区段组织，从而达到人、车分流，互不干扰。

一般情况下，进行汽车客运站工艺流线组织，需要将旅客流线、小件（行包）流线和车辆流线进行叠加，并对旅客流线、小件（行包）流线和车辆流线之间的交叉干扰进行优化调整，最终形成汽车客运站总工艺流线组织图。汽车客运站总工艺流线如图 6-7 所示。

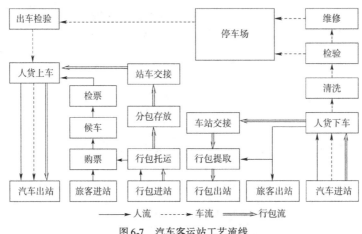

图 6-7　汽车客运站工艺流线

第三节　工　艺　计　算

工艺计算是汽车客运站功能设计的基础，是确定汽车客运站各类设施规模指标值及计算参数选取依据。

一、基本要求

汽车客运站建设规模，可用于确定客运站投资总额的设计规模，是汽车客运站站房与场地〔如站前广场、停车场（库）、发车位等〕设施建筑面积的总和。

汽车客运站建设规模以其设计年度日平均旅客发送量和最高聚集人数为依据，结合所在地国民经济发展规划和社会需求预测、分析所确定，其中设计年度指汽车客运站建成使用后 10 年内需求最大的年份。

合理的汽车客运站建设规模，可使有限建设投资约束下产生满意的服务水平。车站规模过大容易造成站址选择困难、建设投资大、回收期长、运营与管理费用高等弊端，从而客运站经济效益不明显。同时，车站班次过多不仅会造成调度困难、容易产生交通拥挤，还会增加旅客进出站与中转的时间消耗，安全与环境卫生管理难度相应增大。但是，如果车站规模过小容易在客流高峰出现拥挤,而且使车站设备利用率低;班次过少则难以发挥运输规模效益,不宜实行专业分工,影响管理水平的提高。

汽车客运站最佳建设规模,应满足下列要求:

(1)客运站设置较完善的服务设施,能满足旅客运输需要,为旅客提供方便、舒适、安全的候车环境,具有较高社会效益。

(2)使旅客能够迅速、准确、便捷地办理购票、候车、乘车等相关手续。

(3)造价低、投资少、建设工期短,车站经济效益和社会效益均较高。

(4)有助于提高经营水平和运营效率,提高始发车满载率,降低运输成本。

(5)有利于开展多功能服务、一条龙服务和综合性经营。

二、旅客聚集原理

直观地看,汽车客运站建设规模取决于车站旅客发送量和旅客最高聚集人数。分析汽车客运站内旅客"到达—离去"过程发现,由于发送旅客分散到达和班车成批离去,大多数旅客在站等待不可避免,旅客在站等候形成的数量聚集受旅客特性(到达客运站的数量、时间分布)和车辆特性(发车时刻、班车载客量)共同影响,进而影响到客运站用地与建筑规模。

1. 旅客在站状态

旅客在汽车客运站内实现其出行需求之前,必然处于到达、等待、接受服务或离去四种状态之一,其中"等待"与"接受服务"是最主要的两个环节。以车站为起点的离站旅客,是单个随机到达、成批固定离去;而中转旅客,则是固定成批到达、固定成批离去。

1) 等待

旅客在客运站产生等待的原因主要有两种:一种是车站具有预先排定的班车时刻表,早于班车离站时刻到达的旅客必然等待;另一种是车辆载客量限制,旅客不能乘坐达到额定载客量的车辆,只能等待乘坐稍后的车次。根据概率统计,将某一时刻车站内处在等待状态的旅客数量称为"等待队长"(简称"队长"),也称聚集人数。

2) 接受服务

旅客到达车站后接受客运站所提供的购票、候车、托运行李、检票,甚至进餐、问询等服务,所花费的时间称作"服务时间"。车站一般有多个服务工作组,沿用排队论的概念,这些工作组叫作"服务台"。

2. 旅客聚集理论模型

1) 到达—离去时刻固定

图 6-8 为累计旅客到达与离去累积数量-时间关系图。图中, $s_i(1 \leqslant i \leqslant m)$ 表示旅客到达时刻, $t_j(1 \leqslant j \leqslant n)$ 表示各批旅客离去时刻。到达线与离去线与 t 轴包围的面积 A 是所有旅客等待时间之累积总和。求出该区域面积,然后将它除以 $(t_n - s_1)$ 可得到时段 $[s_1, t_n]$ 内平均等待的旅客人数。虽然到达和离去时刻固定,但每次到达或离去旅客数随机。设第 i 次到达旅客数为 $x_i(1 \leqslant i \leqslant m)$,这是 m 个独立同分布的随机变量,设它们

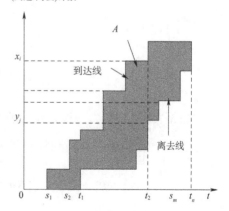

图 6-8 到达和离去时刻固定的累计

的数学期望为 $\bar{X}$；设第 j 次离去的交通元数为 $y_j(1 \leq j \leq n)$，这也是 n 个独立同分布的随机变量；设它们的数学期望为 $\bar{Y}$，令 $S_{m+1} = t_n$。显然，

$$A = \sum_{i=1}^{m}(s_i + 1 - s_i)\sum_{k=1}^{i}X_k - \sum_{j=1}^{n-1}(t_j + 1 - t_j)\sum_{L=1}^{j}Y_l \tag{6-1}$$

可见，A 也是随机变量。它的均值为：

$$E[A] = \sum_{i=1}^{m}(S_{i+1} - S_i)\sum_{k=1}^{i}E[X_K] - \sum_{j=1}^{n-1}(t_{j+1} - t_j)\sum_{L=1}^{j}E[Y_L]$$

$$= \bar{X}[mt_n - \sum_{i=1}^{m}S_i] - \bar{Y}[(n-1)t_n - \sum_{j=1}^{n-1}t_j] \tag{6-2}$$

$$= \bar{X}[ms_{m+1} - \sum_{i=1}^{m}S_i] - \bar{Y}[(n-1)t_n - \sum_{j=1}^{n-1}t_j]$$

式中：E——数学期望符号。

因此，时段 $[S_1, t_n]$ 内平均等待旅客数量为：

$$\bar{N} = \frac{E[A]}{t_n - s_1} = \frac{\bar{X}[mt_n - \sum_{i=1}^{m}s_i] - \bar{Y}[(n-1)t_n - \sum_{j=1}^{n-1}t_j]}{t_n - s_1} \tag{6-3}$$

旅客平均等待时间作为客运站服务水平的重要参数，平均等待时间越短说明客运站旅客服务水平越好。显然，这里所讲的服务水平并不是通常意义上的站务服务水平，而是综合反映客运站的运力组织能力。

设第 $i(1 \leq i \leq m)$ 批到达旅客数为 X_i，其中 X_{ij} 是第 j 次离开的 $(1 \leq j \leq n)$，第 j 次离开 Y_j 个旅客，则

$$\sum_{j=1}^{n}X_{ij} = X_i, \sum_{i=1}^{m}X_{ij} = Y_i \tag{6-4}$$

显然 X_{ij} 是随机变量，设旅客在客运站的等待时间 T_{ij} 是随机变量，且有

$$\sum_{i=1}^{m}\sum_{j=1}^{n}(X_{ij}T_{ij}) = A \tag{6-5}$$

于是

$$E[A] = \sum_{i=1}^{m}\sum_{j=1}^{n}E(X_{ij}T_{ij}) \tag{6-6}$$

根据实际，X_{ij} 与 T_{ij} 一般是互为独立的随机变量，因此，$E(X_{ij}T_{ij}) = E[X_{ij}]E[T_{ij}]$。又设 $\bar{T}$ 为任意一个旅客的平均等待时间，则 $\bar{X}\bar{X} = E[X_{ij}]$。从而

$$E[A] = \bar{T} \cdot \sum_{i=1}^{m}\sum_{j=1}^{n}E(X_{ij}) = \bar{T} \cdot \sum_{i=1}^{m}E[\sum_{j=1}^{n}X_{ij}] = \bar{T} \cdot \sum_{i=1}^{m}E[X_i] \tag{6-7}$$

故

$$\bar{T} = \frac{E[A]}{E[\sum_{i=1}^{m} X_i]} = \frac{\bar{X}[mt_n - \sum_{i=1}^{m} s_i] - \bar{Y}[(n-1)t_n - \sum_{j=1}^{n-1} t_j]}{m\bar{X}} \quad (6-8)$$

2）到达随机、离去固定

设单位时间内旅客到达率为 c，$X(t)$ 为时段 $[0,t]$ 内到达的旅客数。$X(t)$ 为随机变量，$E[X(t)] = ct$。则可在旅客累积数量-时刻图中用斜率为 c 的斜线表示从 0 时刻到任意时刻 t 的累积旅客到达计数的数学期望（图6-9），称为随机到达的"期望斜线"。此时，

$$\frac{E[A] = (t_n - s_1)^2 c}{2 - \bar{Y}[(n-1)t_n - \sum_{j=1}^{n-1} t_j]} \quad (6-9)$$

故平均等待旅客数为：

$$\bar{N} = \frac{E[A]}{t_n - s_1} = \frac{c(t_n - s_1)}{2} - \frac{\bar{Y}[(n-1)t_n - \sum_{j=1}^{n-1} t_j]}{t_n - s_1} \quad (6-10)$$

则旅客平均等待时间为：

$$\bar{T} = \frac{E[A]}{c(t_n - s_1)} = \frac{t_n - s_1}{2} - \frac{\bar{Y}[(n-1)t_n - \sum_{j=1}^{n-1} t_j]}{c(t_n - s_1)} \quad (6-11)$$

根据平均旅客聚集人数，可大致确定汽车客运站候车室等设施的建设规模。如果候车室等设施建设规模设计依据平均旅客聚集人数 $\bar{N}$，是不够的。因为超过平均旅客聚集人数的情况下，等待旅客数超过 $\bar{N}$ 时，人均等待设施规模就低于标准人均设施规模，而出现拥挤。

因此，等待设施规模计算依据应该大于 $\bar{N}$。究竟应该超过 $\bar{N}$ 多少，可根据平时旅客到达和离去的平稳情况而定。比较平稳的（方差比较小），超过值可以小一些，否则应该大一些。建议供参考的超过值范围是 $\bar{N}/3 \sim \bar{N}/2$，或将设施规模取为 $\bar{N} + \sigma$ 其中，σ 为旅客数量方差根。等待旅客数量越大，等待设施规模越大和旅客等待时间越长。因此，降低等待旅客数量是有意义的。

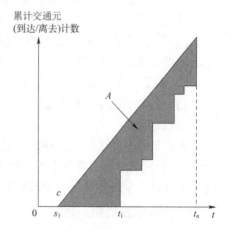

图6-9 到达时刻随机离去时刻固定

确定客运站场规模的方法，可通过调整班车发出频率，综合考虑旅客和班车等待费用，使总等待费用最小，如图6-10a)所示。班车发出频率与旅客到达波动吻合程度差，则班车等待费用低，旅客等待费用高；反之，吻合程度好，班车等待费用高，旅客等待费用低。F 为班车与旅客总等待费用之和最低点，即最优点。若考虑增加运输服务班次数，班次越多（总）等待费用越低、服务费用就越高。因此，应该取总费用（包括总等待费用和服务费用）最小服务台数 G，如图6-10b)所示。

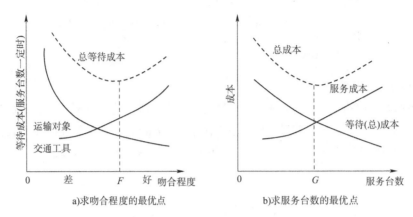

图6-10 汽车客运站最优规模确定原理图示

三、生产规模指标

根据旅客聚集基本原理,确定汽车客运站建设规模尚无简单、实用的技术方法,因此实践中更多用设计年度平均日旅客发送量、旅客最高聚集人数、发车班次、发车位数等生产规模指标来确定汽车客运站的建设规模。

1. 旅客日发送量

1) 遵循原则

旅客日发送量是指汽车客运站设计年度年均日旅客发送量,它是反映汽车客运站生产能力和生产规模的重要指标,也是确定各类设施建设规模的主要依据。

确定旅客日发送量时,应坚持以下原则:

(1) 符合规模经济原则,即确定客运站旅客日发送量时,应坚持车站规模收益递增原则,使车站建设规模适度。

(2) 满足所在地社会经济长远发展规划和社会需求。

(3) 根据历史调查资料选用适当预测方法,使预测值与实际情况偏差最小。

2) 预测方法

根据车站所在区域的道路旅客运输发展规律,选择适当的预测方法和预测模型进行预测分析,然后采用定量计算与定性分析相结合的方法,确定设计年度平均日旅客发送量。预测方法主要有增长率统计法、回归分析法、指数平滑法、弹性系数法和灰色模型等。

2. 旅客最高聚集人数

旅客最高聚集人数指一年中旅客发送量偏高期间,每天最大同时在站人数的平均值,而并非一年中客流高峰日中最高时刻聚集在车站的旅客人数。

1) 按日发量计算

根据车站日发量,旅客最高聚集人数按式(6-12)计算:

$$D = \alpha F \tag{6-12}$$

式中: D——旅客最高聚集人数,人;

α——计算百分比,%,其值选取见表6-3;

F——日发量,人次。

计算百分比的选取　　　　　　　　　　　　表6-3

车站级别	日发量(人次)	计算百分比(%)
一级车站	5000及以上	10~8
二级车站	2000~4999	12~10
三级车站	300~1999	20~12
便捷车站	300以下	30~20

2）按同期发车数量计算

根据车站同期发车数量，旅客最高聚集人数按式(6-13)计算：

$$D = kpM \tag{6-13}$$

式中：k——增设系数，取值为1.5~2.5；

p——客车平均定员人数，人/辆；

M——发车位数，辆。

车站旅客最高聚集人数可按式(6-12)和式(6-13)分别计算后，取其平均值。

3. 日发车班次

日发车班次按式(6-14)计算：

$$N = \beta \frac{F(1-\xi)}{p\mu} \tag{6-14}$$

式中：N——日发车班次，班次；

β——不均衡系数，取值为1.1~1.3；

ξ——过站车载乘率，即过站客车载客量与车站平均日发量之比；

μ——始发车合理乘载率，%。

4. 发车位数

发车位数按式(6-15)计算：

$$M = \frac{D(1-\xi)k}{np\mu} \tag{6-15}$$

式中：k——增设系数，取值为1.2；

n——营业时间内平均每小时发车次数，班次。

四、建设规模指标

1. 场地设施

1）换乘设施

公交停靠站、出租汽车停靠点面积应满足《城市道路公共交通站、场、厂工程设计规范》（CJJ/T 15—2011）和《城市公共汽电车场站配置规范》（JT/T 1202—2018）的有关规定。社会车辆停靠点面积可按照《城市道路公共交通站、场、厂工程设计规范》（CJJ/T 15—2011）中出租汽车停靠点的方法计算。非机动车停车场（库）面积可按照《城市停车规划规范》（GB/T 51149—2016）的要求计算。

2）站前广场

站前广场面积应满足旅客集散、设置绿化景观的需要。站前广场面积按旅客最高聚集人数计算，每人所需面积按 $1.0 \sim 1.5 \mathrm{m}^2$ 取值。站前广场作为紧急避难场所、固定避难场所时，其面积应满足《防灾避难场所设计规范》(GB 51143—2015)的有关规定。

3）停车场（库）

停车场（库）容量按发车位数的 5 倍取值，单车占用面积按客车投影面积的 3.5 倍取值。停车场（库）面积的最小值按式(6-16)计算，车站可根据实际需要增加停车场（库）面积。

$$S = 17.5 M S_0 \tag{6-16}$$

式中：S——停车场（库）面积，m^2；

S_0——客车投影面积，m^2。

4）发车位

发车位面积根据发车位数确定，每个发车位按客车投影面积的 4.0 倍取值，按式(6-17)计算。

$$S_1 = 4.0 \times M S_0 \tag{6-17}$$

式中：S_1——发车位面积，m^2。

2. 站房

1）候车厅（室）

候车厅是车站最大的客运用房，是旅客停留时间较长的地方。其面积应保证在正常情况下，使旅客有一个安静、舒适的候车环境。候车厅使用面积包括旅客候车座椅、通道及厅内服务设施等所需的面积。一般情况下，候车厅面积以旅客最高聚集数为计算基础。

候车厅（室）面积依据设计年度旅客最高聚集人数，按每人 $1.0 \sim 1.5 \mathrm{m}^2$ 取值，按式(6-18)计算。

$$S_2 = (1.0 \sim 1.5) D \tag{6-18}$$

式中：S_2——候车厅（室）面积，m^2。

2）重点旅客候车室（区）

一级、二级车站在候车厅（室）内设置老、弱、病、残、孕、军人等重点旅客候车室（区），重点旅客候车室（区）面积不超过候车厅（室）总面积的 1/3。

3）母婴候车室（区）

母婴候车室（区）面积应满足放置婴儿床、婴儿车以及设置专用厕所、换尿布平台等设施的需要。

4）售票处（厅）

售票处面积由购票区面积和售票区面积组成，按式(6-19)计算。

$$S_3 = S_4 + S_5 \tag{6-19}$$

式中：S_3——售票处面积，m^2；

S_4——购票区面积，按式(6-20)计算，m^2；

S_5——售票区面积，按式(6-21)计算，m^2。

$$S_4 = 20.0W \tag{6-20}$$

$$S_5 = 6.0 \times (W - Z) + 15.0 \tag{6-21}$$

式中：W——售票窗口（含自助售票机、取票机）数量，个。

Z——自助售票机、取票机数量，台。

$$W = \frac{D}{G} \tag{6-22}$$

式中：G——每窗口每小时售票张数，张。

5) 综合服务处

综合服务处面积包括问询、广播、寄存、邮电通信、失物招领、信息服务设施等的面积，根据设计年度平均日发量，按式（6-23）计算。

$$S_6 = 0.02 \times F \tag{6-23}$$

式中：S_6——综合服务处面积，m^2。

6) 小件（行包）服务处

小件服务处面积应满足车站小件快运业务托运厅、受理作业室、小件库房、提取处等的需要。

7) 治安室

治安室面积按 $10.0 \sim 20.0 m^2$ 取值。

8) 医疗救护室

医疗救护室面积按 $10.0 \sim 20.0 m^2$ 取值。

9) 饮水处

饮水处面积按 $10.0 \sim 30.0 m^2$ 取值。

10) 旅客厕所

旅客厕所设施应满足《城市公共场所设计标准》（CJJ 14—2016）的有关规定，面积根据旅客最高聚集人数计算。

男厕所面积按式（6-24）计算。

$$S_7 = 1.2(4\% \sim 6\%)D + 15.0 \tag{6-24}$$

式中：S_7——男厕所面积，m^2。

女厕所面积按式（6-25）计算。

$$S_8 = 2.0(4\% \sim 6\%)D + 15.0 \tag{6-25}$$

式中：S_8——女厕所面积，m^2。

第三卫生间（无性别卫生间）面积应满足《城市公共厕所设计标准》（CJJ 14—2016）的有关规定。

11) 盥洗室

一级车站、二级车站、旅游车站和国际车站应分别计算盥洗室的面积，独立设置的盥洗室面积按 $10.0 \sim 30.0 m^2$ 取值。

严寒和寒冷地区车站的盥洗室面积，宜满足设置热水供应系统的需要。

12）无障碍设施

在无障碍设施中，无障碍通道、无障碍扶手、平台、洗手间（厕所）、座位、盲文标识处和音响提示处等设施的面积，应满足《无障碍设计规范》（GB 50763—2012）的有关规定。

13）旅游服务处

旅游服务处的信息咨询、旅行社与景区驻站办公、景区售票、游客投诉、等候服务等设施类型及其面积，应满足《城市旅游集散中心等级划分与评定》（GB/T 31381—2015）的有关规定。

14）站务员室

站务员室面积按式(6-26)计算。

$$S_9 = 2.0H + 15.0 \tag{6-26}$$

式中：S_9——站务员室面积，m^2；
　　　H——当班站务员人数，人。

15）调度室

调度室面积按站级确定，一级车站取 20.0~50.0 m^2，二级车站取 15.0~30.0 m^2，三级车站取 10.0~20.0 m^2。

16）智能化系统用房

智能化系统用房的面积，应满足车站建设站务管理信息系统、客运联网售票系统、网络信息服务、网络安全系统、车辆调度与管理系统等的需要。

17）驾乘休息室

驾乘休息室（含安全警示室）面积按式(6-27)计算。

$$S_{10} = 3.0M \tag{6-27}$$

式中：S_{10}——驾乘休息室面积，m^2。

18）进出站检查室

进出站检查室分别按 10~20 m^2 取值。

19）办公用房

办公用房面积视车站机构设置和进驻业务单位等实际情况确定，宜按办公人员每人 4m^2 取值。

国际车站办公用房面积应满足出入境管理、边防检查、检验检疫、海关等机构进驻的需要。

3. 生产辅助用房

1）车辆安全例检台

车辆安全例检台（沟、室）面积根据检测项目与检测方式，按每台位 80.0~120.0 m^2 取值。

2）车辆清洁、清洗处

车辆清洁、清洗处面积按每台位 90~120 m^2 取值，国际车站的车辆清洁、清洗处面积应满足设置入境车辆清洗、消毒设施的需要。

3）车辆维修处

车辆维修处面积应满足综合小修和专项维修的需要。

4. 生活辅助用房

1) 司乘公寓

司乘公寓面积根据日均发车班次计算，按每 10 班次 20.0m² 取值，按式(6-28)计算。

$$S_{11} = 2.0N \tag{6-28}$$

式中：S_{11}——司乘公寓面积，m²。

2) 商业服务设施

商业服务设施面积应满足面向旅客服务的便利店及餐饮、书报杂志、娱乐、金融等设施的需要。

旅游车站、国际车站商业服务设施面积应满足设置免税商业设施的需要。

5. 其他设施

其他辅助设施视实际需要设置，按国家和行业相关规定确定其建设规模。

第四节　工 艺 设 计

一、总平面设计要求

汽车客运站总平面设计是客运站设计的重要组成部分，也是工艺设计成果的体现。汽车客运站总平面设计要服从工艺流程要求，处理好旅客流、车流、小件(行包)流三者关系，达到流线组织合理、紧凑、通畅、快捷。

(1) 坚持布局合理、衔接顺畅、服务便捷、智能化等原则。根据汽车客运站功能要求与工艺组织需要，合理划分功能区，使各区域工艺流线简捷、通畅、便于联系，客流、车流、小件(行包)流不交叉干扰。导向标志和标线符合《道路交通标志和标线　第 2 部分：道路交通标志》(GB 5768.2)、《道路交通标志和标线　第 3 部分：道路交通标线》(GB 5768.3)和《道路交通标志和标线　第 7 部分：非机动车和行人》(GB 5768.7)的规定。

(2) 按照城市规划和交通管理要求，车辆进出口尽可能分开设置。为防止进出站客车对城市干道过往车辆干扰，在进出站处设置引道，引道长度不小于客车车长。同时，车辆进出站口与主要旅客出入口要有安全距离，以确保旅客人身安全和行车安全。旅客与车辆进出站通道应满足客流高峰期交通组织与应急疏散的需要，一级、二级车站应设置 2 个及以上安全通道和疏散口。

(3) 留有足够的站前广场，便于旅客集散。站前广场应与城市规划相协调，要结合所在地交通条件与特点，因地制宜，灵活布置；站前广场布置要紧凑，尽量节约用地与投资，各组成部分应有机联系，利于旅客、小件(行包)集散与车辆进出；站前广场应便于合理组织广场内交通流，使进出站客流、车流、小件(行包)流分开，避免相互交叉干扰。

(4) 充分考虑站址地形特点，合理布置站房、站前广场、发车位、停车场(库)等设施，力求节约用地、减少拆迁、节省投资。

(5) 综合客运枢纽内的汽车客运站应符合综合客运枢纽建设的相关规定，与其他交通运输方式的场站共享站前广场、换乘区、候车区、售票区、停车区等设施和设备。

> **运输站场设计原则**
>
> 构建运输站场物质文化,应坚持"统一、均衡、比例、韵律"的设计原则。
>
> "统一"是构建和谐、舒适运输站场环境的基础,使运输站场设施外部的颜色、形状、位置、材质等表现形式一致,给旅客以视觉美感。不同类别设施之间、同类设施之间,要有共同形态因素存在,具有某种内在联系。
>
> "均衡"是宁静的基础,防止杂乱无章和不稳定,给旅客安定舒适的感觉。均衡感的产生源于均衡中心的确定和其他因素对中心的呼应。旅客通过运输站场设施的视觉均衡,可获得心理平衡。因此,在运输站场设施设计中需要体现出公共环境的平衡感和合理性的属性。
>
> "比例"是一种协调尺寸的手段,但它涉及的并不是具体尺寸,而是整体与局部、局部与局部之间的协调关系。运输站场设施设计尺度要和周围空间环境形成一定的比例关系,适宜的比例关系能使旅客产生舒适的感受。
>
> "韵律"是指物体构成部分具有规律性重复的属性,可以产生强烈的运动感和方向感,引导旅客行动方向和视线。运输站场设施本身以及配合旅客完成的活动,都应当有一定韵律,具有韵律的设施设计会给旅客活跃的感觉,有利于消除旅客的视觉疲劳和精神疲劳。

(6)安全设施配置应满足《建筑设计防火规范》(GB 50016—2014)、《汽车库、修车库、停车场设计防火规范》(GB 50067—2014)、《安全防范工程技术标准》(GB 50348—2018)的规定。列入反恐怖防范重点目标单位的车站,设施和设备配置应满足《交通运输行业反恐怖防范基本要求》(JT/T 961—2020)的规定。

(7)重视绿化设计,尤其对位于风景名胜区的客运站,总平面布置应与当地环境相协调。环境保护与绿化美化应满足《公共建筑节能设计标准》(GB 50189—2015)的规定,宜满足绿色建筑的相关要求。

(8)换乘设施中,公交停靠站、出租汽车停靠点应满足《城市道路公共交通站、场、厂工程设计规范》(CJJ/T 15—2011)的有关规定,社会车辆停靠点宜按照出租汽车停靠点设置;公交首末站与公交枢纽站,宜按照《城市公共汽电车场站配置规范》(JT/T 1202—2018)的要求设置或预留场所;非机动车停车场(库),应满足《城市停车规划规范》(GB/T 51149—2016)的有关规定,应分区停放各类非机动车。

二、客运站工艺设计

通常,根据使用功能将汽车客运站分为客运用房、售票厅(室)、候车厅、小件(行包)托运与提取处、厕所、盥洗室、饮水处、便利店/超市等,以及行政办公用房、通道、走廊、门厅、坡道、楼梯间等。

汽车客运站平面布置时要按照功能进行分区,使旅客、车辆、小件(行包)三流既有机地联系又不交叉干扰,在保证旅客安全前提下,充分发挥各部分的功能;依据城市规划要求,突出主体建筑物,力求美观、大方、紧凑、节约用地。各部分设施相对位置要符合工艺流程的要求。

1. 站房工艺设计要求

(1) 站房各部分面积与计算面积相符,既满足设计年度旅客最高聚集人数的需求,又满足各服务设施和主要设备合理布置的要求。

(2) 站房平面形状与尺寸设计应满足旅客活动特点和通风、采光及音响要求。房间进深与面宽之比以 1∶1~1∶1.5 为宜。平面布置可采用矩形、阶梯形、半圆弧形,力求紧凑合理、流线简捷、分区明确、节约用地,平面尺寸应考虑结构造型与结构布置的要求。

(3) 门窗尺寸与位置应便于旅客出入及符合采光、通风要求,必要时可布设天井、花圃、内庭园等以改善通风、采光条件。

(4) 站房应具有良好朝向与风向,主要功能区宜朝南按主导方向布置,辅助设施(如厕所、厨房)等一般应设置在下风向。

2. 站房设施工艺设计

1) 售票厅(室)平面设计

售票厅(室)是站房主要入口之一,根据不同站级的需要可采用不同方式设置售票厅(室)。一级、二级客运站的售票厅(室)可独立设置,三级客运站与便捷车站的售票厅(室)可与候车厅合用。售票厅(室)一般与候车厅相连,便于旅客购票后能进入候车厅候车或办理其他业务。售票厅(室)除分向售票外,可按长、短途分列售票厅(室),也可根据网络售票比例逐渐增加的趋势减少售票窗口,增设自助售票取票机。

售票厅(室)平面尺寸设计必须提供充分的空间容纳旅客购票,应避免购票无关旅客流穿过售票区。售票室应与购票室隔开以便于售票,且地平高程高于购票室地平。同时,售票室总宽度应大于售票窗口总宽度。一般客运站设计单独完整的售票厅(室),但根据实际需要亦可分别设置,如图 6-11 所示。这种平面设计从管理或使用的角度考虑均较方便。售票厅(室)一般有袋形排队区和供串行的通道区,将售票厅(室)内功能有较明确划分。应当明确的是,售票厅(室)不应兼作过厅,以保证旅客有正常购票活动的空间。

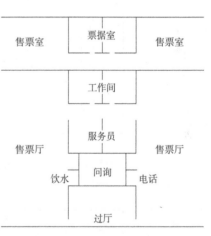

图 6-11 售票厅(室)分设计方案

虽然售票厅(室)是人员密集场所,但受功能条件限制可开窗的墙面一般不多,因此处理好采光、通风对售票厅(室)平面设计较为重要,应争取天然采光、通风或运用人工设施解决采光、通风,以保证旅客在公共场所的基本卫生要求。

售票室与售票厅毗邻,往往两者并不完全隔离。售票室通过售票窗口将旅客和售票员联系在一起。每位售票员固定工作面长度不小于 1.2m,售票室室内进深按家具布置需要不小于 4m。售票室内工作人员仅限售票员,简单的售票室平面布置如图 6-12 所示。

与售票室相关设施紧密联系的有票据库和办公室。人工售票时一级、二级客运站可设票据库。当售票窗口较多时,宜设票务管理室。票务管理、售票、票据设施空间尽可能组合在一起,便于使用。

2) 候车厅

候车厅是汽车客运站最重要的设施,是候车旅客的活动中心。候车厅设计应从下列几方面考虑。

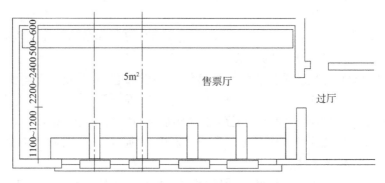

图 6-12 售票室平面布置(尺寸单位:mm)

(1)候车形式

旅客购票后进入候车厅即处于候车状态。不同级别汽车客运站有不同的候车形式。图 6-13 为一级、二级客运站候车形式,其特点是大面积候车,多通道检票,适应多班次客车同时检票进站台的操作程序。图 6-14 为三级站的候车形式,由于旅客较少,因此候车形式较简单。随着客运服务形式多元化发展,候车形式也逐渐向分散候车、小面积候车、多层候车发展。

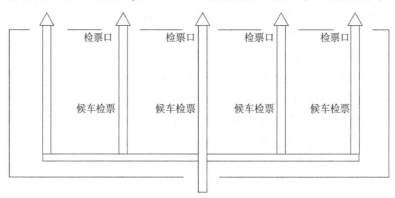

图 6-13 一级、二级客运站候车形式

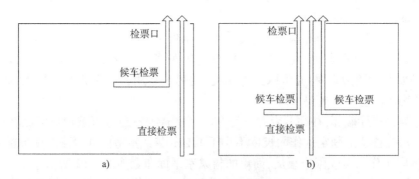

图 6-14 三级客运站候车形式

(2)候车厅的功能关系

候车厅是旅客活动中心、站务服务中心。一级、二级客运站可将候车厅分成若干个小候车厅便于按旅客流向管理,将公用设施围绕候车厅分布,以便于旅客使用。候车厅应设计足够检票口以供发车高峰期迅速组织旅客检票上车。考虑到发车频率和旅客检票后左、中、右三个方向流向,每三个发车位至少配置一个检票口。

候车厅周围除布设传统的检票口、站务、医务、治安、问询、厕所等功能设施外,还应设计营运信息公告和饮水等设施,以及设置总服务台、餐厅、售货等服务区。

候车厅室内空间设计应符合采光、通风和卫生要求。候车厅天然采光窗地比不应小于1/7的标准。当采光位置较高时,设计开窗方式及通风至关重要。为了满足自然采光和通风的最低要求,候车厅室内净高不宜低于3.6m。一级、二级客运站候车厅室内净空应按单位时间换气量要求计算。

3)小件(行包)托运厅

旅客在旅行途中,当随身携带的小件(行包)超重、超长(宽)时,就需办理托运手续,一般这些小件(行包)是随车和旅客同时到达目的地,再经小件(行包)房提取,这就完成一次小件(行包)托、取手续。小件(行包)托运厅位置应靠近售票厅(室)和发车位,便于旅客办理托运手续和装卸小件(行包)。

(1)小件(行包)房的设置

汽车客运站的全部小件(行包)作业设施由托运(提取)厅、小件(行包)房和小件(行包)装卸廊三部分组成,其中托运(提取)厅为旅客活动空间,其余为站务作业区,旅客不得介入,客流不应与其交叉,以免干扰小件(行包)作业的安全和正常工作。小件(行包)房虽未要求设置直接通向站外出入口,但要考虑部分旅客购票后需办理小件(行包)托运,因此小件(行包)房与售票室相距不宜过远。

小件(行包)业务量大的一级客运站应分别设置小件(行包)托运处和小件(行包)提取处,小件(行包)托取业务较少的二级、三级客运站可将小件(行包)托运处和小件(行包)提取处合并。图6-15所示各图即小件(行包)业务按站级分别布置的几种流线。

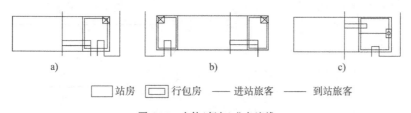

图6-15 小件(行包)业务流线

(2)小件(行包)房与其他空间的关系

图6-16所示三种图示系小件(行包)、售票之间的几种相关处理方式。图6-16a)所示图示适合零担量较多情况,可将零担与小件(行包)分设,但托运厅仍合用;图6-16b)所示图示为候车、售票、小件(行包)三者合用通道(过厅),使布置较为紧凑、方便旅客,这时通道面积设计应放宽,门(门洞)净宽设置也应增加,以方便旅客穿行;图6-16c)所示图示为带天井的空间组合,可解决通风、采光及室内视觉过于闭塞的情况。

3. 站台工艺设计要求

汽车客运站站台的形式一般有垂直式、斜置式、齿轮式和平行式四种。垂直式应用较为广泛。站台设置时应与检票口相连,且站台上方应设计雨棚。单独设置的到达站台应靠近出站口,可与发车站台共用的到达站台与发车站台相邻。

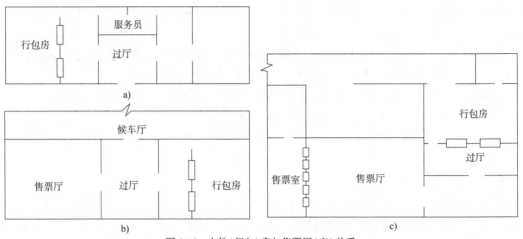

图 6-16 小件(行包)房与售票厅(室)关系

引导旅客从站台上上车,将旅客流线与车辆流线分开。发车位与站台的平面布置形式如图 6-17 ~ 图 6-20 所示。

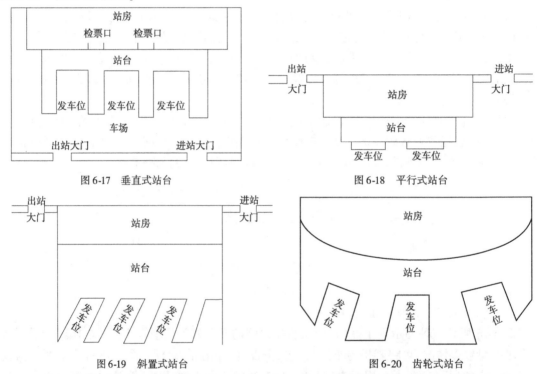

一般情况下,根据汽车客运站实际建筑结构需要为发车位设置雨棚,若为室内发车则可不设雨棚。发车位雨棚既可以遮烈日、避雨雪,也便于在站台设置其他安全及卫生设施。

发车位与站台高差不小于 0.15m,发车位应有不小于 5% 的坡度,且坡向调度车道一侧,以利于发车位排水、进车减速和出车时顺车发车。

4. 停车场(库)工艺设计要求

汽车客运站停车场(库)工艺设计具体可参照停车场(库)设计相关内容,这里主要介绍汽车客运站停车场(库)工艺设计趋势和要求。

1) 客运站停车场(库)发展趋势

汽车客运站停车场(库)除传统前站后场设计思路外,有两种可供选择的设计方案。

(1) 纵向空间发展

对于设计多层停车场(库)和地下停车场(库)的汽车客运站,由于停放车辆系大型客车,则停车场(库)一般柱网不小于12m,车长达12m时柱网不小于15m。多层停车场(库)和地下停车场(库)通道面积较大,且加上柱梁,车库基建投资较大,在用地受环境制约时才可能成为可行方案。

(2) 站场分设

在地价较低廉、换乘方便、具备建站条件的地方建站,只要站场之间途经交叉路口不多,且所经之处车容量允许,可考虑站、场分设。站场之间可采用现代通信手段随时从停车场(库)调车进站。站、场分设是站内除有效发车位之外,没有可停车之地,一般至少应设相当于该站总有效发车位的停车面积的停车场(库)面积,供调度灵活调用客车。

2) 停车场(库)工艺设计要求

(1) 停车场(库)面积

汽车客运站停车场(库)面积计算时,按有关核定规模标准直接引用会偏小,按其计算公式则又偏大,二者约差25%。较实用的做法是,应先预测该站中、远期可能开辟的营运线路,对每条线路恰当地评估其最大日发班次数及所需驻站车辆数,再测算出远期同时在站总的车辆数和停车区的面积。

按图6-21则可计算出各通道的宽度及其面积,进入停车位的通道亦可作为疏散通道或调车通道的一部分。按上述各内容计算的结果,比较接近实际需要。在停车场(库)范围内还应考虑洗车、检修等所需交通面积和建筑物、构筑物的占地面积,这就不难得出该站中、远期停车场(库)所需总面积。在可行性研究中可按中期安排征地,同时注意远期发展的可能性。

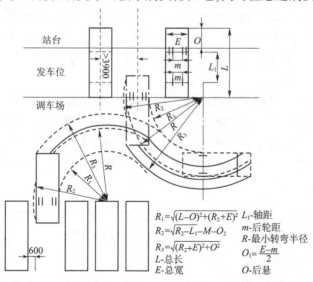

$R_1=\sqrt{(L-O)^2+(E+E)^2}$
$R_2=\sqrt{R^2-L_1-M-O_2}$
$R_3=\sqrt{(R_2+E)^2+O^2}$
L-总长
E-总宽
L_1-轴距
m-后轮距
R-最小转弯半径
$O_1=\dfrac{E-m}{2}$
O-后悬

图6-21 停车场(库)通道(尺寸单位:mm)

(2) 停车区设计

应注意客车投影面积的实际情况。车型大小不等而车宽变化不大(车宽约为2.5m而车长为 8~14m),其投影面积为 20~35m²。设计时(实际管理也应如此)应将不同车型分类组合,避免参差不齐,出现不同最小转弯半径而不得不取其最大值,从而加宽进入停车位通道的要求,最终增加了停车区面积。

停车场(库)要处理好场地排水,停车位高于行车通道并坡向通道以便于排水。对边、角地进行绿化处理既可改善环境,又可起到行车导向作用,但绿化高度不应遮挡驾驶员转向行驶侧视正常视距,树枝、树冠下缘不影响正常行车与停车。

(3) 停车方式

汽车客运站停车场(库)停车方式一般为垂直式。垂直式又可分为单排和双排停放,垂直式停车要求场地宽阔完整,用地较为经济。当通道不能满足垂直停放出车要求时,可随地形平行或倾斜布置,倾斜角度又可分为30°、45°、60°多种。平行或倾斜布置时,由于出车通道要求宽度较小,一般可考虑布置大型客车停车位。一般按照地形采用混合式的较多,单一采用某一种停车方式的可能不大,设计时应按地形做多方案比较确定布置方式较好。

(4) 停车场(库)设施

停车场(库)设施应按站级分别确定,一般应设洗车及检修等设施。

①洗车设施。由于客车长途运输,特别是在雨雪天气,车身易脏。为保持城市市容,长途客车在站内应进行清洗。清洗设施应按站级确定标准,一级站宜设自动冲洗设施。

②安全检修台。安全检修台不同于保修车间,安全检修台是供驾驶员自行临时检查车况的设施,设置位置应与行车通道有较方便的联系,便于车辆使用。安全检修台两端行车通道的长度不应小于一个车身长度,保证车辆进出车台的安全。安全检修台长度除按车长再附加长度 0.5m 外,尚须保证出入检修槽的踏步(爬梯)有较方便的活动空间。

(5) 停车场(库)的安全和疏散

停车场(库)停放车辆较多,发生火灾或其他灾情时应尽数疏散在场车辆。在场车辆的安全通道和疏散口,一级、二级车站不应少于 2 个,当停车总数不超过 50 辆时可设一个疏散口。为便于疏散,场内停车应按组停放,每组停车数量不宜超过 50 辆。组与组之间的通道如是调车通道,则应按倒、顺、进、出计算其宽度,如是行车通道则不应小于6m。

(6) 停车场(库)的竖向设计

停车场(库)面积较大,除现场踏勘还应分析地貌图等,高程的确定应作多方案计算、分析比较,因一时疏忽可造成千百立方米填挖量失误,或造成日后经常性的"内涝"状态。做好竖向设计,处理好场地排水极为重要。场地坡度不应小于 5‰,停车位应高于行车通道,并坡向通道,便于排水。应将大面积停车场(库)分块处理,再由各通道连成系统,汇入城市排水网络。

5. 厕所工艺设计要求

厕所是汽车客运站主要辅助用房之一。厕所应选在主导旅客流线上靠近候车厅和出站口布置以便寻找,同时要尽可能隐蔽,不遮挡视线,避免污染环境。

6. 服务设施工艺设计要求

汽车客运站服务设施应设置齐全、位置适宜,服务设施布置应使站房内各作业流线互不交叉干扰,站务能够顺利进行,旅客和站内工作人员处处都比较方便。问询处应尽量在旅客进出口附近,便于同售票室联系;广播室应布置在能及时掌握旅客动向的地方;小件寄存处应位于候车室与售票厅之间,需要布置一定的存物架堆放小件,照明、通风要好,窗口要宽敞。

> **运输站场物质文化设计理念**
>
> 运输站场需求包括安全需求、便捷需求、舒适需求、文化需求,需结合运输站场需求进行设施设计。
>
> 1. 导向设施
>
> 运输站场导向设施是为运输站场中活动的旅客确定位置与方向服务的,包括运输站场地图系统、导向标识系统等。运输站场井然流畅的共同特点是导向牌标志很多、很大,而有些运输站场广告牌多于导向标志牌。
>
> 运输站场内导向设施要体现人性化设计,应采用国际、国内通用符号传达信息,使不同地区、不同国家、不同语言的人都可以识别;要考虑各类旅客识别能力(小孩识别能力较差、老人视力相对较弱等),设计尽量简洁易懂,采用适当加大尺寸或醒目色彩等;标志牌和指示牌要有宜人尺寸,安置方式与位置要便于旅客止步观看,宜放在出入口、交叉口等需要说明的地方;灯光照明设计为所有时段中活动的旅客服务;尺寸、色彩、造型要考虑与环境协调;等等。
>
> 2. 服务设施
>
> 运输站场服务设施是为方便旅客在运输站场内活动而设置的,这些设施要考虑人体工程学、生理学、心理学、人体测量学以及各部分活动关系、可及范围、行为习惯、速度、频率、视觉、嗅觉、听觉、肌肤感觉等;结合旅客各项行为要求,尽可能体现运输站场服务设施人性化、现代化理念。
>
> 运输站场服务设施在满足实际需求的同时,越来越追求人性化,更加符合人体工学要求,布置位置、方式、数量要考虑旅客行为与心理的需求特点。运输站场方便设施包括垃圾箱、饮水器、咨询台等的设计不仅要满足设计总则,还应考虑个性化需求。运输站场服务设施设置位置最重要的是体现方便性,应结合运输站场内旅客流向与活动需求进行设置。例如,运输站场服务设施的位置要恰当、方便,形状要适合旅客行为习惯,要操作简单、制作坚固,防止操作时出现意外伤害;要便于维护与清洗;造型、色彩、风格要与环境协调。
>
> 3. 文化设施
>
> 运输站场文化设施指雕塑、艺术摆件等,它赋予运输站场空间环境以朝气,既是空间环境的一部分,也是城市文化的表现。运输站场文化设施设计要以人为本,有让旅客愉悦的比例、尺寸、体量、造型、光影与色彩,与环境相协调,位置布置应考虑旅客视线与视距,要有利于观赏与亲近等。

三、总体布置形式

汽车客运站站房主体建筑平面主要由候车厅、售票厅(室)、小件(行包)房和行政办公用房组合成。汽车客运站平面布置主要有一字形、T字形、L字形三种形式。

1. 一字形布置

候车、售票两个大厅沿城市干道一字形布置,候车厅和售票厅(室)大门朝向一致。一字形布置站房立面雄伟、壮观。其缺点是站房占据主要街道地段长,立面处理面积大,增加造价,又因城市规划要求车站建筑增加高度,造成辅助房间过多,这种布置适应于大中型车站。

2. T字形布置

售票厅(室)与候车厅呈T字形布置,临街部分采用高层建筑,首层作为售票综合服务厅,一层以上作为办公及生活用房,将大跨度的单层候车大厅布置在后院。T字形布置临街地段短,容易满足城市规划要求。

3. L字形布置

这种布置适合于城市交叉路口建站。站房两面临街,候车厅大门和售票厅(室)大门分别面临两条街道。L字形布置两个临街部分都要做处理。城市规划要求有一定的建筑高度,临主要街道布置多层,临次要街道可以布置单层。一级站站房工艺设计方案如图6-22所示,二级站站房工艺设计方案如图6-23所示。

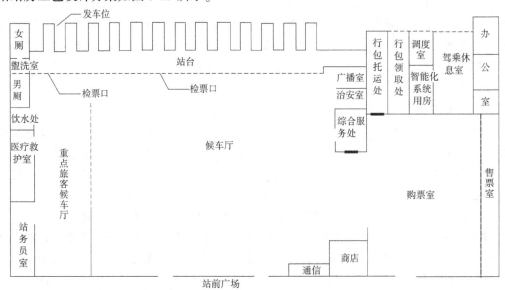

图6-22 一级站房平面布置参考

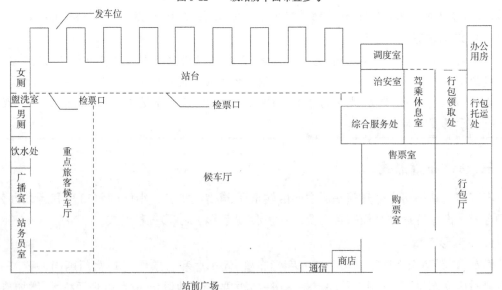

图6-23 二级站房平面布置参考

课后思考题

1. 汽车客运站级别划分的依据是什么？等级客运站可分为几级？
2. 汽车客运站设施分为哪几类？各自包含哪些设施？
3. 汽车客运站设备分为哪几类？各自包含哪些设备？
4. 根据服务对象，汽车客运站工艺流线可分为哪几类？进站(发送)流线与出站(到达)流线的特征有什么不同？
5. 汽车客运站的生产规模指标主要有哪些？生产规模指标的年份如何选择？
6. 汽车客运站功能设计可概括为哪几个关键步骤？各步骤的工作内容是什么？

第七章
公路货运站设计

第一节 公路集装箱货运站设计

一、选址与建设要求

1. 业务范围

国际集装箱运输需要公路货运紧密协作,从集装箱抵达港口到箱货进入货主仓库,主要由公路承接疏运。同时,货主出口适箱货物也由货运站组织拼箱、办理运输手续,送达港口配合港口组织装船出港。国内集装箱运输主要由公路承担,公路运输是"门到门"运输的起始和终止环节,公路集装箱货运站在集装箱内陆运输系统中起着重要的集疏和衔接作用。

公路集装箱货运站的业务范围一般包括如下七个方面:
(1)港口、车站、货主间的集装箱"门到门"运输与中转运输。
(2)集装箱货物的拆(掏)箱、装(拼)箱、仓储、接取和送达。
(3)空、重箱的装卸及堆存。
(4)集装箱的检查、清洗、消毒和维修。
(5)货物的受理、堆码、保管等。

(6)运输车辆、装卸机械及设备的维修与管理。

(7)为货主代办报关、报检等货运代理业务。

为了扩大集装箱货源,公路集装箱货运站还可兼营零担运输业务,以便开展公路集零为整的集装箱"门到门"运输。

2. 站址选择

公路集装箱货运站作为港口后方基地和转运基地,越来越显示出其优越性。国际集装箱多式联运中的公路集装箱货运站称为"干港",不仅作为港口向内地延伸,而且为企业、船舶公司和港口集疏进出口集装箱奠定了基础,对克服内陆疏运能力差、缓解港口码头堆场压力起重要作用。

合理设置公路集装箱货运站,应该在政府规划与可行性研究的基础上,根据货源分布、运量及发展预测统筹安排,有计划、有步骤地进行,一般采用全面规划、分期建设。在充分利用原有公路集装箱运输的基础上,对老站加以改建、扩建,新建站分批建设。进行站址选择时,应遵循以下原则:

(1)考虑同港口、码头、铁路货运站联系方便的地理位置,便于与港口集装箱码头或铁路集装箱办理站的衔接。

(2)靠近交通枢纽或铁路、公路干线和货流量大的地方。

(3)接近生产地和消费地并充分利用公用工程网。

(4)避免增加运输环节和货物倒流现象。

(5)充分考虑地理环境、道路、桥涵对集装箱及车辆装卸界限的要求。

(6)符合环保要求,适应交通运输发展需要。

(7)结合城市规划,充分利用现有设施,力求节约投资。

(8)符合国家公路运输枢纽规划、建设要求和物流园区布局。

3. 建设要求

1)设施建设要求

根据《集装箱公路中转站站级划分、设备配备及建设要求》(GB/T 12419—2005)的规定,公路集装箱货运站设施的配置应按相应级别来确定。公路集装箱货运站的设施包括建筑设施和场地设施。建筑设施包括站房、中转大厅、仓库、拆装箱库、维修车间、地磅房、配电站、供水站、污水处理站、洗车台、职工生活用房等。场地设施包括停车场、堆场、装卸作业场、铁路专用线及站内道路等。以下对站房、中转大厅、仓库、拆装箱库、维修车间及停车场、堆场分别进行简要介绍。

(1)站房

站房是集装箱货运站办理集装箱货运业务和行政业务的场所,包括托运厅、提取厅、运输业务用房、联运代理用房、通信信息中心、行政办公用房和其他用房等。托运厅和提取厅是构成站房的主体部分,托运厅是货主办理托运,临时堆放货物及站务人员办理验货、司磅的场所,包括集装箱货物托运处、零担货物托运处和货运代理处;提取厅是货主办理提货手续的场所。

(2)中转大厅

中转大厅是中转集装箱及其货物的集、拼、分、拣、换装、发货的场所,一般设有自动化传送、分拣设备。

(3) 仓库

仓库是保管存放受理货物、到站货物、中转货物的场所。它包括集零为整的集装箱发送货物仓库、拆整为零的集装箱到达货物仓库、零担货物仓库和仓储仓库。仓库是集装箱货运站主要生产设施之一，也是站务作业的关键环节。

(4) 拆装箱库

拆装箱库是把适箱货物拼装入集装箱或从到达箱中取出货物进行分类、保管、发送的集散处，包括货物仓库、拆装箱作业区、装卸高站台和一些辅助生产用房。

(5) 维修车间

集装箱货运站的维修车间主要包括运输车辆、装卸机械和集装箱的维护修理车间等。

①汽车维修车间是运输车辆、牵引车、挂车维护及修理的场所，应配备必要的维修设施与设备。

②装卸机械维修车间是装卸机械(包括叉车、跨运车、龙门起重机等)维护与修理的场所，应配备相应的维修设施与设备。

③集装箱维修车间是清洗、熏蒸、消毒、维修集装箱的场所，它包括维修间、洗箱间、消毒间等工房。规模较小的货运站洗箱作业可采取简易清洗法，一般与洗车台合并。

(6) 停车场

停车场是运输车辆停放、保管的场所。一般可分为集装箱运输车停放区、零担货车停放区、一般货车停放区和装卸机械停放区等。

(7) 堆场

堆场是堆存和保管集装箱的场所。根据集装箱堆存量的大小，堆场可分为混合型和专用型两种形式。后者是根据集装箱货运站的生产工艺分别设置重箱堆场、空箱堆场、待修与修竣箱堆场。

2) 设备建设要求

(1) 设备配置原则

根据公路集装箱货运站的基本功能、作业内容、作业特点以及场地布置的要求，充分地吸取多年来已证明确有成效的设备选用配置经验及其运输方式的做法，集装箱货运站设备配置原则可以归纳为以下几点：

①可靠性，即设备寿命的周期长短、作业质量及作业安全的保证程度，设备的易维修性等。

②适用性，即设备能否适应集装箱货运站装卸搬运作业的特点。例如，设备的灵活性、机动性、作业的连续性，"一机多用，多机联用"的可能性等。

③经济性，即成本与效益、设备系统投资、使用费用、设备寿命周期费用。

④有效性，即设备总效率、设备作业能力与货运站总作业量是否相适应，设备利用率及劳动生产率高低，同时应考虑能否满足规定的到发时限的要求。

⑤可行性，即整个设备系统容易实现的程度，包括设备生产、供应、安装可能性，燃料电力等能源供给的可能性，运用、维修所需技术力量的来源等。

⑥先进性，即设备机械化、自动化程度，作业环境、作业条件改善程度等。

(2) 设备选择原则

①集装箱货运站设备选择必须服从于货运站的生产工艺和堆场作业工艺方案。

②根据货运站集装箱及其货物吞吐能力和吞吐量的大小、进站集装箱和货物的种类以及

货运站布置形式、场地条件来选择设备的形式和台数。

③为提高机械化作业程度,达到提高作业效率的目的,对装卸、搬运、转运等各环节的设备,要做到配套,构成一个合理的物流程序。

④为了便于维修和管理,对主要的设备还应尽量选择国家定型标准设备。

⑤为了符合节约的原则,在保证完成各项作业任务的前提下,选用投资少、功能多、耗资低、操作方便的设备。

⑥要选用结构坚固、稳定性好、成本低、生产效率高的设备。

⑦尽量选用一机多能和能配用多种索具及属具的机械设备,以便扩大其使用范围,从而提高作业效率,降低费用。

在具体选择时还要考虑货物的特点,如货物的包装形式、理化性质等。

(3) 主要设备类型

根据公路集装箱货运站功能、生产过程及工艺要求,应配置运输车辆、装卸机械、拆装箱作业机、维修设备和自动化管理系统设备等。

①运输车辆包括集装箱运输专用车、零担运输专用车、牵引车、挂车和轻型货运车辆等。

②装卸机械应根据堆场作业工艺方案,选配龙门起重机、吊运机、跨运车、汽车起重机或叉车。

③生产设备包括拆装箱作业机、货物传输装置、货物升降设备、计量器具、货门自动控制设备等。

④维修设备包括运输车辆维修、装卸机械维修和集装箱维修等设备。

⑤管理和通信设备包括自动化管理、通信、监控设备等。

⑥其他设备包括办公、生活、公寓、防寒、保温、防盗、消防设备等。

二、工艺组织

公路集装箱货运站是集装箱腹地运输的重要环节,其主要任务是组织整箱中转、拼箱、拆箱业务,为集装箱向腹地延伸提供了有利条件;组织腹地内的干支线、长短途和水陆、公铁联运的衔接配合,促进"门到门"运输的实现;办理集装箱的堆场、清洗、消毒、修理以及与货主有关的集装箱运输业务。集装箱货运站在腹地运输中的地位如图 7-1 所示。

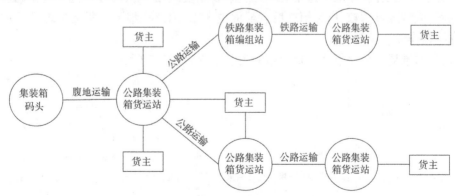

图 7-1 集装箱货运站在腹地运输中的地位

在腹地内设置公路集装箱货运站,对于保证码头畅通和铁路集装箱编组站的集装箱及时集散,实现"门到门"运输以及方便货主均起重大作用。

1. 工艺流程

集装箱货运站主要是车辆、集装箱和货物的工艺流线。特别值得一提的是,根据集装箱型号、发收货人及货物流向等划分中转箱和拼装箱(及拆掏箱)时,两者工艺流线有很大区别。中转箱的接取、送达作业以"箱"为单位,在站内作为临时停放,其装箱与拆箱作业由货主自理;而拼装箱接取、送达作业以零担货物形式完成,其作业方式与零担货运站相仿,均由集装箱站负责在站内作业区完成。

集装箱货运站内车辆流线由集装箱专用车辆和站内集装箱运输机械流线组成。为避免相互干扰和交叉,站内道路及操作通道,一般采用无交叉环形行驶路线,并选用较大转弯半径和扫空距离。

按照集装箱多式联运的特点,集装箱货运站工艺流程主要有"门到门"运输工艺流程、港口和车站至集装箱货运站运输工艺流程及站内工艺流程三种形式。

1) "门到门"运输工艺流程

"门到门"运输指集装箱不经过集装箱货运站,由港口或铁路编组站直接运送到货主仓库的运输过程,其工艺流程如图7-2所示。

图7-2 集装箱"门到门"运输工艺流程

在图7-2中,实线表示由港、站堆场至货主堆场或仓库的装卸运输过程,虚线表示由货主仓库至港、站堆场的装卸运输过程,箭头方向表示集装箱移动方向,箭头上的字表示所采用的装卸运输机械和车辆(下同)。

2) 港口和车站至集装箱货运站运输工艺流程

为了保证港口码头、铁路编组站的通畅,除港、站附近的货主采用"门到门"直接运输外,大多数情况下则是由港、站堆场将集装箱运进集装箱货运站,然后通知货主,重新调度车辆运至货主仓库,或者经过拆箱、拼装箱之后运至货主仓库,因此在集装箱货运站内还要进行拆掏箱作业和拼箱作业。

港口、车站堆场至公路集装箱货运站的工艺流程如图7-3所示。

图7-3 港、站堆场至公路集装箱货运站运输工艺流程

3) 集装箱货运站内工艺流程

公路集装箱货运站内工艺流程,按照集装箱货物的流向分为进口箱(货)和出口箱(货)工艺流程;按作业性质可分为拆装箱作业区至拆装箱库内堆场和拆装箱库内货物堆场至货主仓

库的工艺流程。

(1)进口箱(货)的工艺流程

进口集装箱在公路集装箱货运站内的工艺流程如图7-4所示。

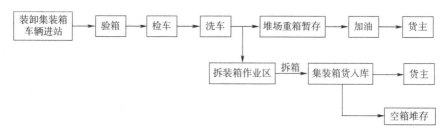

图7-4　进口箱工艺流程

(2)出口箱(货)的工艺流程

出口箱在公路集装箱货运站内的工艺流程图如图7-5、图7-6所示。

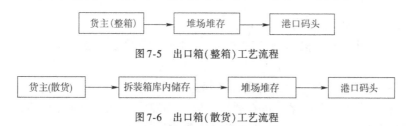

图7-5　出口箱(整箱)工艺流程

图7-6　出口箱(散货)工艺流程

(3)拆装箱作业区至拆装箱库内堆场的工艺流程

拆装箱作业区至拆装箱库内堆场的工艺流程如图7-7所示。

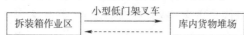

图7-7　拆装箱作业区至拆装箱库内堆场的工艺流程

(4)拆装箱库内堆场至货主仓库的工艺流程

拆装箱库内堆场至货主仓库的工艺流程如图7-8所示。

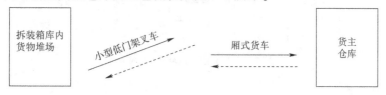

图7-8　拆装箱库内堆场至货主仓库的工艺流程

4)工艺总流程

综合上述三种生产工艺,公路集装箱货运站工艺总流程如图7-9所示。

2.装卸工艺方案

在货运生产组织中,装卸作业是完成货物运输、中转、仓储不可缺少的生产环节,直接影响货物运输效率、车辆生产节奏、在途时间等。而且,集装箱中转站对装卸设备的要求较其他货运站高,采用不同的装卸工艺会有不同效果,通常需要结合各种装卸工艺不同特点、中转箱规模、站场场地条件、集装箱型号,并考虑远景规划等,选择不同的装卸工艺方法。

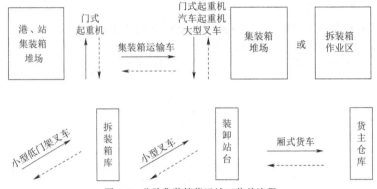

图 7-9 公路集装箱货运站工艺总流程

集装箱装卸工艺方案主要有龙门起重机械装卸作业、叉车装卸作业、汽车起重机装卸作业和跨运车装卸作业四种。

1) 门式起重机装卸工艺

门式起重机装卸工艺流程如图 7-10 所示。门式起重机装卸工艺采用这种方案的优点如下:

(1) 堆码层数多。可"堆三过四",重箱堆码达三层以上。

(2) 作业通道窄、堆存箱列多。可在通道两侧密集堆放,每侧可堆放四纵列。

(3) 堆场平面利用系数大。每个平面箱位只需 $35m^2$。

(4) 使用寿命长。

(5) 装卸效率高。平均效率约 17TEU/h。

由于门式起重机转弯机构自重大,要求基础强度高,因此适用于堆场结构复杂、投资较大的情况。

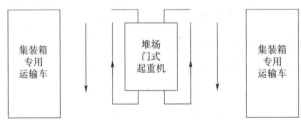

图 7-10 门式起重机装卸工艺流程

2) 叉车装卸工艺

叉车装卸工艺流程如图 7-11 所示。这种方案既可以在堆场上装卸、堆码,又可以在拆装库前作业场上装卸集装箱,还可以在空箱堆场等场地灵活作业。另外,不论堆场大小或作业量多少,均可采用叉车作业。叉车装卸作业工艺方案操作灵活,适应性强,对堆场基础要求也较低。但由于叉车工作于堆场各处,其作业半径较大。所以,叉车装卸工艺方案堆场平面利用系数较低,作业通道宽。

3) 汽车起重机(或轮胎起重机)装卸工艺

汽车或轮胎起重机装卸工艺流程如图 7-12 所示。这种装卸方案,不但操作灵活,而且可跨箱作业,堆码层数多。但因汽车起重机采用液压系统,因此可靠性和完好率均较差。

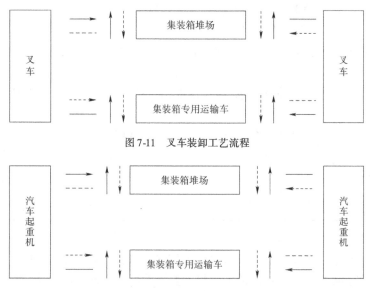

图 7-11 叉车装卸工艺流程

图 7-12 汽车起重机装卸工艺流程

4) 跨运车装卸工艺

跨运车装卸工艺流程如图 7-13 所示。这种装卸方案,装卸效率高,使用年限长,并可使集装箱密集堆放,堆场面积利用系数高。但操作技术要求较高,可靠性较差。

图 7-13 跨运车装卸工艺流程

在选择工艺方案时,要以货运站年集装箱吞吐量和堆存量为依据,充分考虑各工艺方案的特点,并结合我国公路集装箱货运站的实际情况及发展趋势进行选择。建设各级公路集装箱货运站的最佳工艺方案,一级站以龙门起重机装卸工艺为主,辅以大型叉车或汽车起重机;二级站以汽车或轮胎起重机装卸工艺为主,辅以叉车;三、四级站推荐采用叉车装卸工艺方案。

三、工艺计算

1. 设计参数

当进行工艺计算时,首先要选取诸如集装箱及其货物到发比例、集装箱及其货物保管期、堆码层数等参数。这些参数选取适当与否,对公路集装箱货运站的建设规模和工艺布置等均有较大的影响。

1) 计算标准箱

计算标准箱指进行工艺计算时选定的基本箱型。根据《集装箱公路中转站级别划分、设备配备及建设要求》(GB/T 12419—2005)的规定,进行工艺计算时所采用的标准箱应为国际标准箱。然而,我国采用的集装箱质量系列为 5t、10t、20t 和 30t 四种,相应箱型为 5D、10D、1CC 和 1AA 等。因此,在规划建设国际公路集装箱货运站时,应以国际标准箱(1C 型集装箱)作为计算标准箱;规划建设国内公路集装箱货运站时,应以 10D 箱作为核定库场面积的计算标准,以 1C 型集装箱作为核定起重运输设备的计算标准箱。

核算集装箱运量时应将不同箱型折算成标准箱。各种箱型的集装箱折算为国际标准箱的折算系数,见表 7-1。

各种箱型的集装箱折算为国际标准箱的折算系数　　　　　　表 7-1

集装箱型号	折算系数	集装箱型号	折算系数
1AA、1A、1AX	2	10D	2/3
1BB、1B、1BX	1.5	5D	1/3
1CC、1C、1CX	1	1t	1/12

2) 集装箱及其货物到发比例

在工艺计算中,集装箱及其货物到发比例可按进出量均衡考虑,即到发各占 50%。在某些地区或城市,由于集装箱或货物的流向不同,也有可能导致集装箱或货物的到发量不均衡。为了减少周转箱数量,就必须根据实际调查资料,确定其到发比例。

3) 集装箱及其货物的保管期限

集装箱及其货物的保管期,与货运站的生产组织和管理水平有关,应根据所在地的实际情况确定。一般情况下,集装箱平均堆存期取 4~5 天,货物平均保管期取 3 天。

4) 堆码层数

集装箱可单层、双层、多层堆码,装卸工艺不同,堆码层数也不相同。为了合理地利用空间,节约场地面积,提高堆场面积利用率,一般采用双层或多层堆码。

2. 规模指标及其量化方法

公路集装箱货运站的建设要与城市建设的总体规划密切结合,协调发展,其布局和规模要与城市站(铁路货站)港改造、扩建同步进行,根据城市总体规划中工商业、居民区布局、道路网及其他运输方式设施规模等情况,结合所在地域货源和现有货运站市场占有率等因素,确定公路集装箱货运站建设规模。

反映公路集装箱货运站生产规模的指标有设计年度集装箱运量、日均最大货物吞吐量、日均最大货物受理量、年箱运量、集装箱堆存量等。

1) 设计年度集装箱运量

公路集装箱货运站设计年度指货运站建成投产后的使用年度,一般至少 10 年。

设计年度集装箱运量指设计年度内,货运站发出、中转及到达集装箱的数量之和。它是反映公路集装箱货运站生产能力和建设规模的重要参数,也是确定各类设施规模的主要依据。确定集装箱吞吐量时应坚持货运站规模收益递增原则,以所在地城市经济社会发展长远规划和社会需求为依据,选用科学的预测方法。

2) 年集装箱堆存量

年集装箱堆存量指设计年度内,通过公路集装箱货运站堆存的集装箱(计算标准箱)总量。它可根据年拆装箱数量、中转箱数量、周转箱数量及集装箱平均堆存期来计算。

$$D = (D_1 + D_2) + D_3 + D_4 \tag{7-1}$$

式中:D——年堆存量;

D_1——年拆箱数量;

D_2——年装箱数量;

D_3——中转箱数量;

D_4——周转箱数量。

(1)满足拆掏箱货物要求,所需堆存的集装箱数量 D_1

$$D_1 = m\rho Q' K_i K_b S_1 \tag{7-2}$$

式中: m——到达箱占总箱运量的比例,均衡时为 50%;

ρ——到达箱中拆掏箱量的比例系数,一般为 0.3 ~ 0.4;

Q'——年箱运量,TEU;

K_i——年度拆掏箱不平衡系数,一般取 1.20 ~ 1.30;

K_b——备用(包括修理)系数,一般取 1.05;

S_1——到达箱平均堆存期,天。

(2)满足拼装箱需要,所需堆存的集装箱数量 D_2

$$D_2 = (1-m) V Q' K_i K_b S_2 \tag{7-3}$$

式中: V——拼装箱数量占发送箱数量的比例,一般取 1.20 ~ 1.40;

S_2——发送箱平均堆存期,天。

(3)满足直接中转需要,所需堆存的集装箱数量 D_3

$$D_3 = m[(1-\rho) + (1-V)] Q' K_i K_b S_3 \tag{7-4}$$

式中: S_3——中转箱平均堆存期,天。

(4)适应空箱周转所需堆存的集装箱数量 D_4

$$D_4 = (1-f) Q' K_i K_b \tag{7-5}$$

式中: f——重载箱比例。

3)日均拆装箱数量

日均拆装箱数量是指货运站平均每天拆掏箱数量与拼装箱数量的总和。日均拆装箱数量包括到达箱中拆掏箱量、发送箱中拼装箱量。

日均拆装箱量 = 到达箱中拆掏箱量 C_1 + 发送箱中拼装箱量 C_2

(1)到达箱中拆掏箱量 C_1

$$C_1 = \frac{m\rho Q'}{T} \tag{7-6}$$

式中: T——年工作天数,天。

(2)发送箱中拼装箱量 C_2

$$C_2 = \frac{(1-m) V Q'}{T} \tag{7-7}$$

3. 主要建设规模指标计算

1)站房面积 F_1

$$F_1 = \sum S_i \tag{7-8}$$

(1)托运处面积 S_1

$$S_1 = S'_1 + S''_1 \tag{7-9}$$

式中: S'_1——托运厅工作间面积,m^2,$S'_1 = 6.0 \times$ 托运处当班工作人员数;

S''_1——托运厅面积,m^2,$S''_1 = 1.20 ×$ 日均最大货物受理量。

(2)提货处面积 S_2

$$S_2 = S'_2 + S''_2 \tag{7-10}$$

式中:S'_2——提货处工作间面积,m^2,$S'_2 = 6.0 ×$ 提货处当班工作人员数;

S''_2——办理提货手续场所的面积,m^2,$S''_2 = 0.3 × S'_1$。

(3)联运代理业务用房面积 S_3

$$S_3 = 10.0 × 代理业务定编人数 \tag{7-11}$$

(4)业务行政办公用房面积 S_4

$$S_4 = 8.0 × (业务科室定编人数 + 行政管理人员定编人数) \tag{7-12}$$

(5)通信信息中心用房面积 S_5

通信信息中心用房包括通信机房、电话总机室、计算机管理系统总控室、配载调度室、业务办公室等,其面积一般为 $100 \sim 200m^2$,计算时可根据实际情况选取。

(6)其他用房面积 S_6

其他用房包括会议室、接待室、货物交易厅等,其面积根据所在地实际情况确定。

2)货物仓库面积 F_2

$$F_2 = \frac{qt_1\delta W}{\gamma h} \tag{7-13}$$

式中:q——日均货物最大吞吐量,t/d;

t_1——集装箱货物平均堆存期,d;

δ——每吨货物占地面积,m^2/t,一般为 $2.0 \sim 4.0 m^2/t$;

γ——仓库有效面积利用率,一般为 $0.6 \sim 0.75$;

h——空间利用系数,设货架时取 $1.50 \sim 1.60$,无货架时取 $1.15 \sim 1.25$;

W——入库系数,一般取 0.7。

3)中转大厅面积 F_3

$$F_3 = \frac{q_1 t_2 \delta W}{\gamma h} \tag{7-14}$$

式中:q_1——日均货物最大中转量,t/d;

t_2——中转货物平均堆存期,d,一般为 $1 \sim 2d$。

4)仓储仓库面积 F_4

$$F_4 = \frac{q_2 t_3 \delta}{\gamma h} \tag{7-15}$$

式中:q_2——日均最大仓储量,t/d;

t_3——仓储货物平均保管期,d。

5)拆装箱库面积 F_5

$$F_5 = \frac{CGt_4 \delta K_1}{\gamma h} \tag{7-16}$$

式中:C——日均拆装箱数量,计算标准箱/d;

G——单箱平均有效装载质量,t/计算标准箱;

t_4——集装箱货物平均堆存期,d;

K_1——不平衡系数。

6) 堆场面积 F_6

堆场面积包括有效堆场面积和辅助堆场面积。其中,有效堆场面积包括集装箱占用实际面积与场内箱排之间通道、箱间距离等面积;辅助堆场面积包括装卸设备及其安全距离、汽车停靠作业位置及吊装作业、运输通道等占用面积。

堆场有效面积与箱位数及箱位面积有关。平面箱位是指堆场平均堆放一个标准箱所占用的地面位置;平面箱位面积指堆存一个标准箱所需平均堆场面积,该面积值随集装箱堆放方法、堆码层数及装卸工艺方式不同而异。

$$F_6 = \frac{K_2 eEDt_5}{Thg} \tag{7-17}$$

式中:K_2——年堆存不均衡系数;
 e——通道系数;
 E——单箱平面占用面积;
 t_5——集装箱平均堆存期,d;
 g——堆码层数。

4. 主要设备规模计算

1) 集装箱专用运输车需要量 N_i

$$N_i = \frac{2Q_2 L_j}{Tabrl_j} \tag{7-18}$$

式中:Q_2——年集装箱"门到门"箱运量,TEU/a;
 L_j——集装箱平均运距,km;
 b——箱位利用率;
 r——每车每次运送的箱数,TEU/辆;
 l_j——平均车日行程,km。

2) 堆场起重、装卸设备需要量 N_d

$$N_d = \frac{2DK_i}{TJ_n t} \tag{7-19}$$

式中:K_i——不平衡系数;
 J_n——装卸设备工作能力,TEU/台·h;
 t——设备每日工作时间,h/d;
 D——年集装箱堆存量,TEU/a。

3) 拆装箱库内起重运输设备配置量 N_c

$$N_c = \frac{q_2 K_i C}{J_n t} \tag{7-20}$$

式中:q_2——单箱平均有效装载。

四、工艺设计

1. 总平面工艺设计

1) 总平面工艺设计原则

公路集装箱中转站的总平面工艺设计主要包括区域划分、各组成部分的形式和占地面积及位置的确定。进行总平面设计时既要满足货运站总工艺要求,又要考虑土建和其他方面的要求,应拟订几个方案进行分析研究。评价设计方案的标准,即最大限度地满足生产要求及最小建设投资。总平面工艺设计遵守以下原则:

(1) 充分考虑站址地形、地貌和集装箱运输功能要求,合理划分营业区、生产区、辅助生产区、仓库区、停车区和生活区,区域划分明了且联系方便。

(2) 各区域的布置,既要做到节约面积,提高面积利用率,又要满足面积要求和工艺流程的要求。

(3) 有工艺联系的区域应使运输距离最短,并尽量避免交叉往返。

(4) 场区内车流、货流的移动线路要通畅,且互不交叉,力求做到笨零重货物和重箱在场区的移动线路最短。

(5) 建筑物位置、形式符合城市建设规划要求,能突出集装箱运输的特征。

(6) 符合防火、卫生、环保及"三废"处理要求,留有必要的绿化和发展余地。

2) 站房布置原则

公路集装箱中转站站房的托运厅应组织好托运作业流程,以利于货主办理托运手续;托运处与仓库间的距离应短捷,便于受理托运后的货物入库保管存放。对于货流量较大的站,可采用货物传送装置。一般情况下,集装箱货运站应为货主提供送货上门服务。因此,提取厅面积不宜过大,但应靠近到达货物库房。

有条件的中转大厅其一侧为铁路货物装卸场,与铁路专用线相连接;另一侧为汽车装卸场。铁路货物装卸场和汽车货物装卸场与中转大厅相连处的货门,均应分设进出货门。

拆装箱库设置时应满足集装箱货运站工艺要求,库内留有足够的叉车行驶通道,满足装卸机械工作面的要求;留有足够的拼装箱场地,便于进行拆掏箱和拼装箱作业。

3) 仓库布置原则与要求

(1) 仓库位置尽量靠近营业区和公路主干线,以便于货物入库、装卸和提取,库内区域划分明确,布局合理,减少不必要的运输环节。

(2) 库内要有利于提高装卸机械的装卸效率,满足先进装卸工艺和设备作业要求;留有足够的叉车行驶通道,满足装卸机械作业工作面的要求。

(3) 集装箱货物仓库与零担货物仓库尽可能分开设置,库内货物应按发送、中转、到达货物分区存放,并分线设置货位,以防商务事故的发生。

(4) 留有足够的拼、装箱场地(一般设置拆、装箱平台),便于进行拆掏箱和拼装箱作业;留有适当的理货空间。

(5) 设置适量的货架,以充分利用仓库空间,提高面积与空间利用率。

(6) 仓库货门的设置,既要考虑集装箱货车集中到达时同时装卸作业要求,又要考虑由于增设货门而造成堆存面积的损失。

(7) 仓库内应配置必要的安全、消防设施,以保证安全生产。

4) 堆场布置原则

堆场应按中转箱、掏装箱和维修等部分划区布置,并尽量缩短运输距离,防止与避免交叉作业,做到能够及时、准确、便捷地找出所需集装箱,方便管理;应满足发送箱、到达箱、中转箱、周转箱和维修箱等的生产工艺和不同的功能要求,并尽可能缩短运送距离,避免交叉作业,便于准确、便捷地取放所需集装箱,利于管理。在堆场平面设计时,一般应遵守以下原则:

(1) 中转箱区应布置在实现"箱不落地"并顺利换装处。
(2) 拼装箱区和掏装箱区尽量设置在仓库附近,以减少各环节的作业干扰和中间运输量。
(3) 周转和维修箱区应布置在作业区外围,靠近维修车间的一侧,以便于取送和维修,减少对正常作业的干扰。
(4) 合理布置箱位。既要考虑充分利用堆场面积,又要留足运输通道及箱与箱之间的距离,做到安全方便。
(5) 合理利用装卸机械和起重运输设备。除保证机械进出场区畅通和足够的作业半径外,应尽量减少机械设备的行驶距离,提高设备利用率。
(6) 堆场应有一定的坡度,并须有良好的排水系统,以免积水,但要力求平坦,以利于堆码稳妥。
(7) 堆场的场地必须坚固、耐用,应根据堆码层数进行设计与处理。

5) 装卸作业布置原则

在进行装卸场布置时,不仅要留有足够的场地来保证装卸作业,而且要考虑场地的适应性(既能适用于侧面装卸,又能适用于后面装卸),对汽车停靠线、行车通道、集装箱堆放区、装卸机械作业区均要进行合理的布置。

2. 堆场布置形式

堆场根据作业性质、运量和附近的地理位置等具体情况不同,可分为铁路—公路换装堆场、水运—公路换装堆场和公路—公路换装堆场三种形式。前两种形式的堆场应用于铁路集装箱编组站和港口码头附近的公路集装箱货运站,后一种形式应用于腹地公路交通枢纽的集装箱货运站。

1) 铁路—公路堆场的布置

堆场主要是办理集装箱的堆放与换装,有时候又称为换装场。铁路—公路集装箱换装场的布置有以下两种形式。

(1) 尽头式铁路—公路换装场

图7-14为一种可横向发展的尽头式堆场。这种堆场主要设置在零散货车运送集装箱的铁路集装箱编组站附近。

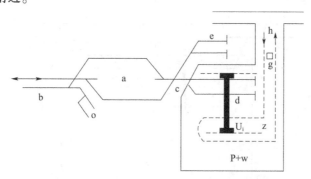

图7-14 可横向发展的尽头式铁路—公路集装箱换装场

在图7-14中,铁路线a接收到达列车;牵出线b用于牵行应该转线到换装区d的作业线c的集装箱专用车。从作业线可以把集装箱存放在作业区的临时存放场,或在用装卸设备U_i(龙门起重机)立即换装到公路运输车辆上。公路运输车辆装上集装箱之后离开换装作业区,经汽车通道z直到发货处g,并从汽车入口h驶入公路。

车辆停留线 e 用于停留集装箱专用车。如果使用门式起重机，由于起重机作业区内存放集装箱位置有限，所以必须在起重机作业区之处为存放集装箱和公路运输车辆需设置辅助堆场 p，辅助堆场内也可以设置集装箱维修间 w。

为了从公路运输车辆往铁路货车上换装集装箱，同样可按上述工艺流程，但作业顺序相反。与牵出线 b 衔接的辅助调车线 o 可根据需要编组的车辆多少来确定。

图 7-15 为一种可纵向发展的堆场，这种形式主要应用在有定期直达集装箱列车的铁路集装箱编组站附近的公路集装箱货运站。列车可以直接进入换装线。在集装箱列车进入换装线 d 之后，摘下机车，机车通过过渡线 V 和机车行车线 L 运行到牵出线 b 上，从这里它可再牵引由换装线 d 准备发出的列车。这种布置把集装箱和公路运输布置在装卸作业区与发货处之间，这对组织与检查工作十分有利。

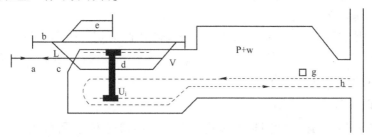

图 7-15 可纵向发展的尽头式铁路—公路集装箱换装场

(2) 通过式铁路—公路换装场

图 7-16 为通过式堆场。这种布置最适用于有定期直达的集装箱列车的编组站附近的公路集装箱货运站。列车能够直接进入换装线 d，并能直接从这里发出。由于换装线通达两个方向，这种布置适用于以零散货车的运营。但后一种运营方式需设专门到达线 a，运送集装箱车辆通过牵出线 b 可从到达线转入换装线 d。车辆停留线 e 用于停留集装箱货车，如果需要编组列车时，它也可用于调车作业。公路作业区的布置特点与图 7-13 和图 7-14 相同。这种布置的最大特点就是装卸机械作业能够达到列车的整个长度，集装箱能方便地从列车的任何地方换装到公路运输车辆上。

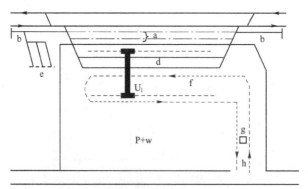

图 7-16 通过式铁路—公路集装箱换装场

2) 水路—公路集装箱换装场

图 7-17 为一种水路—公路集装箱换装场。船舶与公路运输车辆换装就像铁路—公路换装场一样，均设置在一个地方进行。这种布置既适用于直接换装，又适用于间接换装，适用于

中小容量港口的公路集装箱货运站堆场的布置。

成组或整批的集装箱船舶进港后,可直接用装卸运送的换装线 d 装卸线 U 可用直接换装方式在公路运输车辆与沿换装位 k 装载的船舶之间换装集装箱,或者以间接换装的方式把集装箱存放在堆场 i 或从这里起吊装车(船)。由于装卸桥的纵向移动避免了时间的浪费,进行换装作业时,在装卸桥下方集装箱运输车可直接通过。

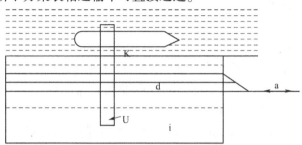

图7-17　船舶—公路集装箱换装场

图 7-18 为一种可堆放运送 1000 个以上 TEU 的水运——公路集装箱换装场。采用这种布置可以做到快装快卸,但不能直接换装。另外,由于水运的特点及其在时间上的限制,船舶的装卸位应与公路装卸作业区分开。集装箱由邻近的港口站经运行线 a 运送到换装线 d。装卸机具 U_E,如龙门式起重机,卸下集装箱并将其存放在堆场 i。从堆场 i 沿线路 f_1,或者用跨车把集装箱一直送到临时堆放区 p,或者把集装箱放在半挂车上,用牵引车将其拉到临时堆放区。要装船的集装箱全部放在待运堆放区,装船时,用跨车或半挂车的牵引车把集装箱沿线路 f_2 从待运堆放区送到装船位 k。从位置 k 再用装卸桥把集装箱装到船上。对由船至集装箱运输车的换装,装卸与运输顺序正好相反。

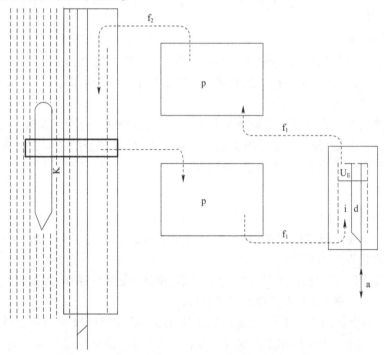

图7-18　可堆放运送1000个以上标准箱的集装箱换装场

第二节 汽车零担货运站设计

一、选址与建设要求

1. 零担站作业特点

凡一批托运货物在 3t 以下或不满一整车装运时,该批货物就称为零担货物。零担货物要求单件质量不超过 200kg,单件体积不超过 $1.5m^3$,货物长度不超过 3.5m,宽度不超过 1.5m,高度不超过 1.3m。汽车零担货运站是指专门经营零担货物运输的汽车站。

汽车零担货运量在公路货运总量中所占比例不大,但随着公路货运需求小批量、多批次发展,汽车零担货运中高附加值的运量显著增加,而且汽车零担货运量得到快速增长。因此,汽车零担货运站建设对满足物质文化生活需要,扩大城乡物资交流,有十分重要的作用。

与普通公路货运站相比,汽车零担货运站站务工作具有以下特点。

1) 站务作业计划性差

汽车零担货物品种复杂、运量小、批次多,零担货物由托运人运抵汽车零担货运站,或预约后由汽车零担货运站业务人员上门代理托运手续。因此,汽车零担货运站站务作业计划性差,难以采用合同运输等方式将其纳入运输计划。

2) 站务工作量繁杂

汽车零担货运站站务工作包括受理托运、退运与变更、检货司磅、验收入库、开票收费、装车与卸车、货物交接、货物中转、到达与交付等环节,这些环节是汽车零担货运生产活动的基础,工作量大而复杂。

3) 设备条件要求高

零担货物组织特点,决定了普通货运车辆不适于运载零担货物,必须选择厢式货车作为零担货物运输车辆。同时,汽车零担货运站站内应配备高生产率的运输、中转和装卸设备。

4) 建站条件要求高

汽车零担货运站建设须满足零担货物运输生产工艺的要求,合理设置汽车零担货运站房、仓库、货棚、装卸作业场、停车场以及有关的生产辅助设施,各部分的相互位置和面积,应符合方便货主、便于作业、适应需要、优质服务的要求。

2. 选址条件

1) 站址基本条件

汽车零担货运站通过零担货物始发、到达、中转作业运输服务,其在公路运输与市内与其他方式运输的衔接方面均有较高的要求。

(1) 站址场地空间充足,能满足零担货物集散、中转、仓储等要求,保证到达、始发货物及站内货物有最优作业条件,中转货物不间断通过。

(2) 汽车零担货运站应与其他交通运输设施衔接,具有较好换装联运条件及发展前景。汽车零担货运中转站要靠近城市工业区和仓库区,且尽量与铁路货运站或水运货运码头有便捷的联系;为所在地服务的汽车零担货运站应布置在市区边缘附近。

(3)汽车零担货运站选址要符合城市总体规划,尽量减少货运车辆对城市交通、噪声、废气污染压力,应避免与学校、医院、居民区等相距过近。

(4)汽车零担货运站站址应具有必要的给排水、供电、消防和排污等条件;站址地形应平坦或略有坡度,不选择低洼积水地段、断裂层等地质情况复杂地区。

2)选址原则

(1)便于汽车零担货物的集散和换装。

(2)车辆进出站方便,避免车流有太多的交叉。

(3)具备足够场地,能满足零担货运各项作业需要,并有一定发展余地。

(4)符合城市规划要求,根据货源的分布合理布局。

3. 设施与设备配置

汽车零担货运站由站房、仓库、货棚、装卸作业场、停车场及生产辅助设施组成。站房主要由托运处和提货处组成。其中,托运处由受理货物人员工作间和货主办理手续及货物临时堆放的场所组成;提货处由办理提货手续人员的工作间和提货人办理提货手续的场所组成。

仓库和货棚由货位、操作通道、进出仓门及装卸站台组成。

生产辅助设施由行政人员和后勤人员工作间、司乘公寓、餐厅等组成。

一级站应设置业务室、会议室、餐厅、车辆小修车间、洗车台等,它们的建设要求根据日均货物最大吞吐量、日均货物最大受理量确定。

汽车零担货运站应设置零担车运行线路图、营运班期表、运价里程表、托运须知;仓库内应设立货物流向标志等设施。

汽车零担货运站应配备检定合格的计量器具,一级站宜配备货物传送装置,一、二级站应配备装卸笨重零担货物的设备,三级站视本站情况自行配备装卸设备。

二、工艺组织

1. 零担货物运输生产流程

零担货物运输是集零为整、化整为零的运输组织形式,它通过汽车零担货运站将货物集零为整,然后按货物流向分拣后配送或将货物卸车进库,分拣整理,送达货主或等候提货。其生产过程如图7-19所示。

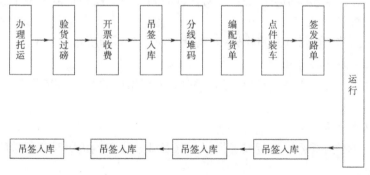

图7-19 零担货物运输生产过程

2. 工艺组织原则

汽车零担货运站工艺流线是货物、车辆和货主在场内运动所产生的流动线路。它包括货物流线、车辆流线、人员流线。合理组织与设计工艺流线,是汽车零担货运站工艺布局与设计的关键,也是评价汽车零担货运站工艺设计优劣的主要因素。组织汽车零担货运站工艺流线时,应遵循下列原则与要求:

(1)正确处理货流、车流和人流三者之间的关系,避免相互交叉和相互干扰,确保分区明确。

(2)各流线的组织,力求简捷、明了、通畅、不迂回,尽量缩短有相互联系的生产环节作业线路间的距离,并使各流线自成体系又有机地联系在一起。

(3)组织货流时,要充分考虑汽车零担货运站站务作业和生产流程的特点,以满足零担货运站的功能要求。

(4)组织车流时,应在保证营运货车流线短捷、明确、通畅的基础上,尽可能使装卸机械流线短捷、畅通、不迂回,与营运货车流线交叉干扰少。

3. 基本作业内容

根据汽车零担货物站务作业过程,可将汽车零担货运站的生产作业内容分为以下八项。

1)承运货物受理

托运人将所托运的货物种类、运量、体积以及运输要求等信息通知货运站或受理点,货运站或受理点在接到货运服务要求后,派出取货车辆上门受理,完成取货业务手续。

2)办理托运

由托运人填写托运单,经承运人检验货物内容、包装、标志符合规定后,按到站货物分批过磅计重,填开磅码单。

3)开票收费

凭磅码单填开零担货票,再计收运费,按票号、件数填发、拴挂标签并逐件拴挂妥当。

4)验货进库

由仓库保管人员查验货物、核对拴挂标签上的到达站,件数无误后,指定仓位逐票点件,分线堆码。

5)编配货单

零担货物集中后,按"分线装配、先收先运、先近后远、上轻下重、轻重搭配"的原则编配货单,然后调车承运;装车和卸车均应逐件核对,会同驾驶员点件交货,双方签字以明确责任。

6)货物运输组织

货物装载后,依据营运线路、班次安排,将货物由汽车零担货运站发出。

7)到达货物装卸分拣作业

货物到站后先进行卸货并查验所收到的货物,利用站内的装卸分拣设施,按照货物的流向进行分拣处理。

8)货物提取货送达

通知收货人到零担货运站提货或者根据协商安排送货车辆按照对应配送区域分工将货物送到收货人手中。

4. 工艺流线组织

由于汽车零担货运站内货流、车流及人流等生产工艺复杂,所以必须合理组织其工艺流程。在进行汽车零担货运站工艺组织时应坚持以货流为主导流线,以车流和人流为辅助流线。

按照零担货物在站内的流动方向，货物流线可分为发送流线和到站流线。其中，发送流线指零担货物受理托运、检货司磅、验货入库、仓库保管、分线装配、交接装车、零担车出站，以及中转零担货换装运输；到达流线指零担车进站、卸货、验货入库、仓库保管、货主凭票提货，以及中转零担货的保管和组织中转。

按汽车零担货运站内的生产流程，其工艺流线可用图7-20 表示。

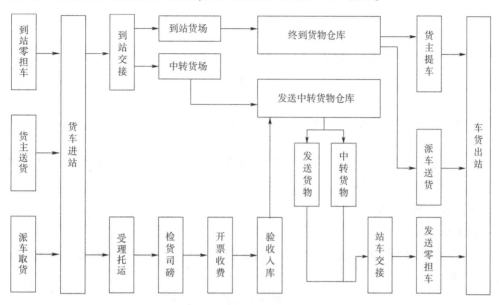

图7-20 汽车零担货运站工艺流程

三、工艺计算

1. 规模指标量化方法

反映汽车零担货运站的规模指标有设计年度货物吞吐量、日均最大货物吞吐量、日均最大货物受理量等。

1) 设计年度货物吞吐量

汽车零担货运站的设计年度指零担货运站建成投产后的适用年度，一般至少10年。设计年度货物吞吐量指设计年度内零担货运站发出、中转及到达货物的数量之和，可按下式计算：

$$Q = Q_i (1+i)^n \tag{7-21}$$

式中：Q——设计年度货物吞吐量，t/a；

Q_i——统计年度货物吞吐量，t/a；

i——货物吞吐量预计每年递增幅度；

n——统计年度至设计年度的年数。

2) 日均货物最大吞吐量

日均货物最大吞吐量指汽车零担货运站在货物吞吐量偏高期内平均每日的货物吞吐量，即

$$q = \frac{\alpha Q}{T} \tag{7-22}$$

式中：q——日均货物最大吞吐量，t/d；
　　　α——日均货物吞吐量系数；
　　　T——年工作天数，t/a。

日均货物吞吐量系数 α 指零担货运站在货物吞吐量偏高期间内，平均每日的货物吞吐量与年内日均货物吞吐量之比，其大小受站型规模、货源组织等客观条件与生产管理等因素的影响，应根据所在地不少于连续 3 年的货运统计资料计算，α 一般取 1.23～1.25。

3）日均货物最大受理量

日均货物最大受理量指汽车零担货运站在货物受理偏高期内平均每日货物受理量，即

$$U = \frac{\beta Q}{T} \tag{7-23}$$

式中：U——日均货物最大受理量，t；
　　　β——日均货物受理量系数。

日均货物受理量系数 β 指在货物受理偏高期内，平均每日货物受理量与年内日平均受理量之比，β 一般取 1.20～1.25。

2. 主要设施面积计算

1）站房面积 F_1

货主办理托运手续、货物临时堆放场所的面积，以日均货物最大受理量为依据，按每吨 1.20m^2 计算。

$$F_1 = S_1 + S_2 \tag{7-24}$$

（1）托运处面积 S_1

$$S_1 = S'_1 + S''_1 \tag{7-25}$$

式中：S'_1——托运处工作间面积，m^2；
　　　S''_1——托运室面积，m^2。

$$S'_1 = 6.0 \times 托运处当班工作人员数 (\text{m}^2)$$

$$S''_1 = 1.20 \times 日均最大货物受理量 (\text{m}^2)$$

（2）提货处面积 S_2

$$S_2 = S'_2 + S''_2 \tag{7-26}$$

式中：S'_2——提货处工作间面积，m^2；
　　　S''_2——办理提货手续场所的面积，m^2。

$$S'_2 = 6.0 \times 提货处当班工作人员数 (\text{m}^2)$$

$$S''_2 = 0.3 \times S''_1 (\text{m}^2)$$

日均货物受理量系数根据站级不同应取 1.20～1.25；提货人办理提货手续的场所面积为提货工作人员工作间面积的 0.3 倍；工作间面积按每工作人员 4.00～6.00m^2 计算，其单间面积不少于 10.00m^2。

2）仓库面积 F_2

$$F_2 = 4.0 \times q t_1 \tag{7-27}$$

式中：t_1——货物平均堆存期，d。

3）货棚面积 F_3

零担货运站货棚面积按仓库面积的 20%～25% 计算，即

$$F_3 = (0.20 \sim 0.25) \times F_2 \tag{7-28}$$

仓库货棚面积以日均货物最大吞吐量为依据，结合货物平均堆存期和平均每吨货物所占面积计算；平均每吨货物所占面积为 $4.00 m^2$，仓库与货棚的面积比为 5:1～4:1；日均货物吞吐量系数，根据站级不同应取 1.22～1.25。

4）装卸站台面积 S_{10}

$$S_{10} = L_t \times B_t \tag{7-29}$$

式中：S_{10}——装卸站台面积，m^2；

L_t——装卸站台长，m；

B_t——装卸站台宽，m。

仓库、货棚内及站台的建设要求如下。

(1) 仓库、货棚内货位宽度取 2.50～3.00m；货位间隔取 0.50m，操作通道宽度在人工装卸时取 1.70m，机械装卸时根据使用机械型号、规格而定。

(2) 进出仓门数按日均货物最大吞吐量与每一仓门日货物吞吐量之比确定。每一仓门货物吞吐量为 30t。进出仓门数的计算公式见本节"工艺计算"。

(3) 一级站进出仓门应双向设置，二级站进出仓门应分开设置，三级站进出仓门设置视吞吐量大小而定。

(4) 站台高度应取 1.20～1.30，宽度应不小于 3.00m，两端应设置斜坡。

5）装卸作业场面积

装卸质量为 4～5t 车辆采用后门装卸，装卸质量为 8～10t 车辆采用侧门装卸的装卸场，宽度应不小于 13.00m。装卸数量为 8～10t 车辆采用后门装卸的装卸车场，宽度应不小于 22.00m。

因此，装载质量为 4～5t 车辆的装卸作业场面积 F_4，可按式(7-30)计算：

$$F_4 = 13.0 \times L_t \tag{7-30}$$

式中：L_t——装卸站台的长度，m。

装载质量为 8～10t 车辆的装卸作业场面积 F_5，可按式(7-31)计算：

$$F_5 = 22.0 \times L_t \tag{7-31}$$

6）停车场面积

停车场的面积按日均驻站最大车辆数的投影面积的 3 倍计算。

$$S_{13} = 3 \times C_0 \times S_0 \tag{7-32}$$

式中：S_{13}——停车场面积，m^2；

C_0——日均驻站最大车辆数，辆；

S_0——车辆最大投影面积，m^2。

7）行车人员宿舍面积

业务人员配备应按汽车零担货运站货物吞吐量配备。月均货物吞吐量为 30t 的配备 1 人，月均货物吞吐量为 30～100t 的配备 2 人，月均货物吞吐量为 100t 以上的，每增加 100t 增配 1 人，月均货物吞吐量为 1500t 以上的，每增加 200t 增配 1 人。行车人员宿舍面积按日驻站最大车辆数的驾驶员及随车理货员人数确定，每人按 $4.00 m^2$ 计算。

$$S_{14} = 4.00 \times X_m \tag{7-33}$$

式中：S_{14}——行车人员宿舍面积，m^2；

X_m——最大驻站车辆数的行车人员数，人。

3. 主要设备规模计算

1) 进出仓门个数 G（单位为个）

$$G = \frac{q}{30} \tag{7-34}$$

2) 零担运输专用车需要量 N（单位为辆）

$$N = \frac{2Q_1 \cdot l_m}{T \cdot q_1 \cdot \alpha_w \cdot \varepsilon \cdot l_r} \tag{7-35}$$

式中：Q_1——零担货物吞吐量，t/a；

l_m——零担货物平均运距，km；

q_1——单车额定载质量，t；

α_w——车辆完好率；

ε——实载率；

l_r——平均车日行程，km/d。

四、工艺设计

1. 工艺设计原则

汽车零担货运站的工艺设计与公路集装箱货运站工艺设计一样，其基本任务是根据选定的站址地形特点、工艺流程和工艺计算结果等，对汽车零担货运站各类建筑设施的相互位置及站房内部各功能部位等，进行合理的布局，并获得工艺上和经济上的合理性。进行汽车零担货运站工艺设计时，一般应遵循以下原则。

(1) 根据汽车零担货运站生产工艺要求，合理划分生产区、生产辅助区、业务办公区和生活区，力求做到各区域划分明了、线路短捷、联系方便。

(2) 使车辆及货物在站内行驶路线短捷，避免发生相互交叉和拥挤，确保站务作业有序进行和安全生产。

(3) 满足城市规划对汽车零担货运站建设要求的同时，为货主提供方便。

(4) 因地制宜，重视技术经济分析与论证，既要考虑节约占地面积，又要满足功能与工艺要求，并留有发展余地。

为避免汽车零担货运站的各种流线发生相互干扰和交叉，注意分设托运处和提货处，把货物托运及提取分开，组织站内货物的单向流动。将车和货流分开，由于发送车辆多数集中在上午，到达车辆多数集中在下午，所以除一级零担货运站车辆应单独设进出站口外，其他级站车辆可共用一个进出站口。仓库附近是车流与货流的汇集处，容易发生发送货物与到达货物、发送车辆与到达车辆相互干扰和交叉。

所以，大型汽车零担货运站的仓库通常在其两侧均设置装卸场，使到达车辆和发送车辆分开停靠，保证出入仓库的货物单向流动，避免车流间相互干扰和交叉。

对于有条件的汽车零担货运站，可将发送货物仓库与到达货物仓库分开设置，以合理组织站内的货流和车流。汽车零担货运站负责托运货物的入库运输与提取货物的出库运输一般是分开的,避免站内人流与车流或货流相互干扰。

2. 设施布局基本要求

1) 托运提取处

托运处与提货处及其工作间应设置在车站站房底层,并与所在地主干道有较方便的道路衔接,以利于货主送取货物。

托运处是办理托运、货物临时堆放及站务人员办理验货、司磅的场所。由于办理托运的时间比较集中,托运处人流、货流容易发生交叉和干扰,因此必须组织好托运作业流程,并提供足够的使用面积。受理托运的工作间,应按作业流程设置,便于货主办理货物托运手续。

受理托运作业包括检查货物的包装、检验货物的性质、确定质量和办理单据等项工作。因此,必须认真核对货物名称、件数、质量、包装、到达(中转)站及托运人姓名、地点;查验货物包装标准,严禁夹带危险品,必要时应拆包检查。零担货物的质量应过磅后确定,零担轻泡货物的计费质量,按货物体积折算确定。上述货物质量均包括包装质量。

托运和与仓库间的距离应短捷,便于受理托运后的货物入库保管存放。对于货流较大的汽车零担货运站,可采用货物传送装置。

提货处是供货主办理提货手续的场所。根据站级不同,货物可由货主到仓库处凭证提取,也可由装卸工将货物由库中搬出后由货主运走。在有条件的汽车零担货运站,还可由汽车零担货运站送货上门。所以,提货处的面积不必太大,但应靠近仓库到达货物的货位。

2) 仓库与货棚

仓库是保管存放受理托运货物、到站交付货物以及中转货物的场所。仓库作业是汽车零担货运站站务工作的关键。

仓库位置应便于货物的入库和提取,合理的仓库布置有利于仓储生产的正常进行,并适应零担货物仓储的生产工艺要求。库内的发送货物、中转货物及交付货物应分区存放,分线设置货位,防止发生商务事故;使货物在库内按一个方向流动,避免作业中发生货流的相互干扰和混乱;尽量减少货物在库内的搬运距离,避免任何迂回运输;同时,能最大限度地利用空间,有利于货物的合理存放和充分地利用库容量;采用先进的装卸工艺设备,有利于提高零担车辆的装卸效率,保证库内运输方便畅通。

特别需要注意的是,合理设置仓库装卸门的数量十分重要,既要考虑车辆在比较集中到达时有可能同时装卸作业,又要尽量减少增设装卸门而造成仓库有效堆放面积的损失。

此外,货棚是为了适应少数笨重货物需要而设置的场所。由于货物较重(质量在250kg以上),不便于仓库存放,若在露天停放又容易造成生锈或蚀损。因此,必须选择合适的位置单独设置货棚。

3) 装卸站台

装卸站台应设置在仓库靠近装卸作业场的一侧,其长度应满足多车辆同时进行作业,并有利于采用装卸机械(如叉车)作业。设置装卸站台的主要要求是:满足同时有较多车辆装卸的方便性,并有利于采用装卸机械(如叉车)作业,以减轻装卸工人劳动强度;对于规模较小的汽车零担货运站,可利用装卸站台放置少量笨重货物,或作为货物进出仓库的临时堆放场地,便于仓库管理时货主不直接进入仓库。装卸台上方应设置防雨棚,以免装卸货物时遭受雨淋或造成湿损。

装卸站台一般分为直线型(图7-21)和阶梯型(图7-22)两种。根据装卸作业时车辆与站台的相互位置,直线型可分为平行式和垂直式,设计时应根据装卸场地大小、车辆装卸门位置等进行选择;当装卸场地条件受限制,又要保证足够装卸作业点时,可采用阶梯型站台。

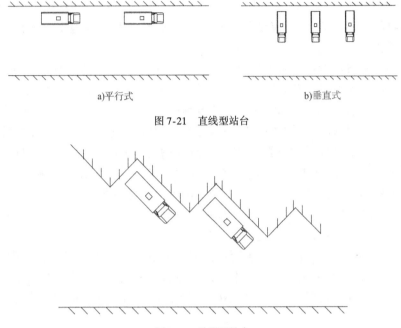

图 7-21 直线型站台

图 7-22 阶梯型站台

4) 装卸作业场和停车场

汽车零担货运站的装卸场是为装卸车辆行驶、调车和装卸货物的场所,应与站内的车辆进出通道合理地衔接,避免车流在站内发生交叉干扰。场地的大小及宽度与所采用的车型相适应,保证车辆行驶、停入和装卸作业的方便,避免车辆在场内行驶时采用不合理的辅助调车。

汽车零担货运站的停车场是停放、保管驻站车辆的场所,其面积与营运车辆的车型及驻站车辆数目有关,并且要适当考虑驻站车辆的维护、小修作业场地,以保持车辆技术状况良好。

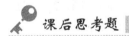课后思考题

1. 公路货运站有哪些类型?其服务对象与功能有哪些差异?
2. 根据设备不同,集装箱货运站的装卸工艺方案分为哪几类?
3. 公路货运站设施分为哪几类?各自包含哪些设施?
4. 公路货运站设备分为哪几类?各自包含哪些设备?
5. 公路集装箱货运站的生产规模指标主要有哪些?
6. 汽车零担货运站的生产规模指标主要有哪些?

第八章 物流中心设计

第一节 类别与设计步骤

一、物流中心的类别

1. 物流中心的定义

不同部门、行业对物流中心内涵的理解不同,关于物流中心概念存在不同的看法。国家标准《物流术语》(GB/T 18354—2006)中对物流中心定义为:"从事物流活动且具有完善信息网络的场所或组织。应基本符合下列要求:①主要面向社会提供公共物流服务;②物流功能健全;③集聚辐射范围大;④存储、吞吐能力强;⑤对下游配送中心客户提供物流服务"。其他不同部门、行业对物流中心定义主要有以下几种:

(1)物流中心是从国民经济系统要求出发,所建立的以城市为依托,开放型的物品储存、运输、包装、装卸等综合性的物流业务基础设施。

(2)物流中心是组织、衔接、调节、管理物流活动的较大的物流据点。

(3)物流中心是为了实现物流系统化、效率化,在社会物流中心下设置的货物配送中心。这种物流中心从供应者手中受理大量的多种类型的货物,进行分类、包装、保管、流通加工、信息处理，并按众多用户要求完成配货、送货要求。

（4）物流中心是以交通运输枢纽为依托，建立起来的经营社会物流业务的货物集散场所。

国内还有人把物流中心进行广义和狭义上的区分，认为广义的物流中心应包括货运站场、港口和卡车终点站、商品集散中心、企业拥有的物流设施等，其所涵盖的内容和范围十分广泛；而狭义的物流中心则排除货运站场、港口设施和道路等物流基础设施部分，它是指为实施商品高效流通而建立的组织管理、控制、调配的物流据点。

2. 物流中心与配送中心、物流园区的区别

1) 物流中心与配送中心的区别

配送中心是指以组织配送性销售或供应，执行实物配送为主要职能的流通型节点。《物流手册》书中指出配送中心是从供应者手中接受多种大量的货物，进行倒装、分类、保管、流通加工和情报处理等作业，然后按照众多需要者的订货要求备齐货物，以令人满意的服务水平进行配送的设施。

欧美国家多用 Distribution Center 称呼配送中心，而亚洲地区多用 Logistics Center 表示物流中心，因此配送中心可以说是国际上的通行用法，主要原因是早期人们对配送的认识比物流深刻许多。但众多学者认为，物流中心与配送中心功能相似，物流中心辐射范围大，处理对象为大批量、小批次、少品种的商品；配送中心则相反。物流中心上游是工厂，下游是配送中心或批发商，而配送中心上游是物流中心或工厂，下游是零售店或最终消费者。

2) 物流中心与物流园区的区别

物流园区（Logistics Park、Freight Village）也称物流团地、货运村等，最早出现在日本东京，后来在欧洲国家德国、法国等地开始出现，它是多家物流（配送）中心在空间上集中布局的场所，是有一定规模和综合服务功能的物流集结点。

物流园区是一个空间概念，与工业园区、科技园区等概念类似，是具有产业一致性或相关性且集中连片的物流用地空间。物流园区规模较大而物流中心则可大可小；物流园区服务对象是众多商品，而物流中心是以单一或性质相近的商品货物为服务对象；物流园区由多家物流企业进驻经营，提供功能全面的综合物流服务，而物流中心一般由单个或少数物流企业驻场经营，提供的物流服务相对单一；物流园区规划是政府行为，是城市总体规划中的一部分，而物流中心的建设则是企业行为，由企业自主经营。

可以看出，在概念上物流中心与配送中心、物流园区等各有不同，但它们都是物流系统中的物流据点，是货物集散或中转的集中地，是各项物流活动得以开展的集中场所。而对于研究它们各自内部的规划和设计来说，它们又相似，是具有一定规模并从事综合物流服务功能的特定场所，是物流系统主要基础设施。

二、物流中心的主要功能

物流中心主要有以下八大功能。

1. 集货发货功能

集货发货功能指物流中心将分散的小批量货物集中起来，便于集中处理的功能。生产型物流中心采购的原材料、零部件在生产组装线前要集中起来，以便按生产节拍投入物料，产成品和零部件要集中保管、分拣、发运；商业型物流中心需要采购几万种商品进行集中保管，按店

铺销售情况进行分拣、包装、配送、补货，以满足消费需求；社会公共物流中心则要实现货物的转运、换载、配载、配送等功能。

2. 存储功能

为了满足市场需求的及时性和不确定性，不论何种物流中心，均需具备储存功能。生产企业所谓"零库存"，是将库存转移至物流企业和商业企业，以减少资金占用。存储功能主要在于保存商品的使用价值，减少自然损耗，更重要的是保证生产企业的连续不间断生产和满足消费者的需求，以免因货物断档而造成市场恐慌。任何时候，存储功能的蓄水池作用都是存在的。

3. 分拣功能

物流中心根据客户对多种货物的需求和运输配载的需求，将所需货物从存储货物中挑选出来，以便集中配货。

4. 加工包装功能

物流中心根据客户需要，将材料进行简单加工，方便客户的运输和精加工。其包装功能是将散货改为包装货物，以及大改小、小并大等项工作。

5. 配送功能

物流中心根据客户需求，将货物按时按量送至客户。配送的核心是配，既有配货的含义又有配载的含义。物流中心可以为同一用户配送多品种多规格的货物，也可以是一台车次为不同用户配送一种或多种货物；可以为商业经销、最终客户配送生活资料，也可以为生产厂家配送原材料、零部件。

6. 商品展示和贸易功能

日本及其他发达国家的物流中心大多具备商品展示和贸易功能，这也是物流中心向高级阶段发展的必然趋势。

7. 信息功能

由于多个功能齐聚在物流中心，物流中心必然成为信息中心，货物到达、分发、装卸、搬运、存储保管、销售、客户、价格、运输工具及运行时间等各种信息在这里交汇、收集、整理和发布。

8. 增值服务功能

除上述功能外，为进一步挖掘第三利润源泉、延伸物流作用范围、提高竞争力，物流中心具有更多增值服务功能：

(1) 结算功能。不仅仅是物流费用的结算，在从事代理、配送的情况下，物流中心还要替货主向收货人结算贷款等。

(2) 物流系统设计咨询功能。为企业设计物流系统，协助企业选择评价供货商、分销商以及物流服务供应商，开展"第四方物流"。

(3) 物流教育与培训功能。向客户提供物流教育和培训服务，提高企业的物流管理水平，培养客户与物流中心经营者的认同感。

(4) 需求预测功能。物流中心通过进出货信息，预测市场对商品的需求，供生产企业参考。

(5) 其他服务功能。例如，报关、代理征税，协助订货、销售、提供售后服务，运输生产服务,生活服务等。

三、物流中心的类型

物流中心按功能、服务商品品类、投资主体、服务范围与对象等标志进行划分,有如图8-1所示各种形式。

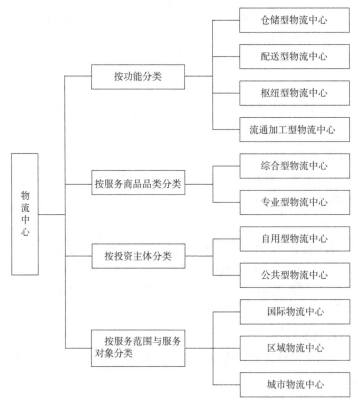

图8-1 物流中心的类型

1. 按功能分类

物流中心主要功能有集散、周转、保管、分拣、配送和流通加工等,根据其侧重点可分为如下几种。

1) 仓储型物流中心

由于城市中心地区可用于大型仓库建设的土地越来越少,通过在大型特色产业聚集区附近建设仓储型物流中心,为企业提供服务是市场需求发展的必然。此类物流中心多起源于传统仓库,拥有较大规模仓储设施,具有很强的储存功能,从而把下游的批发商、零售商的商品储存时间及空间降至最低程度,实现有效的库存调度。例如,瑞士GIBA-GEIGY公司所属的物流中心,拥有世界上规模居于前列的储存库,可储存4万个托盘;美国福来明食品配送中心拥有1.63万个货位的储存区,都是储存型物流中心的典型。

2) 配送型物流中心

配送型物流中心指具有集货、储存、分拣、加工、配送、信息处理等综合物流功能,主要为连锁门店、零售商以及消费者组织货物配送的物流节点。配送型物流中心主要服务于城市或区域较小范围,配送是其最主要的服务功能,保证供货便捷与快速送达对该类物流中心十分重要,因此布局时应尽量接近市场或消费者,以缩短运距、降低成本。

3) 枢纽型物流中心

枢纽型物流中心是指连接不同运输方式、以服务运输中转为主要功能的物流中心。它除了具有仓储、转运等功能外,还有拆拼箱、再包装等加工功能。这类物流中心占地多、物流量大、辐射范围广。一般选择在靠近交通干线的城乡接合处,围绕大型港口、公路或铁路货运站场建设枢纽型物流中心。

4) 加工型物流中心

加工型物流中心是以流通加工为主要功能的物流中心。为在市场竞争中取得优势,流通过程中商品的个性化、多样化包装等加工活动已越来越引起厂商的重视,因此以流通加工为主要功能的物流中心应运而生。例如,食品或农副产品的深加工,木材或平板玻璃的再加工,水泥、混凝土及预制件的加工等。日本阪神商业综合物流团地是以流通为主的流通加工物流中心。我国一些大中城市建立的商品流通中心多属此类型物流中心。

2. 按服务商品品类分类

1) 综合型物流中心

综合型物流中心是集仓储、配送、流通加工、运输、装卸搬运、信息服务多功能于一体,分拣与配送多种商品的物流中心。这类物流中心的加工、配送品种多、规模大,适合各种不同需求用户的服务要求,应变能力较强。

2) 专业型物流中心

专业型物流中心是专门服务于某些特定用户或专门从事某大类商品服务的物流中心,如煤炭、建材、钢材、食品冷藏等。

3. 按照投资主体划分

1) 自用型物流中心

自用型物流中心是指由原材料供应商、制造商、分销商、零售商等企业为了提高效率、降低成本、优化服务,自己投资建设的物流中心。一般只供企业自身使用,不向社会开放经营,其处理的对象主要是生产商品所需的原材料。自用型物流中心功能设计时重点强调原材料的配套存储、分拣、及时配送、加工和预处理等方面,在选址时重点考虑的是原材料的来源分布和工厂的布局情况。

2) 公共型物流中心

公共型物流中心是政府、第三方物流企业等投资建设的物流中心。与自用型物流中心相比,公共型物流中心面向客户广泛。因此,公共型物流中心提供的物流服务必须高度专业化,不仅需要具备商流、信息流及其他延伸的增值服务,而且需要的物流设施应有一定的规模,这样才可以提供专业化的物流服务,有利于提高物流行业的资源利用效率,在我国建设公共物流中心具有市场潜力。

4. 按服务地域范围划分

1) 国际物流中心

国际物流中心是指具有国际物流转运功能,主要从事国际物流服务的物流中心。国际物流中心除具备一般的物流服务功能外,通常还需要增设一关三检、进出口报关等服务功能。国际物流中心选址时一般布局在大型的国际港口或航运中心城市,在一些外贸发达、国际物流量大的内地城市也可通过设置海关监管点的形式建设国际物流中心。

2) 区域物流中心

区域物流中心是指以交通枢纽为依托建立起来的经营社会物流业务的货物集散场所,其主要功能是对本地区商品、物资总量进行宏观控制和调配,所以其货物周转速度相对较慢。一般而言,这种物流中心规模较大,用户较多,批量也较大,往往是为下一级城市物流中心提供服务,或者为一些大型批发商和企业提供物流服务,虽也从事零星的配送,但不是主体形式。

3) 城市物流中心

城市物流中心的服务对象和服务范围相对区域物流中心较小,是以城市为主要依托,主要为城市及周边地区的生产、流通及人民生活提供物流服务。其主要目的是加快商品、物资的流通速度,保障生产、生活的有序进行。城市物流中心的运距短,其反应能力较强,因此从事多品种、少批量、多用户的市内配送是该类物流中心的优势。

四、物流中心设计步骤

1. 设计原则

1) 动态原则

物流中心设计不仅应以详细现状分析及未来预测为基础,而且要有一定柔性,以适应货物数量、用户类型、物流成本等方面因素的变化。

2) 统一规划原则

物流中心建设应注重协调和整合各方面因素,其内部系统设计应从物流系统整体角度来考虑。设定一个非常合理的物流中心布局,必须统筹兼顾、全面安排,既要做微观的考虑又要做宏观的考虑。

3) 竞争原则

物流活动是服务性、竞争性非常强的活动。如果不考虑市场机制,而单纯地从路线最短、成本最低、速度最快等角度考虑问题,一旦布局完成,便会导致垄断的形成和服务质量的下降,甚至由于服务性不够而在竞争中失败。这一原则对于政府部门进行决策尤其重要。

4) 交通便利原则

运输配送活动领域在物流中心之外,这一活动需依赖于交通条件。交通便利原则的贯彻包括两方面:一方面,布局时要考虑现有交通条件合理设置停车场、出入口等;另一方面,必须把内部交通组织作为设施布局的重要因素来处理。

5) 系统原则

物流中心设计必须统筹兼顾,全面安排,既要考虑物流中心总工艺组织流线与总平面布局,又要分析不同功能区的工艺组织特征及设施布局要求,把定性分析、定量分析与经验相结合,使得整体最优。

6) 标准化原则

建立现代物流中心的根本目的在于提高服务水平、降低成本和提高效益。为了实现这一目标,必须对物流中心内部规划进行认真的分析研究和设计,在进行物流中心内部设计时应坚持物流系统设计标准化。物流中心是物流系统的一个重要环节,在设计时必须考虑全系统的统一和标准化。

2. 设计内容与步骤

物流中心设计以提高物流中心服务水平、运作效率和经济效益为目的,应根据物流中心功能要求制定各要素的配置方案,其包括内容如下。

1) 选址与建设要求

根据物流中心选址原则,综合考虑选址时各方面的影响因素,应在满足选址基本要求的情况下,合理进行物流中心设施布局。

2) 流程设计

流程设计包括基本作业流程和特殊作业流程设计,重点是围绕物流中心基本作业来合理设计流程,避免重复作业。

3) 规模计算

规模计算包括物流中心规模、主要功能作业区规模(包括通道宽度、进出货区、仓储区、检货区、理货区、流通加工区、分类区及发货区等)和行政办公区规模指标的确定。

4) 工艺设计

工艺设计包括物流中心设施平面布局和设备布局。物流中心设施设计主要是根据物流中心的功能、作业流程和服务质量要求确定物流中心内各设施的平面布局方案;物流中心设备布局主要是根据物流中心作业要求、作业特点,选择先进适用的物流设备和器具,以提高物流作业效率。

物流中心工艺设计包括物料搬运设备的选型和平面布局设计、存储设备的选型和布局设计、分拣设备的选型和布局设计等。物流中心设计一般工作程序如图 8-2 所示。

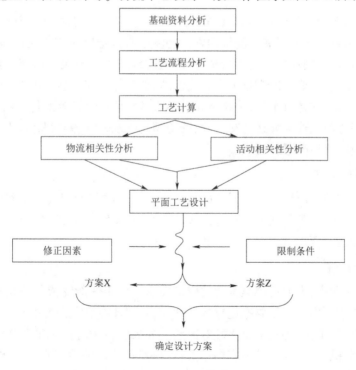

图 8-2 物流中心设计一般工作程序

第二节　选址条件与建设要求

一、选址影响因素

1. 货流量与流向

物流中心设立的根本目的是降低社会物流成本,如果没有足够的货流量,物流中心规模效益便不能发挥,所以物流中心选址要立足于商品充足的地方。而商品流向决定物流中心的工作内容。对于供向物流来说,物流中心主要为生产企业提供原材料、零部件,则选址应当选择靠近生产企业,便于降低企业库存,便于随时为生产服务;对于销向物流来说,物流中心主要职能是产品集结、分拣、配送,故选址应靠近客户。

在货物的流向分析上要考虑客户的分布和供应商的分布。

(1) 客户分布。为了提高服务水准及降低配送成本,物流中心多建在城市边缘接近客户的地区。例如,零售商型配送中心的主要客户是超市和零售店,这些客户大部分是分布在人口密集的地区或大城市,物流中心选址要接近这样的城市或区域。

(2) 供应商分布。供应商分布也是物流中心选址考虑的重要因素。因为进入物流的商品全部是由供应商所供应的,只有物流中心越接近供应商,则其商品的安全库存才越可以控制在较低水平。

2. 交通条件

交通条件是影响物流配送成本及效率的重要因素。因此必须考虑对外交通的运输通路,以及未来交通与邻近地区的发展状况等因素。物流中心选址宜紧临重要的运输线路,以方便配送运输作业的进行。物流中心应尽量选择在高速公路、国道及快速道路附近。如果以铁路及轮船作为运输工具,则要考虑靠近火车站编组站、港口等。综合型物流中心一定要选择两种以上运输方式交汇地,如港口水运、公路运输、铁路运输、航空运输等的各种组合。对于港口物流中心,还要选择内河运输与海运的交汇地,既要满足吃水较深、能通靠大型货船的需要,又要克服内河泥沙淤积、河道疏通的困难。

3. 经济规模的要求

一般认为物资年吞吐量小于30万吨的物流中心设置铁路专用线并不经济。只要物流中心仓库位于铁路编组站附近,就能有较好的车源提供,仓库距编组站2km以内基建费用少,管理营运费用少,营运方便。

4. 人力资源条件

在仓储配送作业中,人力资源是重要的资源需求。由于一般物流作业仍属于劳动密集型作业形态,在物流中心内部必须要有足够的作业人力,因此在决定物流中心位置时必须考虑员工的来源、技术水准、工作习惯、工资水准等因素。如果物流中心的选址位置附近人口不多且交通又不方便,则基层的作业人员不容易招募;如果附近地区的薪资水准太高,也会影响基层作业人员的招募。因此必须调查评估该地区的人力、上班交通及薪资水准等条件。

二、选址原则

1. 适应性原则

物流中心选址必须与国家以及区域的经济发展方针、政策相适应,与我国物流资源分布和需求分布相适应,与国民经济和社会发展相适应。

2. 协调性原则

物流中心的选址应将区域的物流网络作为一个大系统来考虑,使物流中心的设施设备在地域分布、物流作业生产力、技术水平等方面互相协调。

3. 经济性原则

物流中心的费用,主要包括建设费用及经营费用两部分。物流中心的选址定在市区、近郊区或远郊区,其未来物流活动辅助设施的建设规模及建设费用,以及运费等物流费用是不同的,选址时应以总费用最低作为物流中心选址的经济性原则。

4. 战略性原则

物流中心的选址应具有战略眼光。既要考虑全局,又要考虑长远;局部要服从全局,目前利益要服从长远利益,既要考虑目前的实际需要,又要考虑日后发展的可能。

三、选址要求

1. 一般性要求

1) 靠近多种运输方式的交叉点

物流中心应靠近港口、机场、铁路编组站等,周围最好有高速公路网,并且中心应有两种以上运输方式相连。多种运输方式衔接紧密、运输便利是物流中心主要应具备的优势,因此在确定物流中心的地址时首先应考虑接近多种运输方式的交叉点。

2) 临近大型工、商企业园区

工、商企业是物流中心赖以存在的基础。靠近市场、缩短运距、降低运费、迅速供货是物流中心规划时需要考虑的主要因素之一。

3) 靠近交通干道、出入便捷

物流中心作为社会流通体系中的重要节点,其建设应充分考虑区域交通状况。物流中心物资的出入必然会对周围的交通产生影响,如果没有良好的交通基础设施,势必阻碍其建设和发展,同时影响城市经济稳定。因此,靠近交通便捷的主干道进出口是物流中心配送体系需要考虑的因素,在选址过程中应综合考虑道路网分布、通行能力和交通管制情况。

4) 地价合理

物流中心一般占地面积较大,地价对其区位选择有重要影响。选择地价较低的地区规划建设物流中心,将有利于物流企业低成本运作,提高企业效率。

5) 考虑环境因素

缓解城市交通压力、减轻物流对环境的不利影响是物流中心选址需要考虑的重要方面,这也是"以人为本"的规划思想的直接体现。使占地规模较大、废气噪声污染严重的物流中心尽量远离交通拥挤和人口稠密的城市中心区,为人们创造良好的工作与生活环境,既是物流中心建设的初衷,也是城市可持续发展的必然要求。

6) 有足够发展空间

物流业的发展与当地的产业结构、工业布局密切相关,物流中心的选址要为相关的工业企业发展留有余地。

2. 特殊性要求

(1) 转运型物流中心大多经营倒装、转载或短期存储的周转类商品,大都使用多式联运方式,一般应设置在城市边缘地区的交通便利地段,以方便转运和减少短途运输。

(2) 储备型物流中心主要经营国家或所在地区的中、长期储备物品,一般应设置在城镇边缘或城市郊区的独立地段,且具备直接而方便的水陆运输条件。

(3) 综合型物流中心经营的商品种类繁多,根据商品类别和物流量选择在不同的地段。例如,与居民生活关系密切的生活型物流中心,若物流量不大又没有环境污染的问题,可选择接近服务对象的地段,但应具备方便的交通运输条件。

(4) 特殊商品物流中心经营不同商品的物流中心对选址要求不同,如冷藏品、蔬菜、建筑材料、危险品等对物流中心的选址有特殊要求。果蔬商品物流中心应选择入城干道处,以免运输距离拉得长,商品损耗大;冷藏品物流中心中因为有些冷藏品会产生特殊气味、污物,且设备噪声较大,往往选择屠宰场、加工厂、毛皮处理厂等附近;建筑材料物流中心的占地大,有严格防火安全要求,应选择城市边缘对外交通运输干线地段。在气候干燥、风速较大的城镇,还必须选择大风季节的下风位或侧风位;油品物流中心选址应远离居住区和其他重要设施,最好选在城镇外围的地形低洼处。

四、建设要求

1. 设施配置

物流中心包括一般物流作业区、退货物流作业区、换货补货作业区、流通加工作业区、物流配合作业区、仓储管理作业区、厂房使用配合作业区、办公事务区、劳务活动区和厂区相关活动区 10 类设施,各类设施功能见表 8-1。

物流中心作业区域表   表 8-1

作业类别	作业项目		作业性质说明	区域设施
	序号	项目名称		
一般物流作业区	1	车辆进货	物品由运输车辆送入货运站并停靠于卸货区	进进货口
	2	进货卸载	物品由运输车辆卸下	货物装卸平台
	3	进货点收	进货物品清点数量和品检	进货暂存区、理货区
	4	理货	进货物品拆柜拆箱或堆栈以便入库	进货暂存区、理货区
	5	入库	物品搬运送入仓储设备区域储存	库存区、栋货区
	6	调拨补充	配合拣取作业,把物品移至拣货区域或调整库存位置	库存区、补货区
	7	订单拣取	依据订单内容与数量提取发货物品	库存区、栋货区
	8	分类	批次提取作业时,依客户将物品分类输送	分类区、栋货区

续上表

作业类别	作业项目 序号	作业项目 项目名称	作业性质说明	区域设施
一般物流作业区	9	集货	在订单分割拣取之后集中配送物品	分类区、集货区
	10	品检	检查、清消发货物品	集货区、发货暂存区
	11	发货点收	清点货物数量,确认货物品类	集货区、发货暂存区
	12	发货装载	发货物品装上配送车辆	装卸作业平台
	13	货物运送	车辆离开货运站,配送至用户需要地	发货口
退货物流作业区	1	退货	客户退回货物至货运站	进货口、退货卸货区
	2	退货卸载	卸车	装卸平台
	3	退货点收	清点退回货物	退货处理区
	4	退货责任确认	退货原因确认,退回货物查处	退货处理区、业务办公
	5	退货良品处理	可用品处理作业	退货处理区、暂存区
	6	退货次品处理	次品中可用品处理作业	退货处理区、暂存区
	7	退货废品处理	报废品处理作业	退货处理区
流通加工作业区	1	拆掏箱作业	配合用户提货需要,进行拆掏箱作业	流通加工作业区、散装提货区
	2	包装	配合用户需要将物品另行包装	流通加工作业区、集货区
	3	多种物品集包	根据用户需要将数件、数种物品集成小包装	流通加工作业区、集货区
	4	外部外箱包装	配合运输配送需要,将物品装箱或以其他方式外部包装	流通加工作业区、集货区
	5	出货物品称重	配合运输配送需要或运费计算时所需的出货物品称重作业	流通加工作业区、出货暂存区、称重作业区
	6	附印条形码文字	根据客户需要在出货物品外箱或外包装物印制有关条形码和文字	流通加工作业区、分类区
	7	印贴标签	根据客户需求把条形码或文字卷标贴在物品外部	流通加工作业区、分类区
换货补货作业区	1	退货后换货作业	客户退货后须换货或补货的处理作业	办公区
	2	误差责任确认	物品配送至客户产生误差情况的处理	办公区
	3	零星补货提取	对于订单少量需求或零星补货的提取作业	散装拣货区、拣货区
	4	零星补货包装	对于订单少量需求或零星补货的包装作业	散装拣货区、拣货区
	5	零星补货配送	运送对于订单少量需求或零星补货所需另行配送的运送作业	出货暂存区、装卸平台
物流配合作业区	1	车辆、货物出入管理	车辆进出货运站的管理作业	厂区大门
	2	车辆停放	车辆卸载后停放管理作业	停车场
	3	容器回收	配合储运箱或托盘等容器流通使用作业	卸货平台、理货区、容器回收区
	4	空容器暂存	空置容器暂存及存取使用作业	容器暂存区、容器储存区
	5	废料回收处理	拣取配送与包装等过程产生的废料处理	废料暂存区、废料处理区

续上表

作业类别	作业项目		作业性质说明	区域设施
	序号	项目名称		
仓储管理作业区	1	定期盘点	定期对货运站内库存物品盘点	库存区、拣货区、散装拣货区
	2	不定期抽盘	不定期依物品种类轮流抽盘	库存区
	3	到期物品处理	对已超过使用期限物品进行处理作业	库存区、废品暂存区
	4	即将到期物品处理	对即将到期物品进行分类、标示和处理作业	库存区
	5	移仓与储位调整		库存区、调拨仓储区
厂房使用配合作业区	1	电气设备使用	电气设备机房的安装与使用	变电室、配电室、电话交换室
	2	动力及空调设备使用	动力与空调设备机房的安装与使用	空调机房、动力间、空压机房
	3	安全消防设施设备使用	安全消防设施的安装与使用	安全警报管制室
	4	设备维修工具器材存放	设备维修保养作业区域与一般作业所需工具及器材的存放	设备维修间、工具间、器材室
	5	一般物料储存	一般消耗性物料、文具用品的储存	物料存放间
	6	人员出入	人员进出货运站	大厅、走廊
	7	人员车辆通行	人员与搬运车辆在仓库区内通行的道路	货运站道路
	8	楼层间通道	人员或物料在楼层间通行或搬运活动	电梯间、楼梯间
	9	机械搬运设备停放	机械搬运设备非使用时所需的停放空间	搬运设备停放区
办公事务区	1	办公活动	货运站各项事务性的办公活动,进驻机构、单位业务办公	各类办公室、进驻机构办公室
	2	职工培训	一般开会讨论的活动及内部人员进行教育训练的活动	会议室、教室
	3	资料储存管理	一般公文文件与数据文件的管理	资料室、收发室
	4	电脑系统使用	计算机系统运作与处理的活动及相关计算机档案报表存盘与管理	计算机作业室、档案室
劳务活动区	1	盥洗	员工盥洗如厕使用	盥洗室
	2	职工活动与休息	为职工提供食宿和生活服务	更衣室、单身职工宿舍、职工食堂、职工活动室
	3	常驻单位人员活动与休息	为常驻单位人员提供食宿娱乐服务	公寓、餐厅、康乐室
	4	接待厂商来宾	接待厂商来宾与客户	接待室
	5	厂商司机休息	厂商司机等待作业临时休息区	司机休息室

续上表

作业类别	作业项目		作业性质说明	区域设施
	序号	项目名称		
厂区相关活动区	1	保安执勤	保安执勤与负责门禁管制工作	保安执勤室、门卫室
	2	职工车辆停放	提供职工自行车和机动车辆停放服务	自行车棚、停车场
	3	货运站内部交通	货运站内部人员和车辆进出与通行	货运站道路、出入大门
	4	环境绿化美化	货运站环境绿化美化	—
	5	货运站扩充	为货运站扩充预留发展地	货运站扩充区

2. 设备配置

物流中心需要配备的设备主要分为以下几类。

1) 物料搬运设备

物料搬运是指在同一场所范围内进行的,以改变物料的存放(支承)状态(狭义的装卸)和空间位置(狭义的搬运)为主要目的的活动,即对物料、产品、零部件或其他物品进行装卸、移动的活动。物料搬运在物流的各个环节中起着相互联系与转换,保证物流过程连续正常进行的作用。因此,物料搬运系统是否合理,直接影响物流中心的生产效率。

物流搬运设备的种类很多,常用的搬运设备可分为重载较长距离搬运的叉车系列、轻载短距离搬运的手推车系列和连续搬运的输送机系列三种。

手推车一般没有提升能力,人力推行,承载能力较低,一般在500kg以下。手推车的规格很多,大致类型有平板推车、箱型推车、物流台车等。

2) 储存设备

物流中心最主要的储存设备就是货架。通常货架泛指存放货物的架子。在物流中心,货架是专门用于存放成件物品的保管设施,是用支架、隔板或托架组成的立体储存货物的设施。为了提高物流中心的效率,储存设施与设备需要根据不同的货物属性、保管要求、用户要求等采用适当的货架,使得货物存取方便、快捷,减少面积占用。

3) 分拣设备

按照分拣机结构,可将物流中心常用分拣设备分为挡板型、浮出型、倾斜型、滑块型四种。

4) 流通加工设备

流通加工设备是指货物在物流中心内根据需要进行包装、分割、计量、分拣、加标签条码、组装等作业时所需的设备。例如,包装用的裹包、分口、拆卸、贴标设备;分割用的切割机械设备、组装用的装箱设备以及其他专用设备等。

5) 维修清洗设备

物流中心内会停放和进出各种运输车辆,并在日常作业中使用许多机械设备和流通大量集装箱,因此需要配备车辆、机械维修和清洗,集装箱维修、清洗、消毒等设备。

6) 通信与管理设备

通信与管理设备主要是日常业务管理使用的自动化管理系统设备、通信设备、监控设备等,例如播音器、计算机、通信器材、监控装置、显示屏等。

7) 办公设备

办公设备即日常办公用的桌椅、文件保管设备。

8）其他设备

其他设备包括生产辅助设备（如保温、消防、防盗设备等）和后勤设备（如卫生清洁设备、休闲娱乐设备等）。

第三节　工 艺 组 织

一、物流中心基本作业

物流中心在于"化零为整"和"化整为零"，以使产品迅速流转，物流中心基本作业综合归纳为以下7项作业活动。

1. 客户及订单管理

在本项作业活动中，主要完成客户合同的签订、客户管理、订单处理以及客户结算工作。

2. 入库作业

入库作业是指货物到达仓储区，经过接运、验收、码放至相应的货位，并完成交接手续的过程。

3. 理货作业

理货是物流中心的基本作业活动，主要完成货物的储存保管、库存控制、盘点、拣选、分拣、补货、再包装等工作。

4. 装卸搬运作业

装卸搬运作业是指装货、卸货以及实现货物在物流中心不同地点之间的转移等活动。

5. 流通加工作业

流通加工作业是指按照发货单或者客户订单需要将货物加工成所需的形状、大小等作业过程。

6. 出库作业

出库是指货物离开货位，经过备货、包装和复核，装卸至发货准备区，同时办理交接手续的过程。

7. 运输作业

运输作业是指利用运输车辆把货物运送到客户手中的活动。

二、物流中心作业流程

1. 基本作业流程

物流中心基本作业流程是指将物流中心作为整体看待时，其在进行货物配送作业时的工艺流程。其流程如图8-3所示。

1）进货

进货作业包括货物接收、核对数量及状态、记录必要信息或录入计算机等。物流中心进货流程包括以下作业。

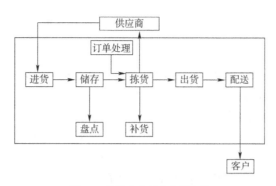

图 8-3 物流中心基本作业流程

(1) 订货。物流中心收到并汇总客户订货单后,首先确定配送货物的种类和数量,然后要查询本系统现有库存物资中有无所需要的现货。如果没有或量不足,应及时向供应商发出订单订货。物流中心也可根据各用户需求或商品销售情况与供货商签订协议提前订货,以备发货。

(2) 接货。在商品资源宽裕条件下,物流中心向供应商发出订单后,后者根据订单要求供货,物流中心接到货物时先要在送货单上签收,然后对货物进行验收。

(3) 验收。物流中心采取一定手段对拟接收货物的数量、品质等进行检验。若货物与订货合同相符,则转入分拣工序;若货物不符合合同要求,物流中心将详细记载差错情况并拒收货物。一般不合格商品由供应商自行处理。

2) 储存

为保证物流配送活动正常运行,物流中心常常需要将货物暂时储存。储存作业的主要任务是把将来要使用或者要出货的货物进行保存,且经常做库存品检和控制。储存时不仅要充分利用空间,还要注意存货管理。

货物因不断进出库,长期累积库存资料容易与实际数量不符,或者因产品存放过久致使品质功能受影响,难以满足客户需求。为有效控制货物数量,需要对各储存场所进行盘点作业。

3) 订单处理

物流中心有专门机构收集用户订货通知单并汇总,在接到客户订货开始至着手拣货的作业阶段为订单处理阶段,包括客户订单资料确认、存货查询、单据处理以及出货配发等。

4) 拣货

为了顺利有序地出货,便于向众多的客户发送商品,对于生产商送交来的商品经过验收储存之后,物流中心的工作人员随即要按照类别、品种将商品进行整理,分门别类地存放到指定的场地,或直接进行加工和选拣并依据订单要求进行组合。

当发现拣货区所剩余的存量过低,则必须由储存区来进行补货,补货作业包括从储存区将货物移到拣货区,并作相应的信息处理。

5) 出货

把拣取分类完成的货物经过发货检查,装入容器,做好标记。根据车辆趟次将商品运到发货准备区,待装车配送。这个过程叫作出货作业。它是整个作业流程的重要环节。

6) 配送

配送作业是指利用配送车辆把用户订购的物品从制造厂、生产基地、批发商、经销商或物流中心送到用户手中的工作。一般情况下,物流中心使用自备的车辆进行配送,有时也借助于社会上专业运输组织的力量联合进行配送作业。

2. 特殊作业流程

特殊作业流程是指某一类物流中心进行配送作业时所经过的程序或过程。特殊作业流程根据物流中心类型和功能确定，主要有以下几种。

1) 储存型物流中心作业流程

储存型物流中心适用于以中、小件杂货为主的商品配送，对理货、分货、配货、配装功能要求较强。该物流中心的主要特点是，有较大的储存、分货拣选、配货场所，作业装备多，物流中心内需要有一定商品储存量。其作业流程如图 8-4 所示。

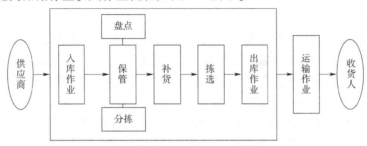

图 8-4　储存型物流中心作业流程

2) 配送型物流中心作业流程

配送型物流中心主要提供配货和送货服务，这是一种运营管理非常严密的物流中心，由于商品在配送型物流中心的理货区短暂存放，所以一般不单独设置储货区。配送型物流中心的理货及配货区面积较大，其作业流程如图 8-5 所示。

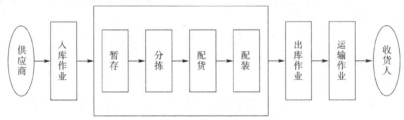

图 8-5　配送型物流中心作业流程

3) 流通型物流中心作业流程

流通型物流中心不单设储存区，其内部主要场所用于理货和配货，其作业流程如图 8-6 所示。

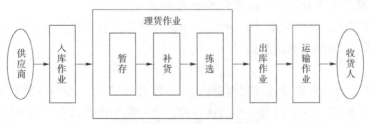

图 8-6　流通型物流中心作业流程

4) 加工型物流中心作业流程

加工型物流中心的作业流程如图 8-7 所示。

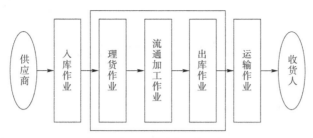

图 8-7 加工型物流中心作业流程

通过分析物流中心的基本作业流程与特殊作业流程,可以总结出物流中心的详细作业流程,具体如图 8-8 所示。

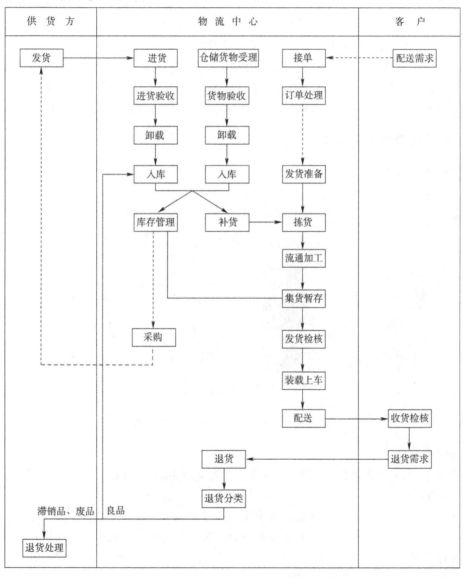

图 8-8 物流中心的作业流程

第四节 工 艺 计 算

一、物流中心业务量计算

在进行物流园区建设规模计算时,除要对各种基本数据分析外,还要考虑物流中心的业务量、业务性质、内容及作业要求,同时预计物流中心未来的业务发展需要,使物流中心建设规模保持适当的超前性。

进行规模计算时所需的物流中心业务量现状数据主要包括每月产值、入库峰值系数(一般取 1.2)、商品在库月数(如半个月至一个月)、出库峰值系数(一般取 1.4)等。确认这些项目时,通常以备齐商品的品种作为前提,根据商品数量的 ABC 分析,使 A 类商品备齐率为 100%、B 类商品为 95%、C 类商品为 90%,由此来概算物流中心的平均储存量和最大储存量。

在现有需求的基础上还要预测物流中心未来物流量要求,可采用传统的预测方法对各种商品的年增长率进行预测,也可在制订物流中心的中长期规划时进行专项预测。

二、主要功能区面积计算

1. 通道宽度计算

1) 主通道

通常主通道的宽度可按以下公式计算,如图 8-9a)所示。

$$\text{主通道宽度} = 2 \text{ 辆叉车宽度} + 0.9\text{m} \tag{8-1}$$

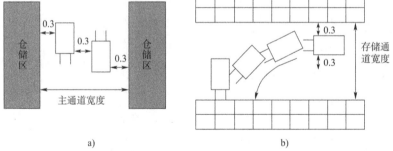

图 8-9 主通道与存储通道宽度示意图(尺寸单位:m)

2) 存储通道

一般而言,为了少占用作业区面积,存储通道尽量采用单向行驶,其宽度计算见式(8-2),如图 8-9b)所示。

$$\text{存储通道宽度} = \text{叉车转弯半径} \tag{8-2}$$

$$\text{存储通道宽度} \geq 1 \text{ 辆叉车宽度} + 0.6\text{m}$$

3) 人行通道

人行通道宽度计算见式(8-3),即

$$W = dw \times \frac{n}{v} \tag{8-3}$$

式中：W——人行通道宽度，m；
d——两人前后最短距离，m；
w——平均每人身宽，m；
dw——每人在通道上所占空间，m²；
v——人员通过速度，m/min；
n——单位时间通过人数，人/min。

物流中心通道宽度的参考值见表8-2。

物流中心通道宽度的参考值　　　　　　　表8-2

名称	宽度（m）	名称	宽度（m）
主通道	3.5~6	堆垛机（直线单行道）	1.5~2
辅助通道	3	重型平衡式堆高机	3.5~4
人行通道	0.75~1	前置式堆高机	2.5~3
小型台车	车宽加0.5~0.7	窄巷道式堆高机	1.7~2
手动叉车	1.5~2.5（视载重而定）	手推车	

2. 进出货区面积计算

物流中心内所有货流都会流经进货区、发货区。因此，进出货区的设计是物流中心规划的重要内容之一。由于出货区与进货区在结构上有相似性，设计过程也有相似性，在此以进货区设计为例进行分析。

1）影响因素

计算进货区时需要考虑的影响因素包括每日进货数量、托盘使用规格、容器流通程度、进货点收作业内容、进货等待入库时间、进货频率和进货时间、进出货口是否共用、卸货车辆特征及进出频率、货物特征及装载特性、卸货方式及配置设备的特征等。

2）进货区面积

根据进货区的构成，进货区面积可按式（8-4）计算：

$$S_\mathrm{I} = \sum_{i=1}^{n} S_i \qquad (i=1,2,\cdots,n) \tag{8-4}$$

式中：S_I——进货区面积，m²；
S_i——进货区功能子区（如卸货区、暂存区等）的面积，m²；
n——功能子区的数量，个。

3）车位数计算

车位数的确定，是指在现有装卸水平条件下，综合考虑未来的需求变化，确保所有货物按时装卸所需的车位数。

站台车位数通常可按式（8-5）计算：

$$n = \frac{\mu \sum N_i t_i}{T} \tag{8-5}$$

式中：n——站台车位数；
μ——进（出）货峰值系数；
i——进（出）货车种类数；

N_i——第 i 类进(出)货车台数；

t_i——第 i 类进(出)货车装卸货时间；

T——进(出)货时间。

4)进出货区其他设施计算

(1)平台高度

平台高度是进出货区设计中重要的环节，必须与货车相匹配，应尽量使平台与货车车厢底板之间高度差缩至最小。首先应确定使用该平台的货车底板高度范围，再以这个范围的中间高度作为平台高度的参考值，通常货车所需平台的高度为 120~140cm。表 8-3 为各种货车对应的平台高度参考值。

平台高度参考值　　　　　　表 8-3

货车类型	货柜车	平拖车	四轮货车	冷藏车	平板车
平台高度(cm)	135	120	110	130	130

(2)连接设备

为了消除平台与货车之间的空隙和高度差，满足装卸货的顺利进行，进出货平台必须备有连接设备。通常这种连接设备需要 1~2.5m 的空间，若使用固定式连接设备则需要 1.5~3.5m 的空间。

(3)站台间距

码头站台中心线间的间距不能小于 3m，通常我们取标准宽度为 4m。若是锯齿式码头，间距要大于 5m(图 8-10)。

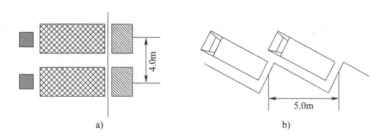

图 8-10　站台间距示意图

(4)遮阳(雨)棚

由于一些商品对湿度以及太阳直射非常敏感，所以进出货平台的遮阳(雨)棚也是必要的设备。通常，遮阳(雨)棚与进出货平台的高度至少需要 3m 以上，与地面的高度至少需要 4m 以上，其长度至少需要 5m 以上，而且遮阳(雨)棚最好向上倾斜，以避免雨水滴落到车厢后被风吹刮弄湿了商品。

(5)车道坡度

一般货车停靠码头的车道坡度是 3°，以实用性而言，6° 是最大限度，如果坡度太大，会造成在潮湿或下雨的情况下，货车驶离困难。在倾斜的车道上，要有一条排水道，一般是离码头正面 0.3~0.9m。

此外，由于商品在进出货时可能需要拆装、理货、检查或暂存以待车装载配送，在进出货平台上应留一定的空间作为缓冲区。

3. 仓储区面积计算

1) 仓储区面积影响因素

影响仓储区面积的主要因素有最大库存量需求、物品特性基本资料、物品项目、储区划分原则、储位指派原则、存货管制方法、自动化程度需求、物品使用期限、储存环境需求、盘点作业方式、物品周转效率、未来需求变动趋势。

2) 存储能力

物流中心存储能力的估算方法有以下两种。

(1) 周转率计算法。

利用周转率估计仓储运转能力的特点是简便快速、实用性强,但不够精确。其计算步骤如下:

① 年运转量计算。年运转量计算是把物流中心的各项进出产品单元换算成相同单位的储存总量,如托盘或标准箱等。这种单位是现在或今后规划的仓储作业的基本单位。然后求出全年各种物品的总量就是物流中心的年运转量。

② 估计周转次数。就是估计未来物流中心仓储存量周转率目标。一般情况下,食品零售业年周转次数约为 20~25,制造业约为 12~150。在建立物流配送中心时,可针对经营品项的特性、物品价值、附加利润和缺货成本等因素,确定仓储区的周转次数。

③ 计算仓容量。以年运转量除以周转次数便是仓容量,即

$$仓容量 = \frac{年运转量}{周转次数} \tag{8-6}$$

④ 估计放宽比。考虑到仓储运转的变化弹性,以估计的仓容量乘以放宽比,即规划仓容量,以适应高峰期的高运转量要求,一般取放宽比为 1.1~1.25。如果放宽比取得过高,就相应增加了仓储空间过剩的投资费用。最后,可得到物流中心的规划仓容量。

$$规划仓容量 = \frac{年运转量 \times 放宽比}{周转次数} \tag{8-7}$$

(2) 商品送货频率估计法。

如果能收集到各物品的年运转量和工作天数,根据厂商送货频率进行分析,则可计算仓储量。其计算步骤如下:

① 年运转量计算。根据收集到的有关资料计算物流中心各产品的年运转量。

② 估计每年的工作天数。

③ 计算发货的平均日储运量。

$$平均日储运量 = \frac{周转量}{年工作天数} \tag{8-8}$$

④ 估计送货周期。

⑤ 估算仓容量。

$$仓容量 = 平均日储运量 \times 送货周期 \tag{8-9}$$

⑥ 估计放宽比。估计仓储运转的变化弹性,与周转率计算法相同。

⑦ 计算规划仓容量。

$$规划仓容量 = 仓容量 \times 放宽比 \tag{8-10}$$

实际工作天数计算有两种基准:一种是每年的实际工作天数;另一种是各产品的实际发货

天数。如果能真实求出各产品的实际发货天数,则可计算平均日的储运量,这一基准比较接近真实情况。但要特别注意的是,当部分商品发货天数很小,并集中在少数天数发货时,就会造成仓储量计算偏高,闲置储运空间过多,浪费投资。

3) 地面堆码存储面积

当大量发货时,采用地面堆码存储方式可以方便作业,提高效率。具体有单层托盘存储和累叠料框存储两种形式,此时应根据托盘数量、尺寸和通道宽度来确定作业面积。

(1) 单层托盘存储方式的仓储区作业面积。

$$A = \lambda \cdot \sum \frac{M_i}{N_i}(P \cdot P) \tag{8-11}$$

式中:M_i——第 i 类商品的平均储存量;

N_i——每个托盘平均可堆放第 i 类商品的数量,可由商品尺寸和托盘尺寸计算得到,通常以箱为单位;

$P \cdot P$——托盘尺寸;

λ——放宽比,须视通道占仓储区总面积的比例而定,一般中枢型通道约占全部仓储面积的30%~35%,可取

$$\lambda = \frac{1}{1-35\%} \approx 1.5 \tag{8-12}$$

(2) 累叠料框存储方式的仓储区作业面积。

$$A = \lambda \cdot \sum \frac{M_i}{LN_i}(p \cdot p) \tag{8-13}$$

式中:M_i——第 i 类商品的平均储存量;

L——商品堆放层数;

N_i——每个料框平均可堆放第 i 类商品的数量,以箱为单位;

$p \cdot p$——料框尺寸;

λ——放宽比。

4) 托盘货架存储方式的仓储区作业面积

托盘货架是目前物流中心应用最普遍的一种储存方式,具有很好的拣取效率,但所需通道较多,影响了存储密度。

使用托盘货架储存货物,在计算作业面积时除了要考虑货物尺寸和数量、托盘尺寸、货架形式和层数之外,还应考虑相应的通道空间。

通常采用每货位存放两个托盘的货架,图 8-11 为其储存示意图。从图 8-11 中可以看出,托盘货架具有区块特性,即每个区块由两排货架和通道组成,图中虚线所围区域即为一个区块。

5) 仓储区占地面积可按以下公式计算:

$$A = DB = D \cdot \frac{P}{T} \tag{8-14}$$

$$P = \sum \frac{M_i}{LN_i} \tag{8-15}$$

式中:D——每一区块占地面积,根据货位实际长、宽和货位列数及通道长、宽求得;

B——存货所需的区块数;

P——存货需要的托盘单层占地个数;

T——各区块单层容纳的托盘个数,可根据各区块的货位列数和每一货位存放的托盘个数求得;

L——货架层数;

M_i——第 i 类商品的平均储存量;

N_i——每个托盘可堆放第 i 类商品箱数。

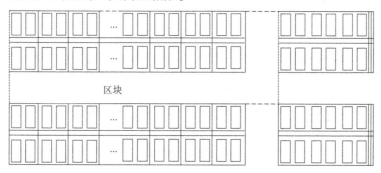

图 8-11 托盘货架储存示意图

4. 拣货区面积计算

1) 影响因素

计算拣货区面积时需要考虑的影响因素有物品特性基本资料、配送品项、每日拣出量、订单处理原则、订单分割条件、订单汇总条件、客户订单数量资料、订单拣取方式、有无流通加工作业需求、自动化程度需求、未来需求变动趋势。

2) 拣货区的运转能力计算

拣货区是以单日发货品所需的拣货作业空间为主。为此,最主要考虑的因素是品项数和作业面。一般拣货区的规划不包括当日所有发货量,在拣货区货品不足时,可以由仓储区进行补货。拣货区运转能力规划计算方法如下:

(1) 年拣货量计算。把物流中心的各项进出产品换算成相同拣货单位,并估计各物品的年拣货量。

(2) 计各物品的发货天数。根据有关资料分析各类物品,估计年发货天数。

(3) 估计放宽比。

(4) 计算各物品平均发货天数的拣货量。

$$平均发货天数的拣货量 = \frac{各物品年拣货量}{年发货天数} \qquad (8-16)$$

(5) AC 分析。对各物品进行年发货量和平均发货天数的拣货量 AC 分析。根据这种分析,可确定拣货量高、中、低档的等级和范围。在后续的设计阶段,可根据高、中、低档等级的物品类别进行物性分析和分类。这样,根据发货高、中、低档的类别,可确定不同拣货区存量水平。将各类产品的品项数乘以拣货区存量水平,便是拣货区储存量的初估值。

一般来说,假设某物流配送中心年工作天数为 300 天,把发货天数分成三个等级:200 天以上、30~200 天和 30 天以下三类。把各类物品发货天数分为高、中和低档三组。实际上天数分类范围是根据发货天数分布范围而定的。表 8-4 所列为综合发货天数的物品发货量分类情况。

综合发货天数的物品发货量分类　　　　　　表 8-4

发货天数		高	中	低
		200 天以上	30~200 天	30 天以下
A	年发货量和平均日发货量很大	1	1	5
B	年发货量大,但平均日发货量较小	2	8	—
C	年发货量小,但平均日发货量较大	—	—	6
D	年发货量小,平均日发货量小	3	8	6
E	年发货量中,平均日发货量小	4	8	7

表 8-4 中有 8 类,以下对各类说明如下:

分类 1:年发货量和平均日发货的发货量均很大,发货天数很高。这是发货最多的主力物品群。要求拣货区储存量应有固定储位和大的存量水平。

分类 2:年发货量大,平均日发货的发货量较小,但是发货天数很多。虽然单日的发货量不大,但是发货天数很频繁。为此,仍以固定储位方式为主,但存量水平可取较低一些。

分类 3:年发货量和平均日发货的发货量都小。虽然发货量不高,但是发货天数超过 200 天,是最频繁的少量物品。处理方法是少量存货、单品发货。

分类 4:年发货量中等,平均日发货的发货量较小,但是发货天数很多,处理烦琐,以少量存货、单品发货为主。

分类 5:年发货量和平均日发货的发货量均很大,但发货天数很少,可集中在少数几天内发货。这种情况可视为发货特例,应以临时储位方式处理为主,避免全年占用储位和浪费资金。

分类 6:年发货量和发货天数都较小,但品项数多。为避免占用过多的储位,可按临时储位或弹性储位的方式来处理。

分类 7:年发货量中等,平均日发货的发货量较小,发货天数也少。对于这种情况可视为特例,以临时储位方式处理,避免全年占用储位。

分类 8:发货天数为 30~200 天,发货量中等。对于这种情况,以固定储位方式为主,但存量水平应为中等。

上述 8 种分类是参考性的指标。在实际规划过程中,仍要根据发货特性来调整分类范围和类型。

订单发货资料经过分类之后,可对各类产品存量定出基本水平。例如,分类 1 的产品,存量水平高,估计需要较大的拣选空间。为此,应提高放宽比,而分类 2 的产品的存量水平较低,在估算拣货空间时应减少放宽比,从而减少多余的拣货空间。在实际拣货中,如果缺货影响发货时,则以补货方式来补足拣货区的货存量。

对于年发货量较小的商品,在规划中可省略拣货区。这种情况,可与仓储区一起规划,即仓储区兼拣货作业区。若采用批量拣货,则批量处理的品项应加以考虑。上述分类 1 较适合于批量拣货配合分类系统的方式进行。因为自动化分类输送设备能满足规模较大的发货要求。分类 3 和分类 4 较适合于一边批量拣取、一边分类的方式。因为种类多数量小,易于在拣货台车上一次完成拣货与分货处理。

5. 理货区计算

理货区涉及的操作较多,如理货、拣货、补货、分类、集货、验货、配货等作业,影响因素也各有不同。在规划理货区的各个区域时,需针对不同需求情况分别考虑。无论何种情况,首先应确定在该区域的货物作业量,一般以单日进出货品所需理货区空间大小为依据进行估算。

1) 影响因素

计算理货区时需要考虑的影响因素有理货作业时间、进货品检作业内容、品检作业时间、容器流通程度、有无装卸托盘配合设施。

2) 理货区面积计算

$$S_T = S_{m1} + S_{a1} \tag{8-17}$$

式中:S_T——理货区面积;

S_{m1}——理货设备占用空间面积;

S_{a1}——操作活动空间。

6. 流通加工区计算

1) 影响因素

计算流通加工区空间时需要考虑的影响因素有流通加工作业量、加工作业方式、加工设备规格等。

2) 流通加工区面积计算

$$S_P = S_{m2} + S_{a2} \tag{8-18}$$

式中:S_P——流通加工区面积;

S_{m2}——加工设备占用空间面积;

S_{a2}——操作活动空间。

7. 分类区计算

设每日拣货箱数为 n 个,拣货单元数为 N(每单元 2m 宽),拣货时间为 7h,峰值系数为 1.5,单位时间拣货数为 $1.5n/7$,则分类区必要面积 A 为:

$$A = (L + 2) \times (6 \sim 10) \tag{8-19}$$

8. 发货储存区计算

发货储存区规划示意图如图 8-12 所示。设每天发货单元数为 n_1,一个单元宽度为 1.2m,面积利用率为 0.7,若为图 8-12 所示尺寸,则发货储存区必要面积 A 为:

$$A = 12 \times (1.2 \times n_1 + 3)/0.7 \tag{8-20}$$

三、行政区面积计算

行政区的面积设计主要是指非直接从事生产、物流、仓储或流通加工部门的设计,如办公室、会议室、福利休闲设施等。

1. 办公室

办公室分为一般办公室和现场办公室两种。其面积大小决定于人数和内部设备。一般设计原则如下:办公室通道约 0.9m,每人办公面积为 $4.5 \sim 7m^2$,两桌间距离为 $0.8 \sim 1.2m$;桌子与档案设备通道为 $1 \sim 1.5m$,主管领导办公室面积为 $14 \sim 28m^2$,单位领导办公室面积为 28~38m², 管理人员办公室面积约为 6~18m²。

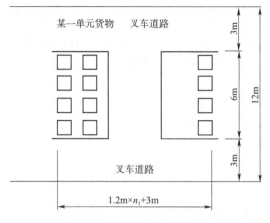

图 8-12 发货储存区规划示意图

2. 档案室

档案室是保管文件的重要区域。除档案架或档案柜空间之外, 档案室应留通道和档案存取空间。为方便地拉出抽屉应留出 1.2~1.5m 的通道, 以便于工作。档案室所需的面积应该根据实际情况而定。

3. 计算机室

中等规模计算机室在 80m² 左右。

4. 会客室

会客室在 28~38m² 为宜。

5. 会议室

会议桌可采用长方形、U 形、H 形和环行排列。有办公桌的会议室, 按 15~20 人设计, 面积为 80~90m²; 无办公桌的会议室, 按 50 人设计, 面积为 90~100m²。

6. 休息室

根据员工人数和作息时间而定。在物流配送中心工作不允许吸烟, 为此可在特定地方设立吸烟室, 所需面积应该根据实际情况而定。

7. 司机休息室

在入出库作业区附近可设立司机休息室, 以便司机装卸或等待表单。所需面积应该根据实际情况而定。

8. 洗手间

良好的卫生设备使员工精神饱满、工作愉快。一般情况, 对于男厕, 大便器 10 人以下设 1 个、10~24 人设 2 个、25~49 人设 3 个、50~74 人设 4 个、75~100 人设 5 个, 超过 100 人时按每 30 人增加 1 个; 小便器是每 30 人设一个。对于女厕, 大便器是每 10 人设 1 个。对于洗面盆是男子每 30 人设 1 个, 女子每 15 人设 1 个。

9. 膳食间

除餐厅外, 还应另设小卖部之类, 为员工提供生活方便。餐厅按高峰期人数考虑, 每人所

需面积为 $0.8 \sim 1.5 m^2$。厨房面积为餐厅面积的 22%～35%。

四、停车场面积

物流中心需要为运输车辆提供停车场地。另外,对于转运、分货功能较强的物流中心,在司乘人员休息过程中,也需要为其他单位长途运输车辆提供停放场地。此类停车场一般停放大型货车。

停车场面积可按以下公式计算:

$$T = K \times S \times N \qquad (8\text{-}21)$$

式中:T——停车场面积;

K——车辆换算系数(按面积,$K = 2 \sim 3$);

S——单车投影面积,m^2;

N——停车场容量。

说明:单车投影面积根据选取主要车型的投影面积来确定。

第五节 工艺设计

一、工艺设计原则

物流中心平面设计就是根据物流作业量和物流路线,确定各功能区的面积和各功能区域的相对位置,最后得到物流中心的平面布置图,确定建筑的不同形式和标准。

1. 工艺设计目标

物流中心按功能可分为进货暂存区、理货区、库存区等作业区域,合理地布置各个功能区的相对位置至关重要。物流中心平面设计的目的主要如下。

(1)有效地利用空间、设备、人员和能源。

(2)最大限度地减少物料搬运。

(3)简化作业流程。

(4)缩短生产周期。

(5)力求投资最低。

(6)为员工提供方便、舒适、安全和卫生的工作环境。

2. 工艺设计的原则

物流中心是大批物资集散的场所,物料搬运是最重要的活动,合理地进行设施布局可以使其经济效果显著。物流中心平面设计的原则如下。

(1)运用系统分析方法求得整体化,同时将定性、定量分析和经验相结合。

(2)从宏观(整体方案)到微观(每个部门、库房),再从微观到宏观。平面设计先进行总体布置,再进行详细布置;而详细布置方案又要反馈到总体布置方案中去评价,再加以修正。

(3)减少和消除不必要的作业流程,提高生产效率、减少消耗。只有在时间上缩短作业周期,在空间上减少面积,在物料上减少停留、搬运和库存,才能保证投入的资金最少、生产成本最低。

(4)重视人的因素。作业地点规划实际上是人与环境的综合,应考虑创造良好、舒适的工作环境。

物流中心主要活动是物资集散和进出。在进行设施布局时,环境条件非常重要,需要充分考虑相邻道路交通、站点设置、港口和机场位置等因素,如何与中心的道路、物流路线相衔接,形成内外一体连贯畅通的物流通道至关重要。

二、物流中心内部布局的基本形式

根据进货区和发货区关系,将物流中心内部设施总平面布局分为以下三种形式。

1. I形(直线型)布局

I形物流中心拥有独立的出入货台,分别分布在物流中心的两旁,直入直出。由于I形物流中心的运作流向是呈直线型的,各运作动线平行进行,因此无论是人流还是物流,相互的碰撞交叉点相对来说是最少的,可降低操作人员和物流搬运车相撞的可能性。

I形物流中心存在的最大问题是出入货台相距甚远,增加货物的整体运输距离,降低效率,但是由于直线型的流程较为简单,操作人员比较容易适应,可以弥补该方面的不足。此外,由于出入货台分布在物流中心的两旁,需最少两队保安小组负责两个货台的监管,增加了人员投入及运作成本。

I形物流中心特别适合一些快速流转的货物进行集装箱或是货物转运业务。I形(直线型)布局参考图如图8-13所示。

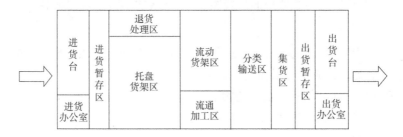

图8-13　I形(直线型)布局参考图

2. L形(侧边型)布局

需要处理快速货物的物流中心通常会采用L形的设计,把货物出入物流中心的途径缩至最短,货物流向呈L形。L形物流中心与I形物流中心有些类似,同样拥有两个独立货台,较少碰撞交叉点,适合处理快速流转的货物。

L形物流中心存在的限制之一是除了L形流向范围内的货物外,其他功能区货物的出入效率会相对降低。因此,采用这种类型的物流中心通常是同时处理"快流"及"慢流"的货物,把"快流"的货物储存在L形流向范围内,把"慢流"的货物储存在L形流向范围外,按货物的搬运频率有效利用物流中心内各功能区。

这种类型的物流中心特别适合进行交叉式作业(Cross-docking),处理一些"即来即走"或是只会在物流中心停留很短时间的货物。L形(侧边型)布局参考图如图8-14所示。

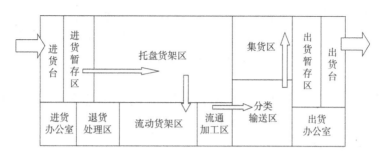

图 8-14 L形(侧边型)布局参考图

3. U形(单侧型)布局

该类型物流中心的出入货台会集中在同一边。U形物流中心各功能区的运作范围经常重叠,交叉点也比较多,运作效率较低。

另外,由于进出物流中心的货物在同一个货台上进行收发,容易造成混淆,特别是在繁忙时段及处理类似货物的情况下。解决的方法可以是组建不同操作人员小组,分别负责货物出入物流中心事宜。由于货物出入物流中心的繁忙时段可能会有不同,因此极可能产生的另一个问题是不能有效、充分利用人力资源。

由于U形物流中心的出入货台集中在同一边,只需在物流中心其中一边预留货车停泊及装卸货车道,这样不仅可以更有效利用物流中心外围空间,还可以集中货台管理,减少货台监管人数。U形(单侧型)布局参考图如图8-15所示。

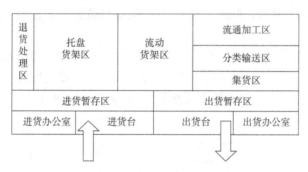

图 8-15 U形(单侧型)布局参考图

三、工艺设计

1. 通道设计

通道安排和宽度设计是影响物流作业效率的重要因素。作为仓储区与进出货区的通路,通道设计应能保证货物正确存取、装卸设备进出及必要服务空间。

1)通道类型

物流中心的通道可分为库区外通道和库内通道两种。其中库区外通道将影响车辆、人员的进出、车辆回转、上下货等动线;库内通道主要影响物流中心的作业能力和效率。以下主要对库内通道进行研究。

库内通道包括以下几种。

(1) 工作通道。工作通道是物流仓储作业和出入库房作业的通道,分为主通道和存储通道。主通道连接物流中心库房的进出口和各作业区域,道路最宽,与码头的方向平行。存储通道是连接主通道和各作业区域内的通道,一般平行或垂直于主通道,不应与库房墙壁临近。

(2) 人行通道。人行通道是用于员工进出特殊区域的通道,应维持最小数目。

(3) 电梯通道。电梯通道即出入电梯的通道,不应受任何通道阻碍。通常电梯通道宽度至少与电梯相同,距主通道约3~4.5m。

(4) 其他通道。这是公共设施、防火设备或紧急逃生所需要的进出道路。

2) 通道规划设计要点

通道规划时应该考虑通道设置方式和宽度,满足以下几个方面的要求。

(1) 流量经济性。流量经济性是指让通道中人和物的移动形成最佳的作业动线。

(2) 空间经济性。空间经济性是指用最小的空间占用率,有效发挥空间的效益。

(3) 设计顺序性。应先确定出入货码头位置以设计主通道,再设计作业区之间的存储通道,最后设计服务设施和参观通道等。

(4) 大规模库房的空间经济性。在库房面积较大的物流中心,通道设计可以取得较大的规模效益,其通道占库房空间的比例远低于面积较小的库房。

(5) 直线原则。所有通道的设计应以直线为原则。

(6) 方向性。通常主通道与码头的方向平行,存储通道垂直或平行于主通道。

(7) 紧急逃生原则。在设计通道时要宽畅,以保证紧急情况下人员的逃生。

(8) 电梯通道。电梯是楼层间的主要交通工具,电梯位置不能妨碍主要通道的交通。

3) 通道设置的方式

采用不同的设置方式,通道所占的空间比例也不一样,鉴于物流中心的作业特性,我们通常采用中枢通道方式,可有效利用空间。所谓中枢通道,指主要通道经过库房中央,且尽可能直穿,使开始及结束在出入口,且连接主要交叉通道,如图8-16所示。

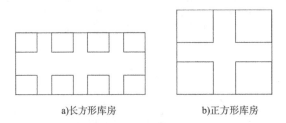

a) 长方形库房   b) 正方形库房

图8-16 长方形库房、正方形库房中枢通道方式

图8-16中所示长方形库房的通道面积占用率约为40%,正方形库房约为20%,其中正方形库房采用中枢通道方式主要适用于托盘地面堆码的形式。

此外,还有其他几种通道设置方式,见表8-5。

2. 进出货区设计

在对进出货区进行详细设计前,必须尽可能准确地掌握以下资料,包括进发货口是否共用、装卸货车辆进出频率、装卸货车辆形式、物品装载特性、每车装卸货所需时间、进货时段、配送时段等。

其他通道设置方式 表8-5

通道设置方式	说　　明
	通道的面积占用率约为20%,通常用于堆垛存储方式
	通道的面积占用率约为40%
	通道的面积占用率约为30%
	通道的面积占用率约为35%
	通道的面积占用率约为50%,直接影响仓库空间利用率

1)设计原则

由于进出货是物流中心的主要作业,进出货区的设计成为物流中心内部规划的关键决策之一。为使进出货作业达到安全高效的目的,在对进出货区进行规划时必须遵循以下原则:

(1)进出货区的位置能使车辆快速安全地进出物流中心,不产生交叉会车。

(2)站台的车位数应保证车辆在规定时间内完成货物装卸任务。

(3)码头尺寸须尽可能兼顾主要车辆的规格。

(4)选用适当的码头设备确保安全地装卸货物。

2)进出货平台设计

(1)进出货平台配置形式设计

进出货平台配置形式设计可根据作业性质、厂房形式以及仓库内货物流线来决定平台的形式。为使货物顺畅地进出仓库,进货平台与发货平台的相对位置是很重要的。两者位置将直接影响进出货效率,其关系有如下几种,如图8-17所示。

①进出货共用平台。这种形式可提高空间和设备利用率,但管理困难。特别是进出货高峰时间,容易造成进货与出货相互影响的不良效果。这种形式适用于进出货时间错开的仓库。

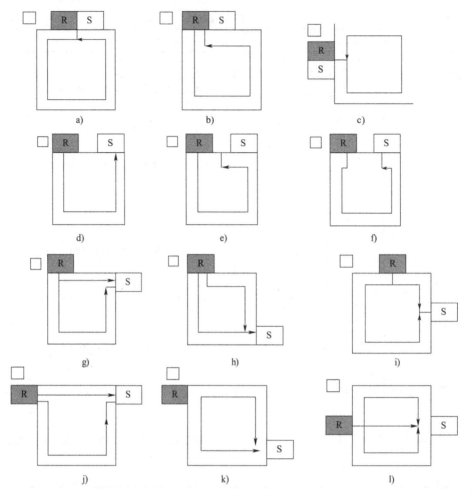

图 8-17 进出货平台配置与动线形式

②进出货分开使用平台、两者相邻管理。这种设计方案将进出货空间分开,不会使进出货互相影响,但是空间利用率低。这种设计适用于厂房空间较大,进出货容易相互影响的仓库。

③进出货分别使用平台、两者不相邻。这种设计是将进出货作业设为完全独立的两个平台,不但空间分开而且设备利用率低,这种设计适用于厂房空间不足的情况。

④多个进出货平台。这种设计方案适用于进出货频繁且空间足够的仓库。

(2)进出货平台的设计形式

平台形式有锯齿式和直线式两种。锯齿式的优点在于车辆旋转纵深较浅,缺点是占用仓库内部空间较大,如图 8-18a)所示。直线式优点在于占用仓库内部空间小,缺点是车辆旋转纵深较大,且需要较大外部空间,如图 8-18b)所示。

究竟选用哪种形式的平台,可根据土地和建筑物的价格而定。如果土地费用远低于仓库造价,选取直线式为最佳。

3)停车平台形式设计

在设计进出货停车平台时,除考虑效率和空间之外,还应该考虑安全问题。尤其是设计车辆和平台之间的连接部分,必须考虑如何防止大风吹入仓库内部和雨水进入仓库。此外,还应该避免库内空调的冷暖气外溢和能源损失。为此停车平台有以下3种形式。

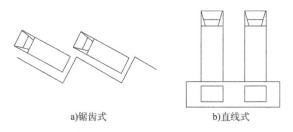

图8-18 直线式、锯齿式进出货平台设计形式

(1)内围式[图8-19a)]。把平台围在厂房内,进出车辆可直接入厂装卸货。其优点在于安全,不怕风吹雨打及冷暖气泄露。

(2)齐平式[图8-19b)]。平台与仓库侧边齐平。其优点是整个站台仍在仓库内,可避免能源浪费。这种形式造价低,目前被广泛采用。

(3)开放式[图8-19c)]。站台全部突出在厂房之外,站台上的货物完全没有遮掩,仓库内冷暖气容易泄露。

图8-19 停车平台设计形式

3. 仓储区设计

1) 仓储区设计的原则

(1)适应储存的作业流程,使物流方向合理、运输距离最短、作业次数最少、仓库利用率高、运输通畅、便于保管。

(2)有利于提高仓库经济效益,因地制宜,减少土方工程量,平面布置与竖向布置相适应,发挥设备效能,合理利用空间。

(3)符合安全、卫生要求,有一定的防火通道,设有防火与防盗设施,符合卫生要求,考虑通风、照明和绿化情况。

2) 考虑因素

在设计仓储区空间时,应考虑如下因素:货品尺寸、数量,托盘尺寸和货架空间,设备型号、尺寸、能力和旋转半径,走廊宽度和位置,柱间距离、建筑尺寸与形式,进出货及搬运位置,补货或服务设施的位置(防火墙、灭火器、排水口等)。仓储区的平面布局形式如图8-20所示。

4. 拣货区作业空间设计

拣货作业是物流中心内最费时的工作。若能最佳布置拣货方式,必将提高整个物流中心的效率。这也是拣货区空间设计的关键所在。

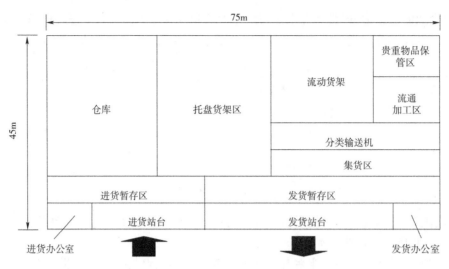

图 8-20　仓储区平面布局形式(尺寸单位:m)

1)储存和拣货区共用托盘货架的拣货方式

体积大、发货量也大的物品适用于这种模式。一般是托盘货架第一层(地面层)为拣货区,第二层和第三层以上为库存区。当拣货结束后再由库存区向拣货区补货。其拣货方式如图 8-21 所示。

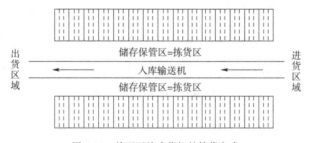

图 8-21　单面开放式货架的拣货方式

2)储存和拣货区共用的零星拣货方式

此时,储存与拣货区不是同一个货架,通过补货作业把货品由库存区送到拣货区。图 8-22 为存储区与拣货区分开的零星拣货方式。

5. 集货区作业空间设计

当物品经过拣取出库后进行集货、清点、检查和准备装车等作业时,由于拣货方式和装载容器的单位不同,在发货前的暂存和准备工作需要有一定的集货空间。

集货区货位设计一般以发往地区为货区单位进行堆放,同时考虑发货装载顺序和动线畅通性,在空间条件允许的情况下以单排为宜。否则可能造成装车时在集货区查找货物比较困难,以致影响搬运工作,降低装载作业效率。

另外,在规划集货区空间时,还要考虑每天平均发货订单、发货车次和出车路线以及每天拣货和出车工作时序安排等因素。例如,有的工作是一天发货两次或夜间发货,拣货时段则在白天上班时间完成,在不同发车时序要求下需要集货空间配合工作,方便车辆到达物流配送中心立即可以进行货物清点和装载作业,减少车辆等待时间。

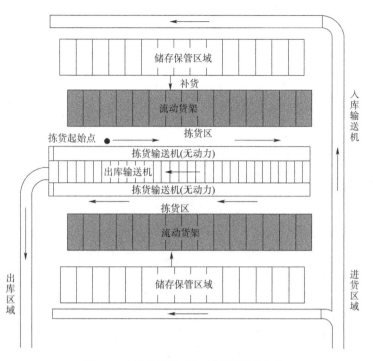

图 8-22 储存与拣货区分开的零星拣货方式

有时也可以把集货区和发货暂存区放在一起,但是发货暂存区的空间常作装载工作之用。如果拣出的货物需要等待较长时间才能装车,则有必要把发货平台和发货暂存区分开。

此外,周边辅助作业区域可采用关联式布置,即根据区域相关性进行布置规划。一般物流中心管理办公区采用集中式布置,并与仓储区相隔。由于目前仓储区采用立体化设备较多,其高度需求与办公区不同,为了有效地利用空间,可采用多楼层办公室规划、单独利用某一楼层、利用进出货区上层的空间等方式。

课后思考题

1. 简述物流中心、配送中心、物流园区之间的联系与区别。
2. 物流中心的功能主要有哪些?
3. 物流中心设计包括哪些步骤?
4. 物流中心设施主要有哪些类型?设备主要有哪些类型?
5. 简述物流中心的基本作业流程。
6. 物流中心内部设施总平面布局形式有哪几种?

第九章
运输枢纽规划概述

第一节 运输枢纽基础知识

一、运输枢纽相关概念

1. 枢纽理论

从词义上来讲,"枢"本义为门上的转轴,可引申为重要或中心的部分;"纽"为器物上可以抓住而提起的部分,可引申为有关全局的关键。"枢纽"在《辞海》中解释为"比喻重要的地点、事物的关键之处"。

枢纽概念源自图论和网络几何学。美国俄亥俄州立大学奥凯利(O'kelly)教授从网络结构角度给予枢纽更加理论化的解释。他认为枢纽是"使地区间联系更加方便、能在一系列'出发(Origination)-到达(Destination)'点对间产生规模经济,使网络流输送成本得以降低的节点"。网络设计理论研究将枢纽所存在的网络中的节点,划分为一般节点和枢纽节点两种,其中占少数的枢纽节点之间相互连通,而占多数的一般节点之间不相互连通,一般节点只能与枢纽节点相接。在实践过程中,人们发现大量的枢纽存在于世界各地的邮政、通信、航空及零担货运网络中,大量相关研究文献反映出更多关于枢纽网络设计的理论方法应用于这些领域。

网络结构理论认为,枢纽应具备良好的可达性、中心性和中间性。其中,枢纽可达性表示网络流到达枢纽的便捷程度;枢纽中心性指枢纽是空间经济和几何联系的中心;枢纽中间性指通过枢纽可以实现网络连接地方、地区、国家甚至国际。

2. 交通枢纽

狭义上的交通指与车辆运动状况相关的"人(驾驶员/行人)-车-路"之间的行为关系。广义上的交通涵盖了运输与邮电范畴,其中的运输所指为狭义上的运输,即伴随旅客/货物产生位移而发生的"路-车-旅客/货物"之间的活动。广义上的运输则包含所有从事货物、旅客发生位置移动的生产活动及其要素(如人、车、路、运输对象等),也就包括了狭义的交通。本书中交通与运输的概念均为狭义概念。

基于此,可以定义交通枢纽是不同交通线路间的平面交叉或立体交叉区域。这些区域的主要作用在于交通工具集散或流向转换。这些区域中有些可能会伴随交通工具聚集和分散而产生大量的旅客、货物运输活动,有些仅有少量旅客、货物运输活动,甚至有些仅发生纯粹的交通工具的集散和流向转换行为。

3. 运输枢纽

图论中定义了网络由边、点和弧容量组成。同理,可推得运输网络由运输车辆运行路径、旅客/货物集散节点以及对应路径与节点间的旅客/货物流量三部分组成。我们把运输网络中节点的旅客/货物流量达到一定水平时,且办理旅客和货物的中转、发送、到达业务,具有所需的设施设备的场所集合称为运输枢纽。或者说,运输枢纽是一种或多种运输方式的交汇与衔接之处,共同办理客货的中转、发送、到达所需的多种运输设施的综合体。

从服务功能方面来看,运输枢纽是运输网络的重要节点,通常位于一种或多种运输方式交通干线交叉与衔接之处,为旅客和货物的中转、集散活动服务。从实体结构上看,运输枢纽由多个中心站和若干辅助(专业分工式)站点组成,并以短途交通线相连接,是大量运输设施与设备组成的复杂有机体。从覆盖范围方面来看,运输枢纽以城市为依托,范围可以扩展到城市郊县甚至相邻城市,从而与临近的设施设备和运输组织在分工上紧密联系而构成一个枢纽。

运输枢纽与交通运输紧密相连,其作用和性质与交通运输密切相关,服务于两种或者两种以上交通运输方式的枢纽称为综合运输枢纽。大型综合运输枢纽是当前运输枢纽发展的趋势。

若对运输方式进行划分,则有综合运输枢纽的概念,即服务于多种运输方式的运输枢纽称为综合运输枢纽。综合运输枢纽是几种运输方式或几条运输干线交汇并能办理客货运输作业的各种技术设备的综合体。综合运输枢纽一般由车站、港口、机场和各类运输线路、库、场以及运输工具装卸、到发、中转、联运、编解、维修、保养、安全、导航和物资供应等项设施组成,是综合运输网的重要环节。

从运输站场与运输枢纽的关系来看,表现为两个方面。一方面,运输站场是组成运输枢纽的基本要素。运输枢纽由多个客、货运输站场及相关配套设施设备组成,而运输站场作为运输枢纽的主体构成要素,是运输枢纽提供运输服务功能的依托。另一方面,运输枢纽是运输站场发展的高级形式。运输站场发展经历从"点"到"面"的过程,运输站场由于吸引范围较小,服务的范围可视作"点",运输枢纽将多个站场有机联系起来,使其覆盖的范围扩展到城市或经济区域的整个"面"上。运输枢纽或具有运输枢纽区位的节点在运输网络中处于较高层级,不能构成运输枢纽且不具备运输枢纽区位的节点处的运输站场处于较低层级。

需要说明的是,考虑到不同运输方式之间技术经济特性的差异以及运输生产组织活动的区别,特别是铁路运输与航空运输站场的设计过程相对复杂,其相关专业知识需独立进行总结。因此,本书在具体运输枢纽规划和站场设计部分以汽车客、货运输为主。

4. 概念辨析

1) 运输枢纽与交通运输枢纽

不少著作中使用交通运输枢纽的概念,称交通运输枢纽"是在两条或两条以上运输线路的交汇衔接处形成的具有运输组织、中转、装卸、仓储、信息服务及其他辅助功能的综合性设施",或者称交通运输枢纽"是一种或多种运输方式交通干线交叉与衔接之处,共同为办理旅客与货物中转、发送、到达所需的多种运输设施的综合体"。显然,交通运输枢纽概念的表述更加侧重于意欲表达的运输枢纽内涵。但传统上对交通枢纽与运输枢纽的内在含义缺乏清晰的区分,因此"交通运输枢纽"这一表述在一定程度上混淆了运输枢纽与交通枢纽区别,从而使其所表达的含义含糊不清。

同时,考虑到广义运输的内涵,我们认为可以用"运输枢纽"术语代替传统的"交通运输枢纽"的表述方式。

2) 运输枢纽与运输枢纽载体

在现有不少文献中,经常看到以城市名称代替运输枢纽名称的做法,从本质看这种表述值得商榷。因为绝大多数情况下在多条运输线路交汇处位于城市或者容易发展为城市,构成运输枢纽的站场及其衔接与配套的设施设备位于城市或城市化区域,可以称这些城市为运输枢纽载体。从严格意义上讲,不宜称城市为运输枢纽。例如,"北京运输枢纽"指以北京市为依托在城市覆盖范围内形成的运输枢纽,或者说"北京是国家运输枢纽城市",而不用"北京是国家运输枢纽"方式表述。

同时,从所覆盖的地理范围也能看出两者的明显差异,一个运输枢纽所覆盖的地理范围可能在一个城市内,也可能超出一个城市的范围而扩展到城市绵延区或城市群。

3) 交通枢纽与运输枢纽

综上所述,交通枢纽是实现交通工具集散或不同交通线路间车辆流向转换的设施,其服务对象为交通工具(特别是车辆);而运输枢纽由多个站场及其衔接配套设施设备构成,服务对象不仅有运输车辆,还有旅客及货物,并以旅客及货物为主。显然交通枢纽与运输枢纽存在着本质区别,它也不同于城市内部主要公共交通站点。往往在大型运输站场周围可能会形成交通枢纽,如大型的机场、火车站、汽车站等,但交通枢纽周围不一定会形成运输站场,如大型的公路、铁路甚至城市立体交叉口处。

二、运输枢纽类别

运输枢纽是处于两条以上的运输通道交汇处,由多个运输站场及其衔接与配套设施设备构成,具有办理旅客和货物发送、中转、到达、仓储、配送等业务所需的设施和设备的运输网络节点。对运输枢纽进行分类的目的在于通过研究运输枢纽与区域经济、社会及城市发展的关系,明确运输枢纽布局规划的思路和方法,使运输枢纽布局规划更加合理,有利于在运输枢纽总体规划中合理布局运输站场,使运输枢纽内部运输设施布局更加协调。

1. 按枢纽等级

按照等级将运输枢纽分为国际性(International)枢纽、国家级(National)枢纽、区域性(Regional)枢纽和地域性(Local)枢纽四种。

国际性运输枢纽位于大陆桥、小陆桥和跨国综合运输通道的交汇处,处于边境城市、沿海城市和经济特区城市,主要经营跨国客、货运输与运输代理业务,并与周边国家级、区域性和地域性枢纽联网经营跨省、跨区客、货运输业务。

国家级运输枢纽位于不同方式运输走廊的交汇处,处于省会城市、中心城市、沿海开放城市和经济特区城市,主要经营跨省、跨区客、货运输业务并与区域性和地域性枢纽联网经营区内客、货运输业务。

区域性运输枢纽位于重要运输通道交汇处,处于省际接壤地区(市、地、盟、州)人民政府所在地城市,主要经营跨省、跨区和区内客货运输业务。

地区性运输枢纽位于运输干线交汇处,处于县(市、旗)人民政府所在地,主要经营跨区、跨县和县内客货运输业务。

2. 按运输对象

运输枢纽可按运输对象分为客运枢纽和货运枢纽。

旅客运输枢纽是指以客运业务占主导地位、枢纽内运输站场主要为旅客的出发、到达、中转换乘提供服务。货物运输枢纽是指货运业务占主导地位、枢纽内运输站场主要服务于货物运输。

3. 按运输方式

运输枢纽可按运输方式分为单一方式运输枢纽和综合运输枢纽。

单一方式运输枢纽有公路运输枢纽、铁路运输枢纽、水路运输枢纽、民用航空枢纽。综合运输枢纽由两种或多种运输基础设施组成,如铁-水、铁-公、公-水-铁等综合运输枢纽。

4. 按所在运输网络特性

按照运输枢纽位置特性,运输枢纽可分为已定型、半定型和全定型枢纽。

已定型枢纽是指运输枢纽依附于已建成地理实体(城市、大型开发区、工业园、港口、厂矿等)而存在,其位置是由该地理实体的经济、社会特性所确定的。例如,一个国家的首都通常是城际运输网络的枢纽,这些运输枢纽也称为"网先枢纽"。如果运输枢纽还未完全建成,存在选址问题,而运输枢纽选址依赖于其所在对象网络(目前正选择枢纽位置的运输网络)的结构特征和外部社会、经济因素,这类枢纽称为"半定型"运输枢纽。若运输枢纽的位置由所在运输网络及其上客、货流量分布情况来决定,则这类枢纽称为"全定型"运输枢纽。

也就是说,对于尚未形成运输枢纽的运输节点,只要客货流集散活动频繁,在该节点处建设运输站场及其配套设施的概率很高,就可以发展成为运输枢纽,则称该节点具有运输枢纽区位。在实践过程中,可选择具有较强运输枢纽区位的运输网络节点进行建设,以促进其形成运输枢纽。

三、运输枢纽作用

运输枢纽的作用体现为以下三点。

1. 运输枢纽是运输网络的客货流组织中心

在运输生产过程中,大量时间和费用耗费在旅客及货物的中转、装卸搬运、存储保管等环节上,运输枢纽可以利用站场间的合理分工和组织管理系统,提高旅客与货物的集散速度,能大大降低客货流在站滞留时间,减少运输网络节点处各种活动对运输连续性的干涉。通过运输枢纽将干线运输与支线运输活动联系在一起,有利于充分发挥系统功能,使交通运输网络上线路间在枢纽处的干涉现象减至最小,从而有效提高网络的协调性和运输效率。

由于运输枢纽位于一种或几种运输方式的接合部或几条运输干线的交汇点,有大量客货流集散,具有优越的地理位置和方便的交通运输条件。运输枢纽的形成和发展,实现了所在区域交通运输条件的改善,以及产业布局和商业贸易的发展。目前,许多运输枢纽已发展成为区域经济、工业、商业、文化中心。

2. 运输枢纽是不同运输子系统的衔接点

运输枢纽是国家或区域交通运输系统的重要组成部分,是不同运输方式的交通网络运输线路的交汇点,是由若干种运输方式所连接的固定设备和移动设备组成的整体,共同承担着枢纽所在区域的直通作业、中转作业、枢纽作业以及城市对外交通的相关作业等功能。

运输枢纽是同一种运输方式多条干线相互衔接,进行旅客服务、客货集散与中转、对运载工具进行技术作业和调节的重要基地。运输枢纽汇集了多种运输方式服务的功能,是多种运输方式的交汇点,是大宗客货流中转、换乘、换装与集散的场所,是各种运输方式衔接和联运的主要基地。

此外,运输枢纽依托于城市而发展,是城市之间运输网络和城市运输网络的衔接点,是解决城市客运、货物配送与干线客货运输因运输组织方式差异而使运输过程脱节的衔接点。

3. 运输枢纽是多个运输线路非协调发展的缓冲点

运输枢纽为旅客出行换乘、货物配载及联运提供信息服务,通过计算机及信息通信设施,形成信息网络,提供车、客货信息和通信服务。运输枢纽依托于城市,对城市形成和发展有着很大影响,是城市内外联系的桥梁和纽带。

运输网络具有输送和集散两种显著功能。其中,输送功能通过运载工具在运输线路上的活动实现,集散功能则通过支线运输对干线运输的支持实现。运输枢纽则是运输网络实现两种功能的衔接点。进一步地讲,运输枢纽是不同层次运输网络的衔接点,既是客货流从干线到支线、从"点"到"面"的分散点,也是客货流从支线到干线、从"面"到"点"的汇集点。

不过,由于运输网络中连接运输枢纽的多条运输线路在方向、等级、通行能力等方面有很大差异,通过不同线路运输的旅客及货物经过运输枢纽的转换又以相异的特性发送出去。流量、流向、流时及运距等特性具有很大差异的旅客与货物凭借运输枢纽的缓冲作用来化解其间的冲突,使旅客与货物在流向、流量、组织方式上取得最佳的效果。

四、运输枢纽功能

运输枢纽作为运输站场及其衔接配套设施设备的综合体,除具有运输站场所具有的基本功能外,还具有以下功能。

1. 系统结构优化

在运输枢纽内部,各运输站场不再是单独运作的个体。它作为组成要素同其他站场共同构成运输站场系统,是运输枢纽最重要组成部分。根据系统科学原理可知,运输枢纽所实现的系统功能必然大于各站场要素所实现功能之和。

因此,运输枢纽可以通过总体规划来优化各运输站场的位置、规模与功能,并通过运行管理机制来协调站场间的运作,将各运输站场的竞争关系变为协作关系,有利于实现社会效益最大化。

2. 运输网络衔接

衔接功能指运输枢纽作为不同层级、不同地域运输网络、同层级运输网络的不同运输路线以及运输网络与城市运输网络的衔接点,根据运输活动的需要,通过运输枢纽把不同线路、不同组织方式的旅客及货物运输活动连接起来,保障运输生产过程的连续、畅通。

具体来说,可概括为以下四点。

(1)运输枢纽把位于不同层级区域内的需求点连接在一起,实现旅客及货物从低层级运输网络向高层级运输网络的汇集,以及从高层级运输网络向低层级运输网络的分散。

(2)运输枢纽之间的连接有利于组织跨区域城间干线客、货运输,实现运输网络的输送功能,这是运输枢纽建设的初衷和主要出发点之一。

(3)通过运输枢纽将不同方向运输线路的运输活动衔接,实现运输路线的方向转换。

(4)通过在运输枢纽内各运输站场处将城市内外的旅客及货物运输网络衔接,实现城市内外运输活动的转换。

3. 交通环境改善

由于运输站场的客货流集散必然产生较高的交通需求,容易在运输站场周边产生交通拥挤、噪声、大气污染等,增加了城市交通环境压力。运输枢纽通过总体规划对运输站场位置、规模与业务功能进行优化,一方面减少了过境车辆进入市区;另一方面改变客货流在城市中的传统集散方式,使进出旅客、货物"化整为零"和"化零为整",依靠公共客运和共同配送来减少市区运送旅客、货物的车辆交通出行,从而达到缓解交通压力、减少环境污染的目的。

4. 产业结构优化

作为网络型基础产业,运输具有显著的规模经济特征。运输枢纽吸引多种运输生产要素聚集,有利于推进运输生产的规模化组织和专业化分工,从而提高运输生产效率,而且运输枢纽的建设与发展有利于推动运输组织方式的变革,促进"轴-辐"式运输网络的形成,从而缩短旅客及货物送达时间,取得干线运输网络的规模经济,有利于增强国家干线运输通道的地位,提高运输产业竞争力。

第二节 运输枢纽规划层次

一、运输枢纽规划的地位及层次划分

运输枢纽依托所在城市或区域的运输网络,运输枢纽规划是区域经济发展规划、城镇体系规划、城市总体规划、土地利用规划等上级规划基础上的专项规划。同时,由于运输枢纽建设会影响所在区域运输网络,改变其原来平衡状态,同时与所在城市交通系统相互影响,对城市

交通发展有一定促进作用。因此,运输枢纽规划与其他规划的相互关系如图 9-1 所示。

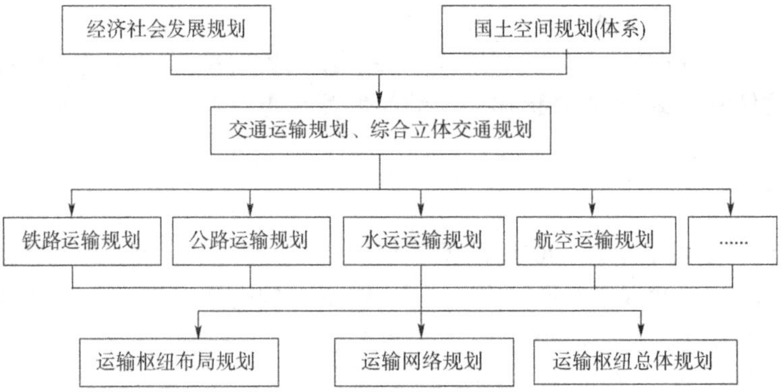

图 9-1 运输枢纽规划与其他规划的关系

运输枢纽规划包括运输枢纽布局规划和运输枢纽总体规划两部分。运输枢纽布局规划属宏观层面的运输枢纽规划,而运输枢纽总体规划属微观层面的运输枢纽规划。

运输枢纽布局规划站在国家或经济区域的层面,以包含多个运输枢纽的经济区域为研究对象。运输枢纽布局规划主要确定所在区域[全国、全省(自治区、直辖市)等]范围内运输网络上的运输枢纽层级、功能、位置、数量等。通过运输枢纽布局规划使区域内运输网络与运输枢纽体系层次分明,便于不同层级各运输枢纽实施分级管理,从而达到交通顺畅、对外交通联系方便、运输系统效率最优的目标,如交通运输部规划的全国 179 个国家公路运输枢纽。

运输枢纽总体规划站在某一个城市或城市群落的层面,在运输枢纽的载体所辖范围内确定所需建设运输站场的位置、数量、等级、规模、建设序列及运营系统设计等,通过运输枢纽内的运输站场布局使各运输站场分工明确、联系紧密,如北京运输枢纽总体规划。

二、运输枢纽布局规划目标与原则

1. 运输枢纽布局规划目标

运输枢纽布局规划的指导思想:贯彻以人为本,全面、协调、可持续的理念,适应全面建设小康社会和现代化建设对运输的需要,以提高运输的整体服务能力和水平为宗旨,构建布局合理、层次分明,与路网和其他运输方式紧密衔接的运输枢纽体系;适应区域经济社会发展需要,建立以综合运输体系为主轴、以引导区域协调发展为核心、充分发挥运输网络优势和特点、以社会效益为中心的运输枢纽体系。

规划目标包括以下内容。

(1)将公路运输枢纽在规划区域公路交通网络中的地位和作用提到应有高度,以推动公路运输效益增长,促进区域经济长期、稳定、协调发展为宗旨,充分体现公路运输行业适应经济发展需求的能力。

(2)根据对规划区域经济和交通运输发展需求预测和交通调查的结果,以系统工程和区域物流理论为依据,优化确定规划区域公路运输枢纽的布局,使公路运输与其他运输方式相互协调、相互促进,提高规划区域交通运输系统的服务水平和效率。

(3)通过规划,科学合理地确定公路运输枢纽的层次结构、数量、规模等,避免重复建设和投资浪费,促进公路运输枢纽从"严重滞后"向"基本适应"和"适度超前"的转变,从而合理引导公路运输需求。

2. 运输枢纽布局规划原则

1) 统筹兼顾、满足需求

运输枢纽布局规划属宏观规划，一般为国家或省级的规划，包括的范围通常是数十个省（自治区、直辖市）或县（市）。由于我国地域辽阔，地区之间的地理特点不同，经济发展水平差异很大，同一省区市的不同地区也很不平衡，因此对运输需求的水平也不一致。在进行运输枢纽布局规划时，既要满足发达地区的运输需求，提高运输效率，又要重视促进经济欠发达地区发展的要求，为引导运输需求和未来经济发展提供重要的物质基础。

2) 与路网规划相配套

运输枢纽是路网节点和配套基础设施，一定运输枢纽的等级和规模与连接其路网运输能力是密切相关的，运输枢纽和所在路网共同构成运输系统。因此，运输枢纽布局规划要与同级的路网规划相适应。

3) 以区域为依托满足生产力布局要求

在进行运输枢纽布局规划时要以所在区域为依托，充分考虑区域城镇体系结构特征和产业布局发展需要，通过运输枢纽布局规划构筑与城镇体系结构和产业布局相适应的多层级、多功能的运输枢纽体系。

4) 层级结构明确、网络覆盖全面

运输枢纽体系具有不同层次结构，每一层运输枢纽都处于不同层级的运输网络，具有各自的吸引面积。对区域内的运输枢纽进行布局规划，应覆盖所代表层次的全部范围。在一定网络层次中，运输需求是呈面的状态，而运输供给则是以运输枢纽为中心沿道路呈线状展开，进而渗透到面上，只有保证运输枢纽在区域内部覆盖各个方位，才能达到运输需求的充分满足和运输总成本最小。

三、运输枢纽总体规划目标与原则

1. 运输枢纽总体规划目标

运输枢纽总体规划应满足以下目标。

(1) 适应国民经济和社会发展的需求，满足全面、协调、可持续的科学发展要求。

(2) 符合城市总体规划，与土地利用规划、交通发展规划等相协调。

(3) 充分考虑综合交通运输发展的需要，与水运港口、铁路站场、航空港以及城市公共交通相衔接。

(4) 充分发挥运输优势，与路线、城市干道、运输组织和信息化等相匹配。

2. 运输枢纽总体规划原则

1) 因地制宜

运输枢纽总体规划要根据城市经济社会发展水平、城市规模、特点以及运输发展状况，合理确定客货运站场的功能、规模、发展重点、建设模式和实施措施。在经济发展水平高、基础设施完善的城市，其运输枢纽总体规划应重视快速客运、快速货运、物流服务、多式联运、集装箱集疏运、特种运输等站场建设；对于经济欠发达城市运输枢纽总体规划，首先是满足近期客货运输组织和服务的需求，同时在规划理念、设施规模、运输组织方式手段、信息技术应用等方面,有利于未来运输发展的需要。

2) 统筹规划

(1) 运输枢纽总体规划要与其所在城市经济社会及交通运输发展目标相适应。

(2) 运输枢纽内的站场布局要与城市规模、功能、产业布局、人口分布等相吻合,与城市发展环境相协调。

(3) 运输枢纽总体规划应综合考虑与城市对外交通通道和市内交通干道、港口和铁路枢纽、航空港、综合物流园区等基础设施的布局衔接与协调。

3) 目标明确

运输枢纽总体规划要在综合分析研究影响枢纽发展因素的基础上,科学地提出运输枢纽发展思路和目标,要保证规划具有较强的指导性和可操作性,做到微观与宏观相结合、近期与远期相结合。

4) 规模适度

运输枢纽总体规划方案中确定站场规模时,要坚持规模适度原则,单个站场规模不宜过大。站场规模过大则选址困难,容易使站内车辆管理混乱,造成外部交通拥挤,且站场规模过大必然服务半径长,使站场可达性降低。所以运输枢纽总体规划中的站场布局应合理,宜疏不宜集,坚持满足就近乘车原则。

5) 适度超前

运输枢纽总体规划要努力拓展思路,创新规划建设理念,与时俱进,加强运输枢纽发展关键问题研究。按照全面、协调、可持续的科学发展要求,在发展思路、规划目标与服务功能、建设内容和标准、组织管理方式、运营机制模式、政府企业职责、投融资方式等方面,开拓创新,更新理念。

运输枢纽内的客运站场布局应统筹考虑城市对外交通与城市交通,注重与城市公共交通体系的衔接,实现旅客运输"零距离换乘";货运站场布局应统筹考虑传统货物运输与现代物流发展的融合,注意与其他运输方式的衔接,实现货物运输"无缝衔接",推动货运站场向集约化、规模化、专业化、综合型、立体化方向发展。

四、运输枢纽规划程序

1. 运输枢纽布局规划工作程序

1) 确定规划目标与原则

根据实际需要制定开展运输枢纽布局规划所要完成的任务及其目标,在规划目标指导下制定规划的基本原则。

2) 现状调查分析与预测

根据规划目标确定研究对象的范围与内容,调查区域内经济、社会、交通运输等基本现状,并对现状进行分析。它包括区域经济调查和交通运输调查两部分。它的基本任务是分析区域经济社会发展和生产力布局的特点及其发展趋势,研究影响运输枢纽空间结构的主要因素,了解区域社会经济发展战略、国土规划、交通运输发展规划等,做好相应经济社会、交通运输资料收集和相关专项调查分析与预测。其目的在于明确运输枢纽布局规划的经济环境、社会需求,明确其发展的优势和制约因素,找出发展中的关键问题和潜力,为确定发展目标及进行运输枢纽布局规划方案设计提供依据。

3)确定备选节点

从拟规划所处区域的运输网络层级结构、城镇体系结构及区域产业结构特征角度考虑,通过对区域内运输枢纽备选载体城市的空间结构特征分析,选取区域内在干线运输网络中的中心城市和重要港口码头、铁路车站、航空港所处的区域作为规划运输枢纽的备选点。

4)选取布局规划指标

经过相关系数分析,一般选取国内生产总值、市区非农业人口、综合运量等与反映城市总体水平和生产力状况有关的指标作为布局规划的指标。

5)选取规划方法

根据规划目标选取恰当的布局规划方法,一般地讲,单层次枢纽布局规划可选用节点重要度法;多层次枢纽布局规划可选用层次分析法、模糊聚类法、神经网络法等分类识别方法。

6)确定枢纽布局方案

在上述工作的基础上,采用定性与定量相结合的方法,最终确定运输枢纽的层次划分。

7)布局方案评价

将运输枢纽布局规划方案与预先确定的规划目标进行比较,若达到基本要求则确定最终规划方案;若与原规划目标有较大差距,则重新选取规划指标和规划方法进行运输枢纽布局,直至规划方案满足要求为止。

运输枢纽布局规划的基本工作程序如图9-2所示。

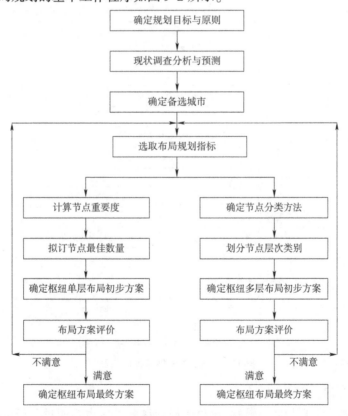

图9-2 运输枢纽布局规划工作程序

2. 运输枢纽总体规划工作程序

运输枢纽总体规划的主要任务是确定规划范围内运输站场的数量、位置、规模、投资、建设序列等,并提出实施措施和建议。运输枢纽总体规划工作程序可按图 9-3 所示步骤进行。

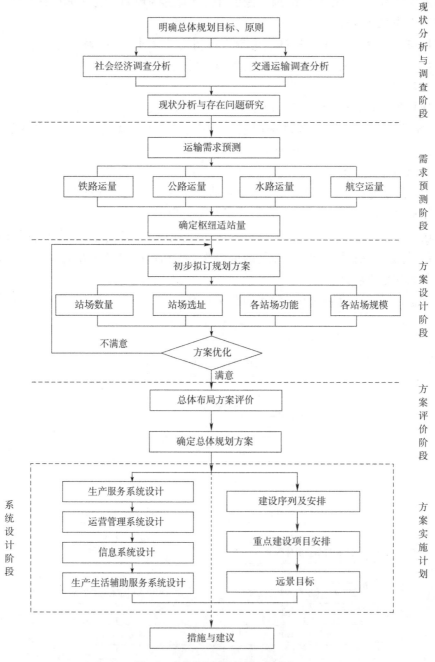

图 9-3　运输枢纽总体规划工作程序

1) 现状分析与调查阶段

与运输枢纽布局规划相似,运输枢纽总体规划在此阶段也是通过分析区域经济社会发展和生产力布局的特点及其发展趋势,研究影响运输枢纽内站场布局的主要因素,分析载体城市社会经济发展、国土规划、交通运输发展规划等,做好相应经济社会、交通运输资料收集和相关专项调查分析。

在具备客货流调查条件的情况下,运输枢纽总体规划还应该划分适当的运输小区,调查客货流在载体城市内的分布情况。

2) 需求预测阶段

根据运输枢纽载体区域经济社会及交通运输的发展特点及趋势,通过定量定性相结合的预测模型及方法,预测规划期内各种运输方式运输需求总量和客货运量。此外,在运输枢纽总体规划中,还需要通过预测确定枢纽适站量,以便于确定运输枢纽站场数量、规模、功能等;在进行客货流调查的情况下,还应对各运输小区客货流的发生、吸引、分布情况进行预测,以便于进行运输站场布局方案设计。

3) 方案设计阶段

根据规划范围内客货流量、流向及分布特征,结合城市产业布局以及功能分区、规划用地、交通条件、环境保护要求等,确定运输枢纽站场数量、规模、功能等;同时,提出运输站场选址方案,对备选方案进行优化比选,最终提出多套运输枢纽的站场布局方案。

4) 方案评价阶段

方案评价是指在不同布局规划方案的基础上对运输枢纽总体规划方案所涉及的站场规模、功能、位置等方面进行比选,通过建立单项评价指标或综合性指标,运用定量-定性相结合的方法将客观、准确的评价与结论呈现出来,从而为决策者最终确定运输枢纽的站场布局方案提供依据。

第三节　运输枢纽总体规划内容

运输枢纽总体规划由两部分组成:一部分是运输枢纽总体规划方案;另一部分是运输枢纽总体规划研究,包括客运枢纽总体规划和货运枢纽总体规划。

一、运输枢纽总体规划方案

通过客货运输枢纽总体规划研究工作,在此基础上对规划成果进行说明、汇总和提炼,形成运输枢纽总体规划方案。运输总体规划方案主要包括以下内容。

1. 规划背景

概述运输枢纽总体规划相关背景和主要依据,明确规划范围和期限。

2. 规划的必要性

概述运输枢纽在经济社会、交通运输发展中的地位、作用以及规划的必要性。

3. 规划的指导思想和目标

概述运输枢纽总体规划的指导思想和规划目标。

4. 功能定位

(1) 战略定位:概述运输枢纽在区域运输网络及总体交通系统中的战略定位。
(2) 市场需求:概述运输枢纽的服务对象及其对运输枢纽的需求。

(3)枢纽功能:概述运输枢纽的主要功能。

5. 布局规划

(1)需求预测:主要客货运输指标预测结果。

(2)客运枢纽站场布局方案:概述客运枢纽站场数量、布局、功能、等级、规模等。

(3)货运枢纽站场布局方案:概述货运枢纽站场数量、布局、功能、等级、规模等。

6. 信息系统规划

根据旅客(货主)、行业管理部门、进站运营企业和客(货)运站管理对信息的需求,确定信息系统的功能、结构和主要建设内容。

7. 实施方案和近期建设重点

提出运输枢纽实施方案和近期建设的重点项目。

8. 政策与措施

提出运输枢纽建设实施相应的政策措施。

二、运输枢纽总体规划研究

客货运输枢纽总体规划应根据运输枢纽载体城市及其影响范围内经济社会、交通运输发展趋势及特点,围绕以下内容进行分析预测和研究论证。

1. 客运枢纽总体规划研究

1)经济社会和交通运输发展现状

(1)经济社会

分析枢纽载体城市的经济社会发展现状,研究其对外经济联系以及城市空间布局、功能分区、人口分布等。

(2)交通运输

分析研究枢纽载体城市及相关区域交通基础设施和综合运输发展的现状及特点。主要内容包括:①交通区位特点;②各种运输方式的基础设施现状及在全社会旅客运输中所占份额;③旅客流量、流向;④旅客出行特点;⑤城市交通的发展状况;等等。

(3)客运站场适应性评价

分析研究枢纽载体城市的客运站现状、存在问题和适应性。

2)经济社会、交通运输发展趋势和规划的必要性

(1)经济社会发展目标

根据枢纽载体城市经济发展战略及规划,综合分析规划期内枢纽载体城市经济发展的宏观态势,预测经济社会主要指标。

(2)城市规划

根据枢纽城市总体规划,概述城市性质与规模,城市发展空间布局,功能分区,居住、公交、对外交通等用地分布,城镇发展战略,等等。

(3)综合交通规划

根据枢纽城市综合交通发展规划,分析未来旅客运输交通体系的构成,各种交通方式的发展趋势等。

（4）旅客运输发展趋势

根据经济社会和交通运输发展趋势,分析枢纽城市客运发展态势和特点。

（5）规划的必要性

研究客运枢纽在经济社会及交通运输发展的地位、作用和规划建设必要性。

3）市场需求分析与预测

（1）市场需求分析

借鉴国内外客运枢纽及站场的发展经验,根据枢纽城市对外经济交通联系及旅客运输发展趋势和特点,分析研究客运枢纽服务对象、辐射范围,及其对客运枢纽的需求。

（2）客运枢纽功能

根据客运枢纽的服务对象及需求,研究客运枢纽的服务功能。

（3）主要运量指标预测

分析预测规划期目标年及特征年主要客运量指标,包括全社会客运量、分方式、分方向或分区域客运量、客运枢纽站场发送量等。

4）站场布局

（1）指导思想、目标和原则

研究确定站场布局规划的指导思想、目标和原则。

（2）站场布局影响因素分析

综合分析各种影响因素对客运枢纽站场布局的影响和要求。主要内容包括：①城市的空间布局、功能分区、人口分布、旅游资源分布；②城市对外交通通道及主要出入口,其他运输方式客运站场布局,城市公交枢纽站场布局；③主要客源点分布及集疏运需求,旅客流量流向特点；④枢纽站场的用地条件、交通组织、集疏运条件、环保要求。

（3）布局方案论证

①站场数量。

根据目标年(特征年)站场发送量等,采用定量计算与定性分析相结合方法,合理确定客运枢纽需设置的站场数量及构成。

②站场布局。

综合考虑影响布局的各种因素,采用理论与实际相结合的方法,优化论证和确定客运枢纽站场的选址方案。

③站场功能。

根据市场需求分析与预测,结合客运枢纽站场的布局,明确各客运站场的具体功能与业务分工。

④站场等级和用地规模。

根据各客运站场的发送量及功能,确定站场技术等级,测算用地规模,明确控制用地。

5）客运枢纽信息系统规划

（1）构建目标

根据枢纽城市客运信息系统的发展现状及发展需求,科学确定客运枢纽信息系统的构建目标。

（2）规划设想

根据旅客出行、运输组织、运营管理、行业管理等对信息化发展的需求,规划确定信息系统的功能、结构和主要建设内容。

6）实施方案

（1）根据客运枢纽经济属性特点，明确政府、企业在客运枢纽建设中的主要职责。

（2）建设模式和投融资方式

根据枢纽城市经济发展水平、运输企业改革情况、客运站场经营管理方式等，研究提出客运枢纽站场的建设模式、投融资方式。

（3）实施安排和近期建设重点

根据市场需求和规划目标，提出客运枢纽及站场实施安排和近期建设的重点项目等。

7）措施与建议

研究提出保障客运枢纽规划顺利实施应采取的政策措施和建议。

2. 货运枢纽总体规划研究

1）经济社会和交通运输发展现状

（1）经济社会

分析枢纽城市经济社会的发展现状，重点研究支柱产业、商业、贸易等发展水平和特点。

（2）交通运输

分析研究枢纽城市及相关区域交通基础设施和综合运输发展的现状及特点。主要内容包括：①交通区位特点；②各种运输方式的基础设施现状及其在全社会货物运输中所占份额；③主要货类流量、流向等。

（3）物流业

概述枢纽城市物流业的发展状况，第三方物流服务的总体发展水平。主要内容包括：①物流基础设施的发展现状；②物流服务企业的数量、规模、服务内容以及组织化和专业化水平；③集装箱运输发展现状等。

（4）货运站场适应性评价

分析研究货运站场的现状、存在问题和适应性。

2）经济社会、交通运输发展趋势和规划的必要性

（1）经济社会发展目标

根据国家、区域、枢纽城市宏观经济发展战略及规划，综合分析规划期内枢纽城市经济发展的宏观态势，预测经济社会主要指标。

（2）产业发展趋势

根据枢纽城市产业发展规划，分析未来产业发展方向、特点和水平，主导产业的类型和布局等。

（3）城市规划

根据枢纽城市总体规划，概述城市性质与规模，工业、仓储、商贸等用地分布，城镇发展战略等。

（4）综合交通规划

根据枢纽城市综合交通发展规划，分析未来货物运输交通体系的构成，各种交通方式的发展趋势等。

（5）货物运输发展趋势

根据经济社会和交通运输发展趋势，分析枢纽城市货物运输发展态势和特点。

(6) 现代物流发展趋势

根据国内外现代物流业尤其是集装箱运输的发展趋势，以及支柱产业、商业、贸易等发展特点，分析枢纽城市现代物流业、集装箱运输的发展态势。

(7) 规划的必要性

研究货运枢纽在经济社会及交通运输发展中的地位和作用，规划建设的必要性。

3) 市场需求分析与预测

(1) 市场需求

借鉴国内外货运枢纽及站场的发展经验，根据枢纽城市产业特点以及现代物流和货物运输发展趋势，分析研究货运枢纽主要服务对象（包括主要企业及货物类型）及其对货物运输、货运枢纽的服务需求。

(2) 货运枢纽功能

根据货运枢纽的服务对象及需求，研究货运枢纽的服务功能。

(3) 主要运量指标预测

分析预测规划期目标年及特征年主要货运指标，包括全社会货运量、货运量、分方向或分区域货运量、主要货类及集装箱运量、货运枢纽站场吞吐量和主要作业量等。

4) 站场布局规划

(1) 指导思想、目标和原则

研究确定货运站场布局规划的指导思想、目标和原则。

(2) 站场布局影响因素分析

综合分析各种影响因素对货运枢纽站场布局的影响和要求。主要内容包括：①城市的空间布局、功能分区，产业空间布局；②城市对外交通通道及主要出入口，其他运输方式货运站场布局，物流园区及城市商业配送设施规划布局；③主要货源点分布及集疏运需求，货物流量流向及主要货类构成；④枢纽站场用地条件、交通组织、集疏运条件、环境保护要求等。

5) 布局方案论证

(1) 站场数量

根据目标年（特征年）站场作业量等，采用定量计算与定性分析相结合的方法，合理确定货运枢纽需设置的站场数量及构成。

(2) 站场布局

综合考虑影响布局的各种因素，采用理论与实际相结合的方法，优化论证和确定货运枢纽站场的布局和选址方案。

(3) 站场功能

根据市场需求分析与预测，结合货运枢纽站场的布局，明确各站场功能与业务分工。

(4) 用地规模

根据各货运站场的吞吐量、作业量及功能，测算各站场的用地规模，提出控制用地需求。

6) 货运枢纽信息系统规划

(1) 构建目标

根据枢纽城市货运信息系统发展现状以及货物运输和现代物流发展需求，科学地确定货运枢纽信息系统的构建目标。

（2）规划设想

从满足货主、运输企业、物流企业等使用者以及行业管理和货运站场运营管理的需求出发，规划确定信息系统的功能、结构和主要建设内容。

7）实施方案

（1）政府、企业在货运枢纽建设中的职责

根据货运枢纽经济属性特点，明确政府、企业在货运枢纽建设中的职责。

（2）建设模式和投融资方式

根据枢纽城市经济发展水平，运输企业改革及经营机制等，研究提出货运枢纽站场建设模式、投融资方式等。

（3）实施安排和近期建设重点

根据市场需求和规划目标，提出货运枢纽及站场实施安排和近期建设的重点项目等。

8）措施与建议

研究提出保障货运枢纽规划顺利实施应采取的政策措施和建议。

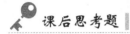

课后思考题

1. 什么是运输枢纽？简述运输枢纽与运输站场的联系与区别。
2. 运输枢纽有哪些功能？
3. 简述运输枢纽总体规划与运输枢纽布局规划的联系与区别。
4. 阐述运输枢纽规划在国土空间规划体系中的地位和作用。

第十章
运输枢纽规划理论基础

第一节 运输枢纽形成机理

城市发展与运输枢纽有着极为密切的关系。交通运输领域的科技进步,对许多城市(如郑州、石家庄等)的快速发展都产生着重要影响,有力地推动了城市化进程,特别是近代汽车工业的发展把城市化进程推向了新的高潮。相应地,城市发展对城市内外交通产生反作用,城市体系的完善使城市间实现功能互补所产生的交往更为密切,极大地推动了城市交通的发展。现代交通运输业在推动城市化和满足城市对交通运输的需求中得到快速发展,运输枢纽也伴随着运输网络的形成和城市内外运输需求不断变化的过程中逐渐得到发展壮大。

一、城市与运输枢纽的关系

1. 城市发展对运输枢纽的影响

1) 城市是运输枢纽的载体

城市是运输网络中的重要节点,在城市的聚集效应作用下,客货流受到聚集引力的作用期望聚集到城市中心,从而产生运输客货源的地理空间分布呈集中分散特征,即运量集中的城市所占地理空间面积很小,但生成的运量需求的权重却很大。运输活动的聚集使得城市具有运输枢纽区位优势。

为解决城市经济发展对运输需求,在城市内不同的组团建立相应的运输站场,这些站场通过城市道路的连接实现统一,从而有利于城市内部客货的流动及与不同城市间的交流,进而产生完善的运输枢纽系统。

2)运输枢纽是城市交通发展和运输需求增长的产物

(1)在运输网络中多条运输线路交汇的节点(城镇/城市)对运输生产的连续性产生干涉现象,运输枢纽通过建设完善的保障系统来减少这些干涉现象、实现运输生产的连续进行。

(2)城市化进程加快带来快速增长的城市交通量,城市客货运量快速增长使具有运输枢纽区位优势的客货聚集点成长为站场,城市内部的客运站场、货物流通中心和对外运输站场有机联系构成运输枢纽。

3)交通区域城市化有利于促进运输枢纽的形成

城市发展历史表明,城市的对外扩张是沿交通线、能源线、动力线向外延伸,特别在交通线的附近吸引"临路型"产业聚集,吸引的大量客货流能够促进运输站场的形成。随着运输站场的进一步发展,运输效率不断提高、成本降低,更能吸引大量"临站型"工商业聚集,更加强化了运输站场的枢纽区位优势,有利于运输枢纽的形成。

4)城市发展能促进运输枢纽发展

城市经济发展增加了对运输的需求,在产生严重城市交通拥堵等问题的同时带动了城市道路交通的发展,有效地促进了运输枢纽的形成和发展。城市的不断对外扩张使得城市工业、居民等向城市边缘区(城乡接合部)发展,边缘区的交通条件得到改善并形成新的客货集中的对外运输站场、仓储区等,从而有力地推动了运输枢纽的形成和发展。

2. 运输枢纽对城市发展的影响

运输枢纽是在城市对外交通发展过程中产生的,对城市发展起着一定促进作用。运输枢纽在城市化方面起着不可忽略的推动作用。

1)运输枢纽承担着重要的城市对外交通职能

在城市发展早期,对外交通职能作为城市的初始职能是城市成长的重要推动力量,运输节点成为城市理想的生长点。在西北、西南地区依托一些重要的运输节点附近形成新的城镇,如甘肃华家岭、陕西凤县的双石铺等。

2)运输枢纽发展可以局部改变城市布局和空间形态

随着城市对外交通职能的发展,城市扩张及影响不断增强。运输枢纽内的主要站场周围区域的经济社会活动趋于多样化,商贸、服务等城市职能成长,成为城市重要的功能组团。特别在中小城市,运输枢纽的建设对城市功能布局有较大影响。运输站场周边一般会发展成为城市主要的经济、商贸流通中心。

3)运输枢纽有可能制约城市发展

当城市职能体系基本形成,城市经济区格局渐具雏形,运输枢纽对城市扩张影响减弱,运输枢纽内的部分运输站场,既会出现交通拥挤、噪声及大气污染等问题,也会对周边居民造成不安宁、不安全的后果。

二、运输枢纽形成的影响因素

运输枢纽是随着社会经济和交通运输的发展而发展的,其需求具有派生性,运输枢纽具有聚集效应和规模经济效应。这些运输枢纽形成和发展的基本动力,主要体现在产业结构调整、城市结构形态、综合交通网络及运输业发展状况以及经济社会可持续发展要求等方面对枢纽布局结构演化的影响上。

1. 经济因素

运输枢纽是在适应城市内外运输过程一体化、经济活动高效、运输组织需要中出现并得到发展的,其空间布局结构调整和演化,主要源于经济因素。城市中各类基本建设项目的设立、产业结构与布局的调整、乡镇工业的集中、开发区建设等因素所产生的运输需求均是枢纽布局结构形成以及站场节点空间结构体系演化的影响力量。

从世界范围来看,进入后工业化社会的发达国家,由于过度积聚和规模不经济引导社会结构重组而产生新的空间分解演化。决策、信息、金融保险、证券等各种促进增长的服务中心,趋于进一步向城市中心地区集中,而运输枢纽等基础设施则是向外围地带和以前尚未工业化的边缘地带扩散,从而导致枢纽布局结构的变化。在经济高速增长的我国沿海地区,工业化尚未进入晚期,大批量生产和规模经济仍然在起作用,许多大城市的工商业仍在集中。而沿海大城市周围原农村地区受国内国际大城市双重辐射扩散的影响加速了工业化和城镇化进程,发展迅速,众多的乡镇企业和外商进出口企业散布于港口和大城市周围。

这种经济积聚和扩散的双重进程同时并存,相互作用,使得作为支撑条件的运输枢纽布局也出现在大城市积聚和在乡镇郊区分散的布局演进状况,其中突出表现在积聚引致的规模不经济而导致的枢纽节点的外迁。

2. 城市结构形态

随着城市用地制度改革的推进,土地作为重要的资源实现了使用的市场性行为。级差地租规律使得土地有偿使用制度实施后出现诸如城市核心区居民居住与零售业用地的功能置换,原有城市工业也有外迁的趋势,这些城市结构形态调整引致的城市经济布局的变化必然反映到运输枢纽空间结构演化上,其主要表现集中为两点:作为商业服务的运输站场布局靠近市区,作为工业服务的运输站场布局远离市区。

3. 交通运输条件

交通运输条件的影响对枢纽空间布局的影响主要表现在两个方面:一方面,地区交通通达条件的改善将促进枢纽的区位选择,交通通道的延伸方向是枢纽节点布局结构的拓展方向,从总体上有利于枢纽布局结构的完善;另一方面,城市交通条件的限制促进了枢纽节点外迁的进程。

4. 可持续发展的影响

运输枢纽空间集聚或扩散的动态趋势及其空间结构的演化,将对城市和区域环境产生直接影响。优化枢纽空间布局结构,将成为运输系统可持续发展的重要内容和城市与区域经济可持续发展战略的有机组成部分。在当前可持续发展战略实施和枢纽空间布局演化的进程中,枢纽节点新的区位选择和布局结构调整要有利于环境保护。由此可见,可持续发展要求将对运输枢纽布局结构的走向产生重要影响。

三、运输枢纽发展动力

运输枢纽形成和发展取决于城市经济的发展和城市空间结构的变迁以及其自身对城市发

展环境适应状况。城市发展能改变运输枢纽的站场布局结构,城市空间扩展是促进运输枢纽发展的重要动力。随着城市社会经济的发展、人口在中心城区大量集聚,城市中心区用地趋于紧张,造成交通拥堵、空气噪声污染等问题,大量工业区、住宅区外迁使得城市中心区对外交通功能弱化。运输枢纽的需求重心向城市外围移动,促使运输枢纽不断改变原有结构形态以适应城市发展新的运输需求。

运输枢纽是随着社会经济和交通运输的发展而发展的,其需求具有派生性;同时,运输枢纽又具有聚集效应和规模经济效应。这些都是运输枢纽形成和发展的基本动力。

1. 需求派生性

运输枢纽需求源于人们对交通运输的需求,而交通运输活动具有派生性的特点,人们不是为运输而运输,人和货物的空间位移具有目的性。运输需求产生于在区域范围内实现其他经济活动的需求,运输枢纽的建设是实现运输需求的必然内在需求。运输枢纽是城市对外交通系统的重要组成部分,运输枢纽需求由来自城市经济活动的源生性需求和来自交通运输活动所产生的直接生产需求构成。

运输枢纽是在适应城市内外运输(区域客运与城市客运)过程一体化、经济活动高效运输组织需要中出现并得到发展的。同时运输枢纽发展对交通运输系统具有依赖性,运输枢纽的发展必须以交通运输业的发展为基础,随着交通运输出发、到达以及中转客流的增加及运输生产组织过程复杂多样化而发展。

因此,运输枢纽服务区域的经济发展水平、城市结构形态、综合交通网络及运输业发展状况共同决定了运输枢纽的功能、结构和内部布局等。运输枢纽是随着区域经济与交通运输的发展而发展的,即其需求具有派生性。

2. 聚集效应

运输枢纽源于运输站场,其演化动力来自对客货流的聚集经济,聚集经济产生于聚集效应。运输聚集经济指因运输活动的空间集中而引起资源利用效率提高、成本节约、收入增加;对所引起的其费用增加或收入损失则称为聚集不经济。理论上的聚集经济表现为极化状态为主、聚集不经济则表现以扩散状态为主。

聚集效应是运输活动空间集中所形成的聚集经济与聚集不经济联合作用的结果。聚集效应存在规模性和外部性特征。

(1) 运输站场聚集效应以一定客货运量为前提,通过运输站场集散客、货流取得规模经济,规模经济是聚集经济实现的主要源泉。但运输站场规模达到一定程度,继续增长将导致经济效益下降,产生规模不经济。

(2) 运输站场的外部性是旅客、货物集中过程通过外在因素使其经济效果增加(减少)或费用减少(增加)。运输站场的发展可以使周边地区发展成为城市商业区,为运输站场提供更多的客、货源,产生外部经济,但客货流过多聚集则造成用地紧张、环境污染,交通拥挤,产生外部不经济。

3. 扩散效应

运输站场的扩散效应是运输站场规模经济与外部经济共同作用的结果。

1) 规模经济作用

运输站场总规模与单位规模经济收益之间存在凸线性关系,所以其发展过程中规模经济作用如图 10-1 所示。发展初期由于聚集到站场的客、货流不断增长,运输站场的总收益 TR 大于总成本 TC,单位收益 AR 随聚集到运输站场的客货流 Q 加大而增加。当运输站场规模持续扩大,站场内交通组织复杂、运营管理困难,运输站场总成本 TC 快速增长。当总成本 TC 增长速度快于总收益 TR 时,单位收益 AR 开始下降。假设极端情况出现,即站场客货流持续增加,则会产生阻塞使单位收益 AR 接近零。

2) 外部经济性作用

由于运输需求呈环形分布在运输站场周围。旅客和货物受快捷、方便和低成本被吸引到运输站场,则运输站场周边地区交通便捷而具有良好工业、商业区位,容易形成居住、生产及贸易密集区。但随着运输站场发展,当客、货流聚集过多使站场周边地区治安恶化、污染严重、土地紧张、交通拥堵等负外部经济性增加。此时运输站场聚集力减弱,极化状态转化为扩张状态。

在运输站场发展过程中正外部性与负外部性的主导地位由其边际效益决定。如图 10-2 所示,Ⅰ期的正外部性边际收益 ME_1 大于负外部性边际收益,所以正外部性支配运输站场发展;而Ⅱ期相反 $ME_2 > ME_1$,负外部性起主导作用。

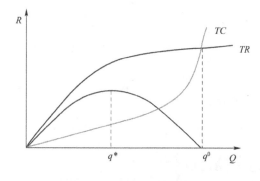

图 10-1 规模经济作用过程

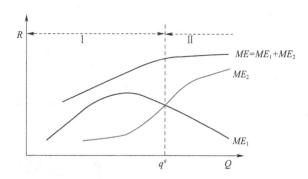

图 10-2 外部经济作用过程

由此可知,运输站场的规模经济和正外部性导致客、货流的聚集,使运输站场呈极化状态,而规模不经济和负外部性则导致运输站场出现扩散趋势,在运输站场发展过程中极化(集中化)和扩张(分散化)共存。

四、运输枢纽增长模型

运输站场发展为运输枢纽经历由站场规模增加的"量变"到站场数量增加的"质变"过程。运输站场发展所受的聚集效应可以解释为城市人口、工业布局、交通状况等多种因素的综合结果,在此作用下运输站场的规模呈现非线性增长特征。

设运输站场发展极化与扩张状态下的多因素联合作用函数为 $f(N)$,其中 N 为客货处理量,则运输站场发展速度 $dN/dt = Nf(N)$。由于站场规模越大发展所受的制约越大,有 $df(N)/dN < 0$。若 $f(N)$ 为线性函数,则 $f(N) = a - bN$,其中 $a > 0, b > 0$,设 $t(t = 0, 1, \cdots, k)$ 时刻客货处理量为 N_t,则

$$N_t = \frac{aC}{Cb + e^{-at}} \tag{10-1}$$

式中：C 为积分常数。

取 $N_0 = i$，易得 $C = \dfrac{i}{a-bi}$，于是

$$N_t = \frac{a(a-1)}{b(a-1+\mathrm{e}^{-at})} \tag{10-2}$$

$$\lim_{t \to \infty} N_t = \frac{a}{b} \tag{10-3}$$

式(10-3)表明运输站场发展规模极限为 a/b。当运输站场发展规模接近 a/b 时，必然将超负荷的需求转移到外围新建运输站场，同一区域存在多个运输站场便具备形成运输枢纽的基础条件。在给定 a、b、N_0、t_0 后，运输站场规模增长过程如图10-3所示。

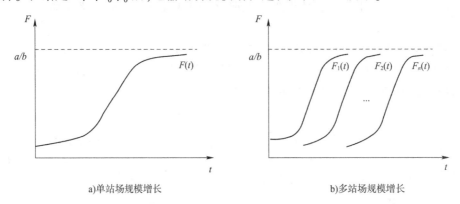

a) 单站场规模增长   b) 多站场规模增长

图10-3 单站场规模、多站场运输站场规模增长特性

第二节 运输枢纽发展形态

一、运输枢纽等级扩散原理

1. 等级扩散过程

运输站场的扩散过程也称"渗漏过程"，即运输站场向外围地区规模转移而形成多个站场的过程。扩散的发生能够产生更高的效率和功能，从而在不同层次区域间产生"位势差"，为了消除这种差异，扩散推力和拉力形成的组合力促使其向外传播和扩散。扩散发源地跳过紧邻区域向距离较远的次级中心扩散，扩散接受地在空间上具有跨越性、间断性和选择性，呈"先大后小"的顺序，从而使运输站场扩散具有等级性。运输站场等级扩散的结果是在载体城市内形成站场规模差异明显的梯度，运输站场规模和数量结构按等级序列呈有规律变化及相应的空间结构。

2. 交通环线的影响

在实际中，运输站场演化过程区位环的形成与城市交通干道的建设关系密切。为了解决城市中心交通过度聚集的现象，一般大城市通过建设环路解决城市提高两端的可达性，如图10-4所示。随着城市交通环线的建设，运输站场的区位就在城市交通环线周边形成。

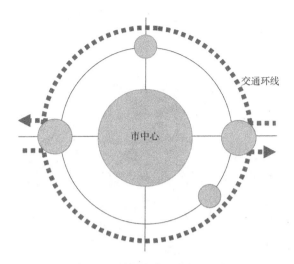

图 10-4 运输站场与城市交通环线

3. 运输站场区位环

随着运输站场的规模经济与正外部性减弱而规模不经济和负外部性增强,原有运输站场区位均衡状态失稳,从而出现运输站场再区位的过程,即运输站场进行空间布局调整。正是由于运输站场的再区位,才导致多站场的运输枢纽的形成。

经济空间基本的霍特林(Hotelling)过程是运输站场空间过程分析的基础,交通区位的$(1/2)^n$效应更有直接意义。在此基础上,可以得到运输站场在规模经济与外部性经济共同作用下的区位均衡过程,如图 10-5 所示。

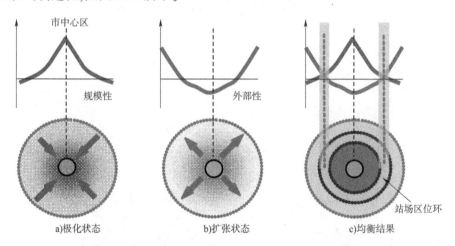

图 10-5 极化状态、扩张状态、均衡结果运输站场空间过程

设原有运输站场位于城市中心区,所以具有最佳的规模经济,随着运输站场的旅客、货物增长,运输站场的规模不经济增加,而此时城市中心区的负外部性最强,则运输站场的极化和扩张状态在城市中心与城市边缘距离(城市半径)的 1/2 处形成了运输站场的区位环,即在环内区域建设运输站场的可能性大。

图 10-6 显示了 2000 年广州运输枢纽的站场布局对城市快速环线的依赖作用。显然,广

州运输枢纽内的客货运站场沿主要的交通干道布局,其中城市交通环线的吸引力表现最为突出。

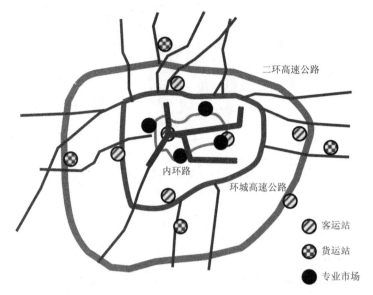

图 10-6　广州公路主枢纽运输站场布局(2000 年)

二、运输枢纽的理论发展形态

运输枢纽的形成是运输站场受地域空间结构演变过程聚集与扩散共同作用的结果。根据以上分析可将运输枢纽的形成过程概括为图 10-7 所示的四种形态。

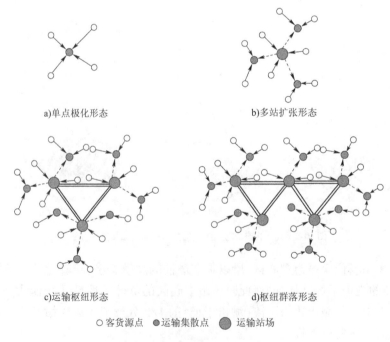

图 10-7　公路运输枢纽发展形态

1. 单点极化形态

运输集散点是交通不发达或出行量较少地区运输站场的原始形态。随着交通条件改善，人们出行范围扩大、次数增加，运输集散点采用运输的对外交通功能增强，初步产生运输的聚集效应（路、车、客货源三者的聚集），可以吸引更多的客货流，运输站场雏形开始显现。

随着运输集散点空间规模扩大，运输站场发展依托的载体城镇对外交通出行聚集表现出极化效应，周边区域对外交通出行向集散点聚集，通过规模化生产实现运输快捷、方便和低成本，使对外交通出行集散节点具有区位优势，从而具有一定规模站房、场地和设备等，在此基础上形成了规模较大的运输站场。

2. 多站扩张形态

由于极化效应使运输站场聚集过度，表现出交通拥挤、土地紧张，同时客货流向运输站场聚集过程的出行时间与运输成本增加，因此对外交通出行的聚集表现出以分散化为主的扩散效应。城市规模扩大使对外交通出行需求在城市中的分布随着城市空间扩散而开始分散，以单运输站场为中心在城市扩散区不同方位形成若干配套的运输站场，为中心运输站场分散对外交通出行，减轻城市中心交通压力。

在具有多个运输站场的城市中，极化效应递减而扩散效应增加，城市内部会形成多个功能组团，组团间交通联系密切且各组团交通出行需求层次、服务水平都不同（如居民区以客运出行为主、而工业区以货物流通为主），则对服务各组团的运输站场产生不同需求，所以要求根据不同客货流特性（运输距离、规模、方向、组织方式等）建立多个专业化分工运输站场。

3. 运输枢纽形态

随着城市空间持续扩张，多个运输站场间联系逐渐紧密，各运输站场在交通出行特征、城市空间结构、对外交通网络布局等因素作用下，借助城市道路和通信联系使多个运输站场呈现系统结构，形成运输站场系统，也称之为运输枢纽。城市内各运输站场通过合理分工实现资源共享，运输站场间对外交通出行的合理分配有利于充分发挥各站场的功能，也使城市交通流更加合理。

4. 枢纽群落形态

运输枢纽群落指运输枢纽进一步发展，依托城市群或大都市区所形成具有层次结构的多运输枢纽结合体。

随着城市化发展跃向高级阶段，城市群渐渐崛起。城市群发展促进了城市群内部运输网络的发展和运输枢纽的进一步发展。对于以大城市为中心的城市群落，通过城市间的聚集、扩散效应同时作用，使城市间的功能调节和产业协调达到动态的平衡，从而使城市群落联系更加紧密。相应地，城市群落内城市间的运输需求也同功能调节和产业协调一样发生变化，使运输枢纽在功能、层次结构上进行重构以适应城市群落的发展。

三、汕头公路客运枢纽演变过程

以汕头市公路客运枢纽为中心，潮州市和揭阳市的公路客运枢纽为组成部分的A（汕头）—B（揭阳）—C（潮州）公路客运枢纽群落的发展过程可以很好地说明运输枢纽结构形态演变过程。图10-8显示了从1861年汕头市开埠以来不同时期汕头市发展和运输站场结构形态。

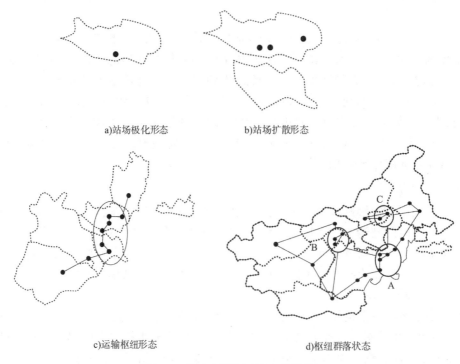

a)站场极化形态　　b)站场扩散形态

c)运输枢纽形态　　d)枢纽群落状态

图 10-8　汕头市公路客运枢纽发展形态

1. 极化阶段

图 10-8a)所示为汕头市汽车客运站场发展极化阶段表现的单站节点(城中仅一个汽车客运站)状态,图中边界为城市规划区域。汕头市发展始于 1861 年,其成为清政府对外开放通商口岸。随着对外贸易等交流活动的增加,该口岸由小渔村发展到吸引大量客货流聚集的城市。当 20 世纪五六十年代运输业兴起后,当时城市中心的小公园地区表现出很强的客流聚集效应,具有快捷、方便和低成本的优势吸引着周边的客流,而汕头市汽车客运总站此时就建立在距小公园咫尺的杏花路。

2. 扩张阶段

改革开放后,汕头市成为我国首批对外开放的沿海城市与经济特区。汕头市社会经济得到快速发展,城市中心区迅速向东北和正南方扩展,汕头市汽车客运总站以东的金砂路沿线逐渐成为行政、商贸、居住混合功能的城市中心区。考虑到交通拥挤、环境污染及用地紧张等因素的影响,在保留汕头市汽车客运总站的基础上相继建成了汕头市礐石汽车站和汕头市汽车客运中心站[图 10-8b)],市区为由海湾隔开的南北两个区域构成。汽车客运站的分散化趋势表明扩散效应的增强,具体表现为以城区汽车客运站为中心在外围形成若干与中心站配套的客运站,实现中心客运站超量负荷运输需求转移。

3. 运输枢纽阶段

2000 年汕头市进行了新一轮城市总体规划,市区面积由原来的 298km² 扩大到 1000km²,下辖中心城区(龙湖、金平、濠江区)、副中心区(澄海、潮阳、潮南区)。城市空间扩张有利于形成多个中心组团,组团间交通联系密切,但运输需求层次、类别不同(如居民区以客运出行为主、而工业区以货物流通为主），所以对服务不同组团的运输站场的需求也有差异。因此，在中心城区形成以城际干线运输为主的6个汽车客运站，而在澄海、潮阳、潮南三个副中心区形成以区域内公路客运为主的3个汽车客运站[图10-8c)]。

各汽车客运站具有明确的专业化分工，如岐山客运站与客运中心站分别服务于市中心北部与东部区域、客运总站与岩石客运站服务于老城区、河浦客运站与达濠客运站分别服务于海湾以南区域。各汽车客运站借助城市道路和站间通信系统，初步形成分工明确、功能完善的运输枢纽，运输枢纽内站场间客货流的分配有利于发挥各站场的功能，从而使城市交通流更加合理。

4. 枢纽群落阶段

随着汕头市及其周边地区城市化进程加快，汕头、揭阳、潮州三市已形成城市群落，经济社会发展联系非常密切。各地区基于自身需要而建设的客运站也由于城市群落的发展而具备了新的功能特性，以当地枢纽站为核心形成的三个多站式枢纽具备了更强的聚集与扩散效应。三个城市分别依托本区域站场为核心，在专业化分工的基础上根据城市群落产业结构调整的需要进行必要的功能结构调整，形成具有层次结构的运输枢纽群落[图10-8d)]。

第三节 运输枢纽空间特性

系统科学理论表明系统结构决定系统功能。运输枢纽空间结构的不同，则会导致其系统功能可能存在差异。运输枢纽空间结构研究目的：一是判断运输枢纽所处发展阶段；二是揭示运输枢纽空间分布特征；三是把握运输枢纽空间结构状态演变趋势；四是根据运输枢纽一般空间结构演变规律，对典型地域空间内的枢纽布局提出规划方向，为枢纽规划提供宏观指导和参考。本节根据区域发展理论和系统科学方法论，通过分析运输枢纽的空间布局结构来把握运输枢纽布局规划的特点。

一、运输空间结构特征

1. 运输空间结构要素

1）系统空间结构

运输枢纽空间结构是运输系统结构的一个重要方面，它是运输枢纽组成要素的各种空间关系的总称。它包括运输枢纽要素空间结构和运输网络空间结构，前者主要是指运输枢纽内站场具备的运输服务功能、运输组织功能、中转换乘功能、多式联运功能、通信信息功能和辅助服务功能等诸要素及其支持设施设备在地域空间的分布与组合，后者主要是指枢纽网络的节点及其联络线在地域空间的分布与组合。

从本质上来讲，这两类空间结构是枢纽系统在不同层次的空间分布的表现，要素空间结构处于微观层面，而网络空间结构处于宏观层面。两个层面通过交通运输线路要素、通信线路要素与网络联结边等实现同构，其他站场功能要素与网络节点的同构实现了运输系统的有机统一。

2）运输系统空间结构基本要素

从宏观角度来看，运输系统空间结构要素主要包括运输网络、运输节点、运输线路和通过节点的交通流量。

运输节点是运输枢纽系统功能作业的空间集聚场所，一般表现为运输站场等。它们共同构成了运输系统的节点体系。

运输线路是运输系统保证旅客和货运空间位移顺利进行的基础设施。

交通流量是指通过节点的车流量、客流量和货流量。

运输网络是运输枢纽和运输线路的结合体，其中运输枢纽是运输网络的核心，运输线路是构成节点之间功能联系的通道，是运输网络顺畅运行的基础。

上述要素空间关系的实质是位置关系，由于要素位置相关，才出现了要素的空间关系，各种要素空间关系的总体则是运输枢纽的空间结构。

2. 运输枢纽空间结构

1) 运输枢纽空间结构的含义

运输枢纽空间结构是指运输枢纽的空间位置与大小间的相互关系，通过一定形态而表现出来的空间秩序。运输枢纽是所有运输站场集聚的产物。反映在空间结构上，就是运输节点的空间集聚。因此，研究运输枢纽空间结构问题，必须将其放在整个运输枢纽体系的空间布局之中。运输枢纽的空间结构问题，实质是一种由经济联系和运输活动联系形成的运输枢纽节点体系问题。

由于已经规划了很多运输枢纽，其空间结构更多地表现在布局规划之中，而不是表现在现实分布之中，因此准确地应称之为空间布局结构。运输枢纽空间结构是运输产业结构在空间的一个反映，对运输枢纽良好运作和运输业良性发展至关重要。

对运输枢纽空间结构问题的分析主要从运输枢纽的规模等级、空间结构模型、空间结构形态以及结构演化等几个方面进行。由于上一章主要对运输枢纽的空间结构演化规律进行了分析，本章则主要研究运输枢纽的规模等级、空间结构模型、数量分布等特征。

2) 适度集聚与运输枢纽空间结构

运输枢纽的聚集效应是指运输枢纽将客货流聚集在枢纽内的站场中进行运输生产组织所产生的经济效应。根据区位理论认为，运输产生初期所有货物可认为是分布在"理想"的平原地带，距离需求中心的距离呈现环形结构。作为运输枢纽形成内在动力的集聚效应不可能导致地域的站场全部集中在点上，即在较大地区不可能只设置一个枢纽。

为了防止或消除这种规模不经济现象和促进区域发展，需要控制运输枢纽的集聚程度，即在区域内应保持一定数量运输枢纽，而不是节点数量越少越好，由此必然产生运输枢纽体系空间结构问题。

3) 运输功能分化与运输枢纽空间结构

随着运输需求的变化，运输枢纽功能出现了多样化趋势。这样，原来处在不同区位的站场节点由于各自具有的不同优势，开始出现运输枢纽服务功能的区位分化。这种区位分化实质就是空间分化，它是运输枢纽空间布局的出发点，运输枢纽功能空间分化过程的结果产生了运输枢纽的空间结构。

4) 运输枢纽的空间层次体系描述

在一定区域范围内的运输枢纽之间存在着规模差异，不同运输枢纽间在数量和规模上组成的相互关系就构成了运输枢纽等级体系，即运输枢纽的空间层次体系。

运输枢纽功能空间分化使得运输服务功能具有层次性。于是，作为运输功能载体的运输枢纽体系也有层次性。运输枢纽等级与其职能相互对应，低层次的运输枢纽服务项目少，而高层次的服务项目较多。最低层次的运输枢纽具有最基本的职能，而高层次运输枢纽不仅具有自己固有的职能，也往往兼具其下层运输枢纽的职能。

在运输枢纽数量关系方面，作为最基层节点的站场数量最多，随着运输枢纽规模的扩大，数量也就越少。属于最高层次运输枢纽数量一般在一个地域内只有少数几个。运输枢纽空间层次关系见表10-1。

运输枢纽的空间层次关系 表10-1

枢纽空间层次	数　量	服务范围	功能层次
高↑低	少↑多	大↑小	高↑低

5）运输枢纽等级体系参数指标

为更好地定量描述运输枢纽等级体系，可以从以下两个参数指标进行分析。

（1）市场比 α，指一定地域空间范围内，相邻层次运输枢纽之间的服务空间范围之比。该指标可以考察地区内运输枢纽作业层次结构关系。比较不同地区间的值，可以分析不同地区间的运输枢纽的市场范围分布情况。

（2）数量比 β，指一定地域空间范围内，相邻层次之间的运输枢纽数量之比。该指标可以反映运输枢纽的数量关系。比较不同地区间的值，可以分析不同地区间的运输枢纽的数量分布情况。

3. 运输枢纽空间结构分析假设条件

在构建运输枢纽空间结构模型前，需要对有关问题进行必要的假设。具体的假定前提条件主要如下。

（1）运输枢纽内节点分布的地区为市场需求条件相同且均匀分布的地区，运输需求的规模相近且均匀分布。

（2）交通通达条件和便利程度一致，运费与运输距离成正比。

（3）运输服务需求者一般委托离自己最近的运输枢纽内提供有关运输服务，以降低有关费用支出。

（4）在不同运输枢纽内的服务价格是相等的，运输服务需求者支付运输服务的费用等于交通运输费用与节点内有关作业费用之和。

二、运输枢纽层次结构

1. 空间结构理论

1）中心地理论

城镇体系是运输枢纽形成与发展的载体，城镇体系结构必然对运输枢纽体系空间结构有重要影响。最早对于城镇体系层次结构研究可追溯到德国地理学家克里斯塔勒（Christaller）于1933年提出的中心地理论（Central Place Theory）。他认为，一定的生产地必定产生适当的中心地,中心地与周围地域相互依赖、相互服务,"是周围地域的中心及对外联系的商业集散中心"。他通过对德国南部城市的调查,提出不同等级城市在市场、交通、行政三种因素作用下的中心地结构模型,从理论上为解释城镇体系的空间层次结构提供了依据。

中心地的层次性研究不同规模等级中心地之间的分布秩序和空间结构特性,表现为每个高级中心地都附属有 K(在市场、交通、行政原则下分别有 $K=3,4,7$)个中级中心地和更多($K \times K$ 个)低级中心地,它是中心地理论的核心内容。其后,廖什等学者对中心地等级结构理论进行了研究,在克里斯塔勒的三原则结构模型基础上建立了贝克曼(Beckmenn)模型、戴西(Dacey)模型、混合等级模型(MH:Mixed Hierarchies, Woldenberg)模型和一般等级系统(GH: General Hierarchies System)模型等成果。

中心地层次结构和服务范围等级差异思想被广泛用于区域开发、城市规划及公共设施建设研究。在这些领域中,中心地理论被认为"是研究城市和城市体系最完善的理论,它为理性规划城镇体系、合理有序地进行城镇建设提供了有效的途径"。对以城镇体系为载体的运输枢纽体系,根据中心地理论研究成果进行运输枢纽体系建设能使其更好适应区域空间结构演变和经济发展的需要。

2)运输枢纽空间结构均衡原理

在上节假定条件下,运输枢纽将均匀地分布在地域空间内,同类运输枢纽之间的距离也相同,且每个运输枢纽的市场地域都为半径相等的圆形地域。如图 10-9 所示,任何一个节点(如图中 N)都与 6 个和自己相同层次等级的运输枢纽为邻。

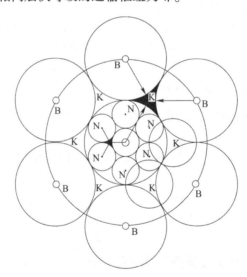

图 10-9 运输枢纽空间布局示意图

进一步假定这些运输枢纽服务空间位于比自己更高的、具有相同性质的节点(B 层节点)组成的平面内。这样,每个节点与 6 个和自己相同的节点为邻。但是,不管哪一层级节点,每 3 个相邻节点的服务地域之间都存在一个空白区(图 10-10 中所示的阴影部分),空白区得不到该层节点的服务,于是就会在空间地区出现一个 B 层节点的次一层节点(图 10-9 中所示的 K 层节点)以满足空白地区的运输服务需求。与此同时,K 层节点之间也会出现类似的空白区,这样比 K 层节点低一层的节点(图 10-9 中的 N 层节点)就在此布局。依此类推,不同层次等级的运输枢纽就逐渐形成。

若考虑现实的运输枢纽间的相互市场竞争,每两个运输枢纽之间的服务地域空间应会出现重叠(图 10-10),而新产生的运输枢纽就位于 3 个运输枢纽的服务地域相交处。按照运费节省原则,图 10-10 中阴影区内的运输需求者将选择接近自己的运输枢纽。这样,最终相邻的两个运输枢纽把阴影平分,于是运输枢纽的服务地域由圆形变了蜂窝状的六边形结构,如图 10-11 所示。

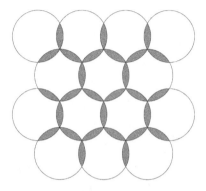 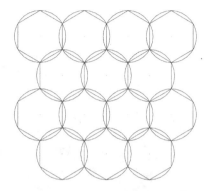

图 10-10　运输枢纽空间地域关系图　　图 10-11　同层节点服务空间均衡关系

德国经济学家缪勒(A. Muller)在 1809 年经研究就认为,在研究具体的地域时,六边形是最佳的空间形态。结合前面的分析,可以假设运输枢纽的空间服务地域范围呈现正六边形形状。六边形中心点表示节点,边线围起的六边形范围表示中心点运输枢纽的服务市场地域,这样每个运输枢纽就成为比自己高一级的节点所组成的六边形的一个定点,各层级运输枢纽组成了一个有规律向上递减的多层六边形空间结构模型(图 10-12),此时所有运输枢纽达到了空间均衡。

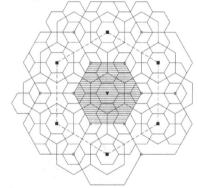

2. 运输枢纽层级结构

1) 运输需求层次性

运输需求的地理分布集中在城镇聚落(聚落为地理学中的人类聚居单位,由地区性民居群体构成),具有明显的不连续性。而城镇聚落位置、功能与规模确定了出行量、出行距离等需求特征,因此城镇聚落的层次结构对运输需求的层次性具有决定性影响。荷兰学者(De Jong)与(Paasman)运用克里斯泰勒的行政原则下聚落层次来确定城镇间的交通出行距离,分析出城际运输网络结构层次明显高于城市运输网络的层次。

图 10-12　运输枢纽的空间均衡结构图

由于运输需求的类型在运输网络设计中的起着关键的影响作用。运输网络的关键功能是为不同等级聚落构成的客货"O—D"流提供运输服务。聚落的位置和规模影响着出行距离与出行量,进而影响到运输网络的层级。

根据城镇体系层次结构及运输需求节点聚集特性,可以得到运输的需求结构模型如图 10-13 所示。显然,不同城镇聚落间的运输需求具有多层级的特征。区域内最高级中心地与其他区域最高级中心地间具有区际运输需求;而在区域内次级中心地间具有区内运输需求;低级中心地与此高级中心地间具有地区性运输需求。

从运输需求空间分布模型来看,不同层级运输网络适合不同出行类别,服务不同层次城镇间出行的运输网络,存在不同的出入口密度、网络结构密度和运行速度等方面的层次特性。不同网络层次在网络密度、到达密度、网络速度方面具有明显差异。高层次的运输网络表现为干线运输功能,适合于长距离出行,一般具有低出入口密度、低网络密度和高运行速度;低层次的运输网络表现为运输集、散功能,适合短距离出行,具有高出入口密度、高网络密度、低运行速度。

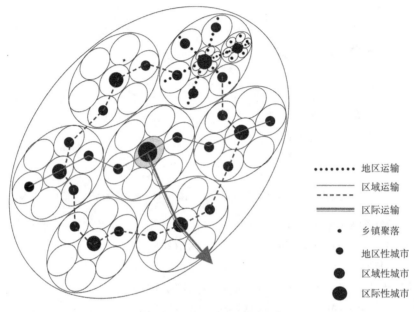

图 10-13　运输需求分布层次结构模型

2)运输枢纽体系层次结构

在运输网络中,运输枢纽是从一个层级运输网络进入另一层级网络的出入口。由于城镇体系和运输网络的等级结构特性,作为网络节点的运输枢纽体系呈现图 10-14 所示的层次结构。

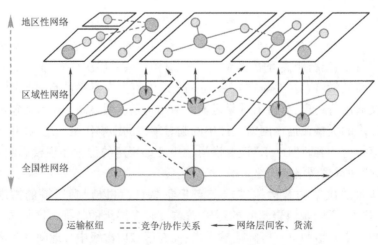

图 10-14　运输网络与运输枢纽的体系层级结构模型

从图 10-14 中可以看出,位于高层次运输网络的运输枢纽实现大运量与低成本的干线运输功能,而位于低层次运输网络的运输枢纽实现大范围的支线集散功能。多层运输枢纽与站场节点构成具有层级结构的运输枢纽体系。

图 10-14 中最小节点表示城镇聚落,其范围内的运输活动依赖于最低层次的运输网络,依次形成较高层次的运输网络。不同层次运输枢纽具有不同服务对象和服务范围:城乡运输站场主要服务于村镇之间的运输;地区性运输枢纽主要服务于城市与村镇间的运输;区域性运输枢纽主要服务于区域内的城际服务功能;全国性(区际)运输枢纽主要承担区际中心城市之间的干线运输功能。

3. 运输枢纽空间布局形态

运输枢纽空间结构是在各项均质的假定前提下推演出来的均匀布局结构体系。实际上的运输枢纽布局也呈非均匀布局结构,主要表现为两个方面:一方面,就全国范围和区域范围而言,东部经济发达地区和区域内中心城市拥有层次较高的运输枢纽,这些地区也具有相对完善的运输枢纽空间体系;另一方面,运输枢纽布局在工商业密布以及交通区位较好的地区,而不是均匀地分布在城市的各个地区。因此,运输枢纽的空间布局具有非平衡特点,呈现非均匀关系。

运输枢纽布局的非均匀关系表现在空间上,则是针对不同的工商业空间结构和城市空间结构,存在与之相适应的运输枢纽布局结构形态。根据交通运输干线连接而成的运输枢纽空间布局关联关系,运输枢纽空间布局结构主要有以下几种形态。

1) 终端式形态

运输枢纽空间布局结构的终端形态主要表现在高层运输枢纽对外的业务联系沿着一个方向进行,它一般分布于陆路交通干线的尽头或陆地边缘处,如图 10-15 所示。

图 10-15　运输枢纽终端式形态示意图

2) 轴线式形态

运输枢纽空间布局结构的轴线式形态主要表现在高层运输对外的业务联系沿交通干线向两个主要方向进行,它一般分布于狭长地形的山谷地带,如图 10-16 所示。

图 10-16　运输枢纽的轴线式形态示意图

3) 单点辐射式形态

运输枢纽空间布局结构的单点辐射式形态主要表现在地区内仅有一个最高层运输枢纽,其对外的业务联系沿交通干线向多个主要方向进行,它一般分布于经济发展水平不是很高的运输枢纽地区,如图 10-17 所示。

4) 环形辐射式形态

运输枢纽空间布局结构的环形辐射形态主要表现在地区内设有彼此之间通过环状交通线

连接的若干个最高层运输枢纽,地区对外的运输业务联系主要通过这几个高层运输枢纽沿交通干线向多个方向进行,它一般分布于经济发展水平较高的运输枢纽地区,如图10-18所示。

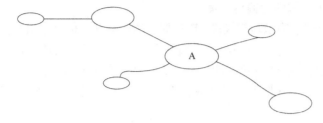

图10-17　运输枢纽的单点辐射式形态示意图

5) 扇形辐射式形态

运输枢纽空间布局结构的扇形辐射式形态表现在地区对外的运输业务联系,主要通过几个高层运输枢纽沿交通干线向陆路连接的呈扇形的几个方向进行,它一般分布于沿海港口地区,如图10-19所示。

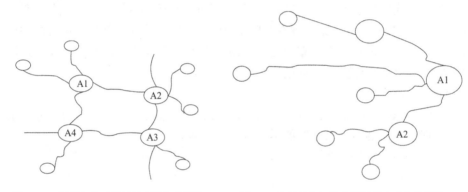

图10-18　运输枢纽环形辐射式形态示意图　　　图10-19　运输枢纽的扇形辐射式形态示意图

三、运输枢纽数量分布

1. 空间数量关系含义

在一定地域范围内,合理确定运输枢纽的数量与规模的关系是运输枢纽布局规划的重要内容,到目前为止,尚缺乏实用有效的分析方法和通用结论。运输枢纽布局不存在统一的适宜规模,因为精确的数量或优化的规模具有时空相对性,即运输枢纽的适宜规模随着时间和空间的变化而表现不同,由此决定了运输枢纽数量关系的复杂性。

在运输枢纽空间结构的基础上,探讨一定空间范围内,不同影响因素下的运输枢纽空间数量关系,给出研究地区运输枢纽合理数量的理论方法。

运输枢纽空间布局的数量关系主要是指不同层级运输枢纽之间存在的数量关系,即1个第 m 层运输枢纽地域内包括几个第 $m-1$ 层运输枢纽。这就是数量比 β,具有 β 数量关系的运输枢纽布局结构体系称为 β 关系体系。

2. 运输枢纽空间数量结构模型

运输枢纽空间数量分布指各层级运输枢纽间存在的数量关系结构。从中心地理论空间聚落结构模型可以推断出,运输枢纽的空间数量分布存在明显规律性:层级越低则运输枢纽数目越多;层级越高则运输枢纽数目越少。从理论上讲,运输枢纽体系的空间数量分布受城镇体系间的市场、交通和行政三种不同因素的制约,形成不同的运输枢纽体系的数量分布模型。

1) 市场因素下的空间数量分布

在市场因素作用下的运输枢纽空间分布模型如图10-20所示。根据中心地理论的城镇体系数量分布模型可知,以城镇作为载体的运输枢纽服务地域为低一级运输枢纽所服务地域的3倍,即层级 $m(m>1)$ 运输枢纽的服务地域内包含着3个 $m-1$ 层级运输枢纽服务地域和9个 $m-2$ 层级运输枢纽服务地域,各层级运输枢纽服务区域范围有1-10-9-27-81-⋯的关系。同时在层级 $m(m>1)$ 运输枢纽的服务地域内有6个 $m-2$ 层级运输枢纽和12个 $m-3$ 层级运输枢纽,各层级运输枢纽的数量分布有1-2-6-18-54-⋯的关系。

2) 交通因素下的空间数量分布

在交通因素作用下的运输枢纽空间分布模型如图10-21所示。同理,交通因素作用下的运输枢纽服务地域为低一级运输枢纽服务地域范围的4倍,即层级 $m(m>1)$ 运输枢纽的服务地域内包含着4个 $m-1$ 级运输枢纽服务地域、16个 $m-2$ 级运输枢纽服务地域,各层级运输枢纽服务区域范围有1-4-16-64-256-⋯的关系。同时在层级运输枢纽的服务地域内有6个 $m-2$ 层级运输枢纽和12个 $m-3$ 层级运输枢纽,各层级运输枢纽的数量分布有1-10-12-48-192-⋯的关系。

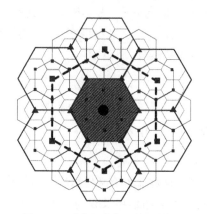

图10-20 市场因素作用下运输枢纽数量分布结构

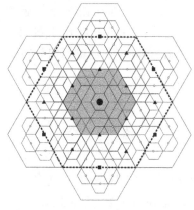

图10-21 交通因素作用下运输枢纽数量分布结构

3) 行政因素下的空间数量分布

类似地,行政因素作用下的运输枢纽服务地域应为低一级运输枢纽服务地域范围的7倍,即层级 $m(m>1)$ 运输枢纽的服务地域内包含着7个 $m-1$ 级运输枢纽服务地域、49个 $m-2$ 级运输枢纽服务地域,各层级运输枢纽服务区域范围有1-7-49-3410-⋯的关系。同时在层级 $m(m>1)$ 运输枢纽的服务地域内有7个 $m-2$ 层级运输枢纽和42个 $m-3$ 层级运输枢纽,各层级运输枢纽的数量分布有1-6-42-294-2058-⋯的关系。由于现实行政区划特性的影响,在行政因素作用下的运输枢纽空间分布模型如图10-22所示。

一般来讲,高层级运输枢纽间更突出体现对远距离运输需求的满足。因此,高层级运输枢

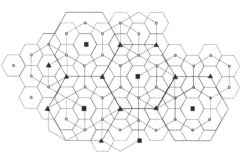

图10-22 行政因素作用下运输枢纽数量分布结构

纽应按交通原则布局,而低层级运输枢纽布局用市场原则解释较合理,中级中心地布局中受行政原则的作用较大。

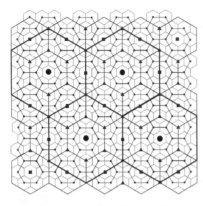

图 10-23　多因素共同作用下运输枢纽数量分布结构

4) 多因素下空间数量分布模型

实际中运输受市场、交通、行政因素共同作用,从而形成非均衡的结构形式,即服务范围及数量分布不是按照相同的比例变化,其结构如图 10-23 所示。

在图 10-15 中共存在 4 个等级的运输枢纽,从等级 2 和等级 1 运输枢纽的覆盖地域面积比 $K_1 = 3$,同样 K_2 也等于 3,但 K_3 等于 4。可见,不同于克里斯泰勒固定 K 值的模型。在此模型中,$K = 3$ 的市场因素作用原理适合于交通线路联系密切的低层级运输枢纽间。随着运输枢纽层级的提高,干线运输功能加强,运输枢纽间的主要运输通道对其结构产生较大影响,则其比较符合 $K = 4$ 的交通作用原理。

不同等级水平的运输枢纽具有不同覆盖地域规模增加率,如从等级 $m-1$ 上升到等级 m 时的覆盖地域规模增加率由 $K_{m-1}(m>1)$ 表示,称 K 为重层因子(Nesting Factor)。在存在 N 个等级的一般空间分布模型中,重层因子总共有 $N-1$ 个。重层因子的集合可由 $\{K_i\}$ 来表示,其要素为 $\{K_1, K_2, \cdots, K_{N-1}\}$。最高层级运输枢纽覆盖地域为整个区域,则设最高层次运输枢纽等级 1,而等级 m 的覆盖区域范围:

$$F_m = \prod_{i=m}^{N-1} K_i \tag{10-4}$$

式中:K_i——一个 $i+1$ 层级的运输枢纽服务区域内包含 i 层级运输枢纽的数量。

整个区域包含的所有各层级运输枢纽的服务地域总数 F_t 为:

$$F_t = 1 + \sum_{m=1}^{N-1} F_m^{N-1} \tag{10-5}$$

运输枢纽的层次布局结构与其服务区域一一对应,运输枢纽的数量等于该层级服务区域数。而层级 m 运输枢纽服务区域的数量 F_m 中有 F_{m+1} 个运输枢纽具有高层级职能,因此,提供层级 m 功能的运输枢纽数量为:

$$f_m = F_m - F_{m+1} \tag{10-6}$$

即

$$f_m = \prod_{i=m}^{N-1} K_i - \prod_{i=m+1}^{N-1} K_i \tag{10-7}$$

课后思考题

1. 如何理解运输枢纽与城市之间的关系?
2. 运输枢纽发展演变的主要影响因素有哪些?这些因素是如何起作用的?
3. 请结合你所熟悉的城市,阐述以该城市为载体的运输枢纽的发展演变过程。
4. 如何理解运输网络与运输枢纽的层级结构关系?这一关系对运输枢纽规划有哪些指导意义?
5. 如何理解运输枢纽空间数量分布的理论特征,其对运输枢纽规划有什么指导意义?

第十一章

运输枢纽规划调查与分析

运输枢纽调查是指通过对运输枢纽所在地经济社会、交通基础设施等的调查,提供准确的数据信息,为运输枢纽规划研究服务。因此,必须重视运输枢纽规划调查的作用,熟悉和了解调查的内容和方法,以便更好地发挥调查的作用。

第一节 调查内容

由于运输枢纽布局规划和运输枢纽总体规划的研究内容存在明显差异,对现状资料的需求也有不同侧重点,本节根据不同规划内容所需调查分别阐述。

一、运输枢纽布局规划调查

运输枢纽布局规划调查范围既包括所研究区域内的整体区域,也包括辖区主要城市的市区范围的经济、社会与交通运输现状及其相关规划。

1. 社会经济调查

(1)调查区域内各城市的人口、国民(国内)生产总值、工农业总产值、工业总产值、农业总产值、城市功能定位、产业发展现状、对外贸易发展情况等现状。

(2)调查区域内各城市的农林、矿产资源开发,城市功能和特征,产业分布、产品结构和城镇体系结构等。

(3)调查区域内各城市的经济社会发展规划、国土开发规划、社会经济中长期发展规划、有关社会经济发展的方针政策等。

2. 交通运输网调查

(1)调查区域内各城市路网现状,包括现有里程与等级结构现状及相关规划。

(2)调查区域内各城市公路、铁路、水运、航空、管道运输业发展现状及相关运量、周转量等情况。

(3)调查区域内各城市各运输方式的运输发展规划。

3. 交通运输枢纽调查

(1)调查区域位于国家路网重要节点城市交通区位条件及节点容量情况。

(2)调查区域内各城市现有运输站场发展总体情况。

二、运输枢纽总体规划调查

运输枢纽总体规划的调查范围以所在城市为主,规划范围内的资料力求完整、准确、系统、全面。调查内容主要包括经济社会、城市发展、交通运输、现代物流等方面。

1. 客运枢纽规划调查

1)经济社会调查

(1)调查范围内的人口、地区生产总值、居民消费水平、城镇居民家庭人均可支配收入、农民家庭人均纯收入等主要经济指标(表11-1)。

主要经济社会指标历史发展表　　　　表11-1

年份	人口(万人)			国内生产总值(万元)		产业结构(%)			工农业总产值(万元)		农民人均收入(元)	农民人均可支配收入(元)
	合计	其中:农业人口	外出务工人口	合计(万元)	增长率(%)	第一产业	第二产业	第三产业	合计	其中:农业总产值		

(2)经济社会发展的宏观政策、中长期规划、城镇发展规划、城市总体规划以及其他有关行业发展规划等。

2)交通运输调查

(1)规划区域内铁路、公路、水路、民航等运输方式历年客运量,港口、铁路客运站、航空港历年旅客发送量(表11-2)。

旅客运输结构和运输量完成情况统计表　　　　　　　　　　　　表11-2

年份	公　路		铁　路		水　路		航　空		比例结构(％)
	客运量	周转量	客运量	周转量	客运量	周转量	客运量	周转量	公路:铁路:水路:航空

（2）客运班次数、实载率、客运量等（表11-3）。

客运班线调查表　　　　　　　　　　　　表11-3

班线(起点—终点)	里程 (km)	运营车辆 (辆)	班次 (次/天)	日均发送量 (人次/天)	全程票价(元)

班线总条数：

发车密集区：

（3）旅客运输流向、流量、时间、距离等的分布（表11-4、表11-5）。

客、货源调查表　　　　　　　　　　　　表11-4

年度：_____

单位名称		单位性质		主管部门	
单位地址				电话	
占地面积		职工数		每年产值		联系人	

一年货物出行情况					
货物名称	运入量 (万吨)	主要货源地	运出量 (万吨)	主要到达地	备注

旅客、货物出行调查表　　　　　　　　　　　　表11-5

日期：_____　天气：_____　调查员：_____　被调查的单位：_____　地址：_____

次序	出发 时间	货物 名称	车　型			实载重量	车辆属性		起点(最近 交叉口)	讫点(最近 交叉口)
			小货 <2t	中货 2~5t	大货 ≥5t		自备	租用		

(4)铁路、港口、航空港客运现状(包括数量、流向特点等)。

(5)旅客运输营运车辆现状(包括数量、车型结构特点等)(表11-6)。

规划区域内机动车以及营运客货运车辆拥有量调查表　　　表11-6

调查人:_____　　　　　调查地点:_____　　　　　调查日期:_____

年份	汽车总数	货车			客车		拖挂车	特种车	其他	小型拖拉机	大型拖拉机	摩托车
		小货<2.5t	中货2.5~7.0t	大货>7.0t	小客<16t	大客>16t						

(6)旅客运输发展规划。

(7)综合交通运输规划(如公路运输规划、港口布局规划、铁路运输规划等)。

3)运输站场调查

(1)现有客运站地理位置、建设规模、班次、旅客发送量、实载率等(表11-7)。

规划区域内现有站基本情况调查表　　　表11-7

客(货)运站名称	地理位置	交通环境	周边环境	建设规模	设计生产能力	经营状况 优/良/中/差	成本构成

(2)水运、铁路、航空等客运港站的位置、规模、功能、适应状况等。

(3)城市公交枢纽站的分布、规模、功能、适应状况等。

(4)国外有关客运枢纽规划、建设方面的资料。

4)交通基础设施网络调查

(1)规划区域内干线路网发展现状与相关规划。

(2)城市对外主要运输通道规划(包括公路、铁路等)。

(3)城市综合交通规划、城市公共交通规划、城市道路交通规划(包括城市主要干道、地铁、轻轨)及城市大型交通枢纽现状及规划等。

2. 货运枢纽规划调查

1)经济社会调查

(1)调查范围内的人口、地区生产总值、工业产值、外贸进出口总额、主要产品产量、社会商品零售总额、主要投资方向等各项经济指标。

(2)调查范围内主要产业和产品结构的特点,加工业、商贸流通业、仓储业、物流业(包括物流企业、物流中心、物流园区)等的发展情况。

(3)经济社会发展宏观政策、中长期规划、城镇发展规划、城市总体规划、资源开发规划、物流发展规划以及其他有关行业发展规划等。

2) 交通运输调查

(1) 规划区域内铁路、公路、水路、民航等运输方式历年货运量及货类构成,港口、铁路枢纽、航空港历年货物吞吐量,国际集装箱吞吐量。

(2) 集装箱、多式联运、零担、快件、危险品等运输现状,货运企业现状。

(3) 货物运输的流量、流向、时间、类别等分布调查。

(4) 铁路、港口、航空港货运量情况(包括数量、流向特点、货类等)。

(5) 货运发展现状及货运业相关规划。

(6) 综合交通运输规划以及相关港口布局规划、铁路运输规划等。

3) 运输站场调查

(1) 现有货运站类别、地理位置、规模、运营状况、货物发送量、货车实载率等。

(2) 水运、铁路、机场等货运港站的分布、规模、类别、货物吞吐量、适应状况等。

(3) 国外货运枢纽规划、建设资料。

(4) 运输企业(包括国外运输企业)、货运代理商、物流企业、生产加工企业等典型企业对货运枢纽站的需求意愿,如服务功能、建设内容、站场位置、建设模式、信息服务等。

4) 交通基础设施调查

(1) 规划区域内干线路网发展情况。

(2) 城市对外主要货运网络规划(包括公路、铁路、水运、航空等)。

(3) 相关的城市货运交通规划、城市货运通道规划、城市物流业规划。

3. 环境现状

(1) 气象资料。

(2) 环境空气。

(3) 环境噪声。

(4) 环境保护目标(水源地、学校、医院、居民区等)。

第二节　调查方法与思路

一、调查区域界定

规划调查首先必须界定调查区域。对于综合性的、区域性的调查,调查区域应该包括其整个行政管辖范围,如全省或全地区。就运输枢纽规划而言,调查区域除包括全部建成区以外,还应该包括城市外围预期开发的部分。调查区域的外部界限称为边界线。确定边界线时应该考虑调查的目标和调查所受到的约束,既要包容需要调查的整个地域,又要尽量减少数据收集的工作量。

此外,在调查区域的外部边界确定之后,还需要把该区域划分成交通小区。交通小区的个数和大小没有严格的规定。交通小区的大小与调查目的、所要求的数据项目、调查区域的面积、人口密度以及所采用的模型方法有关。一般来说,交通小区应具有均匀一致的社会经济特征,小区内部出行很少,并且在可能的条件下利用自然的、行政的、历史的边界。在城市交通调查中,高人口密度的前中心区,交通小区面积较小;城市外围人口密度低的地带,交通小区面积较大。值得考虑的另一种方法是采纳人口普查的区划作为交通小区划分的依据。这样,交通小区有关人口、社会经济信息就可以利用已有的资料。

二、调查方法

运输枢纽规划是以严密、翔实、客观的调查资料为基础,而调查方法的选取则直接影响调查资料的准确、客观和完整。因此,调查方法在调查过程中起着非常重要的作用。最常采用的调查方法有当面询访法、电话询访法和问卷询访法三种。表 11-8 中列举了这三种方法的优缺点。

（1）当面询访法是指调查者和被调查者面对面地就调查对象进行询问、了解和收集的过程。其最主要的优点是获得回答的概率高并且能够做深入的调查,即从每个被调查者那里获得更多的数据量。

（2）电话询访法是指通过电话等通信工具就调查对象展开调查的方法,电话调查花费的时间少,调查也有一定的直接性、及时性。

（3）问卷询访法是指通过邮寄调查问卷给被调查者,被调查者填写好相应的问卷后,再寄回给调查者的调查方式,问卷询访法需要的费用较少,由于没有调查者和被调查者之间的交流,使调查结果产生偏离的可能性较大。

三种调查方法比较 表 11-8

项　目	当面询访法	电话询访法	问卷询访法
数据收集费用	高	中	低
数据收集时间	中	短	长
可选取的样本量	小	中	大
每个样本的数据量	大	中	小
调查结果产生偏向的可能性	有	有	无
被询访者不应答的可能性	小	小	大
询访员培训的必要性	有	有	无

调查方法的选择取决于需要调查的问题的性质和预期的样本。就运输枢纽规划而言,一般采用当面询访法可以方便、准确地获得想要了解的数据信息。

三、样本选择

对全体进行调查通常费用很大,耗时很长,所以必须抽样。抽样方法可分为随机抽样和非随机抽样两大类。

随机抽样是把要调查的人口作为样本集。在大多数调查中,样本单元为单独的个人。在交通调查中还采用家庭、居民组或其他实体作为样本单元。

简单随机抽样中,每个样本单元具有同等的被选中的机会。调查人口中的每个单元指定一个号码,然后按产生的随机数选定样本。简单随机抽样方法容易理解,除了被调查人口的完整的清单之外,无须更多的数据。但是简单随机抽样方法选择样本后进行调查时不太方便,因为样本单元可能很分散。另外,这种方法比起利用更多的有关被调查人口信息的其他抽样方法精度要差一些。相同的样本量之下,其他抽样方法可以产生更好的期望值的估计。

分层随机抽样首先需要把被调查人口分成互不重叠的样本单元组,称为层,然后从每个层中进行简单随机抽样。在交通调查中,以家庭为样本单元时,通常采用家庭人口、人均收入、交通工具拥有量等作为分层特征。由于每层内样本单元具有相近的特征,而各层之间有大的差别,所以采用分层随机抽样可以产生更精确的统计量。这种方法的缺点是样本量、均值和方差估计的公式更复杂。

成组抽样方法采用比较大的实体(如居民组)作为样本单元,单独的个人作为样本子单元。被抽样选中的居民组中的每个人需要回答调查的问题,这种方法在交通调查中比较常用。调查费用低是这种方法的主要优点,因为调查人员仅仅被派到少量的居民组而不是到分散在整个城市的住户中做调查。其主要缺点是这些样本单元和子单元必须能方便地得到,否则就不可能采用成组抽样方法。另外,样本量、均值和方差估计公式比较复杂。

非随机抽样是以任意方式从被调查人口中最容易接近的单元中进行抽样的方法。当随机抽样中的某一个步骤无法执行时,非随机抽样同样能够达到预期目标。这种方法对调查的组织者非常方便,无须随机抽样。但是它无法用数学方法证明调查结果的有效性。抽样误差是未知的,所以无法从样本对总体作出估计。此外,还没有一个理论上合理的方法来确定抽样的样本量。应该注意的是,应用随机抽样的分析方法处理非随机抽样的调查结果将产生误导。

四、人员培训

培训参与调查的人员对于询访调查来说极为关键。应该详细地向调查员介绍所采用的调查方法、问题和答案的形式,使每个调查员都了解为什么要提出这些问题、应该如何提问、被调查人可能做出的回答、调查员如何应对以获得应有的调查结果等。培训计划不仅要有足够的时间让参加培训的调查员提出问题,使他们对于调查程序有一个全面、正确地理解,还要有足够的时间让调查员练习向被调查人提问、记录答案。在培训中,既可以让他们相互练习,也可以在预先测试演练中练习,以发现他们在问询方法中的缺点,提出改进的建议,并确认他们是否已经得到了充分的培训。

五、调查预演

预演对于所有调查都是必要的。预演是指在模拟的条件下对小样本进行调查,以仔细检查调查方法和问题。利用预演的结果修改问题的提问顺序、变换问题的类型、增加选择答案项、删除个别问题等。调查员应该参与预演,进一步完善他们的调查技能。预演时被调查人的抽样应该同实际样本相似。可以不通知被调查人是在进行预演,这样使预演更真实。但是对诊断问题来说,可能不能产生预期的充足的有用的信息。预演的样本量,一些文献推荐取为20~75个。

六、实施调查

对于书面调查,询访问卷应附调查说明,邀请收件人参与,详细说明准备邮回的问卷如何完成以及其他信息。

对于电话询访,调查人员应该做电话记录,以便再次给原来没联系上的被调查人拨打电话,又不使被调查人接受两次询访。同时,调查人员应该对电话询访可能出现的各种结果做好应对准备,譬如忙音、错号、空号、接通了录音电话、接话人是小孩、无人接电话等。

进行当面询访的调查员，每次询访都要保持不变的、较慢的询问速度，给被调查人足够的时间准备回答问题。同时，要注意在被调查人回答问题时不要流露出任何情绪，甚至很细微的动作或声音，如点点头或一声"对"都会使得被调查人的答案带有倾向性。应该对不同调查员的询访结果进行比较，若存在明显的差异，说明方法不适当或答案有假。邮回问卷的调查中，大多数答案在几周内收到，少数可能拖延几个月，因此，书面调查要设定一个收件的截止日期。逾期寄回的答案不应再做分析。在进行编码和输入形成计算机文件之前，应该浏览一下全部返回的询访问卷或当面询访记录表，以确定有无遗漏的部分、故意误导的数据或者其他误差。

七、资料整理与汇总

资料的整理与汇总应注意统计口径、计算范围的一致性和计算指标的可比性。资料、数据采集与整理工作程序如图11-1所示。

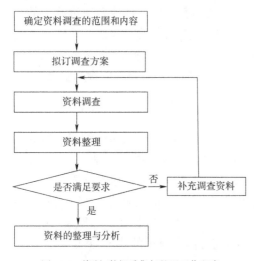

图11-1 资料、数据采集与整理工作程序

为提高运输枢纽规划的效率与精度，调查获得的大量数据需要经计算机处理，分门别类地建立数据库。按照规划软件中具体模型的要求，从一个或几个原始数据库中读取有关数据，并生成计算机程序可以接受的文本文件。调查数据处理一般需要经过如下几个步骤。

1. 数据编码

（1）数据库命名。

数据库名以数据库的字头D起首，其余字符和数字应能反映所存储的数据类别（如社会经济类、基础设施类、运输需求类等）、数据层次〔如国家、省、地区或市（县）各级〕以及具体指标（如国内生产总值、货物周转量或汽车保有量等）。

（2）字符型数据项编码尽量采用国家标准或行业标准规定的编码系统。

例如，干线路网节点（一般以市县为基本单元）的编码应该采用国家标准国家行政编码系统中省、地区和市（县）的统一代码。公路级别（国道、省道、县道和乡道）和编号应该采用交通行业标准。

2. 数据录入

调查数据按照预先规定的数据库结构格式录入，应保证数据按调查表的顺序直接录入。

例如，采用两次录入、逻辑判断等多种方式查错，可以保证数据质量。

3. 数据处理和文本文件生成

运输枢纽规划过程中使用了许多模型进行计算，不同的模型需要不同的输入数据。通常要求从一个或几个原始数据库中读取有关数据，必要时进行归并、计算，生成满足模型输入要求的数据文件。然后，转换成能够被高级语言编写的程序接受的文本文件（一般采用标准文本格式）。调查数据存储方式除了电子介质（计算机）之外，还可以采用硬拷贝（表格或地图）。无论信息以哪种方式储存，它的使用方便性都是最重要的。

第三节 预 测 方 法

预测是对尚未发生或目前还不明确的事物进行预先的估计和推测,是在现时对事物将要发生的结果进行探索和研究。预测工作实际上是这样一个过程:从过去和现在已知的状况出发,利用一定的方法或技术去探索或模拟不可知的、未出现的、复杂的中间过程,推断出未来的结果。

一、预测思路

运输枢纽需求与规模预测要在分析社会经济、交通运输发展特点内在联系的基础上,对规划区域内社会经济和交通运输的未来发展趋势进行研究,并对有关社会经济指标和运量的发展值进行预测。运输枢纽布局规划侧重于运量的预测,而运输枢纽总体规划不但要对运量进行预测,还要对运输枢纽内各站场的客货运适站量进行预测,从而确定运输枢纽内各客货运站场的占地面积等。其预测思路如图11-2所示。

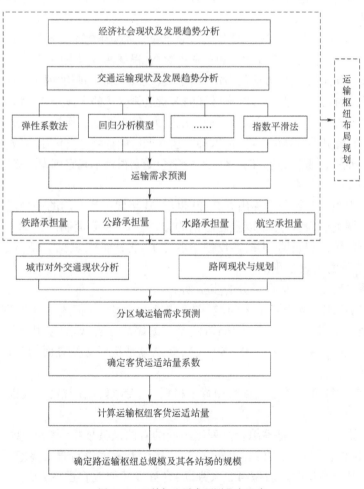

图11-2 运输枢纽需求预测基本思路

二、预测方法

运输需求预测方法可分为定性预测和定量预测两类。

定性分析预测法主要包括用户调查法、专家预测法、类推法等。其中,用户调查法是指向运输服务客户(企业或个人)调查今后一定时期内需要运输产品(货物)的品种、数量、采用的方式、起讫点等,或者是旅客出行的意图、方式、次数和目的地等的调查方法;专家预测法是依靠专家的知识、经验和分析判断能力预测的方法;类推法是指比照事物内在条件和环境的相似性,根据已经发生的典型现象,类比、推理经济社会同类现象发展趋势的方法。

常用的定量预测方法有时间序列分析法、回归分析法、弹性系数法、增长率法等。其中,时间序列法又分为指数平滑法、趋势预测法、灰色预测法;回归分析法又分为一元回归、多元回归、逐步回归等。本节选取运输需求预测中比较常用的几种预测方法予以介绍。

1. 定性预测方法

运输现象的发展变化是错综复杂的,人们不可能准确地对全部复杂关系做出定量描述,在应用数理方法预测的同时,结合预测者的经验,综合考虑多种影响因素,分析运输活动的特点和构成,对进行运量预测是一种切实可行的方法。

1) 直接归纳法

直接归纳法,又称为经济调查法,是我国运输企业长期使用的主要预测方法。其工作方法为根据掌握的通勤人数和各类职工或学生的年乘车次数,根据调查得来的职工年节探亲人数、大中专学生寒暑返家人数,加上其他方面的考虑,确定旅客发送人数的归纳预测。通过一定时间的资料积累和周到细致的调查工作,可以掌握区域内客货运量变化的大体趋势,利用直接归纳法能够得出比较符合实际的预测结果。但如果区域范围较大,经济调查工作量就会过于繁重,遗漏和调查数据偏大偏小的情况难以避免。此外,这种方法在严格的计划经济体制下效果较好,当市场因素在经济活动中所占比例越来越大时,客货运量都会受到很多不确定因素的影响。

2) 专家预测法——德尔菲法

德尔菲法是由美国兰德公司提出并在20世纪70年代广泛使用的一种定性评价方法。德尔菲法也称专家调查法,其特点是以匿名函询的方式,用一系列简明的征询表征求各方面专家的意见,通过整理、统计和归纳,再匿名反馈给各专家,再次征求意见。经多次反馈,直到意见一致,最后汇总专家意见得出预测结果。

采用德尔菲法确定评价指标得分的步骤如下:

(1) 拟订调查提纲。列出若干个问题,题意要十分明确,任何人对此的理解都是唯一的;设计好能正确表达专家意见的征询表格;规定统一的评估方法,如规定用百分制评分;等等。

(2) 选定专家数十人(一般为20~50人),专家应是从事有关方面的工作5年以上、精通业务、治学严谨的人。

(3) 向专家邮寄征询表及有关资料和背景材料;对专家姓名严格保密,以免专家之间交换意见。

(4) 收集专家意见,进行整理综合。列出不同的看法及其依据,将经过统计处理的汇总材料(各问题的中位数、下四分位数、上四分位数)再寄给专家们进行第二轮意见征询,请他们在了解集体意见及其分布情况之后做第二次判断;允许专家修改自己的意见。对于回答超出四分位数区的专家,可以要求他们说明特殊理由。这类特殊意见可以在以后反馈给其他专家予以评价。如此几经反馈,直至专家们的意见渐趋一致。

(5)对专家们的最后意见进行分析、处理,得出评价指标得分结果。

对专家意见要整理汇总,用统计方法求出中位数、下四分位数和上四分位数。中位数反映了专家的集体意见,上、下四分位数之间的四分位数区反映了专家意见的分布情况。四分位数区包含了一半专家的意见,四分位数区越小,说明专家意见的集中程度越高,预测结果的可信度也就越高。

假设参加评价指标的专家数为 n,对于某一问题,各专家回答的定量值为 $M_i(i=1,2,\cdots,n)$,要求 M_i 是从小到大依次排列,即 $M_1 \leq M_2 \leq \cdots \leq M_n$,则 $M_{n/2}$ 为中位数,$M_{n/4}$ 为下四分位数,$M_{3n/4}$ 为上四分位数。

最终的得分结果,用最后一轮专家意见所求出的平均得分值来表示,即:

$$\overline{M}_j = \frac{1}{n}\sum_{j=1}^{n} M_{ij} \qquad (11\text{-}1)$$

式中:$\overline{M}_j$——指标 j 的平均得分值;

M_{ij}——专家 i 对指标 j 的评分;

n——参加指标 j 评价的专家数。

由德尔菲法得到的权重值结合具体评价计算方法即可用来综合评价运输枢纽布局规划和总体规划方案的优劣。

3)类推法

类推法可以分为时间类推与局部类推两类。

(1)时间类推

许多事物相互之间在发展变化上常有类似之处,利用某一事物与其他事物、其他地域、国家发展变化在时间上虽有差异,但在表现形式上有相似之处,有可能把先发展事物的表现过程类推到后发展的事物上去,从而对后发展事物的前景做出预测。

(2)局部类推

局部类推即通过抽样调查研究某些局部或小范围的状况,来预测或理解整体和大范围的状况。当然选择调查局部时要考虑其特征是否具有代表性,能否反映所要预测的整体特征,否则会造成预测失误。

2. 定量预测方法

1)时间序列分析法

(1)指数平滑法

指数平滑法是移动平均法的改进。其基本思路是:在预测研究中越近期的数据越应受到重视,时间序列数据中各数据的重要程度由近及远呈指数规律递减,所以对时间序列数据的平滑处理应采用加权平均的方法。

一次指数平滑值的计算公式为:

$$S_t^{[1]} = \alpha y_t + (1-\alpha) S_{t-1}^{[1]} \qquad (11\text{-}2)$$

式中:$S_t^{[1]}$——第 t 周期的一次指数平滑值;

y_t——预测对象第 t 周期的实际数据;

α——指数平滑系数。

α 实际上是新旧数据权重的一个分配比例,α 值越大,则新数据在 $S_t^{[1]}$ 中的权重越大。α 取值的大小是影响预测效果的重要因素,一般要根据实际时间序列数据的特点和经验确定。如果时间序列数据的长期趋势比较稳定,应取较小的 α 值(如 0.05~0.20)。如果时间序列数据具有迅速明显的变动倾向,则应取较大的 α 值(如 0.3~0.7)。

式(11-2)是一个递推公式,当计算 $S_t^{[1]}$ 时,要先知道 $S_{t-1}^{[1]}$,计算 $S_{t-1}^{[1]}$ 时,要先知道 $S_{t-2}^{[1]}$,如此递推下去,计算 $S_1^{[1]}$ 时就需要有一个初始值 $S_0^{[1]}$。当实际数据比较多时,初始值对预测结果的影响不会很大,可以以第一个数据 y^t 作为初始值。如果实际数据较少(如 20 个以内),初始值的影响就比较大,一般取前几个周期的数据的平均值作为初始值。

如果实际时间序列数据的变动主要是随机变动而没有明显的周期变动和增长或下降趋势,我们可以直接用最近一个周期的一次指数平滑值 $S_1^{[1]}$ 作为下一周期的预测值 $\hat{y}_{t+1}$。如果求得的一次指数平滑值时间序列数据有明显的线性增长或下降趋势,由于一次指数平滑值序列相对于实际数据序列存在着滞后偏差,必须在求一次指数平滑值的基础上建立预测模型。

二次指数平滑是对一次指数平滑值序列再作一次指数平滑。二次指数平滑值的计算公式为:

$$S_t^{[2]} = \alpha S_t^{[1]} + (1-\alpha) S_{t-1}^{[2]} \qquad (11-3)$$

式中:$S_t^{[2]}$——第 t 周期的二次指数平滑值。

求二次指数平滑值也要先确定初始值,通常直接取 $S_0^{[2]} = S_0^{[1]}$,也可以取前几个一次指数平滑值的平均值作二次指数平滑的初始值。

在二次指数平滑处理的基础上可建立线性预测模型:

$$\hat{y}_{t+T} = \alpha_t + b_t T \qquad (11-4)$$

截距 a^t 与斜率 b^t 的计算公式分别为:

$$\alpha_t = 2S_t^{[1]} - S_t^{[2]} \qquad (11-5)$$

$$b_t = \frac{\alpha}{1-\alpha}\left(S_t^{[1]} - S_t^{[2]}\right) \qquad (11-6)$$

二次指数平滑预测模型仅适用于预测对象的变动趋势呈线性的情况。如果预测对象的变动趋势是非线性的,则应在求三次指数平滑值的基础上建立非线性预测模型。

三次指数平滑是对二次指数平滑值序列再作一次指数平滑。三次指数平滑值的计算公式为:

$$S_t^{[3]} = \alpha S_t^{[2]} + (1-\alpha) S_{t-1}^{[3]} \qquad (11-7)$$

式中:$S_t^{[3]}$——第 t 周期的三次指数平滑值。

三次指数平滑的初始值可以直接取 $S_0^{[3]} = S_0^{[2]}$,也可以取前几个二次指数平滑值的平均值。

在三次指数平滑处理的基础上可建立如下非线性预测模型:

$$\hat{y}_{t+T} = \alpha_t + b_t T + c_t T^2 \qquad (11-8)$$

模型系数 a_t、b_t、c_t 的计算公式为:

$$a_t = 3S_t^{[1]} - 3S_t^{[2]} + S_t^{[3]} \qquad (11-9)$$

$$b_t = \frac{\alpha}{2(1-\alpha)^2}[(6-5\alpha)S_t^{[1]} - 2(5-4\alpha)S_t^{[2]} + (4-3\alpha)S_t^{[3]}] \qquad (11-10)$$

$$c_t = \frac{\alpha^2}{2(1-\alpha)^2} \left(S_t^{[1]} - 2S_t^{[2]} + S_t^{[3]} \right) \tag{11-11}$$

若实际时间序列数据的变动趋势呈线性,则:

$$y_t - S_t^{[1]} = S_t^{[1]} - S_t^{[2]} = S_t^{[2]} - S_t^{[3]} \tag{11-12}$$

代入上述模型系数计算公式,可得 $c_t = 0$,a_t 与 b_t 的计算公式简化后与线性预测模型相同。由此可知,线性预测模型是非线性预测模型的特殊形式。

(2) 灰色系统预测法

灰色系统预测法是针对社会系统中既有已知信息又有位置信息的实际情况,通过对系统已知信息进行一定数学处理来预测系统发展变化趋势的。常用的是 GM(1,1) 模型(一阶单序列的线性动态模型,主要用于时间序列预测)。

① 模型的建立

设某预测对象的原始数据序列 $X^{(0)}(i)$ 共有 n 个观察样本。对其进行一次累加生成,得到一次累加序列 $X^{(1)}(i)$:

$$X^{(1)}(i) = \sum_{m=1}^{i} X^{(0)}(m) \quad (i = 1, 2, \cdots\cdots, n) \tag{11-13}$$

采用一阶单变量线性动态模型 GM(1,1),设 $X^{(1)}(t)$ 的一阶微分方程为

$$\frac{dX^{(1)}(t)}{dt} + aX^{(1)}(t) = u \tag{11-14}$$

其响应时间为

$$X^{(1)}(t) = \left[X^{(1)}(0) - \frac{u}{a} \right] e^{-at} + \frac{u}{a} \tag{11-15}$$

其中,系数 a 与内生控制系数 u 构成的待定参数 A,可按最小二乘法求出。

$$A = (a, u)^T$$

先计算:

$$B = \begin{bmatrix} -0.5[X^{(1)}(1) + X^{(1)}(2)] & 1 \\ -0.5[X^{(1)}(2) + X^{(1)}(3)] & 1 \\ \vdots & \vdots \\ -0.5[X^{(1)}(n-1) + X^{(1)}(n)] & 1 \end{bmatrix}$$

$$Y_n = [X^{(0)}(2), X^{(0)}(3), \cdots, X^{(0)}(n)]^T \tag{11-16}$$

根据最小二乘法原理有:

$$A = (B^T B)^{-1} B^T Y_n$$

则对应 a、u 值可以求出,GM(1,1) 即可确定。

② GM(1,1) 模型精度检验

GM(1,1) 模型精度检验,一般是通过计算后验差来进行,首先要求出原始数列 $X^{(0)}$ 的均方差 S_0 和残差数列 ε_i 的均方差,其次计算方差比 C 及小误差概率 P 并进行分析判断(预测检验与判断标准见表 11-9)。

第一步:

$$S_0 = \sqrt{\frac{\sum [X^{(0)}(i) - \bar{X}^{(0)}(i)]^2}{n-1}} \tag{11-17}$$

$$S_1 = \sqrt{\frac{\sum [\varepsilon^{(0)}(i) - \bar{\varepsilon}^{(0)}(i)]^2}{n-1}}$$

第二步,计算判断值。

$C = \dfrac{S_1}{S_0}$ 是后验差比值,$P = \{|\varepsilon^{(0)}(i) - \overline{\varepsilon}^{(0)}(i)| < 0.6745S_0\}$ 是小误差概率。

预测精度判断标准　　　　表11-9

P 值	C 值	精度等级
>0.95	<0.35	好
>0.8	<0.5	合格
>0.7	<0.65	勉强合格
≤0.7	≥0.65	不合格

当模型不符合精度要求时,通过残差辨识对模型进行补充和修正。

2)回归分析法

回归分析是利用统计学原理描述随机变量间相关关系的一种重要方法。回归预测是利用回归分析方法,根据一个或一组自变量的变动情况预测与其有相关关系的某随机变量的未来值。进行回归分析需要建立描述变量间相关关系的回归方程。根据自变量的个数,可以是一元回归,也可以是多元回归。下文主要介绍用多元线性回归预测法进行运输需求的基本原理。

如果影响预测对象变动的主要因素不止一个,可以用多元线性回归预测法。多元回归的运算较为复杂,一般要借助计算机完成。

多元线性回归方程的一般形式为:

$$y = b_0 + b_1 x_1 + b_2 x_2 + \cdots + b_m x_m \tag{11-18}$$

式中:　　y——因变量(预测对象);

$x_1、x_2、\cdots、x_m$——互不相关的各个变量;

$b_0、b_1、\cdots、b_m$——回归系数,其中 $b_i(i=1,2,\cdots,m)$ 是 y 对 $x_1,x_2,\cdots,x_m$ 的偏回归系数,其含义是当其他自变量保持不变时,x_i 变化一个单位所引起的变化量。

设有一组反映因变量 y 与自变量 $x_1,x_2,\cdots,x_m$ 相关关系的数据:

$$\begin{matrix} y: & y_1 & y_2 & \cdots & y_n \\ x_1: & x_{11} & x_{12} & \cdots & x_{1n} \\ x_2: & x_{21} & x_{22} & \cdots & x_{2n} \\ & \vdots & \vdots & \vdots & \vdots \\ x_m: & x_{m1} & x_{m2} & \cdots & x_{mn} \end{matrix}$$

则 $b_0,b_1,\cdots,b_m$ 可根据以上数据按残差平方和最小的原则确定。$b_i(i=1,2,\cdots,m)$ 的值应为以下方程的解:

$$\begin{cases} L_{11}b_1 + L_{12}b_2 + \cdots + L_{1m}b_m = L_{1y} \\ L_{21}b_1 + L_{22}b_2 + \cdots + L_{2m}b_m = L_{2y} \\ L_{31}b_1 + L_{32}b_2 + \cdots + L_{3m}b_m = L_{3y} \\ \cdots \\ L_{m1}b_1 + L_{m2}b_2 + \cdots + L_{mm}b_m = L_{my} \end{cases} \tag{11-19}$$

式中:$L_{ij} = \sum\limits_{t=1}^{n}(x_{it} - \overline{x}_i)(x_{jt} - \overline{x}_j)$　　$(i,j = 1,2,\cdots,m)$

$$L_{iy} = \sum_{t=1}^{n}(x_{it} - \bar{x}_i)(y_t - \bar{y}) \quad (i = 1, 2, \cdots, m) \tag{11-20}$$

$$\bar{x}_i = \frac{1}{n}\sum_{i=1}^{n} x_{it}, \bar{y} = \frac{1}{n}\sum_{i=1}^{n} y_t, b_0 = \bar{y} - \sum b_i \bar{x}_i$$

多元线性回归模型的相关检验可通过计算全相关系数进行，计算公式为：

$$R = \frac{U}{L_{yy}} \tag{11-21}$$

式中：$U = \sum_{i=1}^{m} L_{iy} \cdot b_i, L_{yy} = \sum_{t=1}^{n}(y_t - \bar{y})^2$。

R 值接近1，回归模型的预测效果好。在取置信度 $1 - \alpha = 0.95$ 的情况下，对应于自变量 $x_i = (i = 1, 2, \cdots, m)$ 的预测值 y_0 的置信区间为 $y_0 + 2S$。

$$S = \sqrt{\frac{Q}{n-k}} \tag{11-22}$$

式中：$Q = L_{xy} - U$；

$k = m + 1$。

3）弹性系数法

弹性系数 E 表示运输量年增长率 R_y 与国内生产总值（GDP）增长率 R_x 的比值，即：$E = R_y/R_x$，可得：

$$R_y = E \cdot R_x$$

由此可以求出运输量的平均增长率，并按下列公式预测运输量：

$$Y = A_0 \times (1 + R_y)^T \tag{11-23}$$

式中：Y——预测年份的运输量；

A_0——基年运输量；

R_y——运输量增长率；

T——预测年份。

4）增长率法

增长率法是根据预测对象（如客货运量、经济指标等）的预计增长速度进行预测的方法。其步骤是：①分析历史年度预测对象增长率的变化规律；②根据对相关因素发展变化的分析，确定预测期增长率；③进行未来值的预测。其一般式为：

$$Q_t = Q_0(1 + \alpha)^t \tag{11-24}$$

式中：Q_t——预测值；

Q_0——基年值；

α——确定的增长率；

t——预测年限。

增长率法的关键在于确定增长率，但增长率随着选择年限的不同而存在较大的差异。所以增长率法一般仅适合于增长率变化不大，且增长趋势稳定的情况。其特点是计算简单，但预测结果粗略，较适于用近期预测。在交通运输预测中，由于人口发展受政策性影响较强，所以常常应用增长率法进行人口预测。

5) 组合预测

组合预测是指采用两种或两种以上不同的预测方法对同一预测对象进行预测,然后对各个单独的预测结果适当地加权后取其平均作为预测结果的预测方法,从而使其具有对未来变化的较强适应能力,减少预测的风险,提高预测的精度。

采用组合模型预测,将不同模型的计算结果结合起来,相互取长补短,从而达到提高预测精度和增加预测结果可靠性的效果。组合预测的要点是如何恰当地确定单个预测方法结果的权重系数。组合预测模型为

$$\hat{Y} = \sum_{i=1}^{n} w_i y_i \quad (11\text{-}25)$$

式中:$\hat{Y}$——组合预测值;

w_i——第 i 种预测模型被赋予的权重系数,$\sum_{i=1}^{n} w_i = 1$;

y_i——第 i 种预测模型的预测值;

n——预测模型的数目。

运输需求预测方法很多,各种方法都有适应范围和局限性,预测方法的选择十分重要。运输需求预测一般采用定性分析与定量分析相结合的预测方法。

首先,利用数学模型定量预测,研究规划区内运输需求对经济社会指标弹性系数的变化特点,参照国内外的发展趋势,预测运量未来值。

其次,结合经济社会的发展阶段及特点,分析货运强度(单位产值货运量)、人均出行次数、运输结构的变化特征,预测交通运量未来发展水平。

最后,广泛征求专家意见,确定运输需求预测的推荐值。

三、预测内容

如前所述,运输枢纽布局规划与运输枢纽总体规划研究重点不同,其预测指标也有所不同。运输枢纽总体规划除需要预测出运输枢纽布局规划所需的运量指标外,还需要进行适站量、站场规模、分方向客运量预测。本节侧重对运输枢纽总体规划指标进行预测,主要包括经济社会预测、客运量预测、客运量分方向预测、客运适站量预测等。

1. 预测指标筛选

在进行需求预测之前,需要先对预测指标的数值进行标准化。不同的预测指标由于其所受的影响因素不全相同,在进行预测指标计算时选择的优先度也就不同,备选指标的确定应尽可能全面地反映运输枢纽发展及与外部影响环境之间的相互作用和服务功能。而预测指标的选取直接影响运输需求预测的结果,进而影响最终运输需求预测结果。因此,有必要对预测指标进行相关性分析。一般采用数理统计中极大不相关原理筛选预测指标,分析原理和过程如下。

若 $x_1, x_2, \cdots, x_p$ 为初步确定的进行运输需求预测的 p 个指标,容易想到,如果 x_1 与其他的 $x_2, \cdots, x_p$ 是不相关,则表明 x_1 无法由其他指标来代替,则用于预测的多个指标应该是相关性越小越好。因此,通过极大不相关分析运输需求预测指标的相关性选取进行运输需求预测的指标。

设 $X_i = (x_{i1}, x_{i2}, \cdots, x_{ip})(i = 1, 2, \cdots, n)$ 为 p 个指标的 n 个样本,相应的全部数据用矩阵 X

表示如下(数据的选取可根据运输枢纽预测的目的来确定):

$$X = \begin{bmatrix} X_1 \\ X_2 \\ \vdots \\ X_n \end{bmatrix} = \begin{bmatrix} x_{11} & x_{12} & \cdots & x_{1p} \\ x_{21} & x_{22} & \cdots & x_{2p} \\ \vdots & \vdots & \vdots & \vdots \\ x_{n1} & x_{n2} & \cdots & x_{np} \end{bmatrix}_{n \times p} \tag{11-26}$$

即每一行代表一个样本的观测值,X 是 $n \times p$ 的矩阵,利用 X 的数据,可以算出变量 x_i 的均值、方差与之间的协方差,相应的表达式是:

均值

$$\overline{x} = \frac{1}{n}\sum_{k=1}^{n} x_{ki} \qquad (i=1,2,\cdots,p) \tag{11-27}$$

方差

$$s_{ij} = \frac{1}{n}\sum_{k=1}^{n}(x_{ki} - \overline{x}_i)^2 \qquad (i=1,2,\cdots,p) \tag{11-28}$$

协方差

$$s_{ij} = \frac{1}{n}\sum_{k=1}^{n}(x_{ki} - \overline{x}_i)(x_{kj} - \overline{x}_j) \qquad (i \neq j\ i,j=1,2,\cdots,p) \tag{11-29}$$

因此,可以计算出样本的相关矩阵 R, $R = (r_{ij})$,其中:

$$r_{ij} = \frac{s_{ij}}{\sqrt{s_{ii}s_{jj}}} \qquad (i,j=1,2,\cdots,p) \tag{11-30}$$

r_{ij} 称为 x_i 与 x_j 的相关系数,它反映了 x_i 和 x_j 的线性相关程度,根据 r_{ij} 的数值大小进行各指标两两之间相关性比较,在实际应用中可以比较分析。

另外,还可以通过一个变量 x_i 与余下 $p-1$ 个变量之间的相关程度比较,确定相关性指标。通常称为负复相关系数,计为

$$\rho_i = r_{x_i,z_1,x,\cdots,x_{i-1},x_{i+1},x_p} \tag{11-31}$$

具体计算方法如下:

可由式(11-32)来计算,如要计算 ρ_p^2,先将矩阵 R 分块,写成:

$$R = \begin{bmatrix} R_{-p} & r_p \\ r_p^T & 1 \end{bmatrix}_1^{p-1} \qquad (R_{-p} \text{表示除去 } x_p \text{ 的相关阵}) \tag{11-32}$$

(注意:R 中的主对角线元素 $r_{ij} = 1, i=1,2,\cdots,p$),于是

$$\rho_p^2 = r_p^T R_{-p}^{-1} r_p \tag{11-33}$$

类似地计算 ρ_i^2 时,将 R 中的第 i 行、第 i 列经过置换,放在矩阵的最后一行,最后一列,此时

$$R \rightarrow \begin{bmatrix} R_{-i} & r_i \\ r_i^T & 1 \end{bmatrix}$$

于是,ρ_i^2 的计算公式为:

$$\rho_i^2 = r_i^T R_i^{-1} r_i \qquad (i=1,2,\cdots,p) \tag{11-34}$$

算得 $\rho_1^2,\cdots,\rho_p^2$ 后,其中值最大的一个,表示它与其余变量相关性最大,指定临界值 M 之后,当时 $\rho_1^2 > M$,就可以删去评价指标 x_i。

在实际应用时,可通过计算 p 个指标的两两相关系数,即可以通过对相关矩阵 R 中各数据的数量特征分析,结合定性分析各指标之间的影响关系,采用定性和定量相结合的方法来选取各预测相关性指标。

2. 主要预测内容

1) 经济社会发展预测

经济社会发展与交通运输发展呈现出相互作用、相互依赖的关系。当交通运输系统表现出较高的效率时,经济社会的发展也得到促进。当运输效率低下时,经济社会的发展将受到制约。研究表明,运输需求的增长与城市经济有较强的相关性,社会经济预测的主要内容包括如下:

(1) 人口。人口包括总人口、农业及非农业人口、社会劳动力人数及构成等。

(2) 社会总产值、工农业总产值、国民收入、国内生产总值、社会商品零售总额等。

(3) 人均国民收入、人均国内生产总值、职工人均收入、农民人均纯收入等。

(4) 财政支出与收入。

(5) 固定资产投资额(其中基建投资额)。

(6) 工农业主要产品产量。

(7) 矿产资源储量等。

经济社会指标预测的基本过程是在规划区域内的经济社会历史和现状趋势的分析基础上,运用相关数据资料,建立预测模型;同时,依据规划区域经济社会发展战略的要求,对相关经济社会指标给出合理的预测结果。

2) 客货运量预测

运输需求预测分为客运需求预测和货运需求预测。运输需求预测应充分研究我国经济体制下运输市场的变化趋势和特点,以及影响运输需求的主要因素,为分析可能纳入运输枢纽的客货运量占全社会客货运量的比例提供依据。

运输客货运量预测是运输枢纽规划最重要、最基础的工作,做好客货运量预测既是规划的重要内容,也是科学、准确、合理地确定枢纽及场站规模的重要依据。

客货运量预测可根据各种运输方式客运量历史资料,并结合未来客货运量的变化趋势进行;或者采用相关分析法进行预测,同时应对预测结构进行分析修正。

对处于规划着手建设的运输客货运量预测,由于缺乏相应统计资料,可采取以下方法进行,即首先分析所在区域的经济社会发展情况,然后根据其所在的地理位置与可能服务范围,以及未来交通发展情况,通过专家调查法与类比法等方法来确定。

第四节 需求规模

一、适站量预测

运输枢纽适站量是指适宜于进入运输枢纽各站场进行站务作业或短时堆放、储存的货运量和经由站场发送的客运量。运输枢纽适站量是枢纽组织量的重要组成部分,也是确定运输枢纽站场布局、建设规模(等级)、建设序列、站场功能和作业性质的重要依据。

运输枢纽适站量预测分为客运适站量预测和货运适站量预测。由于影响适站量预测的因素众多,如统计数据、统计口径、预测方法、预测模型、经济因素、政策因素等。因此,运输枢纽适站量预测是一项十分复杂而细致的工作。

适站量预测过大,站场规模大,投产后长期达不到设计规模,投资回收期长,企业效益差;反之,站场规模过小,投产后不能满足社会经济发展对交通运输的要求,相应地在一定程度上制约了社会经济的快速发展。

1. 运输枢纽客运适站量预测分析

运输枢纽客运适站量是指从运输枢纽客运站内发送的旅客量。

根据交通运输部行业标准,客运站的建站规模与等级主要是按站务发送量确定的。统计旅客发送量并不同于站务发送量,二者之间存在以下关系:

$$p = \beta E \tag{11-35}$$

式中:p——正常适站量;

β——客运适站系数;

E——运输量。

客运适站量可通过式(11-35)进行预测,其中客运适站系数(β)与车辆的入站率、中途上下车旅客的比例以及从站内上车人数占车辆座位数的比例等有关。β值可以通过调查客运站(包括马路站点)内发送的旅客量占客运量的比例获得。根据已编制运输枢纽总体布局规划城市的有关资料,适站量占客运量的比例范围为25%~75%。

从理论上来说,随着现代化交通枢纽的逐渐完善,β值会逐渐增大。但是,以下几个方面的因素可能使β值出现下降趋势。

(1)现代信息技术的快速发展,大大缩小了人们在接受和传递信息方面所受的时间和空间上的限制,使人们不出家门就能到达目的地,从而会减少一部分业务出行,相应地会降低客运适站量的比例。

(2)随着交通枢纽的运转逐步正常化和服务水平不断提高,运输将越来越灵活和多样化,使得上门接送旅客、多点上车、包车服务日益普及,人们既有的出行不一定都要经过客运站去实现。

(3)随着人们收入水平的提高,未来家用轿车将会得到迅速发展,家用轿车的方便性使人们自行出行所占的比例会越来越高。

2. 运输枢纽货运适站量预测分析

货运适站量就是适合于进入货运站并经操作处理的货物吞吐量。一般来讲,货运适站量包括零担量、国际集装箱量、批多量小的工业制成品及工商业的物资储运量、公/铁/水联运量、其他运输方式转移适站量等。其预测方法大致可分为总量预测法和分项预测法。

1)总量预测法

总量预测法是指直接预测各部分适站量的总和,其思路是在分析经济社会发展趋势的基础上,根据货运站所在城市流通小区及服务半径内的货物分货类的出入境流量流向货源调查资料,通过分析货类的变化特点,确定适宜于进入运输枢纽站场进行站务作业或临时堆放、储存的货物所占比例,分析并确定其中适站货物的构成比重及流量流向;根据未来变化发展趋势,结合货运量预测结果,分货类算出适站量,从而得到预测年的货运适站量。

根据货物分类方法，以及不同货物各自的特点，可以将其划分为进站货物和非进站货物两大类。前者包括水泥、木材、粮食、其他日用品等货种，后者煤炭、石油、金属矿石、非金属矿石、钢铁等。因此，从总量角度进行预测，货运适站量大小的计算公式可用下式描述：

$$W = \sum_{i=1}^{n} Q_i S_i \tag{11-36}$$

式中：W——运输枢纽货运适站量；

Q_i——第 i 种货物的运输量；

S_i——第 i 种货物的适站比例，非进站货物为零，$0 \leq S_i \leq 1$。

由于我国目前统计制度尚不完善，缺乏完整的现状分货类资料，难以根据现状资料系统地分析未来的适站比例。所以，在进行运输枢纽适站量预测时，应以分项预测法为主，总量预测法只作为分项预测法的辅助验证方法。

2）分项预测法

分项预测法是按照不同作业方式分别分析和预测其适站量，然后加总求得运输枢纽的货运适站量。分项预测包括零担量预测、国际集装箱适站量预测、其他运输方式转移适站量预测、仓储适站量和公/铁/水联运适站量预测等。

(1) 零担量预测

零担量预测可以在分析已有资料的基础上，通过建立数学模型来推求其未来值。同时，应结合货类变化的情况、第三产业的变化趋势、站场设施的改善、路网的完善和车辆装备水平的提高等因素对零担运输发展的影响，定性地分析零担运量占货运总量的比重变化趋势，从而推算出零担量。

零担量预测一般采用灰色 GM(1,1) 模型及线性非线性回归等方法预测。值得注意的是，原始数据应按一定规模进行扩充，这是因为现有的统计口径与统计范围与实际发生量不相适应。另外，由于长期以来，我国的现有场站设施能力不足，在一定程度上压抑了需求规模，这从零担班线布局及密度上可以反映出来。修正系数可根据各地实际制定。一般来讲，现统计的零担吞吐量只占应发生量的 20% ~ 60%。

(2) 国际集装箱量预测

对国际集装箱运量的预测，沿海港口城市和内陆城市的预测方法略有不同。对沿海港口城市应在分析预测港口国际集装箱发展的基础上，分析集疏运输比例及拆装箱比例，以此测算国际集装箱适站量。对内陆城市，国际集装箱运量的预测可根据需求调查，以及所在城市的外贸发展规划进行分析。同样，由于我国集装箱运输正处于快速发展时期，如用历史资料进行因果分析预测，则必须对原始数据进行修正，并在此基础上，运用合理的预测方法和模型进行预测。

(3) 联运量的预测

公、铁、水联运量是指集疏铁路、港口物质的量。从现有联运的开展情况来看，联运量中需要进行站务作业的部分主要是国内集装箱和需临时堆放的杂货量。这部分量主要是在货类构成分析的基础上，研究进站量占总联运量的比例，最后确定联运适站量。

(4) 储运量的预测

储运服务是货运站的基本职能之一，可以通过租让堆场、库房等设施的办法，为所在服务区域的中、小工商企业提供服务，并可延伸至代客配送、办理发运等业务。储运量的预测可根据运输枢纽所在城市仓储业发展的现状及储运货类的变化特点，结合用户需求调查综合测算。

一般来讲,现阶段储运量占货运站吞吐能力的30%以下适宜。

(5)其他运输方式转移量

其他运输方式转移量(主要是铁路转移量)的预测应在调查摸清其他运输方式不同运距可能转移货类运量的基础上,综合比较运输货物"门到门"运输费用(含装卸、仓储费等)、运送时间、货损货差、方便性等因素及其未来变化,确定可能转移的不同货类运量,然后进一步分析不同货类的适站比例,从而确定其他运输方式转移适站总量。

从以上分析可以看出,货运适站量预测的两种方法各有利弊。总量分析法较简单,但必须以分货类的出入境流量、流向资料为基础。分项预测法能直观地反映货运适站量的构成,但计算较复杂,容易遗漏和重复。因此,在进行运输枢纽货运站适站量分析时,最好是两种方法并用,并经综合分析后确定其预测值,才能得到更为准确的预测结果。

二、运输枢纽规模确定方法

客货运适站量是运输枢纽建设规模与站场等级的重要依据。运输枢纽规模,可以通过分析适宜于进入运输枢纽各站场进行站务作业或堆放、储存的货运量和经由枢纽发送的客运量(适站量),再结合单位适站量用地规模(视用地宽松与紧张),以及有关交通运输行业客、货运站级标准和国内外枢纽站规模等有关数据来确定。

1. 站场布设数量

站场布设数量采用定量计算和定性分析相结合的方法综合确定,根据式(11-37)粗略推算的基础上,结合城市未来的形态和功能分区、作业量的大小及类别构成、干线路网的布局及城市主要对外交通通道、不同类型站场的合理配置、不同类型站场的合理生产规模等主要影响因素综合确定。

$$n = \frac{Q}{D} \tag{11-37}$$

式中:n——客(货)运站场需要设置的个数,个;

Q——远景年客(货)运作业量,人/日、吨/日;

D——单个客(货)运站场的设计能力,人/日、吨/日。

2. 站场用地规模测算

(1)总量确定法

客(货)站场用地需求规模可按下式测算:

$$A = \sum \mu_i Q_i + C \tag{11-38}$$

式中:A——客(货)站场需求规模;

μ_i——单位生产能力所需面积(推荐值参考表11-10、表11-11确定);

Q_i——远景年客(货)运站功能区作业量;

C——发展调整参数,根据运输枢纽理念发展及发展预留确定。

客(货)运站场设计能力和单位生产能力所需面积参照有关站级标准或国内外站场设计参数,考虑站场发展变化趋势,并结合实际特点综合确定。

随着现代物流业不断发展,货运站向综合型、大型化趋势发展,并逐步与物流中心、物流园区融合。在标准采用上注意两个方面:一方面要参考现有的有关标准;另一方面,也要用全新的理念和发展的眼光考虑货运站的规模,尤其是中心城市的运输枢纽,货运站设计能力必要时可以突破现有的相关标准。

汽车客运站单位占地面积需求参数推荐表(单位:m²/百人)　　　表 11-10

设施名称	一级站	二级站	三级站	四级站	五级站
占地面积	360	400	500	500	500

货运站单位占地面积需求参数推荐表(单位:m²/百人)　　　表 11-11

适站处理量(万 t)	10	6	5	4	3	2	1	0.5
占地面积(m²)	9780	7280	6087	4894	3697	2500	1284	1200

(2)分项汇总法

由于运输枢纽由众多客(货)运站组成,而且不同客、货运站可能具有不同的服务范围和业务功能,其用地标准也有所差别。因此,在确定运输枢纽规模时,可先考虑各客(货)运站场的规划适站量,结合单位生产能力所需面积,确定各客(货)运站场用地规模,然后进行汇总(表 11-12),从而确定运输枢纽规模。

规划运输枢纽站场汇总表　　　表 11-12

站场名称	位置	占地面积(m²)	建筑面积(m²)	吞吐能力(人/日、万 t/日)	服务范围及功能
合计					

课后思考题

1. 客运枢纽规划调查和货运枢纽规划调查分别包括哪些内容?
2. 运输枢纽需求分析常用的预测方法有哪些?简要阐述各种方法的优缺点与适用性。
3. 运输枢纽规划时,如何选取需求规模的预测指标?
4. 运输枢纽规划时,如何进行适站量预测以及据此确定站场规模?

第十二章

运输枢纽规划方案设计

第一节 方案设计工作思路

一、布局规划方案设计思路

1. 基本原则

1)考虑规划对象在全国综合运输网中的地位

运输枢纽布局不仅要从规划区域经济社会发展和交通运输需求出发,还要满足全国经济发展、产业布局和对外开放对全国综合运输网的需要。同时,运输枢纽布局应体现规划区域经济特点,并应适合该规划区域经济向规模化、集约化和高附加值化发展的要求。

2)引导多层次运输网络的形成

运输枢纽布局应根据规划区域的发展战略和土地利用规划,积极引导城乡一体化、多中心分散组团式城镇体系的形成和发展,形成合理的交通结构,使整个交通系统向综合交通运输体系方向发展。

3) 适度超前

从运输观点来看,基础设施投资可分为"追随型投资"和"开发型投资"。若基础设施建设滞后于经济发展,则会阻碍经济的进一步持续稳定发展;反之,若过分超前,则会降低投资效益,造成投资成本的损失。因此,运输枢纽的布局规划既不能滞后于交通需求,也不能过度超前。

4) 强调多种运输方式综合协调

充分考虑运输枢纽在整个综合交通网的地位以及和其他运输方式的相互协调、相互依托,从而保证整个运输过程的连续性,提高运输效率。运输枢纽布局规划应结合在整个交通运输系统中的分担比率,通过运输枢纽的布局使各种运输方式有机衔接,从而实现各种运输方式的相互协调和整个规划区域的规划目标。此外,还要确定建设项目的优先顺序和实施时间序列,做到有步骤、有计划地实施布局。

5) 发挥运输的技术经济特点,注重枢纽的合理配置

在满足运输需求的基础上,根据各种运输方式的技术经济特点,综合考虑运输枢纽服务范围、各类运输站场分工协作以及区域经济社会协调发展等因素,对运输枢纽进行布局优化。

2. 工作思路

运输枢纽布局规划的方案设计,即在研究区域内确定具体的运输枢纽的层次结构及不同层次运输枢纽的数量、名称、功能等。以区域城镇体系和干线路网为基础,确定区域内的主要城市作为备选城市,选择与运输枢纽关系密切的城市经济、社会与交通运输指标。若需要划分区域内规划运输枢纽的层级结构,则运用量化方法对备选城市进行分类;若确定区域内最高层级的运输枢纽规划,则计算各备选城市的综合指数并将其排序,根据规划原则和专家意见,在将运输枢纽最佳数量确定后,根据最佳数量选取综合指数排在前列的城市作为最终布局方案。

运输枢纽布局规划的方案设计基本工作思路如图 12-1 所示。

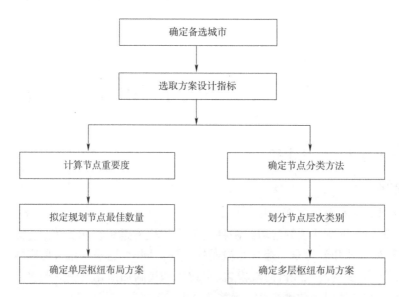

图 12-1 运输枢纽布局规划方案设计工作思路

1) 确定备选城市

根据区域运输网络和其他交通网络规划,可将干线运输网络中的中心城市和重要港口码

头、铁路车站、航空港所处的区域作为运输枢纽布局规划的备选点。

2）选取规划指标

经过相关系数分析，一般选取国内生产总值、市区非农业人口、运量等反映城市总体水平和生产力状况的指标作为布局规划的指标。

3）选取规划方法

根据规划目标选取恰当的布局规划方法，一般单层次枢纽布局可选用节点重要度法；多层次枢纽布局规划可选用层次分析法、模糊聚类法、神经网络法等分类识别方法。

4）确定枢纽布局方案

在上述工作的基础上，采用定性与定量相结合的方法，最终确定运输枢纽的层次划分。

二、总体规划方案设计工作思路

1. 基本原则

1）适应需求，协调发展

运输枢纽总体规划方案要与运输枢纽影响区域未来经济社会和交通运输发展的总体趋势和特点相适应，要与城镇布局以及城市的发展方向、布局形态和用地性质相协调。

2）立足现实，着眼长远

运输枢纽总体规划方案要有动态发展的思想，不仅要考虑规划区域现实发展需求，还要考虑长远发展需求，要注重对现有站场资源的整合与利用，研究经济发展水平、产业基础、市场、资金、劳动力、技术、信息等经济社会要素变化对站场需求的影响，在用地规模和发展理念上，为今后的发展留有余地，体现规划的前瞻性。

3）内外结合，整体统一

运输枢纽总体规划方案既要满足构筑运输网络的要求，又要注重与其他运输方式运输站场的有机联系及融合，积极促进综合交通运输枢纽的发展；既要考虑各站场内部车流、物流、人流和信息流组织与管理，又要兼顾站场外部城市交通的组织，以及与公交集疏运系统的衔接。

4）拓展思路，力求创新

运输枢纽总体规划方案要充分借鉴国内外枢纽站场发展的成功经验，力求在站场布局、规模设置、功能定位等方面有所突破和创新。

5）站场规模适度，宜疏不宜集

运输枢纽总体规划方案中确定站场规模时要坚持规模适度，单个站场不宜规模过大。站场规模过大则选址困难，容易使站内车辆管理混乱和造成外部交通拥挤，且站场规模过大必然服务半径长，使站场可达性降低。所以，运输枢纽总体规划中的站场布局应合理，宜疏不宜集，坚持"满足就近乘车"原则。

2. 工作思路

在运输枢纽总体规划方案设计原则的指导下，根据枢纽客货运适站量的预测结果，分析影响枢纽站场布局的各相关因素，宏观地确定客货运站场的总数量及其理论分布位置。然后，参照交通运输部颁发的有关站级标准和国内外枢纽站场设计的有关参数，充分考虑现状的实际情况和城市规划中可能提供或预留的用地，综合确定客货枢纽站的布局方案。运输枢纽总体规划方案设计的基本思路如图12-2所示。

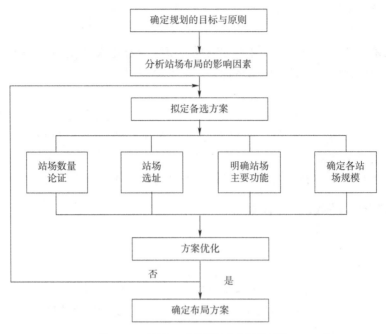

图 12-2 运输枢纽总体规划方案设计思路

1) 确定方案设计目标与原则

根据运输枢纽布局的一般要求,结合运输枢纽城市旅客运输、货物运输及现代物流的发展实际与趋势,确定规划的目标与原则。

2) 分析影响站场布局的因素

客运枢纽的站场布局影响因素主要有城市功能分区、人口布局、对外交通线网布局、其他运输方式站场布局、城市公交站场布局、大型客源点分布及集疏运需求、旅客流量流向特点、站外交通组织及集疏运、环保要求等。货运枢纽的影响因素主要有城市空间结构及功能分区、产业发展方向及空间布局、城市对外交通线网布局、其他运输方式货运站布局、物流园区、物流中心布局、大型货源点分布及集疏运需求、货物流量流向特点、站外交通组织与集疏运、环境保护要求等。

3) 拟定站场布局方案

主要确定运输站场数量、位置、功能、规模等。

4) 方案优化

综合考虑定性因素与定量因素对站场布局方案进行优化,从而最终确定规划方案。

第二节　运输枢纽布局规划方案设计

一、单层枢纽布局方法

1. 计算节点重要度

节点重要度是研究交通网络时所提出的代表节点运输集散能力的量化指标,它已成为路网规划中衡量城市或运输枢纽重要程度的主要依据。运输节点功能与区域政治、经济及交通状况密切相关。因此,区域人口、国内生产总值、工业总产值等是决定节点重要度的基本指标。

对于在单层次内进行的布局规划,如国家运输枢纽布局规划,一般选取备选节点城市的国内生产总值、市区非农业人口、综合运量、客货运量等反映城市总体水平和生产力状况的经济与社会统计指标作为规划指标。对其进行处理,确定运输枢纽布局的计算模型,具体见式(12-1):

$$Y = \left(\frac{G_i \times \alpha_1}{G} + \frac{R_i \times \alpha_2}{R} + \frac{Z_i \times \alpha_3}{Z} + \frac{H_i \times \alpha_4}{H} \right) \times 100 \tag{12-1}$$

式中:Y——运输枢纽备选城市节点重要度指数;
　　　G_i——i 区域的国内生产总值;
　　　G——规划区域国内生产总值;
　　　α_1——国内生产总值指标的权重;
　　　R_i——i 区域的非农业人口数;
　　　R——规划区域非农业人口总数;
　　　α_2——城市非农业人口指标权重;
　　　Z_i——i 区域的客货运输总量;
　　　Z——规划区域的客货运输总量;
　　　α_3——客货运输总量指标的权重;
　　　H_i——i 区域客货运量;
　　　H——规划区域客货运总量;
　　　α_4——客货运量指标权重。

由上述模型可得运输枢纽备选城市的评价值。对于各个指标的权重,可以采用定性、定量结合,一般用层次分析法或专家法(德尔菲法)等来确定。

2. 确定枢纽布局规划最佳数量

根据各备选城市的评价得分累计值所构成的曲线图来确定运输枢纽的最佳数量。其具体步骤如下:

(1)将备选城市评价分数的累计值通过平面坐标系进行散点布置,对所形成的散点图进行曲线拟合,可得最优的拟合曲线。

(2)同时在坐标系中对实际累计值进行线性拟合可以得到线性拟合的直线。

(3)上述两条拟合结果分别表示运输枢纽对社会经济的实际贡献和平均贡献,实际贡献大于平均贡献时表示方案可行。实际贡献与平均贡献的差值称为边际贡献。当边际贡献值最大时,即运输枢纽布局方案最优,如图 12-3 所示。

(4)根据(3)的分析,利用数学求函数最大值的方法计算边际贡献函数取最大值时运输枢纽的数量,

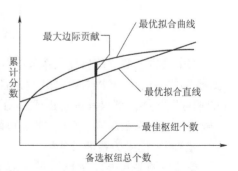

图 12-3　运输枢纽网络布局方案评价拟合曲线

即可得到运输枢纽布局规划的最佳个数。

二、多层次运输枢纽布局方法

对于多层次运输枢纽布局规划,由于运输枢纽布局层次划分具有一定相对性和模糊性,难以找到划分类别的精确标准。因此,采用模糊聚类方法比较适于解决这类问题。

1. 基本原理

1) 模糊聚类相关定义

聚类就是把具有相似性质的事物区分开并加以分类。聚类分析就是用数学方法研究和处理给定对象的分类。"人以群分,物以类聚",聚类问题是一个古老的问题,是伴随着人类的产生和发展而不断深化的一个问题。人类要认识世界就必须区别不同的事物并认识事物间的相似性。

经典分类学往往是从单因素或有限的几个因素出发,凭经验和专业知识对事物分类。这种分类具有非此即彼的特性,同一事物归属且仅归属所划定类别中的一类,这种分类的类别界限是清晰的。模糊数学为上述分类提供了基础,由此产生模糊聚类分析。把应用普通数学方法进行分类的聚类方法称为普通聚类分析,而把应用模糊数学方法进行分类聚类分析称为模糊聚类分析。

2) 模糊聚类分析的基本原理

(1) 模糊关系

为了更好地说明模糊关系及其特点,举一个简单的例子:有三个家庭成员的一寸单人照,照片没有姓名和任何标记,让一个不相识的人根据照片上的容貌来判断哪些人是一家人。实际上就是要求把 n 张照片按家庭分为三类。由于容貌遗传性,一般一家人容貌比较接近,可以把照片两两比较,并用 $[0,1]$ 中的一个数字来表示它们的相像程度。这个数称为相似系数。例如,第一张照片与第二张照片不太相像,可用 0.4 表示;第一张与第三张照片比较相像,可用 0.8 表示;第一张与第 n 张根本不像,可用 0 表示。于是得到一个 $n \times n$ 的模糊关系矩阵,称其为模糊关系。它是模糊聚类分析的基础,具体表示如下:

$$\underset{\sim}{A} = \begin{bmatrix} 1 & 0.4 & 0.8 & \cdots & 0 \\ \vdots & 1 & & & \vdots \\ & & \ddots & & \\ & & & \ddots & \\ 0 & \cdots & & & 1 \end{bmatrix}$$

用上述方法建立的模糊关系具有如下特点:①对角线上的元素为1,即自己与自己完全相像,模糊关系的这一性质被称作"自返性";②模糊关系具有"对称性",即 i 与 j 的相像度同 j 与 i 的相像度相同。把只具有自返性和对称性的模糊关系称为模糊相容关系。在这种关系中,一般认为相似系数越高,分到一类的可能性就越大。

(2) 利用模糊关系进行分类

按照模糊关系进行分类时,除了具有"自返性"和"对称性"外,还必须具有"传递性"。只有具有自返性才能保证任何一个样本不能同时属于不同的类。否则就会得出自己与自己不是同一类的荒谬结论。对称性能够保证如果甲乙同类,则乙甲也同类。否则就是"一厢情愿",也聚不成类。传递性则能够保证如果甲乙同类,乙丙同类,则甲丙必为同类。这样就能够从父子相似、母子相似中得出父母同类(一家)的结论,从而较好地解决了上述问题。把具有自返性、对称性和传递性的模糊关系称为模糊等价关系。

设两个模糊关系 $\underset{\sim}{R}$ 和 $\underset{\sim}{S}$,则称 $\underset{\sim}{R} \cdot \underset{\sim}{S}$ 为模糊关系的复合,即模糊矩阵积。若

$$\underset{\sim}{R} = \begin{bmatrix} 0.8 & 0.2 \\ 0.1 & 0.6 \end{bmatrix}$$

$$\underset{\sim}{S} = \begin{bmatrix} 0.5 & 0.7 \\ 0.1 & 0 \end{bmatrix}$$

则 $\underset{\sim}{R} \cdot \underset{\sim}{S} = \begin{bmatrix} 0.8 & 0.2 \\ 0.1 & 0.6 \end{bmatrix} \cdot \begin{bmatrix} 0.5 & 0.7 \\ 0.1 & 0 \end{bmatrix}$

$$= \begin{bmatrix} (0.8 \wedge 0.5) \vee (0.2 \wedge 0.1) & (0.8 \wedge 0.7) \vee (0.2 \wedge 0) \\ (0.1 \wedge 0.5) \vee (0.6 \wedge 0.1) & (0.1 \wedge 0.7) \vee (0.6 \wedge 0) \end{bmatrix} = \begin{bmatrix} 0.5 & 0.7 \\ 0.1 & 0.1 \end{bmatrix} \quad (12\text{-}2)$$

式中:∧——两数取最小运算;

∨——两数取最大运算。

如果 R 是集合 x 上的模糊关系,称 $\underset{\sim}{R_2} = \underset{\sim}{R} \cdot \underset{\sim}{R}$ 为集合 x 上 R 的二级模糊关系,称 $\underset{\sim}{R_3} = \underset{\sim}{R_2} \cdot \underset{\sim}{R}$ 为集合 x 上 R 的二级模糊关系。仿此称 $\underset{\sim}{R_n} = \underset{\sim}{R_{n-1}} \cdot \underset{\sim}{R}$ 为集合 x 上 R 的 n 级模糊关系。

可以证明,如果集合 x 含有 n 个元素,R 是 x 上的 n 级模糊相容关系,则:

$$\underset{\sim}{R_{n-1}} = \underset{\sim}{R_n} = \underset{\sim}{R_{n+1}} = \cdots = \underset{\sim}{R_{n+m}} \quad (12\text{-}3)$$

式中:m——任意自然数,且 $\underset{\sim}{R_{n-1}}$ 必具有自返性、对称性和传递性。

也就是说,一个 n 行 n 列的模糊相容关系矩阵,最多经过 $n-1$ 次复合后,可得到相应模糊等价关系,可以据此对样本在一定聚类水平下进行分类。

对于模糊等价关系,给定一个聚类水平 λ_0,令:

$$r_{ij} = \begin{cases} 0, r_{ij} < \lambda_0 \\ 1, r_{ij} \geq \lambda_0 \end{cases} \quad (12\text{-}4)$$

则,各行或列(因模糊等价关系具有对称性)中元素为 1 的为一类,于是可将样本按一定聚类水平划分成若干类。调整聚类水平,直到得到所要求的分类。

3)具有各指标的样本聚类

设样本的统计数据见表 12-1。

样本统计数据表 表 12-1

样 本	1	2	3	⋯	m
1	y_{11}	y_{12}	y_{13}	⋯	y_{1m}
2	y_{21}	y_{22}	y_{23}	⋯	y_{2m}
⋮	⋮	⋮	⋮		⋮
n	y_{n1}	y_{n2}	y_{n3}	⋯	y_{nm}

这是一个比较实际的问题,解决它的关键是如何据此得到一个模糊相容关系。这里可以引进两个样本之间贴近度的概念和计算方法。样本之间的贴近度是指样本之间的接近程度或相似程度,可用[0,1]之间的数表示。实际上其计算方法有许多,其中最常用的方法为夹角余弦法,即

$$r_{ij} = \frac{\sum_{k=1}^{m} X_{ik} X_{jk}}{\sqrt{\sum_{k=1}^{m} X_{ik}^2 X_{jk}^2}} \quad (i,j=1,2,\cdots,n) \tag{12-5}$$

通过计算任意两个样本之间的贴近度,可得到模糊相容关系 $R = [r_{ij}]_{n \times n}$。

实际中的指标,有些是清晰的,有些是模糊的;有的取值很小;有的重要,有的不太重要。所以在计算贴近度之前,必须对样本数据进行处理。处理的办法是消除原指标的量纲,而后加权,且压缩到[0,1]区间。

对于表 12-1 中的统计数据,令

$$A_j = \min_i \{y_{ij}\}$$
$$B_j = \max_i \{y_{ij}\} \tag{12-6}$$

$$X_{ij} = \frac{y_{ij} - A_j}{B_j - A_j} \tag{12-7}$$

$$r_{ij} = \frac{\sum_{k=1}^{m} x_{ik} x_{jk}}{\sqrt{\sum_{k=1}^{m} x_{ik}^2 x_{jk}^2}} \quad (i,j=1,2,\cdots,n) \tag{12-8}$$

通过上述方法,即可得到一个模糊相容关系。

2. 模糊聚类分析步骤

根据上述方法的介绍,可采用传递闭包法对运输枢纽布局层次进行聚类分析,其主要步骤如下。

1) 数据标准化

(1) 原始数据矩阵

设集合 $U = \{x_1, x_2, \cdots, x_n\}$ 为待聚类对象,每个对象又由 m 个指标表示其性状,$x_i = \{x_{i1}, x_{i2}, \cdots, x_{in}\}$ $(i=1,2,\cdots,n)$,这样原始数据矩阵为:

$$\begin{pmatrix} x_{11} & x_{12} & \cdots & x_{1m} \\ x_{21} & x_{22} & \cdots & x_{2m} \\ \vdots & \vdots & \vdots & \vdots \\ x_{n1} & x_{n2} & \cdots & x_{nm} \end{pmatrix} \tag{12-9}$$

(2) 数据标准化

不同数据一般具有不同的数量表示方法,为了使其能进行比较,通常需要对数据作适当的变化,但这样得到的数据也不一定在区间[0,1]上。数据标准化是指根据模糊矩阵的要求,将数据压缩到区间[0,1]上。数据标准化可以采用如下方法计算:

$$x'_{ik} = \frac{x_{ik} - \min\{x_{ik}\}}{\max\{x_{ik}\} - \min\{x_{ik}\}} \quad (k=1,2,\cdots,m) \tag{12-10}$$

式中：x_{ik}——枢纽站场布局节点 i 的第 k 个评价指标值；
　　　m——枢纽布局层次评价指标数。

显然，有 $0 \leqslant x'_{ik} \leqslant 1$。

2) 建立模糊相似矩阵

建立模糊相似矩阵，设集合 $U = \{x_1, x_2, \cdots, x_n\}$，$x_i = \{x_{i1}, x_{i2}, \cdots, x_{in}\}$，通过计算 x_i 与 x_j 的相似程度为 $r_{ij} = R(x_i, x_j)$，建立模糊相似矩阵。确定 $r_{ij} = R(x_i, x_j)$ 的方法主要有传统聚类分析的相似系数法、距离法及其他方法。在实际规划过程中，可以根据问题的需要及使用方法来加以选择。

3) 建立模糊等价矩阵，构造聚类谱系图

根据模糊聚类的基本原理，对于 x_i、x_j，若 $r_{ij} = 1$，则在水平 λ 下将其归于一类，从而达到将待聚类对象分类的目的。随着水平 λ 在 $[0,1]$ 中发生改变，相应的聚类也发生变化，从而构成聚类谱系图。

在模糊聚类分析中，对于各个不同的 $\lambda \in [0,1]$，可得到不同的分类，从而形成一种聚类图，这对全面了解样本的分类情况是比较形象和直观的。但许多实际问题需要选择某个阈值 λ，确定样本的一个具体分类。一般而言，可以按照实际需要在聚类图中调整 λ 的值，以得到适当的分类，而无须先准确地估计样本分类数量；也可以由具有丰富经验的专家结合专业知识来确定阈值 λ，从而获得在 λ 水平上的等价分类。根据聚类谱系图和 λ 数值调整，可以对聚类结果进行分析。

第三节　运输枢纽总体规划站场布局

一、站场备选的影响因素

运输枢纽是一个社会—经济—技术系统，站场选址涉及各种因素，这些因素有定量的、有定性的，应对站场备选地址进行多种因素的综合平衡。

运输站场选址定量因素主要指运输枢纽站场的基建投资、管理费用及运输费用，尤其运输费用占很大比例。通常，站场选址在符合选址原则前提下，应使各项费用之和最小。运输站场选址定性因素包括城市交通与经济政策、工业、商业及住宅区布局与规划等，这些因素不易量化但又往往构成站场选址重要约束条件甚至是先决条件，必须予以足够的重视。

二、确定站场备选方案的原则

1) 客运站备选方案确定的基本原则

(1) 客运站要具有良好的交通条件，应靠近城市干道、干线或城市主要出入口，具备良好的交通条件；要尽可能与大型轨道交通站点（包括地铁）、公交终端或转换站紧密衔接，实现旅客的快速集散。

(2) 客运站要尽量靠近客源，便于旅客出行或换乘，靠近铁路客运站、港口码头、航空港等。

(3)客运站要尽量避开市中心区等繁华地带,最大限度地减少对城市交通干扰和对环境污染;对中小城市客运站不宜距市中心过远,以方便城乡居民的出行。

(4)根据城市规模、城市形态、旅客运输需求特点研究选择客运站布局方式。

2)货运站场备选方案确定的基本原则

(1)尽量靠近高速公路,与港口、机场、口岸等货运枢纽紧密衔接。

(2)靠近货源地以缩短运距、降低运费,为生产、配送提供便利高效服务。

(3)尽量远离城市中心区,减少对城市生产和生活的干扰,但又不能偏离城区太远;尽量靠近城市边缘,以减少配送距离,提高运作效率。

(4)避开城市交通压力大的地区,减少对城市交通与环境的干扰。

(5)尽量选择地价较低的地段,降低开发成本。

三、单一站场布局模型

重心法和微分法是求解一元站场布局问题的典型模型。

1. 一元重心法

一元重心法适用于在规划范围内只设置一个站点的问题。虽然实际的运输枢纽中这种问题并不多,因为多站场布局的变量多、约束多,有时为了简化模型,减少计算量,可以把它变换成一元站场布局问题求解。

一元重心法是一种模拟方法,它将运输发生点和吸引点看成分布在某一平面范围内的物体系统,各点运输发生、吸引量分别看成该点的重量,物体系统重心就是站场设置最佳点,用求几何重心的方法来确定运输站场的最佳位置。

设规划区域内有 n 个交通发生点和吸引点,各点的发生量和吸引量为 $W_j(j=1,2,\cdots,n)$,坐标为 (x_j,y_j),其中 $j=1,2,\cdots,n$。需设置站场的坐标为 (x,y),站场的运输费率为 C_j。根据平面物体求重心的方法,枢纽最佳位置的计算见式(12-11)。

$$\begin{cases} x = \dfrac{\sum\limits_{j=1}^{n} C_j W_j x_j}{\sum\limits_{j=1}^{n} C_j W_j} \\ y = x = \dfrac{\sum\limits_{j=1}^{n} C_j W_j y_j}{\sum\limits_{j=1}^{n} C_j W_j} \end{cases} \tag{12-11}$$

重心法的特点是简单,但它将纵向和横向坐标视为独立的变量,与实际交通系统的情况相去甚远,求出的解往往是不精确的,只能作为运输站场布局的初步参考。

2. 一元站场布局的微分法

微分法是为了克服一元重心法的缺点而提出的,它的前提条件与一元重心法相同,但系统的总费用 F 为

$$F = \sum_{j=1}^{n} C_j W_j \left[(x-x_j)^2 + (y-y_j)^2 \right]^{\frac{1}{2}} \tag{12-12}$$

通过对总运费 F 取极小值,即分别令 F 对 x 和 y 的偏微分为零,得到新的极值点。求解公式为:

$$\begin{cases} x = \dfrac{\sum_{j=1}^{n} \dfrac{C_j W_j x_j}{[(x-x_j)^2+(y-y_j)^2]^{\frac{1}{2}}}}{\sum_{j=1}^{n} \dfrac{C_j W_j}{[(x-x_j)^2+(y-y_j)^2]^{\frac{1}{2}}}} \\ y = \dfrac{\sum_{j=1}^{n} \dfrac{C_j W_j x_j}{[(x-x_j)^2+(y-y_j)^2]^{\frac{1}{2}}}}{\sum_{j=1}^{n} \dfrac{C_j W_j y_j}{[(x-x_j)^2+(y-y_j)^2]^{\frac{1}{2}}}} \end{cases} \qquad (12\text{-}13)$$

微分法需要以重心法的结果为初始解,不断迭代。直到前后两次迭代的解误差不超过设定范围,从而得到最佳结果。虽然它从数学上可以给出运输站场的具体位置,但这个结果仅仅是数学解,还需要放到实际的交通系统中去进一步调整。

3. 单站离散型选址模型

在运输枢纽总体规划的站场布局过程中,通常对现有站场设施有相当了解,希望在其中选择若干个站场,或者再确定几个新地点作为运输枢纽规划站场,而这些备选站场分布应符合运输枢纽的站场布局原则。因此,对运输枢纽总体规划来说这是一个多站选址优化问题。

但在运输枢纽总体规划的站场布局过程中,一般要把城市分成若干个客运小区和货运小区,并确定每个小区只有一个客运站场或一个货运站场。这样,就可能将整个运输枢纽的多站选址问题简化为运输小区内的单站选址问题,在确定了各个小区内运输站场地址后,再对整个运输枢纽进行平衡,从而得到运输枢纽的站场布局。

此外,选址方法通常有连续型选址模型和离散型选址模型两种。按照运输站场布局原则,要充分利用现有站场设施,已有站场可作为备选地址,在其中选择可以作为运输枢纽总体规划的站场使用地址。当现有站场不能满足要求时,还要确定新站址。即使在这种情况下,仍可找到满足选址原则的新备选地址。所以,运输枢纽选址问题采用离散型选址模型较为合适。

这一模型适用于在一个运输小区内的若干个备选地址中选择一个地址作为该小区的运输站场。由于通过划分运输小区可以使每个小区只需建一个站场,所以,假定站场流量不受限制,而且站场可变费用与流通量为线性关系。

参数与变量如下:

L——货源地数目;

m——站场备选地数目;

n——收货地数目;

C_{ik}——货源地 i 到站场 k 的单位运费;

h_{kj}——备选地址 k 到收货地 j 的单位运费;

X_{ik}——货源地 i 到站场 k 的运量;

W_{kj}——备选地址 k 到收货地 j 的运量;

M_k——备选地址 k 的流通量;

A_i——货源地 i 的货源量；

D_j——收货地 j 的需要量；

F_k——备选地址 k 的改、扩建或新建投资及固定费用；

C_{TK}——枢纽站场选在地址 k 时的总费用。

目标函数：

$$\min C_{TK} = \sum_{i=1}^{l} C_{ik}X_{ik} + \sum_{j=1}^{n} h_{kj}W_{kj} + \delta_k M_k + F_k \quad (k=1,2,3,\cdots,m) \quad (12\text{-}14)$$

$$\delta_k = \begin{cases} 1 & \text{若干场站选在地址 } K \\ 0 & \text{否则} \end{cases}$$

式中：C_{TK}——运输小区内一个枢纽站场的总费用。

现在枢纽站场选址问题可归纳为：

$$\min C_T = \sum_{k=1}^{m} C_{Tk}\delta_k \quad (12\text{-}15)$$

约束条件：

$$\sum_{k=1}^{m} \delta_k X_{ik} \leq A_i \quad (i=1,2\cdots,L) \quad (12\text{-}16)$$

$$\sum_{k=1}^{m} \delta_k W_{kj} \geq D_j \quad (j=1,2,\cdots,n) \quad (12\text{-}17)$$

$$\sum_{i=1}^{l} X_{ik} = \sum_{j=1}^{n} W_{kj} = M_k \quad (k=1,2\cdots,m) \quad (12\text{-}18)$$

$$X_{ik} \geq 0; W_{kj} \geq 0; M_k \geq 0 \quad (12\text{-}19)$$

$$\delta_k = 0,1 \quad (k=1,2\cdots,m) \quad (12\text{-}20)$$

由式(12-15)给出的目标函数表示了在 m 个备选地址中确定一个站场所需要的总费用；式(12-16)给出的约束条件说明，货源地 i 的发货量不能大于该货源地的货源量；式(12-17)给出的约束条件说明收货地 j 的收货量不应小于该收货地的需要量；式(12-18)给出的约束条件说明站场 k 不能产生运量，也不能消耗运量；式(12-19)保证了各个供货量、收货量及流能量的非负性；式(12-20)将 δ_k 限制为整数 0 和 1。

能够满足目标函数式(12-15)的地址 K 即可作为某一运输小区内的运输枢纽站场。这种单站离散型选址模型在明确了有关运价和需求情况的条件下，不论备选地址有多少，求解起来都是轻而易举的。只要对每个备选地址用式(12-14)求出费用 C_{TK}，然后在其中选择最小者即可。另外，要是运价或需求情况变化，重新求解也很方便。它的缺点是如果备选地址很多，那么搜集有关运费、经营费用及投资费用的数据比较困难。因而常常需要使用一些粗略估计的数据，这就可能在求解和比较过程中产生较大的误差，以致得出的结果仅具有相对意义。尽管如此，在运输枢纽站场选址问题上，这种方法还是可行的。

四、多站场布局模型

1. 交替选址分配模型

对于整个运输枢纽来说站场选址是多站选址问题，上述单站离散型选址模型仅仅确定了每个运输小区内的站场地址，这种站场分布能否使得运输枢纽总费用最小，而且各个货源地应向哪个站场运货，各个收货地应由哪个站场供货，都是在布局时应该研究的问题。必须确定一种方法，来求出这一问题的最优解或近似最优解。这样可以采用下述交替选址分配模型求解。

(1) 根据运输枢纽布局阶段划分的运输小区,确定各小区的货源地、收货地、运量、运费及备选站场地址。

(2) 对每个运输小区按单站离散型选址模型求解一个单站选址问题,得到该枢纽的一个站场地址。

(3) 检查每一个货源地和收货地,看一看它距离步骤(2)中求出的某个枢纽站场是否比距离其所在小区的枢纽站场更近。如果有这样的情况出现,则重新划分运输小区。

(4) 如果重新划分运输小区,回到步骤(2)继续求解,否则计算终止。

假定在步骤(1)中划分 Z 个运输小区,经过步骤(2)得到费用分别为 $C_{Ti}(i=1,2,\cdots,Z)$ 的 Z 个站场地址,则运输枢纽总费用 CT_T 可以表示为:

$$CT_T = \sum_{i=1}^{Z} C_{Ti} \tag{12-21}$$

所以,运输站场选址的目标函数为:

$$\min CT_T = \sum_{i=1}^{Z} C_{Ti} \tag{12-22}$$

采用交替选址分配模型,每做一次循环求得的解总会比前一循环的解要好,或者同样。如果再也不能使目标函数式(12-22)下降了,则认为求得的解即运输枢纽最优的站场布局方案。如果还希望改进所得的结果,也可以在步骤(1)中用不同的方式划分运输小区,从而多次重复应用交替选址—分配模型。

2. 多元站场布局的混合整数规划法

在运输枢纽的货运系统中,由于存在着货种差别,不同货种在枢纽内部流动的费用和对站场布置的要求不同,因此货运站场的布局比客运站场的布局要复杂。但从区域整体的角度看站场的布局,可以从货流整体的角度来进行规划,多元站场布局的模型应运而生。

设在一个供需平衡的系统中有 m 个发生点 $A_i(i=1,2,3,\cdots,m)$,各点的发生量为 a_i;有 n 个吸引点 $B_j(j=1,2,\cdots,n)$,各点的需求量为 b_j;有 q 个可能设置的备选站场地址 $D_k(k=1,2,\cdots,q)$,如图 12-4 所示。发生点发生的交通量可以从设置的站场中中转,也可以直接到达吸引点。假定各备选地址设置站场的基建投资、中转费用和运输费率均为已知,以总成本最低为目标确定站场布局的最佳方案。

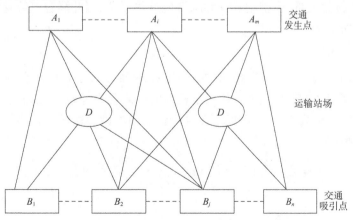

图 12-4 多元站场布局结构示意图

多元站场布局的数学模型为：

$$\min F = \sum_{i=1}^{m}\sum_{k=1}^{q}C_{ik}X_{ik} + \sum_{i=1}^{m}\sum_{k=1}^{q}C_{kj}Y_{kj} + \sum_{i=1}^{m}\sum_{k=1}^{q}C_{ij}Z_{ij} + \sum_{k=1}^{q}\left(F_kW_k + C_k\sum_{i=1}^{m}X_{ik}\right) \quad (12\text{-}23)$$

约束方程为：

$$\sum_{k=1}^{q}X_{ik} + \sum_{j=1}^{n}Z_{ij} \leq a_i \quad (i=1,2,\cdots,m) \quad (12\text{-}24)$$

$$\sum_{k=1}^{q}Y_{kj} + \sum_{i=1}^{m}Z_{ij} \leq b_i \quad (i=1,2,\cdots,n) \quad (12\text{-}25)$$

$$\sum_{i=1}^{m}X_{ik} = \sum_{j=1}^{n}Y_{kj} \quad (i=1,2,\cdots,q) \quad (12\text{-}26)$$

$$\sum_{i=1}^{q}X_{ik} - MW_K \leq 0 \quad (W_K=1\text{ 表示被选中},W_K=0\text{ 表示被淘汰}) \quad (12\text{-}27)$$

$$X_{ik},Y_{kj},Z_{ij} \geq 0 \quad (12\text{-}28)$$

式中：X_{ik}——从发生点 i 到备选站场 k 的交通量；

Y_{kj}——从备选站场 k 到吸引点 j 的交通量；

Z_{ij}——直接从发生点 t 到达口期出 j 的交通量；

W_k——备选站场 x 是否被选中的决策变量；

C_{ik}——从发生点 i 到备选站场 k 的单位费用；

C_{kj}——从备选站场 k 到吸引点 j 的单位费用；

C_{ij}——直接从发生点 i 到达吸引点 j 的单位费用；

F_k——备选站场 k 选中后的基建投资；

C_k——备选站场 k 中单位交通量的中转费用；

M——一个相当大的正数。

这是一个混合整数规划模型，可以用"分支定界法"求解模型，求得 X_{ik}、Y_{kj}、Z_{ij} 和 W_k 的值。其中 X_{ik} 表示了站场 k 与发生点的关系，$\sum_{i=1}^{m}X_{ik}$ 决定了该站场的规模；Y_{ik} 表示了站场 k 与吸引点的关系，$\sum_{k=1}^{q}W_k$ 为区域内应布局站场的数目。

这种方法在理论上是非常完善的，但仍然是对实际问题的大大简化，没有考虑站场规模的限制、建设成本、运营费用的非线性等实际影响因素。即使如此，由于考虑了站场基本建设投资，出现了 0-1 型整数变量，模型的建立和求解仍然很复杂，因此混合整数规划模型只能用于比较简单的交通网络中。

3. 运输规划模型

多元站场布局模型因为考虑了站场的基建投资，从而出现了 0-1 变量，导致必须采用比较复杂的混合整数规划法求解。但如果从一个较长的时间段来考虑，这部分建设投资对整个选址过程的经济效益的影响并不大，可以不在目标函数中考虑。这样混合整数规划模型就简化成如下线性规划模型：

$$\min F = \sum_{i=1}^{m}\cdot\sum_{K=1}^{q}(C_{ik}+C_k)X_{ik} + \sum_{i=1}^{m}\cdot\sum_{K=1}^{q}C_{kj}Y_{kj} + \sum_{i=1}^{m}\cdot\sum_{K=1}^{q}C_{ij}Z_{ij} \quad (12\text{-}29)$$

约束方程为：

$$\sum_{k=1}^{q}X_{ik} + \sum_{j=1}^{n}Z_{ij} = a_i \quad (i=1,2,\cdots,m) \quad (12\text{-}30)$$

$$\sum_{k=1}^{q} Y_{ik} + \sum_{j=1}^{n} Z_{ij} = b_i \qquad (j=1,2,\cdots,n) \qquad (12\text{-}31)$$

$$\sum_{k=1}^{q} X_{ik} + X_K = d_k \qquad (k=1,2,\cdots,q) \qquad (12\text{-}32)$$

$$\sum_{k=1}^{q} Y_{ik} + X_K = d_k \qquad (k=1,2,\cdots,q) \qquad (12\text{-}33)$$

$$X_{ik}, Y_{kj}, Z_{ij} \geq 0$$

式中：d_k——备选网点 k 最大可能设置的规模；

X_k——备选网点 k 的闲置能力。

这是线性规划中典型的运输问题，模型求解方法比较成熟，可以通过编程实现。该模型的目标函数表示客货运站场在集疏运及中转时的运营总费用最小，采用表上作业法，可得决策变量 X_{ik}、Y_{ik} 的值。其中 X_{ik} 表示了站场 k 与发生点的关系，$\sum_{i=1}^{m} X_{ik}$ 决定了该站场的规模；$\sum_{i=1}^{m} X_{ik} = 0$ 说明备选节点 k 处不应设置站场，即 k 点被淘汰；Y_{ik} 表示了站场 Y_{ik} 与吸引点的关系。

该方法叙述明确，但事先需要确定备选站点集合数量及位置，以及节点之间运输价格。由于不同区域、运输方式、货物运输价格差异较大，使运输价格确定有相当难度，模型中通常取一个统计值来统一表征运输价格。这样做的缺点是无法对运输价格变化产生相应的反映，也无法衡量站场所处交通网络变化对枢站场规划的影响，但定量计算模型小，这是一种比较可行的方法。

4. CFLP 法

CFLP(Capacityed Facility Location Problem)法是针对运输站场规模有限的情况提出的，这种方法只需要运用运输规划模型，使计算工作大大简化。CFLP 法的基本思想是：首先假设站场布局方案已经确定，即给出一组初始站场集合，根据该初始方案，按照运输规划模型求出各初始枢纽系统的发生、吸引范围，然后在各站场的服务范围内分别移动枢纽到其他备选地址，以寻找各服务范围内总成本最小的新枢纽位置，再将新站场位置代替初始方案，重复上述过程直至整个枢纽的站场服务范围内的总成本不能再下降为止。为简单起见，本书以图 12-5 的网络结构为对象来介绍 CFLP 法的计算过程。

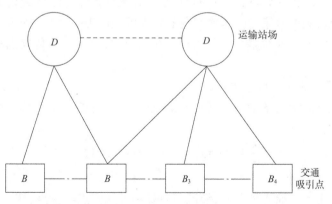

图 12-5　CElP 法的结构示意图

图 12-5 所示的网络结构没有反映出站场与交通发生点之间的关系，即不考虑旅客和货物从交通发生点到运输站场的运输成本，这种处理方法适用于当交通发生源距离备选站场的服

务区域足够远时的情况。此时规划区域内各运输站场与发生源之间的运输成本差异要远远小于运输成本本身,因此,可以忽略交通发生源与站场之间的网络部分,认为各运输站场与交通发生源之间的运输成本相等,所以在站场布局方案的计算中不予考虑。当然,如果交通发生源并不是远离计划区域,那就必须考虑交通发生源与运输站场之间的运输成本。在此情况下,只需将方法中的运输规划模型换成转运模型即可。

下面先介绍 CFLP 法的基本步骤,假定某规划区域内站场备选地址已确定,需从这些备选地址中选取 q 个设置站场。

步骤1:给出站场地址初始方案。

通过定性分析,根据备选站场的中转能力和交通需求的分布情况,恰当地选择 q 个点作为设置站场的初始方案。初始方案选择得是否恰当,将直接影响整个计算过程的收敛速度。

步骤2:确定各运输站场的服务范围。

采用运输规划模型,确定每一个备选站场的服务范围。设有 q 个可能设置的备选站场地址 $D_k(k=1,2,\cdots,q)$,其最大可能设置的规模为 d_k;有 n 个交通需求点 $B_j(j=1,2,\cdots,n)$,各点的需求量为 b_j。以运输成本最低为目标,列出如下运输规划模型:

$$\min F' = \sum_{k=1}^{q} \cdot \sum_{j=1}^{n} C_{kj} X_{kj} \tag{12-34}$$

$$\text{s.t.} \quad \begin{aligned} &\sum_{j=1}^{n} X_{kj} \leq d_k \quad (k=1,2,\cdots,q) \\ &\sum_{k=1}^{q} X_{kj} \leq b_k \\ &X_{kj} \geq 0 \quad (j=1,2,\cdots,n) \end{aligned} \tag{12-35}$$

解此运输问题即可求得各备选运输站场的交通服务范围(交通子区域)如果考虑交通发生源与备选站场之间的运输成本,式(12-34)则采用转运问题模型。求解转运模型,除得到各备选站场的交通服务范围外,还确定了站场与各交通发生源之间的交通联系。

为叙述方便,下面用 $I_k(k=1,2,\cdots,q)$ 和 J_k 分别表示各交通子区域内的交通枢纽备选站场地址和相应的交通吸引源集合。运输问题的结果可能出现一个交通吸引源同时接受不向交通子区域的站场的服务。这对整个问题的解决并无影响,只需在不同交通子区域的用户集合中重复考虑即可。

步骤3:寻求网点地址的新方案。

在各交通发生子区域内移动站场到其他备选地址上,并按以下费用函数计算各交通子区域内的运输总费用:

$$F_{kj} = \sum_{j \in j_k} C_{ij} X_{ij} + f_{kj} \quad (k=1,2,\cdots,q; i \in I_k) \tag{12-36}$$

式中:f_{ki}——网点设置成本。

在此基础上找出各交通服务范围,使区域总费用最小网点设置点,即

$$F_k = \min\{F_{ki}\} \quad (k=1,2,\cdots,q) \tag{12-37}$$

满足式(12-37)的备选站场地址 D_k 对所有 q 个交通子区域,可以得到新的备选站场地址方案 $\{D_k\}_{k=1}^{q}$。

步骤4:新旧方案比较。

为便于区别,引入迭代次数的上角标 $n,n=0$ 为初始方案。对于 $\{D_k^1\}$ 和 $\{D_k^0\}$ 新旧两种方案,分析不等式(12-36)是否成立。

$$\sum_{k=1}^{q} F_k^1 \leq \sum_{k=1}^{q} F_k^0 \qquad (12\text{-}38)$$

如果 $\{D_k^1\}$ 和 $\{D_k^0\}$ 完全相同,则上述不等式中必有等式成立,说明已获得最终解,$\{D_k^1\}$ 即是满意的网点布局地址。否则,将新方案代替旧方案,重复步骤2~4,直至 $\{D_k^n\}$ 和 $\{D_k^{n-1}\}$ 完全相同为止。

按以上步骤得到的综合运输站场总体规划的最终解,虽然在理论上没有证明是最优的,但从不等式(12-38)可以看出,系统总费用 $F = \sum_{k=1}^{q} F_k^n$ 对于 $\{D_k^n\}_{k=1}^q$ 凡是单调下降的。因此,可以认为所得的解是满意的。

第四节 多站场布局优化模型

在复杂运输枢纽总体规划中,多个站场规划的布局规模是按照综合费用最小的原则进行确定,其具有合理性。但在实际中,大中城市交通和公共运输网络的运行状况对枢纽内站场间发往不同方向的客货流有重要的影响,居民出行最终做出选择运输方式和站场决定的依据,是综合考虑运输费用或在途时间最小,况且城市居民出行对时间节约的要求也越来越高,时间成为枢纽内站场布局规划的重要影响因素。以前交通规划在进行广义费用确定时,也将行走时间作为一个因素,但由于将客货的行走时间折合成费用,在实际中难以确定时间的费用系数。

因此,有必要独立利用旅客在城市中出行时间对复杂运输枢纽的站场布局进行优化,主要是在枢纽总规模确定的前提下调整各站场之间的实际运行规模。本方法主要以客运枢纽系统优化为示例,对于货运枢纽系统可选取一定的城内运输时间来进行优化,具有相同的基础理论。

一、影响站场规模的因素

1. 出城运行时间

运输枢纽内的站场一般都分布在城市的不同方向,从各小区到各站的出行时间相差很大。随着交通条件的改善,大中城市间的长途客货运输依赖的高等级路网逐步形成,客货运输车辆在城际的运行时间大大缩短;然而大城市内的交通拥挤严重,在城内的旅客出行依靠的公共交通系统则正在占据越来越多的时间。所以,缩短旅客出行花费在城市内部的时间是本节优化的主要目标。

2. 城市路网条件

运输枢纽总体规划的站场布局方案确定后,不同站场发送各个方向旅客,服务城市不同区域的客运出行就决定了站场的规模。选择不同路径具备的不同交通条件也就决定了客流在城市内的出行时间,因此应以客流在市内的主要交通工具(公共客运)的运行线路交通状况为依据。

3. 不同运输方式的竞争

运输市场存在不同运输方式企业之间的竞争,特别是公路运输同铁路运输的竞争尤为激烈。旅客在选择运输方式时不仅要考虑价格、服务质量等因素,还要对全程运行时间的重视程度越来越高。如何在枢纽站场间布置不同方向的运输规模,使乘客尽快到达就近的站场、在最短的时间出城并到达目的地,成为提高运输行业竞争优势的重要措施之一。

二、考虑时间因素优化站场布局的方法

具体方法与步骤如下。

1. 划分交通小区

对规划区域内交通小区的划分和进行客货运量在路网中分配的做法相同。

2. 人口和出行时间调查

根据社会经济与交通调查结果可以得出每个小区 i 的人口占全市人口的比例,计为 d_i;调查小区 i 到达规划枢纽站场 k 的公共交通运行时间,计为 m_{ik}(选取统一的标准,如公共交通工具出租车、公共汽车、小巴士中任一种)。假设城市中有不同方位出行需求的居民是均匀分布在市内的,则旅客到达枢纽内每个客运站的市内运行时间为 t_{ik},则:

$$t_{ik} = \sum_i d_i m_{ik} \tag{12-39}$$

3. 确定出城运行时间

在城市的各个出入口方向分别确定几个点,计算乘客从各个规划枢纽站场 k 到这些出入点 $h(h=1,2,\cdots,r)$ 的运行时间,计为 t_{kh}。可以得到乘客从出行点到城市出入口的总花费时间 T_{ih} 为:

$$T_{ih} = t_{ik} + t_{kh} \quad (i=1,2,\cdots,l; k=1,2,\cdots,m) \tag{12-40}$$

4. 建立优化模型

根据从城市任何一个小区出发经由各个站场到达城市各出入口总的出行时间最小条件建立枢纽站场优化模型,如下所示:

目标函数

$$\min T = \sum_{h=1}^{r} \sum_{k=1}^{m} \sum_{i=1}^{l} T_{ih} C_{kh} \tag{12-41}$$

约束条件

$$\sum_{h=1}^{r} C_{kh} \leq E_k \quad (k=1,2,\cdots,m) \tag{12-42}$$

$$\sum_{k=1}^{m} C_{kh} = F_h \quad (h=1,2,\cdots,r) \tag{12-43}$$

$$C_{hk} \geq 0 \tag{12-44}$$

式中:T_{ih}——每单元客货从小区经站场到达出入口的时间,分钟;

C_{kh}——发往各出入口方向的客货流量,人次;

E_k——规划枢纽站各个站场生产规模,人次;

F_h——分方向客货流预测结果,人次。

用运筹学理论借助计算机很好求解此非平衡运输问题模型,可得最优的运输枢纽各个站

场规模,也可得到具体的占地规模等。

三、考虑经济因素的站场布局优化

前面讲到的选址模型仅仅考虑了运输站场布局的定量因素。实际上,运输站场布局是一项政策性很强的综合工作,在布局过程中还必须考虑许多定性因素。然而,这些定性因素的标志和特征很难定量地描述,无法同定量因素直接比较。为了解决这个问题,可以采用优度的概念来分别表示站场地址的两类因素在所有备选地址中的相对优劣程度。显然,优度的最小值为0,表示该因素可以不予考虑;优度的最大值为1,表示该因素相对地说具有100%的优点。因此,在选址计算时,应求解出各备选地址两类因素优度的加权和,选其中加权值最大的地址作为运输站场最佳的站场布局方案。

参数与变量如下:

A_{Ek}——为第 k 个地址定量因素的优度;

A_{Nk}——为第 k 个地址定性因素的优度;

α——为定量因素 AE 的权重,$0 \leqslant \alpha \leqslant 1$;

T——为站场建设工期,年;

f_t——为第 t 年改扩建或新建站场的投资额;

i——为改扩建或新建站场投资的年利率;

R_t——为站场第 t 年的单位流通量的收益率;

M_{ki}——为站场第 t 年的流通量;

n——为站场经济寿命,年;

d——为经济寿命期终了时的站场残值;

P_0——为改扩建或新建投资的等价现值。

$$P_0 = \sum_{i=1}^{t} \frac{f_t}{(1+i)^t} \tag{12-45}$$

$$P_1 = \sum_{t=T+1}^{T+n} \frac{R_t M_{kt}}{(1+i)^t} + \frac{d}{(1+i)^{T+n}} - P_0 \tag{12-46}$$

式中:P_1——表征该站场地址诸多定量因素综合优点的一个绝对尺度。

因此,在 n 个备选站场地址中,第 k 个站场地址的定量因素优度可构造为:

$$A_{Ek} = \frac{P_{0k}}{\sum_{k=1}^{m} P_{0k}} \tag{12-47}$$

$$\sum_{k=1}^{m} A_{Ek} = 1 \tag{12-48}$$

定性因素优度 A_{Nk} 可按以下方法确定,根据各定性因素的相对重要性,应用专家意见法,在 N 个定性因素中,给第 j 个因素以适当的权重 r_j,并使 r_j 归一化,即:

$$\sum_{j=1}^{m} r_j = 1 \tag{12-49}$$

在 m 个备选站场地址中,给予第 k 个地址的第 j 个定性因素以适当的分值 S_{kj},表示该因素在 m 个站场地址中的相对优劣程度,并使 S_{kj} 归一化,即:

$$\sum_{k=1}^{L} S_{kj} = 1 \tag{12-50}$$

$$A_{NK} = \sum_{k=1}^{m} r_j S_{kj} = 1 \qquad (j=1,2,\cdots,N) \tag{12-51}$$

因此,考虑定性因素的站场选址模型可描述为:

$$\max\left[\alpha \frac{P_{0k}}{\sum_{k=1}^{m} P_{0k}} + (1-\alpha) \sum_{k=1}^{m} r_j S_{kj}\right] \tag{12-52}$$

即运输站场最佳地址应是综合定性因素保持最佳的地址。

显然,若 $\alpha=1$,即在站场选址中,不考虑难以量化的定性因素,仅以站场地址的定量因素为主,则上述选址模型可简化为

$$\max\left[\sum_{t=T+1}^{T+n} \frac{R_t M_{kt}}{(1+i)^t} + \frac{d}{(1+i)^{T+n}} - \sum_{t=1}^{T} \frac{F_t}{(1+i)^t}\right] \tag{12-53}$$

即运输站场最佳地址是站场总受益最大的地址。

式(12-50)适用于在一个运输小区内,用式(12-49)求出的两个或两个以上地址的总费用 C_{TK} 相同或相近,难以取舍时,可进一步考虑定性因素进行比较。式(12-51)由于考虑了投资回收效果,可以与单站离散型选址模型并列使用,从而较为全面地确定最优站场地址。

四、考虑交通网络因素的站场布局优化

前面讨论的站场布局问题都是假定交通网络预先确定并可以保持不变,而实际上,在一个对象区域上新建站场后,由于站场将会产生和吸引大量的车流量,可能导致站场周围的道路变得很拥挤,这就是站场对交通网络的反作用。这个反作用将促使市政部门不得不拓宽某些路段或新建路段,从而使交通网络也随之发生变化,此时改进交通费用也应该考虑进来。考虑站场对交通网络反作用的优化问题就是站场与网络同时优化的问题。该问题可用以下双层数学规划问题表示:

上层
$$\min: W(Y,Z) = \sum_{i=1}^{M}\sum_{r=1}^{n} b_{ir} z_{ir} + \sum_{a \in A} x_a t_a(x_a, y) + \sum_{a=1}^{m} g_a(y_a) \tag{12-54}$$

s.t.
$$q'_{rs} = q_{rs} + \sum_{i=1}^{M} z_{ir} p_{is} + \sum_{i=1}^{M}\sum_{j=1}^{M} z_{ir} z_{js} \mu_{ij} \tag{12-55}$$

$$z_{ir} = 0 \text{ 或 } 1 (1 \leqslant i \leqslant M, 1 \leqslant r \leqslant K) \tag{12-56}$$

$$y_a \geqslant 0 \quad (1 \leqslant a \leqslant m) \tag{12-57}$$

其中,$x=(\cdots,X_0,\cdots)$ 是下层规划问题的解:

下层
$$\min: F(X) \sum_{a \in A} \int_0^{xa} t_a(w,y) \mathrm{d}w \tag{12-58}$$

s.t.
$$\sum_k f_k^{rs} = q'_{rs}, \forall r, s \tag{12-59}$$

$$x_a = \sum_{r,s}^{k} \sum_k f_k^{rs} \delta_{a,k}^{rs} \forall a \tag{12-60}$$

$$f_k^{rs} \geqslant 0 \, \forall r,s \, \forall k \tag{12-61}$$

其中,$t_0 = t_0(x_0,y)$ 表示基于网络扩容向量 $y=(y_1,y_2,\cdots,y_n)$ 的路段 α 上的阻抗函数 $(\alpha \in A)$。

问题的解法:在这里使用 IOA 迭代法。

步骤1:给交通网络改进变量 y 取初值 $y_0=(0,0,\cdots,0)$,即初始网络为现状网络;令 $k=0$。

步骤2:将 y^k 代入式(12-54)中的第三项为已知的常数项,问题就变成了式(12-60)所描述

的单纯的站场选址问题,用算法 3 解之,得解 Z^{k-1}。

步骤 3:将 Z^{k-1} 代入式(12-54),式中的第一项为已知的常数项,问题就变成了单纯的网络设计问题,用相关的算法解之,就可得解(在这里不介绍该解法)。

步骤 4:检验 y^k 与 y^{k-1} 是否有显著差异,若有,令 $k=k+1$,返回第二步;否则,y^{k-1} 和 Z^{k-1} 为所求,输出,停止。

算法结束。

第五节　运输枢纽规划方案评价

运输枢纽规划方案的设计过程需要考虑众多因素的影响,其中相当部分因素均为定性因素,因此依靠数学模型计算,进行方案设计所得到的结果往往不能与实际完全吻合,需要根据实际情况对所得方案进行分析才能确定可操作性强的运输枢纽规划方案。作为运输枢纽规划的重要组成部分,方案评价是在不同方案的基础上对运输枢纽规划方案所涉及的项目规模、功能、位置、投资、社会与环境影响等方面进行全方位比选,通过建立单项评价指标或综合性指标,运用定量—定性相结合的方法将客观准确的评价结论呈现出来,从而为决策者最终确定运输枢纽建设方案提供依据。由于对运输枢纽布局规划方案大多通过定性描述为主的规划效果评价,所以本章主要介绍进行运输枢纽总体规划方案评价时的主要工作内容和评价方法。

一、评价内容与步骤

1. 评价内容

运输枢纽总体规划方案评价应从规划方案的技术、经济、社会环境三方面进行综合评价。

(1)技术评价是对运输枢纽总体规划方案的内部技术先进性、系统适应性和布局合理性的综合分析。

(2)经济评价主要对运输枢纽的整体效益进行分析,通过比较各规划方案的站场及服务系统建设投资水平、运行成本和效益,对方案所产生的国民经济效益等方面进行论证。

(3)社会环境评价主要讨论运输枢纽总体规划将给区域、城市的经济与社会各方面的发展带来什么样的影响。

在实践中,常将运输枢纽总体规划方案评价中的三方面综合考虑,分别以多项和单因素为指标从不同方面对运输枢纽总体规划方案的功能和价值做出定量或定性分析判断,进行规划方案综合评价,以使所选取的运输枢纽总体规划方案达到系统整体功能最优。

2. 评价原则

1)适应需求

运输枢纽总体规划的站场布局方案不仅要适应城市功能、产业定位,还要符合载体城市的城市总体规划及城市综合交通规划、与城市交通规划配套。运输枢纽总体规划要与铁路、航空、水运、管道等运输方式的枢纽(港、站)基础设施相衔接,适应区域及城市的经济地理布局和环境、安全等方面需要。

2)效益明显

在进行运输枢纽总体规划方案评价时,必须以提高运输枢纽综合经济效益为基本出发点,既要考虑运输枢纽建设所产生的宏观经济效益,又要考虑运输枢纽站场建设的微观经济效益;既要考虑近期效益,又要考虑长远效益;既要考虑直接经济效益,又要考虑间接经济效益;既要考虑定量的经济效益,又要考虑定性的经济效益。

3)公正合理

由于运输枢纽总体规划一般由地方政府或交通主管部门委托咨询单位编写,受局部利益制约或影响容易在诸如技术经济指标(尤其是投资指标)中产生数据及结论的"失真"现象,所以进行运输枢纽总体规划方案评价要站在公正立场评价"规划"的可靠性和科学性。因此,评价运输枢纽总体规划时必须坚持公正性、科学性、客观性,使评估结论真正成为投资决策的重要依据。

3. 评价步骤

虽然不同区域、不同城市进行运输枢纽总体规划评价时所考察的服务对象、技术要求、影响因素、评价方法等方面存在明显差异,但运输枢纽总体规划方案评价时一般共同遵循如下步骤。

(1)明确方案评价目标和内容。
(2)确定方案评价主要影响因素。
(3)选取方案评价指标体系。
(4)确定指标量化方法。
(5)选取方案评价方法。
(6)进行方案评价。

对备选方案进行综合评价首先要制定评价指标,即根据指标间的关系及其对总目标的贡献确定各指标的计算方法;然后根据各指标对总目标贡献的相对重要程度确定指标权重,最后进行单项和综合评价。评价步骤的流程如图12-6所示。

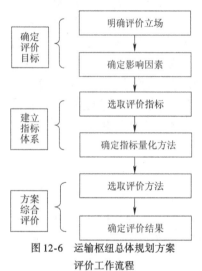

图 12-6 运输枢纽总体规划方案评价工作流程

二、评价指标体系

1. 指标体系设计原则

进行运输枢纽总体规划方案评价首先需要选取一套准确衡量标准,即评价指标体系。它是在对运输枢纽系统总体规划评价的影响因素进行分析和研究的基础上,按照影响因素的主次之分,对各因素具体化后的结果。由于运输枢纽总体规划方案的复杂性,导致了系统评价指标的多样性,同时各指标之间互相制约、互相影响,因此建立一套层次清晰、关系合理的评价指标体系,是保证系统评价成功的前提。在建立系统评价指标体系时,应该遵循以下六个原则。

1)科学性

运输枢纽总体规划方案评价指标的制定必须建立在科学、合理的基础上才能反映客观事实,对于现实实践才有帮助和指导作用。

2)可操作性

运输枢纽总体规划方案指标体系要设计合理,即要考虑数据易于获得或经过处理后可以得到,又要求评价方法逻辑性强,并且要简洁、有效。

3) 可比性

经过处理的运输枢纽总体规划方案指标有利于进行不同时期和不同方案的比较。

4) 条理性

拟订的运输枢纽总体规划方案指标体系应当条理清楚、层次分明,评价标准应该简单明确,便于应用和推广。

5) 统一性

运输枢纽总体规划方案评价指标的含义、测定方法、评判标准应尽量与有关规范、行业标准保持一致,而且要简明、实用、准确,普遍性与专业性结合紧密。

6) 综合性

单指标只能从侧面反映系统特性,因此确定运输枢纽总体规划方案指标体系时,要使指标能够充分体现运输枢纽总体规划方案所涉及的各个方面,全面进行考虑才能达到综合评价的目的,而评价指标体系应该力求全面反映评价对象的特征性能。运输枢纽总体规划方案的评价指标体系应该能准确、可靠地反映运输枢纽性能、效益与影响。

2. 评价指标体系

1) 构建评价指标体系

实现从社会、技术与经济三方面的评价指标制定完善的运输枢纽总体规划方案评价指标体系,使评价指标具体化,然后确定所制定指标体系量化方法,以便得到准确的评价结果。根据实际需要,本章将运输枢纽总体规划方案评价指标体系分为以下三个层次。

(1) 适应性指标主要包括枢纽规模适应性、枢纽发展余地。

(2) 协调性指标主要包括各种运输方式的协调程度、与城市总体规划的协调程度、与城市交通的匹配性等。

(3) 需求性指标主要包括枢纽的投资指数、环境适应性指数。

需要指出的是,运输枢纽总体规划方案评价指标的选取往往根据不同区域、不同城市进行运输枢纽总体规划的具体要求的差异而不同,上述评价指标可作为规划实践选取方案评价指标的参考。运输枢纽总体规划方案评价的指标体系如图12-7所示。

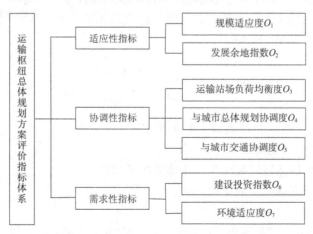

图12-7 运输枢纽总体规划方案评价指标

2)适应性评价指标

适应性指标主要从运输枢纽总体规划方案与未来需求的适应性,枢纽规模不仅要适应近期需求,还要为远期发展留有余地,可以用枢纽的规模适应度和枢纽发展余地指数两个指标来衡量。

(1)规模适应度 O_1

运输枢纽总体规划方案所确定的总规模适应度,反映其对经济发展需求的适应程度,通过运输枢纽总体规划方案需求规模与各运输站场最大生产能力总和之比表示。该系数值越小,说明运输站场生产能力越能满足需求。

$$O_1 = \frac{E_h}{\sum_{i=1}^{n} E_i^t} \tag{12-62}$$

式中:E_h——枢纽规模总需求预测值;

E_i^t——枢纽规划方案中站场 $i(i=1,2,\cdots,n)$ 的可利用最大生产能力;

n——枢纽规划方案中的站场数量。

(2)发展余地指数 O_2

该指标描述运输枢纽总体规划中站场用地向外扩展的可能性,站场周围用地易扩展则发展余地大。该系数值越大,说明枢纽向外扩展性越好。

$$O_2 = \frac{S_p + S_d}{S_p} \tag{12-63}$$

式中:S_p——枢纽规划用地总面积;

S_d——各站场周边可扩展用地面积。

3)协调性指标

运输枢纽总体规划中的站场布局协调性主要考虑站场的布局不仅站场间要协调,还要与城市总体规划及城市交通系统协调。通常,可以用站场间协调度、与城市总体规划协调度、与城市交通系统协调度三个指标来衡量。

(1)运输站场负荷均衡度 O_3

运输枢纽总体规划中的各站场之间的协调性可以通过各站场负荷均衡度来衡量。如果各站场负荷比较均衡,则说明站场布局是合理的。运输站场负荷均衡度可通过各站场负荷度的标准差与平均负荷度之比确定,即

$$O_3 = 1 - \sqrt{\frac{1}{\lambda_\alpha} \sum_{i=1}^{n} \left[\frac{Q_i(C_i - \lambda_\alpha)}{\sum_{i=1}^{n} Q_i} \right]} \tag{12-64}$$

式中:C_i——第 i 个对外客运枢纽高峰小时负荷度;

Q_i——第 i 个对外客运枢纽高峰小时客流量;

λ_α——所有对外客运枢纽高峰小时负荷度的平均值;

n——规划对外客运枢纽的个数。

(2)与城市总体规划协调度 O_4

运输枢纽总体规划方案与城市总体规划的协调性主要考虑运输枢纽用地与城市总体规划中用地规划的协调性。

$$O_4 = \frac{S_t}{S_p} \tag{12-65}$$

式中：S_t——城市总体规划中可供运输枢纽总体规划中各站场所使用的用地；

S_p——城市总体规划用地。

(3) 与城市交通协调度 O_5

与城市交通的协调性可以用出行者在市内交通的集散及出城的便利性，包括从出发地到各站场以及从各站场出城的方便程度，可以通过从出发地到各站场的汇集时间以及从各站场到城市主要出入口的疏散时间来衡量。

以客运为例，设市内交通小区 i 旅客出行量占全市客运总出行量比例为 d_i，小区 i 到达枢纽总体规划中的站场 k 的时间为 m_{ik}，则所有旅客到达枢纽内各站场的市内时间为 t_{ik}；客运班车从站场 k 到城市出入点 $h(h=1,2,\cdots,r)$ 的时间为 t_{kh}，则总时间 T_{ih}

$$t_{ik} = \sum_i d_i m_{ik} \tag{12-66}$$

$$T_{ih} = t_{ik} + t_{kh} \quad (i=1,2,\cdots,l;k=1,2,\cdots,m) \tag{12-67}$$

一般情况下，T_{ih} 越小，运输枢纽与城市交通协调度越高。

4）建设投资指数 O_6

在确定运输枢纽总建设规模的基础上，根据国家基本建设投资概预算规定和当地估算指标，对征地费用 I_l、拆迁费用 I_h 和建设费用 I_d 进行投资估算。则运输枢纽建设投资指数

$$O_6 = \frac{Y}{I_l + I_h + I_d} \tag{12-68}$$

式中：Y——客运总量。

在保证枢纽生产力情况下，该指标值越小，说明运输枢纽的效益越好。

5）环境适应性指标 O_7

运输枢纽的环境适应性指标体现运输枢纽总体规划的站场布局方案对城市交通与环境的综合影响程度，则环境适应度指数

$$O_7 = \frac{\sum_{i=1}^n \sum_{j=1}^m U_j F_j r_{ij}}{m} \tag{12-69}$$

式中：U_j——出入口道路服务水平；

F_j——第 j 个站场的规模大小；

r_{ij}——每个小区 i 质心到第 j 个站场的距离；

n——每个枢纽服务范围内的小区数；

m——每个方案中的枢纽数。

3. 指标值标准化

由于采用不同计算方法所得运输枢纽总体规划方案评价指标值的量纲不同，所以必须对其进行标准化，从而使各指标在整个系统中具有可比性。通常采用指标标准化方法有以下两种。

1）平移—标准差变换法

$$x'_{ik} = \frac{x_{ik} - \min\{x_{ik}\}}{\max\{x_{ik}\} - \min\{x_{ik}\}} \quad (k=1,2,\cdots,m) \tag{12-70}$$

式中:x_{ik}——方案 i 第 k 个评价指标值;

m——枢纽总体规划方案评价指标数。

显然有 $0 \leqslant x'_{ik} \leqslant 1$。

2)平移—极差变换法

$$x'_{ik} = \frac{x_{ik} - \bar{x}_k}{s_k} \qquad (i=1,2,\cdots,n; k=1,2,\cdots,m) \qquad (12\text{-}71)$$

$$\bar{x}_k = \frac{1}{n}\sum_{i=1}^{n} x_{ik}$$

$$s_k = \sqrt{\frac{1}{n}\sum_{i=1}^{n}(x_{ik} - \bar{x}_k)^2}$$

经过变换后,每个变量的均值为 0,标准差为 1,且消除了量纲的影响。

三、评价方法

运输枢纽总体规划方案评价常用的定性与定量相结合的方法主要有层次分析法、灰色关联系数法、模糊综合评价法、数据包络分析法、主成分分析法等。本节介绍运输枢纽总体规划方案评价常用层次分析法、模糊评价法等方案评价方法。

1. 层次分析法

层次分析法(AHP)是由美国运筹学家萨蒂(T. L. Saaty)在 20 世纪 70 年代初提出的。他是将复杂定性问题在严格数学运算基础上进行量化,再进行综合分析评价。该方法特别适用于那些难于完全用定量方法进行分析的复杂问题。因此,在资源分配、选优排序及方案决策等领域得到了广泛的应用。层次分析法自正式提出后,很快就在世界范围内得到普遍的重视和广泛的应用。本方法从 20 世纪 80 年代引入我国,很快为广大技术人员所接受,并在决策、评价排序、指标综合、预测等领域获得成功应用。

层次分析法较完整地体现了系统分析和系统综合的原则,将涉及多因素、多目标的复杂决策问题分解为具有若干层次的系统,在这些层次上进行因素分析、比较、量化和排序(单排序),然后逐级进行综合判断(总排序),做出最终决策。对于每一层次,可按某一给定准则,对该层元素两两进行比较,并根据两元素的重要性按标度定量化形成判断矩阵,这就将人们对定性和定量因素的主观判断用数量形式加以表达处理。通过对判断矩阵的一致性检验,可以提示决策者对某类因素的主观判断是否前后矛盾,是否需要对主观判断加以修正。这种将主观判断加以整理、量化、检验、修正、综合的客观方法,使决策者对复杂问题的决策思想过程保持条理性和一致性。

用层次分析法进行运输枢纽总体规划方案评价时分为以下五个步骤。

1)明确问题,建立层次结构

使用层次分析法进行运输枢纽总体规划方案评价要求对运输枢纽总体规划涉及范围、包含的各因素、各因素间的相互关系、要求系统达到的目标、确定的准则及指标、采取的方案做出系统分析,并建立层次结构。

运输枢纽总体规划方案评价层次结构由方案选取的目标决策层、中间准则与指标层和方案层所组成,表示实现总目标所可能采用的不同方案,各层间用直线表示彼此的联系。

如果某因素与下一层次中的所有因素都有联系,则称为完全层次关系,否则就称为不完全层次关系。

一般说来,因方案评价目标的差异,评价准则与指标也不同,应根据具体情况分析确定。当对运输枢纽总体规划方案进行评价时,提出了适应性、协调性和需求性三个准则,一般在运输枢纽总体规划中会提出两个或两个以上的可行方案供比选。评价的目的是使系统的综合效果最佳,即系统的目标是以尽可能少的投资、以尽可能小的环境污染获得尽可能多的综合服务功能及尽可能好的经济性。这一问题的递阶层次结构如图 12-8 所示。

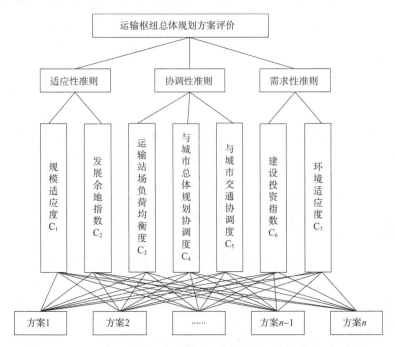

图 12-8 运输枢纽总体规划方案评价层次分析结构

2) 构造判断矩阵

运输枢纽总体规划方案评价所采用的层次分析法的信息基础是评价者对每一层元素重要性的判断,这些判断用数值表示出来,写成矩阵形式即判断矩阵。判断矩阵可以表示上层某一元素所支配的下层有关元素之间的相对重要性。设元素 A 层第 k 个元素 A_k 与下层(B 层)中的元素$(B_1, B_2, \cdots, B_n)$有联系,则可构造对于 A_k 而言 B 层的判断矩阵,见表 12-2。

元素 $A_k \to B$ 层的判断矩阵   表 12-2

A_k	B_1	B_2	$\cdots$	B_n
B_1	b_{11}	b_{12}	$\cdots$	b_{1n}
B_2	b_{21}	b_{22}	$\cdots$	b_{2n}
$\vdots$	$\vdots$	$\vdots$	$\vdots$	$\vdots$
B_n	b_{n1}	b_{n2}	$\cdots$	b_{nn}

表 12-1 中,b_{ij} 表示对于 A_k 而言,判断 B_i 对 B_j 的相对重要性的方法称为标度法,通常取 1, 2, $\cdots$, 9 及它们的倒数的方法称为 9 标度法,见表 12-3。

判断矩阵中元素标度及其含义 表12-3

b_{ij}的取值	含义
1	表示两个元素B_i和B_j相比,同样重要
3	表示B_i比B_j稍微重要
5	表示B_i比B_j明显重要
7	表示B_i比B_j强烈重要
9	表示B_i比B_j极端重要
2、4、6、8	上述两相邻判断中的值,如2为同样重要和稍微重要之间的判断值
1,2,…,9的倒数	元素B_i和B_j比较时为b_{ij},则B_j和B_i比较时为$1/b_{ij}$

显然所构造判断矩阵是对称矩阵,其对角线上的元素均等1。因为B_i与B_i自己比较,自然同样重要。

构造判断矩阵时应尽量保证判断的前后一致性,具体可分为以下两种情况:

(1)当比较准确地做出元素B_1与$B_1,B_2,\cdots,B_n$的比较,并得出b_{ij}值之后,再进行B_2与$B_2,B_3\cdots,B_n$的比较,一直到B_n与B_n的比较时,可将b_{ij}作为基础,这样可以减少判断的误差。

(2)当$B_1,B_2,\cdots,B_n$为定量元素时,可以先根据各元素数值,确定各元素相对得分,再根据各元素得分确定b_{ij}值,不必采用表12-3的9标度法。

3)层次中的单排序

得到判断矩阵以后,可以用数学方法求得某一层中各因素对上一层中某一因素的影响程度,并排出次序来。可以运用数学方法求出判断矩阵的最大特征值和它的特征向量。特征向量就代表了该层各因素对上一层某因素影响大小的权重值。权重值代表了各因素的排序,这种排序叫作层次单排序。

由于判断矩阵本身存在误差,而层次单排序中各因素的权重值,从本质上讲是表达某种定性的概念,因此可以采用较为简便的近似求解法来求解。这里仅介绍方根法,其步骤如下:

(1)计算判断矩阵每一行元素的乘积M_i

$$M_i = \prod_{j=1}^{n} b_{ij} \quad (j=1,2,\cdots,n) \tag{12-72}$$

(2)计算M_i的n次方根m_i

$$m_i = \sqrt[n]{M_i} \tag{12-73}$$

(3)对向量$M=(m_1,m_2,\ldots,m_n)^T$做规范化处理,即

$$W_i = \frac{m_i}{\sum_{i=1}^{n} m_i} \tag{12-74}$$

向量$M=[m_1,m_2,\cdots,m_n]^T$即所求的特征向量。

(4)计算判断矩阵的最大特征根λ_{max}

$$\lambda_{max} = \sum_{i=1}^{n} \frac{(BM)_i}{nW_i} \tag{12-75}$$

式中:$(BM)_i$——矩阵B和向量M相乘而得的向量BM的第i个元素。

4) 判断矩阵一致性检验

在构造判断矩阵过程中引入了 9 标度法使定性问题定量化。在判断过程中保持思维一致性很重要。若因素 1 比因素 2 稍微重要而因素 1 比因素 3 强烈重要,则有 $b_{12}=3,b_{13}=5$。那么因素 2 一定比因素 3 重要,即应该有 $b_{23}=5/3$。如果决策者仍用 9 标度法,使 $b_{23}=2$,则存在着判断偏差;如果使 $b_{23}=1/2$,则不仅仅是判断偏差,而是判断出现前后矛盾。

在实际应用中,决策者不可能非常精确地判定矩阵各元素数值,只能进行估计判断,所以实际给出的 b_{ij} 值和理想值难免有偏差,不能保证判断矩阵具有完全一致性,因此它的特征根也将产生偏差。

根据矩阵理论,n 阶判断矩阵若完全满足上述一致性条件,则矩阵的最大特征根 $\lambda_{\max}=n$,而且除 $\lambda_{\max}$ 外,其余特征根均为零。当判断矩阵具有较满意的一致性的条件时,运用层次分析法得出的结论(特征向量即权重)才是基本正确的。对于因素多、规模大、关系复杂的问题,用 9 标度法构造判断矩阵,应进行一致性检验。

当矩阵不具有完全一致性时,$1=\lambda_{\max}>n$,其余的特征根有如下关系:

$$\lambda_{\max}-n=-\sum\lambda_i \tag{12-76}$$

引入判断矩阵最大特征根以外的其余特征根的负平均值 CI,作为度量判断矩阵偏离一致性的指标:

$$CI=\frac{\lambda_{\max}-n}{n-1} \tag{12-77}$$

判断矩阵的平均随机一致性指标 RI,可以度量不同阶判断矩阵是否具有满意的一致性。RI 值见表 12-4。判断矩阵的(随机)一致性指标 CR,可以反映判断矩阵的一致性,CR 计算公式如下:

$$CR=\frac{CI}{RI} \tag{12-78}$$

平均随机一致性指标　　　　表 12-4

阶数	1	2	3	4	5	6	7	8	9
RI	0.00	0.00	0.58	0.90	1.12	1.24	1.32	1.41	1.45

当 $CR<1.0$ 时,则认为判断矩阵具有满意的一致性,否则,应调整判断矩阵,使之具有满意的一致性。

5) 层次总排序

层次总排序是指利用同一层次中所有层次单排序的结果,计算针对上一层而言,本层所有元素重要性的组合权值。层次总排序需要从上至下地逐层进行。对于最高层下面的第二层,其层次单排序即为层次总排序。

应该注意的是,层次总排序也应做一致性检验:

$$CI=\sum_{i=1}^{n}W_{vi}CI_{pi} \tag{12-79}$$

$$CR=\sum_{i=1}^{n}W_{vi}RI_{pi} \tag{12-80}$$

CR 值应小于 0.1,否则应对前面各判断矩阵进行调整。

说明层次总排序具有满意的一致性。在层次分析法确定权重的基础上,仍然可以利用层次分析原理继续计算得到评价对象的得分,从而确定最优方案。

2. 模糊综合评判法

模糊综合评判法又叫作模糊决策法(Fuzzy Decision Making),它应用模糊关系合成原理,从多个因素对被评价事物的隶属等级状况进行综合评价。虽然对一个方案可以用综合评价指标体系下的一组指标值来反映,但可能没有一个方案各个指标均为最优,就需要寻求一个能起到综合作用的评价指标值,再按评价指标值的大小,从中选择最优方案。

模糊综合评判法基本方法和步骤如下。

1) 建立因素集

因素集是以影响评判对象的各种因素为元素所组成的一个普通集合,通常用大写字母 U 表示,即:

$$U = (u_1, u_2, \cdots, u_m) \tag{12-81}$$

各元素 u_i 代表影响因素,其中有些因素可以是模糊的,也可以是非模糊的。

2) 建立评价集

评价集是评判者对评判对象可能做出的各种总的评判结果所组成的普通集合,通常用大写字母 V 表示,即:

$$V = (v_1, v_2, \cdots, v_m) \tag{12-82}$$

各元素 v_m 是模糊的,代表着各种可能的总评判目的。例如,评价集 $V=\{$很好、较好、一般、较差、很差$\}$ 有 5 个元素。模糊综合评判的目的,就是在综合考虑所有影响因素的基础上,从评价集中得出一个最佳的评判结果。

3) 建立权重集

各个因素的重要程度是不一样的,为了反映各因素的重要程度,对各因素 $u_i(i=1,2,\cdots,m)$ 应赋于一定的权重 $a_i(i=1,2,\cdots,m)$,由各权重值所组成的模糊集合 A 称为因素权重集,简称权重集。

$$A = (a_1, a_2, \cdots, a_m) \tag{12-83}$$

通常,各权数 a_i 应满足归一性和非负性条件,即

$$\sum_{i=1}^{m} a_i = 1, a_i \geq 0 \quad (i=1,2,\cdots,m) \tag{12-84}$$

各权重 a_i 可视为各因素 u_i 对"重要"的隶属度,因此,权重集可视为因素集上的模糊子集,即可表示为

$$A = \frac{a_1}{u_1} + \frac{a_2}{u_2} + \cdots + \frac{a_m}{u_m} \tag{12-85}$$

式(12-8)中"+"无和的含义,除号也没有商的含义,只表明元素 u_i 及 u_i 对模糊子集 A 的隶属度。

权重值可由主观评断法(如 Delphi 法),也可按确定隶属度的方法加以确定。同样的因素,如果权重不同,评判的最后结果也不同。

4) 单因素模糊评判

单独从一个因素出发进行评判,以确定评判对象对评价集元素的隶属程度,称为单因素模糊评判。

设评判对象按因素集中第 i 个因素 u_i 进行评判,对评判集中第 j 个元素 v_j 的隶属程度为 r_{ij},则按第 i 个因素 u_i 评判的结果,可用模糊集合来表示:

$$R_i = \frac{r_{i1}}{v_1} + \frac{r_{i2}}{v_2} + \cdots + \frac{r_{in}}{v_n} \tag{12-86}$$

R_i 简称单因素评判集,是评判集 V 上的一个模糊子集,可以简单地表示为:

$$R_i = (r_{i1}, r_{i2}, \cdots, r_{in}) \tag{12-87}$$

因此,可得相应于每个因素的单因素评判集如下:

$$R_1 = (r_{11}, r_{12}, \cdots, r_{1n})$$
$$R_2 = (r_{21}, r_{22}, \cdots, r_{2n})$$
$$\vdots$$
$$R_m = (r_{m1}, r_{m2}, \cdots, r_{mn})$$

以各单因素评判集的隶属度为行组成的矩阵 R 称为单因素评判矩阵,其表达式为:

$$R = \begin{vmatrix} r_{11} & r_{12} & \cdots & r_{1n} \\ r_{21} & r_{22} & \cdots & r_{2n} \\ \vdots & \vdots & \vdots & \vdots \\ r_{m1} & r_{m2} & \cdots & r_{mn} \end{vmatrix} \tag{12-88}$$

单因素评判集实际上反映了因素集 U 和评价集 V 之间的一种模糊关系,因此又可表示为:

$$R_i = \frac{r_{i1}}{u_i v_1} + \frac{r_{i2}}{u_i v_2} + \cdots + \frac{r_{in}}{u_i v_n} \tag{12-89}$$

r_{ij} 表示 u_i 和 v_j 之间隶属"合理关系"的程度,即按 u_i 评判时,评判对象 v_j 取的合理程度,因此,单因素评判矩阵 R 又称为 U 到 V 的模糊关系矩阵。

单因素评判集中隶属度 r_{ij} 是根据各因素 u_i 对评价因素 v_j 的隶属函数确定。

设各等级范围内,各因素的隶属函数均按正态分布,即:

$$\mu(x) = \exp\left[-\left(\frac{x-m}{c}\right)^2\right] \tag{12-90}$$

式中:$\mu(x)$——因素为 x 的隶属函数,当 x 为某一数值时,即相应隶属度;

exp——自然对数的底 $e(e = 2.718218\cdots)$;

m、c——常数,可由式(12-91)和式(12-92)确定:

$$m = \frac{x_s - x_l}{c} \tag{12-91}$$

$$c \approx \sqrt{\frac{(x_l - x_s)^2}{-4 \times \ln 0.5}} \tag{12-92}$$

式中:x_s、x_l——各等级中因素 x 的下界值和上界值。

若知道各因素的实际数值,便可计算出各因素的隶属度。

5) 模糊综合评判

设评价集 V 上的等级模糊子集为 B,则:

$$B = \frac{b_1}{V_1} + \frac{b_2}{V_2} + \cdots + \frac{b_n}{V_n} \tag{12-93}$$

根据模糊理论,则有:

$$B = AR \tag{12-94}$$

式(12-93)可以写成：

$$B = (a_1, a_2, \cdots, a_m) \cdot \begin{vmatrix} r_{11} & r_{12} & \cdots & r_{1n} \\ r_{21} & r_{22} & \cdots & r_{2n} \\ \vdots & \vdots & \vdots & \vdots \\ r_{m1} & r_{m2} & \cdots & r_{mn} \end{vmatrix} \quad (12\text{-}95)$$

$$= (b_1, b_2, \cdots, b_n)$$

因此，B 称为模糊综合评判集。

式(12-94)右边的 AR 称为 Fuzzy 算子，一般说来，它与常规的矩阵运算有所不同，关于 Fuzzy 算子有多种计算模型，下面介绍两种。

(1) 模型 $M(\Lambda, V)$

当采用该模型时，则式(12-94)中：

$$b_j = \overset{m}{\underset{i=1}{V}} (a_i \Lambda r_{ij}) \quad (j = 1, 2, \cdots, n) \quad (12\text{-}96)$$

式中：$a_i \Lambda r_{ij}$——取小运算，即取 a_i、r_{ij} 两数之中的小者；

　　　V——取大运算符号，即从取小运算后所得的数中取最大者。

(2) 模型 $M(\cdot, +)$

当采用该模型时，有：

$$b_j = \sum_{i=1}^{m} (a_i r_{ij}) \quad (j = 1, 2, \cdots, n) \quad (12\text{-}97)$$

且

$$\sum_{i=1}^{m} a_i = 1$$

当因素过多或过少时，模型 $M(\Lambda, V)$ 的取小取大运算都会丢失大量信息，模型 $M(\cdot, +)$ 则不仅考虑所有因素的影响，而且保留了单因素评判全部信息。

6) 给出模糊综合评判结论

得到模糊综合评判指标 b_j 之后，$b_L(b_L = \max b_j)$ 相对应的评价元素 u_L 作为评判的结论。

从以上过程看出，模糊综合评判可以对不同的方案进行比较。事实上，模糊综合评判在技术评价中已得到广泛的应用，将其用于运输枢纽总体规划方案综合评价，关键在于选择合适的评价因素并正确地确定隶属度(或隶属函数)，对此应仔细加以研究。

课后思考题

1. 简述运输枢纽总体规划方案设计的工作程序。
2. 简述运输枢纽布局规划方案设计的工作程序。
3. 什么是节点重要度法？如何将节点重要度法用到运输枢纽布局规划中？
4. 简述运输枢纽总体规划中不同站场布局优化模型的优缺点。
5. 运输枢纽规划方案评价主要有哪些工作步骤？
6. 运输枢纽规划方案评价指标主要有哪些？

参考文献

[1] 张三省,姚志刚.公路运输枢纽规划与设计[M].北京:人民交通出版社,2007.

[2] 张三省.公路运输站场设计[M].陕西:陕西科学技术出版社,1994.

[3] 姚志刚.公路运输枢纽体系结构分析与规划方法研究[D].西安:长安大学,2006.

[4] 胡思继.交通运输学[M].2版.北京:人民交通出版社股份有限公司,2017.

[5] 沈志云,邓学钧.交通运输工程学[M].2版.北京:人民交通出版社,2003.

[6] 邓亚娟,韩胜风,梁国华.城市交通场站与枢纽规划设计[M].北京:人民交通出版社股份有限公司,2018.

[7] 胡列格,刘中,杨明.交通枢纽与港站[M].北京:人民交通出版社,2003.

[8] 胡永举,黄芳.交通港站与枢纽设计[M].2版.北京:人民交通出版社股份有限公司,2020.

[9] 过秀成.城市客运枢纽规划与设计[M].北京:人民交通出版社股份有限公司,2018.

[10] 张远.运输港站与枢纽[M].南京:东南大学出版社,2008.

[11] 周爱莲,姚胜永,傅成红,等.交通枢纽规划与设计[M].北京:人民交通出版社,2013.

[12] 张嘉敏.交通枢纽场站设计与运营[M].成都:西南交通大学出版社,2020.

[13] 何世伟.城市交通枢纽[M].北京:北京交通大学出版社,2016.

[14] 张超,李海鹰.交通港站与枢纽[M].北京:中国铁道出版社,2004.

[15] 陆化普.综合交通枢纽规划——基础理论与温州的规划实践[M].北京:人民交通出版社,2001.

[16] 牟振华,于晓桦,卢小林,等.现代交通港站枢纽规划与设计[M].北京:人民交通出版社股份有限公司,2019.

[17] 孙立山,姚丽亚.城市客运交通枢纽规划设计[M].北京:人民交通出版社股份有限公司,2018.

[18] 刘武君.综合交通枢纽规划[M].上海:上海科学技术出版社,2014.

[19]《综合客运枢纽设计指南》课题组.综合客运枢纽设计指南[M].北京:人民交通出版社股份有限公司,2015.

[20] 关宏志,刘小明.停车场规划设计与管理[M].北京:人民交通出版社,2003.

[21] 王元庆,等.停车设施规划[M].北京:人民交通出版社,2003.

[22] 交通运输部规划研究院课题组.综合客运枢纽项目可行性研究指南[M].北京:人民交通出版社股份有限公司,2014.

[23] 徐康明.快速公交系统规划与设计[M].北京:中国建筑工业出版社,2010.

[24] 美国交通运输研究委员会.公共交通通行能力和服务质量手册[M].2版.杨晓光,滕静,等译.北京:中国建筑工业出版社,2010.

[25] 陆锡明.综合交通规划[M].上海:同济大学出版社,2003.

[26] 陆化普.交通规划理论与方法[M].北京:清华大学出版社,1998.

[27] 刘灿齐.现代交通规划学[M].北京:人民交通出版社,2001.

[28] 刘昌祺. 物流配送中心设计[M]. 北京:机械工业出版社,2001.

[29] 贾争现,刘康. 物流配送中心规划与设计[M]. 北京:机械工业出版社,2004.

[30] 王文卿. 城市停车厂(库)设计手册[M]. 北京:中国建筑工业出版社,2002.

[31] 汪应洛. 系统工程理论、方法与应用[M]. 2版. 北京:高等教育出版社,1997.

[32] 许学强,周一星,宁越敏. 城市地理学[M]. 北京:高等教育出版社,1997.

[33] 王炜,徐吉谦. 城市交通规划理论与方法[M]. 北京:人民交通出版社,1991.

[34] 张晓东. 物流园区布局规划理论研究[M]. 北京:中国物资出版社,2004.

[35] 章竟屋. 汽车客运站建筑设计[M]. 北京:中国建筑工业出版社,2000.

[36] 郑祖武,李康,徐吉谦. 现代城市交通[M]. 北京:人民交通出版社,1997.

[37] 〔美〕Mark C. Childs. 停车场设计[M]. 彭楚云,译. 北京:机械工业出版社,2003.

[38] 〔苏〕K. IO. 斯卡洛夫. 城市交通枢纽的发展[M]. 北京:中国建筑工业出版社,1982.

[39] 管楚度. 交通区位论[M]. 北京:人民交通出版社,2001.

[40] 中华人民共和国交通运输部. 公路货运站级别标准及建设标准:JT 402—2016[S]. 北京:人民交通出版社股份有限公司,2016.

[41] 中华人民共和国交通运输部. 汽车客运站级别划分和建设要求:JT 200—2020[S]. 北京:人民交通出版社股份有限公司,2020.

[42] 中华人民共和国住房和城乡建设部. 城市道路公共交通站、场、厂工程设计规划:CJJ 15—2011[S]. 北京:中国建筑工业出版社,2011.

[43] 中华人民共和国住房和城乡建设部. 交通客运站建筑设计规范:JGJ 60T—2012[S]. 北京:中国建筑工业出版社,2012.

[44] 中华人民共和国住房和城乡建设部. 快速公共交通系统设计规范:CJJ 136—2010[S]. 北京:中国建筑工业出版社,2010.